LES LOIS ET COUTUMES

DE LA

GUERRE SUR TERRE

D'APRÈS LE DROIT INTERNATIONAL MODERNE
ET LA CODIFICATION DE LA

CONFÉRENCE DE LA HAYE DE 1899

PAR

A. MÉRIGNHAC

PROFESSEUR DE DROIT INTERNATIONAL PUBLIC
A LA FACULTÉ DE DROIT DE L'UNIVERSITÉ DE TOULOUSE
ADJOINT A L'INTENDANCE MILITAIRE DU CADRE AUXILIAIRE

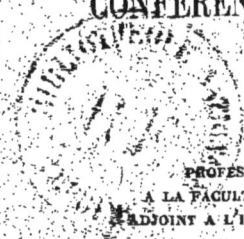

Ouvrage précédé

D'UNE LETTRE DU MINISTRE DE LA GUERRE

ET D'UNE PRÉFACE

PAR

F. DE MARTENS

PROFESSEUR ÉMÉRITE DE L'UNIVERSITÉ DE SAINT-PÉTERSBOURG
MEMBRE DE L'INSTITUT DE FRANCE
ET DE LA COUR PERMANENTE D'ARBITRAGE DE LA HAYE

« La guerre n'est point une relation d'homme
à homme, mais une relation d'État à État. »
ROUSSEAU, *Contrat soc.* L. I, C. IV.

PARIS

LIBRAIRIE MARESCQ AÎNÉ
A. CHEVALIER-MARESCQ & Cie, ÉDITEURS
20, RUE SOUFFLOT, 20

1903

LES LOIS ET COUTUMES

DE LA

GUERRE SUR TERRE

D'APRÈS LE DROIT INTERNATIONAL MODERNE
ET LA CODIFICATION DE LA

CONFERENCE DE LA HAYE DE 1899

DU MÊME AUTEUR

Traité du régime de communauté. 2 vol. in-8, Larose, éditeur, Paris, 1894 (Extrait du *Répertoire général du droit français*). . . . . **12 fr.**

Traité théorique et pratique de l'arbitrage international. — Le rôle du droit dans le fonctionnement actuel de l'institution et dans ses destinées futures, 1 vol. in-8, Larose, éditeur, Paris, 1895. Ouvrage récompensé par l'Institut de France en 1897. . . . . **10 fr.**

Traité des hypothèques, 1 vol., Larose, éditeur, Paris, 1900 (Extrait du *Répertoire général du droit français*) . . . . .

La Conférence internationale de la Paix. — Etude historique, exégétique et critique des travaux et des résolutions de la Conférence de la Haye de 1899, avec une préface de M. Léon Bourgeois, premier délégué de la France à la Conférence de la Paix, 1 vol., in-8, Rousseau, éditeur, Paris, 1900. . . . . **10 fr.**

Traité de la prescription en matière civile et criminelle, 1 vol., Larose, éditeur, Paris, 1903 (Extrait du *Répertoire général du droit français*). . . . .

Traité des privilèges, 1 vol., Larose, éditeur, Paris, 1903 (Extrait du *Répertoire général du droit français*). . . . . .

Traité théorique et pratique des contrats relatifs à l'hypothèque légale de la femme mariée, 1 vol. in-8, 2e édition, A. Chevalier-Marescq et Cie, éditeurs, Paris, 1903. **6 fr.**

LES LOIS ET COUTUMES

DE LA

GUERRE SUR TERRE

D'APRES LE DROIT INTERNATIONAL MODERNE
ET LA CODIFICATION DE LA

CONFÉRENCE DE LA HAYE DE 1899

PAR

A. MÉRIGNHAC

PROFESSEUR DE DROIT INTERNATIONAL PUBLIC
A LA FACULTÉ DE DROIT DE L'UNIVERSITÉ DE TOULOUSE
ADJOINT A L'INTENDANCE MILITAIRE DU CADRE AUXILIAIRE

Ouvrage précédé
D'UNE LETTRE DU MINISTRE DE LA GUERRE
ET D'UNE PRÉFACE

PAR

F. DE MARTENS

PROFESSEUR ÉMÉRITE DE L'UNIVERSITÉ DE SAINT-PÉTERSBOURG
MEMBRE DE L'INSTITUT DE FRANCE
ET DE LA COUR PERMANENTE D'ARBITRAGE DE LA HAYE

« La guerre n'est point une relation d'homme
à homme, mais une relation d'Etat à Etat. »
ROUSSEAU, *Contrat social*, L. I, C. IV.

PARIS

LIBRAIRIE MARESCQ AINÉ
A. CHEVALIER-MARESCQ & Cie, ÉDITEURS
20, RUE SOUFFLOT, 20

1903

AVANT-PROPOS

Nous sommes heureux de pouvoir publier, sous les auspices du Ministère de la guerre, un livre qui est le résultat de plusieurs années d'enseignement du droit international public, en licence et en doctorat politique, à la Faculté de droit de l'Université de Toulouse, ainsi que de conférences spéciales faites aux officiers du 17° corps d'armée. Le *témoignage officiel de satisfaction,* transcrit à la suite de ces quelques lignes d'avant-propos, sera la meilleure recommandation de cet ouvrage auprès des officers de notre armée nationale, dont plusieurs y retrouveront la trace de leçons déjà bienveillamment accueillies. Au surplus, traitant de la guerre au point de vue international, il s'adresse également aux officiers des armées étrangères.

Il est, d'autre part, destiné à l'élément civil, qui, dans tous les pays, se préoccupe, à juste titre, tout en redoutant la guerre, d'assurer une bonne réglementation des lois appelées à la régir, en cas de conflit. Juristes, étudiants des Ecoles et Universités, aspirants aux multiples concours et carrières pour lesquels la connaissance du droit de la guerre est, avec raison, exigée, gens du monde, enfin, trouveront en lui, nous l'espérons, le résumé des notions indispensables pour aborder et résoudre les problèmes souvent délicats, que soulèvent les rapports internationaux au cours des hostilités continentales.

M. F. de Martens, de l'Institut de France, professeur émérite de l'Université de Saint-Pétersbourg, membre permanent du Conseil du ministère des affaires étrangères de Russie, a bien voulu écrire, pour cet ouvrage, une *Préface* dans laquelle nos lecteurs retrouveront la science consommée, la hauteur de vues et la dialectique puissante dont notre collègue a déjà fait preuve dans son *Traité de droit international* devenu classique en Russie, et dans maintes autres publications, telles que : le *Recueil des traités et conventions conclus par la Russie avec les puissances étrangères*, en 13 volumes, avec des introductions historiques universellement estimées ; *La Conférence de la Paix à La Haye* ; *La Paix et la Guerre*, etc. Le juriste éminent qui présidait naguère le tribunal arbitral réuni à Paris pour départager la Grande-Bretagne et le Venézuéla, qui siégeait, il y a quelques mois à peine, dans la première affaire soumise à la Cour arbitrale internationale, a exercé dans le domaine pacifique, à la Conférence de La Haye, une influence considérable, aux côtés de M. Léon Bourgeois, d'Estournelles, de Constant et Descamps, président, vice-président et rapporteur de la troisième commission chargée de préparer la *Convention pour le règlement pacifique des conflits internationaux*. Mais c'est principalement dans la seconde commission, des travaux de laquelle est sorti le *Règlement concernant les lois et coutumes de la guerre sur terre*, dont l'importance sera, au cours de ce

travail, mise en lumière comme il convient, que s'est
produite l'activité de M. de Martens. Président de cette
commission, qui comptait dans son sein des profes-
seurs d'une valeur partout connue et appréciée, tels que
MM. Asser et Renault, le jurisconsulte russe s'est consacré à sa tâche « de cœur et d'âme » et il peut revendiquer « une grande partie du succès final », suivant la
juste expression dont s'est servi le président de la Conférence, M. le conseiller privé Staal, dans la séance du
5 juillet 1899. C'est que M. de Martens retrouvait là une
matière chère à la fois et à son pays et à lui-même.
C'est en effet la Russie qui, en 1874, sur la proposition
de M. de Martens faite au Gouvernement impérial en
1873, prenait l'initiative du projet de réglementation
des lois de la guerre ; et M. de Martens, dès 1878, ana-
lysait le premier les dispositions du projet de Bruxelles.
Il était donc, comme promoteur de la Conférence de 1874,
tout spécialement indiqué pour appuyer de sa haute
autorité doctrinale et présenter au public le *premier
Commentaire des lois et coutumes de la guerre sur terre*,
paru depuis la codification de la Conférence de la Paix.
Il l'a fait d'une façon beaucoup trop élogieuse pour l'auteur, et c'est, en le remerciant bien sincèrement, la
seule réserve qu'il nous permettra de faire au sujet de
la Préface que l'on va lire.

MINISTÈRE DE LA GUERRE

—

5ᵉ Direction

INTENDANCE MILITAIRE

—

RÉPUBLIQUE FRANÇAISE

—

Paris, le 30 juillet 1902.

Le Ministre de la Guerre

à M. Mérignhac, Adjoint à l'Intendance du cadre auxiliaire.

« Monsieur l'Adjoint à l'Intendance,

M. le Général commandant le 17ᵉ corps d'armée m'a rendu compte des bons résultats qu'ont donnés les conférences de droit (international public), que vous avez bien voulu faire aux officiers de la garnison de Toulouse.

Je vous remercie des soins que vous avez mis à faire profiter vos camarades de l'armée active de vos connaissances professionnelles et vous exprime toute ma satisfaction. »

Signé : GÉNÉRAL ANDRÉ.

PRÉFACE

L'éminent auteur de ce livre m'a fait un très grand
honneur, en me demandant d'accepter le rôle de parrain
à l'égard de son nouvel ouvrage et de le présenter à ses
nombreux lecteurs futurs. Je suis flatté de cet agréable
mandat ; et je me réjouis d'avance de l'éclatant succès
qui attend ce nouveau-né dans la grande République des
lettres, où le nom de M. Mérignhac est justement connu
et apprécié. Son traité bien connu de l'*Arbitrage international* et son exposé si lucide des travaux de la *Conférence internationale de la Paix* de La Haye lui ont
valu les suffrages universels.

M. Mérignhac, en ami fidèle du grand œuvre de la
Conférence de La Haye, présente, dans le volume actuel,
une remarquable et consciencieuse étude de la *Convention des lois et coutumes de la guerre sur terre*, élaborée
et signée à cette Conférence. Tous les amis de l'humanité
applaudiront certainement à cette nouvelle tentative de
prouver la valeur pratique de cet acte international, dont
la naissance a été, pour des motifs divers, extrêmement
laborieuse.

Il est curieux de constater que, durant la Conférence
de La Haye et jusqu'à présent, quelques voix isolées se
prononçaient catégoriquement contre la codification des
lois et coutumes de la guerre. On s'est étonné que la
Conférence de la Paix pût s'occuper des matières de la
guerre; on blâmait même l'idée d'en préciser les usages,
parce que, de cette manière, on légitimait, disait-on,
la force elle-même, et on en codifiait les cruautés; on
critiquait enfin cette évocation des désastres de la force
dans l'œuvre sereine et sublime de la paix.

Mais on oubliait, dans ces critiques, que le désir de
voir disparaître la guerre du domaine international ne
suffit pas pour établir la paix permanente. Les nations
n'ont malheureusement point renoncé aux voies de fait
dans la protection de leurs intérêts; et les gouvernements ont constamment en vue la possibilité d'un conflit
international. Dans ces conditions, n'est-il pas raison-
nable de toujours envisager l'éventualité d'une guerre?
Est-ce que le souci des intérêts les plus légitimes de
l'humanité n'impose point à ceux qui en ont la garde de
tâcher de mettre des bornes aux désastres inévitables
des opérations militaires? Est-ce que les esprits les plus
généreux et les plus idéalistes ne devraient pas souhaiter, de toutes les forces de leur âme, de voir diminuer
le plus possible les malheureuses victimes de la guerre,
s'il n'est pas permis d'établir le règne de la paix et de la
concorde entre les nations!

Il nous paraît que tous les vrais amis de la paix et de
la confraternité entre les peuples devraient s'unir pour
garantir, même en temps de guerre, le triomphe de
l'*Humanité* et du *Droit*. Nous restons profondément
convaincu que, si la *Paix* est le but idéal de tous les

amis de l'humanité, ce n'est que par le respect du *Droit*
que ce but pourra être atteint. Plus le respect du *Droit*
sera un fait réel dans le domaine international et moins
souvent surgiront des conflits entre les Etats ; moins
cruels aussi seront les effets des opérations des belligérants.

Tel est le but humanitaire et sublime qu'ont poursuivi
les délégués des puissances réunies à La Haye, en
signant la *Convention concernant les lois et coutumes
de la guerre sur terre*, qui est principalement étudiée
et vulgarisée dans le beau livre de M. Mérignhac. Si la
Convention relative au *Règlement pacifique des conflits
internationaux*, également signée à la même date à La
Haye, a pour but de prévenir les guerres, celle qui a
trait aux *Lois et coutumes de la guerre* a pour objet de
limiter, au nom de l'humanité et de la miséricorde, les
conséquences cruelles et barbares du déchaînement de
la force brutale. Les deux actes internationaux du
29 juillet 1899 sont donc liés organiquement dans leur
naissance et dans leurs destinées futures.

En effet, les amis de l'arbitrage international consta-
tent avec douleur la répugnance de quelques Etats à
s'adresser à la Cour permanente d'arbitrage de La Haye ;
et les partisans de la Convention sur les lois et coutumes de la guerre sont bien forcés de s'apercevoir
que les gouvernements opposent une égale résistance au
sujet du Règlement issu de cette convention. En vertu
de l'article premier de la Convention précitée, les puissances contractantes se sont obligées à donner « à leurs
forces armées de terre des instructions qui seront conformes au *Règlement concernant les lois et coutumes de
la guerre sur terre*, annexé à la présente Convention. »

Eh bien, plus de trois ans se sont écoulés depuis la signature de la Convention, et quels sont les Gouvernements qui ont rempli cet engagement d'honneur ? Nous regrettons d'être obligé de dire que seulement quelques-uns ont publié les instructions promises sur la base du Règlement de la Haye. Nos regrets sont d'autant plus vifs qu'en notre qualité de Président de la seconde Commission de la Conférence de La Haye, qui était chargée d'élaborer ce Règlement, nous avons commis une grande faute en n'insistant pas sur la nécessité de fixer un terme précis pour la mise à exécution de l'engagement pris.

Et pourtant, tous les effets bienfaisants de la Convention sur les lois et coutumes de la guerre sur terre dépendent absolument de la connaissance exacte de ces lois et coutumes de la part des forces armées. Si la Convention reste dans les archives diplomatiques et si les armées ne sont pas, *en temps de paix*, préparées par des instructions détaillées conformes au Règlement, à l'observation des lois et coutumes de la guerre, l'engagement pris à la Conférence de la Paix restera inévitablement lettre morte, et le but élevé qui a été poursuivi ne sera nullement atteint. Il est vraiment temps que les instructions promises par les Gouvernements voient la lumière du jour et entrent dans le cadre de l'enseignement obligatoire des établissements d'instruction militaire, ainsi que dans l'instruction militaire du soldat. On ne saurait, à ce point de vue, trop louer l'initiative prise en France, par M. Mérignhac dans ses conférences aux officiers du 17e corps d'armée, et l'encouragement si flatteur et si mérité qui lui a été donné par les pouvoirs publics.

Puisse le livre de l'éminent professeur de l'Université de Toulouse rappeler aux gouvernements l'engagement solennellement pris à la Conférence de La Haye. Puisse-t-il trouver l'accueil mérité chez tous les amis de l'*Humanité* et du *Droit* dans le domaine des relations internationales.

Saint-Pétersbourg, février 1903.

F. DE MARTENS.

INTRODUCTION

La Conférence de La Haye de 1899 a fait faire au droit
des gens en temps de guerre un progrès considérable.
Elle a, en effet, sur un grand nombre de points, transformé en règles fixes et définitivement codifiées des coutumes plus ou moins vagues et incertaines Or c'est surtout en cas de guerre, en présence de cet état de choses
où la violence va se donner libre carrière, qu'il importe
de prévoir les excès possibles, pour les réprimer par
avance, et de discipliner la force sous l'égide du droit. La
codification de La Haye n'est sans doute point intégrale,
car elle a laissé subsister une grande partie du droit
coutumier et conventionnel antérieur ; elle n'est pas
davantage définitive, puisque les délégués réunis dans le
palais des princes d'Orange ont émis le vœu que d'autres conférences vinssent continuer et parachever leur
œuvre. Mais, telle qu'elle se présente à nous, incomplète
et inachevée, la codification de La Haye n'en reste pas
moins le monument le plus important des lois de la
guerre contemporaine ; et c'est d'elle qu'il conviendra
de s'inspirer principalement à l'avenir, tout en la complé-

tant soit par les autres documents internationaux encore
en vigueur soit par les principes du droit international
coutumier.

Constituant désormais la partie fondamentale du droit
de la guerre, l'œuvre de La Haye doit être non seulement connue et étudiée par ceux que le droit international intéresse au point de vue purement spéculatif, mais
encore largement répandue et vulgarisée. Cette vulgarisation apparaît comme indispensable, soit pour le grand
public qui ne connaît que très imparfaitement, quand
même il la connaît, la nouvelle codification, soit surtout
pour ceux qui sont appelés à l'appliquer, à un titre quelconque, en temps de guerre (1).

Les délégués des puissances réunies à La Haye ont
exercé leur activité dans un double ordre d'idées. Ne
pouvant arriver à réaliser le vœu du Tsar Nicolas II, promoteur de la Conférence, en endiguant le flot montant
des armements à outrance qui menacent de ruiner l'Europe, ils ont essayé, tout au moins, soit de prévenir la
guerre par l'emploi des voies pacifiques, soit de l'humaniser le plus possible quand elle devient inévitable. Tout
le programme de la Conférence de 1899 qui, dès ses premières réunions, a été dénommée, à raison de son ca-

---

(1) Voir sur la Conférence de La Haye le volume que nous avons
publié à Paris en 1900 sous le titre : *La Conférence internationale
de la paix* ; étude historique, exégétique et critique des travaux
et des résolutions de la Conférence de La Haye de 1899, avec une préface de M. Léon Bourgeois, premier délégué de la France à la Conférence de La Haye. Consulter également l'ouvrage de M. F. de Martens,
intitulé : *La Paix et la Guerre*, publié en 1901, pp. 119 et s. et le
commentaire de M. G. de Lapradelle dans la *Revue générale de droit
international public*, 1899, t. VI, pp. 651 et s. Conf. Pillet, dans la
2ᵉ éd. des *Lois actuelles de la guerre*, 1901, pp. 449 et s.

ractère humanitaire: *Conférence de la Paix,* peut donc
se résumer dans la phrase de Montesquieu: « se faire
dans la paix le plus de bien et dans la guerre le moins de
mal possible (1) ». Au second des points de vue visés
par Montesquieu, le seul qui doive nous occuper ici, la
Conférence, dans le but d'atténuer autant que possible les
excès et les maux de la guerre, a voté une *Convention
concernant les lois et coutumes de la guerre sur terre,*
ainsi que trois *Déclarations* dont il sera ci-après question; ces actes portent la date du 29 juillet 1899. En ce
qui concerne la Convention précitée, les plénipotentiaires
n'ont point agi comme on agit d'habitude dans la pratique
internationale, comme, par exemple, les choses se sont
passées à propos des trois déclarations dont il vient d'être
parlé, aussi bien que des autres Conventions votées à La
Haye au sujet de la Croix-Rouge maritime et du Règlement pacifique des conflits internationaux. Au lieu de
décréter que ladite convention serait directement et immédiatement obligatoire, les puissances ont préféré
englober les dispositions votées dans un *Règlement* annexe à la Convention, et dont l'observation sera imposée
aux forces armées de terre des contractants, par des instructions d'ordre intérieur. Cette manière d'agir, dérogatoire au droit commun, est-elle à l'abri de toute critique ? D'aucuns ne l'ont point pensé et ont cru que les
puissances signataires pourraient peut-être être tentées
de modifier, dans les instructions données à leurs troupes, le sens et l'esprit de la Convention, tout en en respectant les apparences, en sorte que les principes arrêtés
en commun risqueraient ainsi d'être facilement déna-

(1) *Esprit des Lois,* L. Ier, ch. III.

turés dans l'application qui en serait faite (1). Cette
crainte ne semble pas fondée. On a fait observer avec
raison que le *Règlement* est tout aussi obligatoire que la
Convention, en comparant l'un et l'autre à l'acte constitutif d'une société et aux statuts qui en règlent le fonctionnement. De même que la société s'impose, avec les
statuts qui la régissent, aux associés, pendant toute la
durée du pacte social, de même le Règlement de La Haye
obligera les signataires de la Convention tant que celle-ci
restera en vigueur (2).

Pourquoi les puissances représentées à La Haye ont-
elles modifié, comme il vient d'être dit, le mode de procéder habituel des rapports internationaux? C'est en
vertu d'une opinion qui a fini par triompher dans la
Conférence, et suivant laquelle la matière se prêtait difficilement à une convention proprement dite. S'agissant,
en effet, de donner des ordres aux forces armées des
divers États, de déterminer comment elles devaient se
conduire en temps de guerre et de quels actes elles
auraient à s'abstenir, il a semblé préférable que chaque
gouvernement intervînt d'une manière directe. D'autre
part, on le verra, des discussions très vives se sont élevées entre les représentants des grandes et des petites
puissances, ces dernières estimant que le vaincu ne
devait point reconnaître par avance au vainqueur le
droit de commander sur le territoire occupé, d'y lever

(1) Pillet, *loc. cit.*, p. 453.
(2) Conf. Politis, *Revue générale de droit international public*, 1902, t. IX, p. 154. Voir toutefois l'observation très exacte que
fait, à ce point de vue, M. de Martens dans la préface, sur la nécessité
d'impartir un délai pour la mise à exécution de l'engagement pris,
pp. VII et VIII.

des impôts, d'y exiger certaines prestations et une certaine obéissance ; que, si les habitants du pays occupé pouvaient, le cas échéant, être punissables pour l'accomplissement d'actes de résistance funestes à l'envahisseur, mieux valait que ce ne fût pas, tout au moins, en vertu d'un acte émané de leur propre gouvernement (1).

Pour tenir compte des préoccupations qui précèdent, on a, quant au fond, ainsi que nous aurons occasion de le remarquer en diverses circonstances, soigneusement évité, dans la rédaction des textes du *Règlement*, tout ce qui pourrait être envisagé comme la consécration de la force par le droit. Et, dans la forme même, on a cru devoir donner une dernière satisfaction, en ne promulguant point directement les nouvelles dispositions législatives sur le droit de la guerre, et en confiant aux pouvoirs internes compétents la mission de les porter à la connaissance des troupes par des instructions conformes. « Chaque État, est-il dit au *Rapport de la délégation française*, dans la plénitude de sa souveraineté, restreint dans certaines limites, pour le cas où il serait en guerre, l'action de ses forces militaires dans ses rapports avec les forces ennemies ou avec la population du territoire envahi. Il donnera à ses armées des instructions conformes aux règles adoptées. Le *Règlement* ne constitue donc, pas plus en la forme qu'au fond, la reconnaissance d'un droit proprement dit au profit du vainqueur ou de l'envahisseur... » (2).

(1) Mérignhac, *Conférence internationale de la Paix*, § 84.
(2) *Rapport de la délégation française de La Haye au ministère des affaires étrangères*. Paris, Imprimerie nationale, MCCCXCIX, p. 21.

Pour se conformer au procédé définitivement adopté, les chefs d'Etat qui ont ratifié la Convention concernant les lois et coutumes de la guerre sur terre, ainsi que le *Règlement* annexe à cette convention, ont, par des actes officiels internes, décidé que ce *Règlement* serait exécuté comme loi de l'Etat dans les rapports avec les puissances contractantes. C'est ce qu'à fait le Président de la République française par décret du 28 novembre 1900. En conformité de ce décret, le Ministre de la guerre, dans une notification du 16 juillet 1901, a prescrit l'exécution par les armées de terre, en cas de guerre, et à charge de réciprocité, du *Règlement concernant les lois et coutumes de la guerre sur terre et des trois Déclarations*. La décision ministérielle ajoute les dispositions suivantes : « Il sera, dans les mêmes circonstances, tenu compte des mêmes actes dans l'application des autres règlements militaires et notamment : du règlement et de l'instruction sur le service des étapes ; du règlement sur le service dans les places de guerre ; du décret et de l'instruction sur les prisonniers de guerre ; de l'instruction sur le service de la gendarmerie en campagne ; du règlement sur le service de santé en campagne. Dans les mêmes circonstances, pour l'application du Code de justice militaire, les autorités militaires auront à tenir compte, dans la délivrance des ordres d'informer et de mise en jugement à l'égard des étrangers, des dispositions de la convention relative aux lois et coutumes de la guerre définissant les individus à considérer comme belligérants, prisonniers de guerre et espions » (1).

---

(1) *Bulletin officiel* du ministère de la guerre, partie réglementaire, année 1901, 2ᵉ volume, p. 353, classement vol. nᵒ 59 du recueil du *Bulletin officiel* refondu.

Les détails qui précèdent indiquent suffisamment la principale des raisons de la publication du présent ouvrage. La codification de la Haye dépasse de beaucoup, comme ampleur, les précédentes conventions internationales demeurées du reste en vigueur à côté d'elle : déclaration de Paris de 1856 ; convention de Genève de 1864 ; déclaration de Saint-Pétersbourg de 1868. Il paraît donc indispensable de consacrer à cet instrument diplomatique, prépondérant dans le droit de la guerre, le commentaire détaillé qui n'a point encore été écrit (1). Nous avons obéi, en second lieu, au désir d'aider à la vulgarisation si nécessaire des actes de La Haye concernant le droit de la guerre sur terre. Les gens éclairés de tous les pays, qui peuvent utilement influencer l'opinion publique, ont tout intérêt à connaître ces actes, ne serait-ce que pour pouvoir répondre, le cas échéant, aux critiques et aux attaques des ignorants ou des malintentionnés. Mais il faut surtout que, dès le temps de paix, ceux qui devront porter plus tard la lourde responsabilité de l'application des lois de la guerre, soient mis à même de bien les étudier, de bien les connaître et d'enseigner à leurs subordonnés ce que ceux-ci en doivent savoir. Nous avons enfin été influencé par un dernier mobile qui n'a peut-être pas été le moins puissant de tous. Trop souvent certains commentaires des lois de la guerre publiés avant la Conférence de la

(1) Les ouvrages d'ensemble sur la Conférence de la Paix, que nous avons cités à la première note de l'introduction de cet ouvrage, n'ont pu nécessairement que donner des vues générales sur les décisions de la Conférence relatives au droit de la guerre. Voir notamment ce que nous en avons dit nous-même aux §§ 79 et s. de la *Conférence de la Paix*.

paix ont interprété avec une dureté excessive le droit
coutumier ou conventionnel existant et essayé de justifier, par des raisonnements plus ou moins juridiques,
les écarts de la force dans les guerres antérieures. Nous
faisons principalement allusion ici à la fameuse distinction entre la *loi* et la *raison* de la guerre (*Kriegsmanier* et *Kriegsraison*), grâce à laquelle on en arrive,
en réalité, à supprimer tout droit de la guerre (voir
§ 78). Or il nous a paru que c'était plutôt dans le sens
de la mansuétude et de l'humanité, et en même temps
de la justice, qu'il convenait d'orienter l'interprétation
des nouvelles dispositions législatives sorties de la Conférence de La Haye, et qu'il y avait là une occasion de
protester contre des maximes contenant en elles la
négation de toute idée de droit. Non qu'il faille, à notre
avis, en semblable matière, verser dans la sentimentalité
ou édifier des théories trop abstraites que rejetteraient
fatalement les esprits nets et précis des chefs militaires ;
mais autre chose est énerver la loi de la guerre et en
rendre l'application impossible, autre chose l'interpréter
dans un esprit libéral et humanitaire. Les délégués
réunis à La Haye ont, du reste, clairement manifesté
leurs intentions à ce sujet. Sur l'invitation du chef de
la délégation française, M. Léon Bourgeois, appuyé
par la délégation russe, interprète des intentions de son
souverain, ils ont voté une résolution aux termes de
laquelle « la réduction des charges militaires qui pèsent
actuellement sur le monde est grandement désirable
pour le bien-être matériel et moral de l'humanité ». Ils
n'ont pu aller au-delà de cette résolution platonique ;
mais les discussions transmises par les procès-verbaux
montrent bien que l'esprit philanthropique qui avait

dicté la résolution précitée, inspirait la suite de leurs travaux. On sera donc tout à fait d'accord avec leurs intentions certaines en interprétant le résultat de ces travaux dans le même esprit.

Tels sont les motifs divers auxquels est due la publication du présent ouvrage, dont les lignes qui précèdent indiquent les tendances et la raison d'être. Nous avons essayé, autant que possible, de placer en regard de nos idées personnelles celles des juristes des divers pays qui représentaient déjà, avant la conférence de La Haye, les opinions les plus autorisées au point de vue du droit de la guerre, et dont les travaux ont préparé et facilité la codification nouvelle. Le lecteur pourra ainsi comparer les tendances de l'école française avec celles des écoles allemande, américaine, anglaise, autrichienne, espagnole, italienne et russe, pour ne citer que les principales, et suivre, à travers les manifestations des individualités privées, l'incessante élaboration du droit international commun. Puisse le présent livre aider, à son tour, à cette élaboration si nécessaire et produire, d'autre part, dans les milieux civils et militaires, mais surtout dans ces derniers, le but que nous avons cherché avant tout à atteindre, en essayant de faire passer dans l'esprit des belligérants de l'avenir, la notion indispensable du respect de la vie, de l'honneur et des biens des non combattants, la nécessité de s'abstenir des actes cruels et perfides qui ont déshonoré les guerres du passé, en tâchant d'endiguer autant que possible les excès de tout genre que déchaîne forcément le terrrible fléau, dont l'éventualité sans cesse menaçante pèse d'un poids si lourd sur les destinées de l'Humanité !

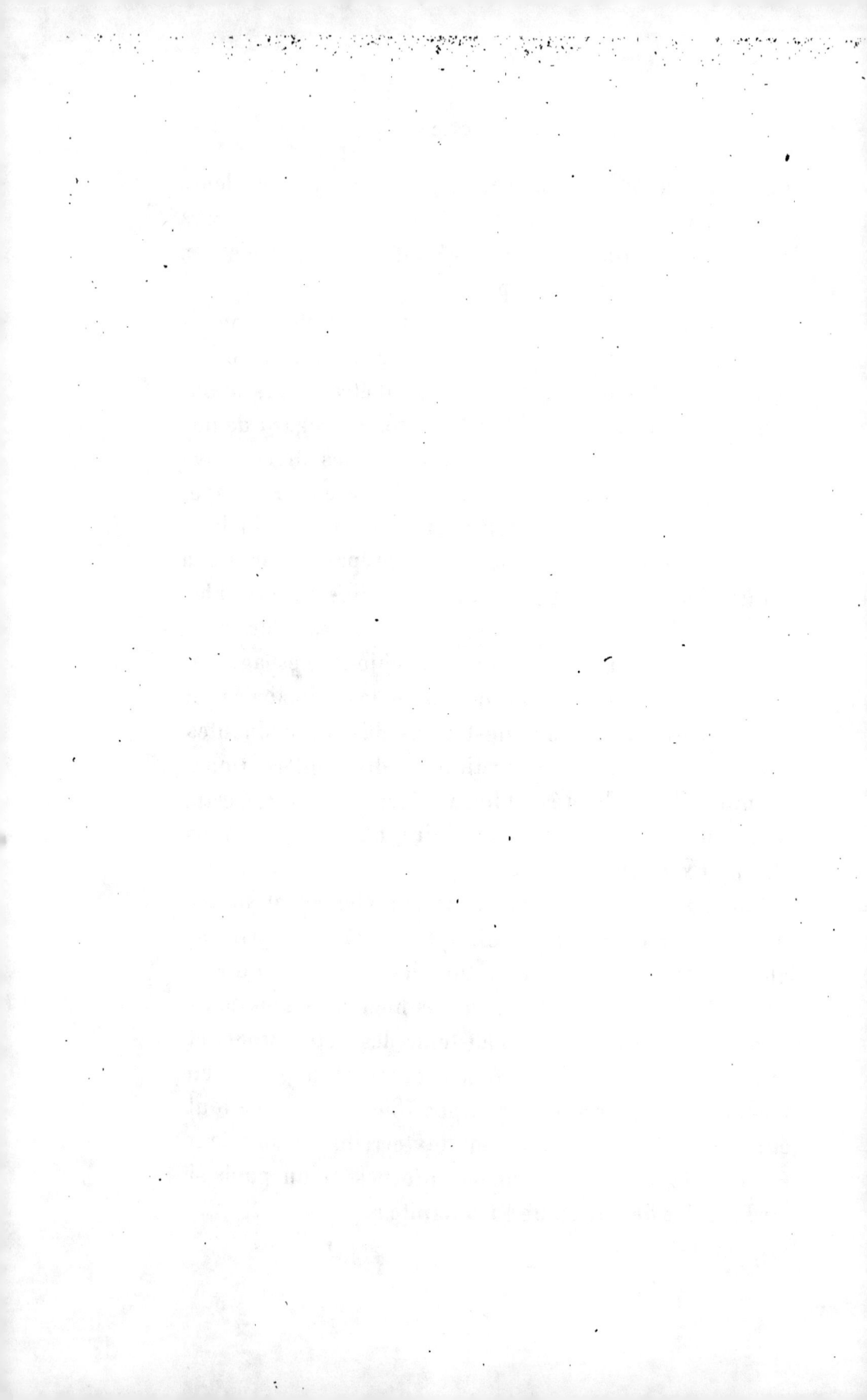

PROLÉGOMÈNES

——

1. Entre particuliers d'un même Etat, il est interdit de se faire justice soi-même et toutes difficultés doivent être tranchées par des pouvoirs internes
spécialement préposés à la solution des litiges. Entre
Etats, il n'en saurait être de même, car les Etats sont
souverains, autonomes, et n'ont pas de supérieur commun. Dans leurs rapports respectifs, il n'existe point de
juridiction suprême devant dire le droit, comme les
tribunaux internes statuent vis-à-vis des nationaux. La
guerre devient donc, en certains cas, la sanction nécessaire. Toutefois, à raison des maux incalculables qu'elle
cause, de la perturbation excessive qui en résulte, des
violences qui vont se produire en l'absence de tout pouvoir modérateur, la guerre constitue la dernière ressource ; et l'on ne doit y recourir qu'en présence d'une
nécessité inéluctable et de l'échec de tous les moyens de
conciliation. Alors la légitime défense, le souci de la
conservation de soi-même, l'obligation de sauvegarder
le territoire national et les intérêts essentiels du pays
imposeront le recours aux armes, jusqu'au jour où sera
établie la juridiction internationale protectrice des inté-

rêts de tous, et dont les premières bases ont été jetées
par la conférence de La Haye de 1899, sur l'œuvre générale de laquelle nous allons insister un peu plus loin.

2. Il est donc des cas, en l'état actuel des choses, où
la *Force* peut et doit se mettre au service du *Droit* ; il
est des guerres *justes*, que seules le droit des gens
autorise, qui seules sont justifiées, après un inutile
appel aux voies pacifiques, par le souci de la conservation des droits essentiels du pays. Pour être juste, la
guerre se limitera, en outre, à la mesure indispensable.
Envisagée comme moyen de légitime défense, il faut
qu'elle se proportionne à l'attaque, qu'elle ne dépasse
pas le but et ne devienne point le prétexte d'exigences
ambitieuses tout à fait en opposition avec le mobile qui
l'a fait entreprendre.

Pour les raisons que nous venons d'exposer, le droit
international n'admet que les guerres *défensives*. Mais
on remarquera, d'accord avec les données de l'expérience, qu'une guerre sera quelquefois, au fond des
choses, défensive, bien que celui qui l'entreprend ait
commencé les hostilités. On peut être amené à prendre
les devants en présence d'une agression imminente, que
fait prévoir, par exemple, une concentration menaçante
de troupes sur une frontière. En ce cas, si des explications satisfaisantes sont refusées, si le retrait des troupes
réclamé ne se produit pas, la guerre, offensive en apparence, est défensive en réalité (1). La guerre est donc
défensive non à raison du fait matériel de l'agression,
mais en suite du mobile qui l'a inspirée.

(1) Le président Krüger ne commença les hostilités contre l'Angleterre qu'après avoir vainement demandé, dans un ultimatum du

3. La guerre, telle que nous la comprenons aujour-
d'hui, ne ressemble nullement aux guerres anciennes.
En présence des grandes armées permanentes de notre
époque et des armements à outrance qui se sont surtout
développés depuis la guerre franco-allemande, a prévalu
l'idée actuellement indiscutée que la guerre est exclusivement un rapport d'Etat à Etat (1), idée fertile en conséquences de toute sorte et qui domine tout le droit de la
guerre contemporaine. Il en résulte qu'il n'y a plus que
des guerres *publiques*, alors qu'autrefois existaient les
guerres *privées*, s'exerçant principalement entre suze-
rains et vassaux. Ces dernières guerres qui ont ensan-
glanté le Moyen Age et, dans une certaine mesure,
les Temps Modernes, que l'Eglise et la Royauté s'effor-
cèrent d'entraver par tous les moyens, ne se compren-
draient plus actuellement, soit à cause du développement du pouvoir central de l'Etat, soit à raison des
grandes armées actuelles. Plus nous irons et plus la
lutte, en présence des formidables masses de combattants qu'elle met en mouvement, exigera une discipline
de fer dans l'intérêt de toutes parties, sous peine d'en
revenir aux excès des invasions anciennes et aux mœurs
des peuplades. primitives. Or seuls les pouvoirs publics
d'un pays sont en mesure de l'imposer.

11 octobre 1899, le retrait des troupes anglaises concentrées sur la
frontière du Natal.

(1) « La guerre, avait déjà dit Rousseau, pour battre en brèche
l'odieuse pratique de l'esclavage à suite de captivité, n'est point une
relation d'homme à homme, mais une relation d'Etat à Etat. » *Contrat social*, L. I, ch. IV. « La guerre, a répété Portalis, dans la
séance d'inauguration du Conseil des prises, du 14 floréal an VIII,
la guerre est une relation d'Etat à Etat et non d'individu à individu. » Conf. Dudley-Field, *Projet d'un Code international*, traduction française, Rolin, 1881, art. 705.

4 De ce que la guerre est devenue un rapport d'Etat
à Etat, il résulte encore que nous n'avons point à nous
préoccuper, dans les explications qui vont suivre, des
guerres *civiles*, c'est-à-dire des luttes qui éclatent entre
le pouvoir établi et l'insurrection. En principe, un Etat
ne doit point s'immiscer dans les affaires d'un autre. Si
donc une insurrection éclate chez un tiers, une puissance
n'est autorisée à intervenir pour aucun motif, par exemple, pour maintenir ou rétablir la constitution, assurer
l'ordre troublé, empêcher les excès de toute sorte, à
moins que le souci de sa propre sécurité ne transforme
l'intervention devenue licite en droit et peut-être en
devoir.

L'Etat doit ignorer, par suite, le conflit qui s'est produit dans le pays voisin entre les pouvoirs publics et l'insurrection. Toutefois, à côté du principe, la pratique
admet, dans des circonstances déterminées, les groupes
insurgés contre l'autorité à jouir des prérogatives que
le droit international réserve d'ordinaire aux seuls pouvoirs souverains. On leur reconnaît alors la qualité de
belligérants, et on les traite en conséquence. Une fois
la guerre terminée, ces groupes, ou, victorieux, se subs-
tituent à l'ancien souverain, ou, vaincus, rentrent dans
l'obéissance due au pouvoir central vainqueur (1).

5. Pour que la belligérance soit ainsi reconnue aux
partis insurgés il faut, d'après la majorité des publicistes, que ces partis aient une organisation de fait et des

(1) Conf. sur ces points : Carlos Wiese, *Le droit international
appliqué aux guerres civiles*, 1898, pp. 4 et s.; Bluntschli, *Le droit
international codifié*, traduction française, Lardy, 1886, sur
l'art. 512 ; Holtzendorff, *Eléments de droit international public*,
traduction française, Zographos, 1891, § 60.

forces militaires suffisantes, qu'ils observent, dans les hostilités, les lois de la guerre et qu'ils croient, de bonne foi, lutter pour la défense des intérêts publics méconnus par le pouvoir établi. A cet égard, Bluntschli oppose les brigands et pirates, qui, si fortement équipés et organisés qu'ils soient, ne constituent jamais que des bandes de malfaiteurs, aux insurgés agissant dans un but *politique*, tels que les Etats du Sud lors de la guerre de sécession américaine (1).

6. La question de savoir si la belligérance doit être ou non reconnue dans les guerres civiles est, on le conçoit, question de fait. Ainsi, en 1864, le gouvernement français crut devoir, pour défaut d'organisation suffisante, dénier la qualité de belligérants aux insurgés polonais ; et les Etats-Unis qui, en 1869, avaient refusé aussi cette qualité aux insurgés cubains pour le même défaut d'organisation, leur ont, au contraire, attribué les privilèges de la belligérance lors de la dernière guerre hispano-américaine. Aucun Etat, du reste, n'a consenti à imiter la conduite du gouvernement de Washington.

7. Quoi qu'il en soit, en présence de la formation d'un gouvernement révolutionnaire, les autres Etats, souverainement juges du point de savoir s'ils doivent ou non accorder la reconnaissance de la belligérance, ne doivent pas trop se hâter, de peur de s'exposer à des réclamations et à des responsabilités. Ainsi les Etats-Unis, lors de la guerre de sécession reprochèrent au cabinet de Londres d'avoir reconnu prématurément la qualité de belligérants aux Sudistes. Plus prudentes, les

1) *Loc. cit.*, art. 513. Conf. à propos de la guerre civile du Chili, Geffcken dans la *Revue de droit international et de législation comparée*, t. XXIII, 1891, pp. 277 et s. ; Wiese, *loc. cit.*, p. 22.

puissances, en présence de la dernière révolution brésilienne, n'ont point consenti à accorder les droits de la belligérance aux forces insurgées (1).

La reconnaissance émane, s'il y a lieu, d'une décision formelle des pouvoirs chargés des relations internationales dans l'Etat concédant ; elle se produit généralement par des proclamations de neutralité semblables à celles dont nous parlerons plus tard au § 164. Elle peut aussi résulter d'un décret de l'exécutif qui est ensuite communiqué par la voie diplomatique aux autres puissances (2). Les Etats ayant reconnu la belligérance doivent garder une attitude strictement neutre entre les insurgés et le pouvoir existant ; une conduite opposée provoquerait peut-être de lourdes responsabilités, comme l'Angleterre en fit l'épreuve, vis-à-vis des Etats-Unis, dans le mémorable arbitrage de Genève (3). Et c'est à juste titre qu'à son tour la Grande-Bretagne, en 1865 et 1870, formula contre les Etats-Unis les plaintes les plus énergiques, quand les Fénians firent ouvertement, sur le territoire de l'Union, les préparatifs d'une expédition destinée à envahir le Canada (4).

En résumé, la reconnaissance de la belligérance dans les guerres civiles a pour effet de faire appliquer, par le neutre, à l'égard des deux parties en présence, les lois

(1) *Revue générale de droit international public*, t. I, 1894, pp. 54 et 161.

(2) Wiese, *loc. cit.*, p. 32.

(3) Conf. sur l'affaire de l'Albama et la sentence arbitrale du tribunal de Genève, notre *Traité théorique et pratique de l'arbitrage international*, publié en 1895, récompensé, en 1897, par l'Académie des sciences morales et politiques, § 64 et s. et la bibliographie de la note 1 à la page 64.

(4) Wiese, *loc. cit.*, p. 178.

générales de la guerre, sans qu'il lui soit permis de
s'immiscer dans l'appréciation des droits respectifs en
opposition, sans qu'il reconnaisse en quoi que ce soit
l'existence d'un nouvel État ou d'un nouvel ordre de
choses. C'est la constatation d'une situation de fait
essentiellement provisoire et subordonnée à l'issue définitive du conflit engagé (1).

8. Lorsque la guerre devenue inévitable a éclaté, il
peut paraître paradoxal, au premier abord, de parler, en
ce qui la concerne, de *lois* et de *droit*, puisque la force et
la violence qui se donnent libre carrière quand deux
puissances entrent en lutte, sont la négation même de
l'idée de droit. Dans certains cas cependant, le droit et
la force ne peuvent pas être en conflit, car, si les guerres
justes sont trop souvent l'exception, elles n'en existent
pas moins, notamment, comme on l'a vu, quand un
peuple se défend contre des agressions injustifiées.
D'autre part, on conçoit fort bien que, même en présence du déchaînement de la force brutale, on songe à
créer une doctrine internationale destinée à présider aux
rapports nécessaires qui s'établissent entre les ennemis
les plus acharnés, à limiter, à atténuer et à localiser dans
la mesure du possible les atrocités guerrières, à sauvegarder dans la même mesure la bonne foi entre les
belligérants. A toutes les époques, même lorsque la
guerre était l'état à peu près ordinaire des relations
internationales, des philanthropes ont essayé d'imposer
un frein aux excès dont elle est la cause. Grotius, le
premier, dans un célèbre traité du *Droit de la guerre
et de la paix* publié, pour la première fois, à Paris,

(1) Pillet, *loc. cit.*, § 11.

en 1625, a coordonné en un corps de doctrines les préceptes isolés de ses prédécesseurs. Mais les réserves qu'il apporte au droit absolu des belligérants, apparaissent dans son œuvre plutôt comme rentrant dans le domaine de la conscience que dans celui du droit proprement dit. A partir du xviiie siècle, au contraire, la guerre s'humanise et Vattel, dans son ouvrage sur le *Droit des Gens*, n'hésite pas à déclarer obligatoire la plupart des règles que Grotius et ses contemporains considéraient comme facultatives.

9. Avec les idées modernes, les doctrines de Vattel sont entrées dans le domaine de la réalisation pratique. Et, de nos jours, les théoriciens du droit international n'hésitent pas à consacrer au droit de la guerre, soit des ouvrages spéciaux, soit une partie de leurs œuvres générales ou des projets de codification par eux élaborés sur l'ensemble du droit des gens (1). L'Institut du droit international, à la session d'Oxford, en 1880, a réuni les opinions les plus autorisées et a tracé, sous la rubrique de : *Manuel des lois de la guerre sur terre et sur mer*, une série de règles très sagement pensées et très clairement écrites qui font de sa codification le modèle du genre (2).

Certains chefs d'Etat ont senti le besoin de dresser, pour leurs armées en campagne, des règlements de nature à guider ces dernières relativement à la conduite

---

(1) Conf. les ouvrages de codification internationale de Bluntschli, Dundley-Field, Fiore, Domin-Pétrushevecz, que nous aurons l'occasion de citer fréquemment par la suite.

(2) *Annuaire de l'Institut*, t. V, 1882, p. 150 ; *Tableau général des travaux de l'Institut*, dressé par le secrétaire général M. Lher ; Paris, 1893, pp. 170 et s.

à tenir dans les opérations militaires. Le monument le plus remarquable que l'on puisse citer à cet égard, consiste dans les *Instructions pour le gouvernement des armées des Etats-Unis en campagne*, rédigées en 1863, lors de la guerre américaine de sécession, par le jurisconsulte Francis Lieber, à l'instigation du président Lincoln. Depuis, un certain nombre de gouvernements ont généralisé ce procédé et élaboré, dès le temps de paix, pour le cas de guerre, des instructions et règlements à appliquer par les forces armées en cas de conflit. De même, des recueils ont été publiés pour les armées des diverses puissances, dans lesquels sont condensés les principes admis d'un commun accord (1).

10. Il était à souhaiter que l'on finît par en arriver à une entente internationale, au moins sur les points importants du droit des gens susceptibles de créer, dans l'application, le plus de difficultés en temps de guerre. La première réalisation vraiment appréciable de cette entente générale apparaît dans la déclaration du congrès de Paris de 1856 concernant le droit international maritime. Ensuite interviennent la convention de Genève du 22 août 1864 sur le service hospitalier et la déclaration de Saint-Pétersbourg du 29 novembre-11 décembre 1868 (2), prohibant les projectiles de petit calibre explosibles ou chargés de matières fulminantes ou inflammables.

Déjà, à l'époque de cette dernière déclaration, le

---

(1) Conf. spécialement pour la France l'excellent petit *Manuel de droit international à l'usage des officiers de l'armée de terre*, dont la 3e édition a été publiée à Paris en 1884.

(2) Voir sur cette conférence, l'ouvrage de M. F. de Martens, intitulé : *La Paix et la Guerre*, 1901, p. 87 et s.

besoin d'une réglementation générale commençait à se faire sentir ; et le délégué français proposait de légiférer au sujet d'un certain nombre d'autres points admis d'un commun accord par les nations civilisées. Mais l'Angleterre, ainsi qu'on le verra au § 82, opposa un refus formel, craignant de se lier les mains pour l'avenir, en sorte que les puissances durent se borner à insérer, dans la déclaration, un article final où il était dit qu'elles se réservaient de s'entendre ultérieurement au sujet des propositions qui pourraient être suggérées dans le but de « concilier les nécessités de la guerre avec les lois de l'humanité ». En 1872, au rapport de M. Morin, conseiller à la Cour de cassation de France, auteur d'un traité sur les *lois de la guerre* (1), on songeait à réunir un congrès européen dans le but d'interdire certains procédés nouveaux de guerre en désaccord avec « la civilisation et l'honneur militaire ».

Deux ans après, la Russie, reprenant sa généreuse initiative de 1868, proposa la réunion d'une conférence internationale, dont le mandat ne se limiterait pas à tel ou tel point déterminé, mais qui serait chargée de codifier l'ensemble des lois de la guerre terrestre. Cette conférence se réunit à Bruxelles en juillet et août 1874, et élabora un projet de déclaration internationale en cinquante-six articles, signée le 27 août (2). Ce projet ne put aboutir pour des causes diverses, dont la principale fut la résistance soit des petits États redoutant de se voir enlever, par une réglementation trop minutieuse des lois

_____

(1) *Les lois relatives à la guerre selon le droit des gens moderne, le droit public et le droit criminel des pays civilisés*, 1872, t. I, p. 365.

(2) On consultera les protocoles de la Conférence de Bruxelles

de la guerre, toute force de résistance, soit de l'Angleterre qui garda la même attitude qu'en 1868 (1).

11. La déclaration de Bruxelles était donc restée à
l'état de projet; et ce qu'on appelait depuis: *les lois de la
guerre* ne constituait, en somme, qu'un droit coutumier,
si l'on fait exception pour les points spéciaux qui avaient
fait l'objet de conventions formelles, telles que la déclaration du congrès de Paris et les conventions de Genève
et de Saint-Pétersbourg. Les prescriptions délibérées en
1874 n'obligeaient point les Etats et étaient dépourvues
de sanction, tout en ayant pourtant une haute autorité
de raison, qui, en pratique, les destinaient à servir de
règles dirigeantes internationales et à inspirer la plupart des manuels rédigés dans les divers pays pour les
armées en campagne (2). Le but poursuivi par la déclaration de Bruxelles est très nettement indiqué dans le
procès-verbal final du 27 août 1874, par lequel la conférence terminait et résumait ses travaux. On y lit notamment ce qui suit: « Il a été unanimement constaté que
le seul but légitime que les Etats doivent se proposer
durant la guerre, c'est d'affaiblir l'ennemi sans lui infliger de souffrances inutiles. Mais, si ces principes ont

dans la publication intitulée : *Actes de la Conférence de Bruxelles
de 1874, sur le projet d'une convention internationale concernant la guerre.* Paris, Librairie des publications législatives,
A. Wittersheim et Cie, 1874. Conf., sur la Conférence de Bruxelles,
l'ouvrage précité de M. de Martens, pp. 99 et s.

(1) Conf. sur l'attitude de l'Angleterre en 1874, la *Revue des Deux-
Mondes*, 1875, VIII, pp. 465 et s.

(2) Mentionnons, en dehors du manuel français déjà cité, le manuel publié lors de la guerre turco-russe avec l'autorisation du
général Milioutine, ministre russe de la guerre, manuel qui fut
répandu, sous forme de brochure, dans l'armée. Citation de M. F. de
Martens dans l'ouvrage précité : *La paix et la guerre*, p. 244.

rencontré un assentiment universel, il y a un pas de plus à faire en revisant les lois et coutumes générales de la guerre, soit dans le but de les définir avec plus de précision, soit afin d'y tracer d'un commun accord certaines limites destinées à en restreindre, autant que possible, les rigueurs. La guerre étant ainsi régularisée, entraînerait de moindres calamités, serait moins sujette aux aggravations qu'y apportent l'incertitude, l'imprévu et les passions excitées par la lutte; elle conduirait plus vite et plus efficacement à ce qui doit être son terme final, c'est-à-dire, le rétablissement des bonnes relations et d'une paix plus solide et plus durable entre les Etats belligérants (1) ».

Il serait difficile de méconnaître la haute portée philosophique et pratique de ce programme, dont l'échec fut profondément regrettable ; il a fallu attendre un quart de siècle avant de voir se renouveler la tentative avortée (2), et c'est encore la Russie qui en a eu tout le mérite. Le Tsar Nicolas II, en provoquant la réunion de la conférence de 1899, a repris le projet de 1874 avec les modifications et les compléments jugés nécessaires.

12. Cette conférence s'est réunie à La Haye du 18 mai au 29 juillet ; vingt-six puissances y étaient représentées, parmi lesquelles, outre les Etats européens, figuraient les Etats-Unis de l'Amérique du Nord, le

----

(1) Mérignhac, *La Conférence internationale de la Paix*, § 80.

(2) En novembre 1892 s'est tenu à Madrid un congrès exclusivement militaire, qui a abouti à un projet de codification des lois de la guerre en 80 articles. Tous les Etats hispano-américains y étaient représentés, et le gouvernement espagnol a fait de ce projet la base de sa législation militaire, en introduisant dans les académies militaires et les corps de troupes, un règlement de campagne approuvé par une loi du 5 janvier 1882 (art. 848 et s.), où se retrouvent les principales dispositions du projet de 1892.

Mexique et certaines nations asiatiques : la Chine, le Japon, la Perse et le Siam. La Conférence de La Haye a donc été qualifiée avec raison de conférence *mondiale*, car elle a fait, pour la première fois, entrer l'Extrême-Orient dans le concert des peuples civilisés. Le 29 juillet, a été signé un *Acte final*, comprenant les conventions, déclarations et vœux acceptés par la conférence. En ce qui concerne la réglementation de la guerre sur terre, en dehors de quelques vœux concernant la limitation des armements et des budgets de guerre, la revision de la Convention de Genève, la question des droits et des devoirs des neutres et celle de la mise en usage de nouveaux types et calibres de fusil et de canons de marine, il convient de mentionner : *a*) la convention concernant les lois et coutumes de la guerre sur terre ; *b*) trois déclarations comprenant : 1º « l'interdiction, pour une durée de cinq ans, de lancer des projectiles et explosifs du haut de ballons ou par d'autres modes analogues nouveaux » ; 2º l'interdiction de « l'emploi des projectiles qui ont pour but unique de répandre des gaz asphyxiants ou délétères » ; 3º l'interdiction, de « l'emploi de balles qui s'épanouissent ou s'aplatissent facilement dans le corps humain, telles que les balles à enveloppe dure, dont l'enveloppe ne couvrirait pas entièrement le noyau ou serait pourvue d'incisions ». La Convention et les trois Déclarations forment autant d'actes séparés, portant la date du 29 juillet 1899 (1).

Toutes les puissances, sauf deux exceptions, ont signé et ratifié la convention concernant les lois et cou-

(1) Mérignhac, *La Conférence internationale de la Paix*, § 6 et s. et 15 et s.

tumes de la guerre sur terre (1) ; les trois déclarations
ont été également admises par la presque unanimité (2).
On peut donc affirmer que les décisions de la Conférence de La Haye, relatives à la guerre terrestre, constituent aujourd'hui le droit commun du monde civilisé.
Cette Conférence, dénommée, comme nous l'avons déjà
indiqué dans la Préface, *Conférence de la Paix* à raison de ses tendances humanitaires, a très heureusement
abordé et résolu, dans les soixante articles de son *Règlement concernant les lois et coutumes de la guerre sur
terre*, les principaux problèmes que soulève le droit de
la guerre continentale. Elle a mené à bonne fin l'œuvre
inachevée de 1874 et codifié, pour la première fois, dans
leur ensemble, les principes qui président, sur terre, aux
rapports guerriers entre les nations.

13. Etant donnée la grande importance, dans la matière
qui nous occupe, du Règlement voté à La Haye, nous
allons, dans les explications ultérieures, aborder le
commentaire des points qui y ont été traités, en suivant
le plus possible le plan admis par la Conférence elle-

---

(1) La Suisse et la Chine ont refusé leur adhésion à la convention
contenant le *Règlement* sur les lois et coutumes de la guerre terrestre.
La Suisse a principalement invoqué la nécessité, en cas d'attaque, de
ne restreindre par aucune disposition la défense du pays, surtout,
ainsi qu'on le verra plus tard, au point de vue de la levée en masse.
Conf. sur ce point les critiques de M. Kebedgy, professeur à l'Université de Berne dans un article paru dans la *Revue militaire suisse*,
en 1901, sous ce titre : *Les lois de la guerre et la Conférence de
La Haye*, tirage à part, pp. 25 et s.

(2) La Grande-Bretagne a refusé de signer les trois déclarations ;
les Etats-Unis ont adhéré seulement à celle relative aux projectiles et
explosifs lancés du haut des ballons ; et le Portugal a rejeté celle qui
a trait aux balles expansives. Conf. Mérignhac, la *Conférence de la
Paix*, § 15 *in fine*.

même, et en rapprochant de ses décisions, soit le droit
antérieur, soit l'état actuel de la doctrine et de la jurisprudence internationales. Nous joindrons, en outre, à
l'examen des propositions votées à La Haye l'étude des
autres points du droit de la guerre qui, pour des motifs
divers, n'ont point trouvé place au Règlement, notamm-
ment celle des droits et des devoirs des neutres, à
propos desquels les plénipotentiaires se sont bornés à
émettre le vœu de les voir inscrire au programme d'une
prochaine conférence.

Conformément aux données qui précèdent, nous étudierons successivement les points suivants en autant de
parties distinctes : 1° *la déclaration de guerre* ; 2° *les opérations de guerre* ; 3° *les droits et devoirs de l'autorité
militaire sur le territoire de l'Etat ennemi* ; 4° *le rétablissement de la paix* ; 5° *le régime de la neutralité.*

LIVRE PREMIER

LA DÉCLARATION DE GUERRE

——

14. La déclaration de guerre est l'acte formel par
lequel un Etat fait savoir qu'il traitera désormais un ou
plusieurs autres Etats comme ses ennemis, se proposant, en conséquence, d'agir contre eux par la force des
armes.

Une déclaration expresse et formelle est-elle nécessaire pour que la guerre soit régulière et produise les
effets des guerres légitimes ? Sur ce point les opinions
ont été et sont en désaccord. Certains auteurs estimaient
ou estiment encore aujourd'hui que la déclaration solen-
nelle à l'ennemi est parfaitement inutile, et qu'il suffit en
tout cas de formuler son intention de recourir aux armes,
par un manifeste quelconque, par exemple, dans une proclamation du belligérant qui prend l'offensive, adressée
à ses propres sujets (1).

(1) Bynkershoeck, *Quæstionum juris publici libri duo*, l. I,
cap. II, édit. de 1752, p. 6 ; G. de Martens, *Précis du droit des
gens moderne de l'Europe*, 1864, II, § 267 ; F. de Martens, *Traité
de droit internat.*, traduct. franç. Léo, 1887, t. III, p. 204, § 109 ;
Rivier, *Principes du droit des gens*, 1896, t. II, § 62, n° 181 ; Wheaton, *Eléments du droit international*, I, p. 279, 5e édition, 1874 ;

D'autres ont pensé ou pensent encore de nos jours qu'il est indispensable d'avertir formellement son futur adversaire de l'intention où l'on est de l'attaquer, pourvu, bien entendu, qu'il s'agisse d'une guerre offensive, car, lorsqu'on se propose simplement de recourir à la légitime défense, toute déclaration devient forcément inutile (1).

Domin-Petrushevecz, *Précis d'un code du droit international*, 1861, art. CVII ; Klüber, *Droit des gens moderne de l'Europe* ; 2º édition annotée par Ott, 1874, § 283 ; Travers-Twiss, *Le droit des gens, Droits et devoirs des nations en temps de guerre*, 1887-89, t. II, § 35 ; Geffcken sur Heffter cité à la note suivante, p. 263, note 1 ; Pradier-Fodéré, *Traité de droit internat. public européen et américain*, 1885-97, t. VI, § 2672 et 2777 ; Calvo, *Le droit international, théorique et pratique*, 4º édition, 1887-96, t. IV, § 1903 et 1907. Phillimore, *Commentaries upon international law*, 3º édition, 1879-90, t. III, § 51.

(1) Grotius, *Le droit de la guerre et de la paix*, L. III. ch. III, §§ 5 et s. Édition Pradier-Fodéré de 1867, t. III, pp. 73 et s. ; Vattel, *Le droit des gens*, L. III, ch. IV, §§ 51 et 52. Édition Pradier-Fodéré de 1863, t. II, pp. 399, 400, 401 ; Morin, *loc. cit.*, I, pp. 174 et s. ; Funck-Brentano et Sorel, *Précis du droit des gens*, 1877, pp. 244 et s. ; Bluntschli, *loc. cit.*, art. 251 ; Dudley-Field, *loc. cit.*, art. 709 ; Fiore, *Nouveau droit international*, traduct. française, Antoine, 1886, t. III, § 1275 et *Le droit international codifié*, traduct. française, Chrétien, 1890, art. 936 et s. ; Hautefeuille, *Droits et devoirs des nations neutres*, 1868, I, pp. 104 et s. ; Pillet. *loc. cit.*, § 31 ; Pinheiro-Ferrera sur G. de Martens, *loc. cit.*, II, p. 214, note 1 ; Heffter, *Le droit international de l'Europe*, traduct. Bergson, 1883, § 120 ; Holtzendorff, *loc. cit.*, § 61 ; Neumann, *Éléments du droit des gens moderne de l'Europe*, trad. française, Rieddmatten, 1886, § 42 ; Bonfils-Fauchille, *Manuel de droit internat. pub.*, 3º édition, 1901 § 1028 ; Testa, *Le droit public internat. maritime*, traduct. française, Boutiron, 1886, partie III, ch. I, pp. 139 140 ; Despagnet, *Cours de droit intern. public*, 2º édition, 1899, § 517 ; Bry, *Précis de droit intern. public*, 4º édition, 1901, § 378 ; Férand-Giraud, *Des hostilités sans déclaration de guerre* dans la *Revue de droit internat. et de législation comparée*, t. XVII,

15. La solution qui exige une déclaration formelle de guerre nous paraît seule admissible ; les relations internationales seraient, en effet, profondément troublées, si un Etat envahissait subitement le territoire d'un autre, sans aucune espèce d'avertissement préalable. La déclaration apparaît d'abord comme nécessaire dans les rapports des Etats en conflit, appelés *belligérants*, étant données les conséquences incalculables que la guerre va produire à leur égard. Sa nécessité se manifeste également vis-à-vis des *non-belligérants* ou *neutres*, qui seront eux aussi profondément touchés par la guerre et auront, à cet égard, à revendiquer certains droits, à accomplir certaines obligations.

16. D'autre part, si la guerre n'exige aucune déclaration préalable, la rupture des relations pacifiques peut être le résultat d'un incident futile, d'un conflit, par exemple, inopinément survenu entre troupes cantonnées aux frontières. La guerre ne sera plus alors la suite de nécessités inéluctables constatées après les réflexions les plus sérieuses, mais souvent la conséquence de faits minimes qui ne fourniraient pas un prétexte suffisant pour une déclaration.

Enfin, les auteurs qui ne croient pas la déclaration nécessaire, admettent pourtant qu'il doit y avoir une limite définie pour marquer le commencement de l'état

1885, p. 220 ; Guelle, *Précis des lois de la guerre*, 1884, I, p. 39. Voir dans le sens de la nécessité de la déclaration de guerre l'opinion du procureur général Dupin en novembre 1834 devant la Chambre criminelle de la Cour de cassation, arrêt du 28 novembre 1834, *Sirey*, 1834, p. 830. Conf. dans le sens de la nécessité de la déclaration le Règlement de campagne espagnol précité de 1882, art. 839 et s.

de guerre, de façon que les actes d'hostilité véritable
puissent être facilement distingués de ceux à considérer
par la nation adverse comme de mauvais procédés ou
des injures, à raison desquels elle sera fondée à demander une réparation lors du règlement des conditions de
paix. Et ces auteurs reconnaissent que, sans déclaration de guerre, il n'est pas facile de tracer cette ligne
de démarcation (1). Or, si sa détermination est utile
dans les cas qui précèdent, elle devient indispensable
dans d'autres infiniment plus importants, par exemple,
pour la fixation du temps où il est permis de faire des
prisonniers de guerre, du point de départ des immunités
de la Croix-Rouge, de l'application des lois martiales,
des droits de l'occupant en territoire ennemi, etc.,
etc. (2). Sans une règle fixe et immuable qui ne peut
être que celle de la déclaration de guerre, tout devient
arbitraire, car chaque belligérant fera nécessairement
varier suivant ses intérêts le moment précis où la
guerre devra être réputée officiellement commencée.

Il est, en faveur de la nécessité de la déclaration, une
dernière considération qui a bien son poids. Mis en présence de la nécessité inéluctable d'une déclaration de
guerre, dont il devra prendre la responsabilité devant le
pays, un gouvernement hésitera peut-être, alors qu'il
n'hésiterait pas dans le cas contraire et se laisserait même
quelquefois forcer adroitement la main, grâce à quelques

(1) Conf. notamment Twiss, *loc. cit.*, § 39, p. 69.
(2) Une question des plus graves en matière maritime sera celle de
savoir depuis quand pourra être exercé le droit de prise relativement
à la propriété privée ennemie. On ne saurait, à cet égard, en présence
des difficultés possibles, fixer trop exactement le point de départ des
hostilités.

actes d'hostilités plus ou moins fortuits et irréparables dans leurs conséquences. Et, d'autre part, l'action pacifique, s'exerçant soit dans les pays menacés de la guerre soit chez les neutres, aura le temps d'intervenir et de combiner une médiation ou un arbitrage que rendraient impossibles des hostilités éclatant subitement en pleine paix.

Ces motifs semble suffire pour faire repousser l'opinion suivant laquelle la guerre se manifesterait assez par les hostilités elles-mêmes, sans déclaration préalable d'intention. Ils autorisent, d'autre part, à écarter cette idée égoïste que la formalité de la déclaration pourrait compromettre la sécurité de celui qui serait obligé de recourir sans délai aux armes, pour la défense de ses droits. En réalité, nulle justification tirée de la situation personnelle d'une des parties en cause ne peut légitimer la guerre entreprise sans avertissement préalable, car elle constitue toujours un acte déloyal et contraire au droit des gens.

SECTION PREMIÈRE

Les formalités de la déclaration de guerre

___

17. Les peuples anciens déclaraient la guerre en des formes solennelles ; à Rome, les *Féciaux* constituaient un collège de prêtres chargé d'accomplir les cérémonies rituelles destinées à rendre les dieux favorables aux guerres entreprises par le peuple romain. Une fois la guerre décidée par les pouvoirs publics, ils lançaient sur le territoire ennemi le javelot symbolique, emblème des hostilités qui allaient suivre (1).

Au moyen âge, la déclaration de guerre se produisait sous forme de *lettres de défi;* et trois jours devaient s'écouler entre le défi donné et l'ouverture des hostilités. Aux xve et xvie siècles, on employait des hérauts d'armes (2). Depuis, on a procédé par proclamations publiées ou par déclarations transmises. Toutefois, Louis XIV envahit le Palatinat et Frédéric la Silésie, sans déclaration de guerre ; et l'Angleterre agit de même dans ses luttes contre Louis XIII et Louis XV (3).

(1) Conf. sur les Féciaux, Weiss dans la *France judiciaire*, t. VII, 1882-83, pp. 440 et s. et 465 et s.

(2) En 1557, Marie d'Angleterre envoie à Reims un héraut d'armes à Henri II ; en 1635, Louis XIII use du même procédé pour déclarer la guerre à l'Espagne. Conf. Twiss, *loc. cit.*, §§ 31 et s.

(3) Bonfils-Fauchille, *loc. cit.*, § 1030.

18. De nos jours, on a, en général, recours à une notification par la voie diplomatique (1). Cette notification est naturellement envoyée tout d'abord à l'adversaire. Elle est ensuite communiquée aux puissances neutres, à l'égard desquelles, ainsi qu'on le verra ci-après, la guerre va produire des effets considérables (2). En même temps, des actes divers, adressés soit aux pouvoirs législatifs internes, soit au peuple et aux troupes, soit aux sujets de l'adversaire, indiquent la situation nouvelle que l'état de guerre va créer avec toutes ses conséquences, justifient la guerre entreprise et tracent, dans ses grandes lignes, la conduite que l'on se propose de tenir au cours des hostilités. Voici notamment comment les choses se passèrent à propos des guerres franco-allemande et turco-russe. Lors de la guerre franco-allemande, la déclaration de guerre fut remise officiellement au gouvernement prussien par le chargé d'affaires de France à Berlin (3) ; une communication sur l'état de guerre existant entre la France et la Prusse avait été faite préalablement au Corps législatif et au Sénat (4) ; le *Journal officiel* inséra également une adresse au pays

---

(1) Les guerres de Crimée en 1854, d'Italie en 1859, de 1864 entre le Danemark et l'Allemagne, de 1866 entre l'Autriche et l'Allemagne, de 1877 entre la Turquie et le Monténégro, de 1885 entre la Serbie et la Bulgarie, de 1894 entre la Chine et le Japon, ont été précédées de déclarations officielles. Voir la déclaration japonaise du 1er avril 1894 dans Nagao Ariga, *La guerre sino-japonaise au point de vue du droit international*, 1896, pp. 20 et s. Conf. Rivier, *loc. cit.*, II, pp. 226 et s.

(2) Pradier-Fodéré, *loc. cit.*, VI, § 2689 ; Bonfils-Fauchille, *loc. cit.*, § 1039.

(3) De Clercq, *Recueil des traités de la France*, t. X, 1867-72, p. 374.

(4) De Clercq, *loc. cit.*, pp. 373 et s.

pour expliquer et justifier la guerre entreprise. A son tour, le roi de Prusse adressait, le 7 août 1870, à ses soldats une proclamation où il était dit : « Je ne fais pas la guerre aux habitants paisibles ». Et, dans une autre proclamation au peuple français, il répétait : « Je fais la guerre aux soldats et non aux habitants, dont les personnes et les biens seront en sûreté, tant qu'ils ne m'enlèveront pas, par des agressions contre les troupes allemandes, le droit de les protéger ».

Ce fut par une circulaire du prince Gorstchakoff, du 14 avril 1877, que la Russie déclara la guerre à la Porte, en même temps qu'un manifeste du Tsar à ses sujets, en date du 24 avril, et une circulaire aux agents russes à l'étranger expliquaient les motifs de la guerre turco-russe. Les pratiques suivies dans les guerres franco-allemande et turco russe sont en usage, avec des variantes, chez tous les peuples. La forme peut changer, mais le fond reste le même (1).

19. La déclaration de guerre doit intervenir avant toute hostilité (2). On doit donc blâmer les puissances qui ont fait précéder de l'entrée de leurs troupes en territoire ennemi la déclaration des hostilités (3). Mais la

---

(1) Conf. sur les usages admis dans les divers pays en matière de déclaration de guerre. Rivier, *loc. cit.*, § 62. En Angleterre, c'est la *Gazette de Londres* qui, de tradition, annonce l'état de guerre au peuple anglais.

(2) Bluntschli, *loc. cit.*, art. 521.

(3) Ainsi agit la Serbie vis-à-vis de la Bulgarie en 1885. Rolin-Jaëquemyns, *La question d'Orient en 1885 et 1886* dans la *Revue de droit international et de législation comparée*, 1886, t. XVIII, p. 517. De même, les hostilités étaient engagées entre la Grèce et la Turquie avant la déclaration de guerre adressée à cette dernière en 1897. *Revue générale de droit international public*, 1897, t. IV, pp. 515 et s., Calvo, *loc. cit.*, IV, § 1908.

guerre, une fois déclarée, peut commencer immédiatement. Et notamment la rapidité de la mobilisation, qui
est une condition primordiale du succès dans les guerres
actuelles, ne permet pas d'imposer un délai quelconque entre la déclaration et l'ouverture des hostilités (1).

Il peut arriver quelquefois que la guerre, en fait, soit
le résultat d'actes qui supposent rompues les relations
diplomatiques. Mais il convient ici de se montrer très
prudent, car la rupture des relations diplomatiques ne
conduit pas toujours et forcément aux hostilités. Notamment le rappel des agents diplomatiques et l'interruption
des relations habituelles entre deux puissances peuvent
n'être qu'un moyen d'amener un Etat à composition et
ne constituent pas une déclaration de guerre (2). Ainsi,
les choses se sont passées en 1894 entre la France et le
Portugal ; et c'est à une date toute récente, d'autre part,
que les relations diplomatiques, rompues depuis la mort
de Maximilien, ont repris entre l'Autriche-Hongrie et le
Mexique. Les relations diplomatiques également inter-
rompues à la même époque entre le Mexique et le Saint-
Siège, n'ont pas encore été reprises et l'on travaille à leur
rétablissement. Pour éviter toutes les incertitudes, nous

(1) Dudley-Field, *loc. cit.*, art. 709, demande un délai de soixante
jours. Réalisable peut-être en Amérique où n'existent pas les grandes
armées européennes, la proposition ne saurait se défendre sérieusement dans le vieux monde, où, de l'avis de tous les hommes de guerre,
la rapidité de la mobilisation, comme il a été dit au texte, sera un
des facteurs principaux du succès. Bluntschli, qui n'admet pas l'idée
de Dudley-Field, voudrait pourtant un délai de quelques jours, ou tout
au moins de quelques heures, s'il y a péril en la demeure, pour permettre à l'adversaire d'éviter la guerre en cédant sans retard. *Loc. cit.*,
art. 525.

(2) Funck-Brentano et Sorel, *loc. cit.*, pp. 243 et 244.

croyons qu'il faut, dans le cas qui nous occupe, maintenir énergiquement la nécessité de la déclaration de guerre, que rien ne saurait remplacer et qui coupe court à toute difficulté.

20. Nous avons jusqu'ici parlé de la guerre déclarée purement et simplement ; or la déclaration peut affecter une forme *conditionnelle* et résulter d'un *ultimatum* (1). L'ultimatum se manifeste, en général, par une note diplomatique indiquant les conditions exactes dans lesquelles se place la puissance qui l'envoie et demandant une réponse catégorique dans un délai déterminé, avec cet avertissement que le défaut de réponse dans ce délai ou une réponse dilatoire sera considéré comme entraînant l'ouverture immédiate des hostilités. Ainsi le gouvernement français, le 20 juillet 1893, demanda au gouvernement siamois, sous forme d'ultimatum, la reconnaissance des prétentions françaises par le Siam dans les quarante-huit heures (2). Ainsi encore, le président Krüger, au début du conflit anglo-transvaalien, le 10 octobre 1899, réclama dans un bref délai le retrait des troupes anglaises cantonnées sur la frontière de la République ; et la guerre fut le résultat immédiat du défaut de réponse à l'ultimatum du Transvaal. C'est également par voie d'ultimatum qu'ont procédé l'Allemagne et l'Angleterre à la fin de 1902 vis-à-vis du Venezuela. Le 7 décembre, une communication a été

(1) Rivier, *loc. cit*, II, § 61, n° 181 ; Funck-Brentano et Sorel, *loc. cit.*, p. 244 ; Fiore, *Nouveau droit international*, § 1276 ; Pradier-Fodéré, *loc. cit.*, VI, §§ 2686 et s.; Bonfils-Fauchille, *loc. cit.*, § 1035.

(2) Conf. pour les détails de cette affaire notre article intitulé : *L'incident franco-siamois de 1893...* dans la *Revue du droit public*, 1894, I, pp. 197 et s.

remise au ministre des Affaires Étrangères de la République américaine, réclamant des indemnités dues à des sujets allemands et britanniques à raison d'inexécution d'obligations antérieures ainsi que de pertes et dommages de toute sorte résultant des deux dernières guerres civiles, et précisant que, si les indemnités n'étaient pas immédiatement payées ou des garanties suffisantes fournies pour leur payement ultérieur, les deux gouvernements aviseraient à s'assurer eux-mêmes ces garanties. Après la remise de l'ultimatum, dans lequel ils offraient, au surplus, de soumettre leurs réclamations à la décision d'une commission mixte, les ministres allemand et anglais ont quitté Caracas, avec le personnel des légations. L'ultimatum étant resté sans réponse, les deux puissances, à l'expiration du délai imparti, se sont emparées, dans le port de la Guayra, de la flotte venezuelienne composée de quatre navires de guerre, dont les Allemands ont coulé une partie. Les alliés ont ensuite bombardé Puerto-Caballo et, après déclaration de guerre, procédé au blocus des ports venezueliens. Un peu plus tard, l'Italie a notifié son ultimatum à son tour et s'est associée aux opérations contre le Venezuela.

Il n'y a pas de règles précises quant au délai à indiquer par l'ultimatum, délai qui doit être à la fois assez long pour permettre de réfléchir et assez court pour ne point laisser continuer les armements et les préparatifs de l'adversaire. Bluntschli (1), peut-être pour justifier la pratique allemande, admet qu'un délai de quelques heures est suffisant. En effet, le 15 juin 1866, le prince

---

(1) *Loc. cit.*, art. 525.

de Bismarck notifia à la Hesse, au Hanovre et à la
Saxe un ultimatum qui concédait vingt-quatre heures
seulement pour la réponse. L'ultimatum de la fin de 1902,
de l'Angleterre et de l'Allemagne au Venezuela, accor-
dait un délai de quarante-huit heures.

L'ultimatum, au surplus, peut ne pas indiquer de
délai, ce qui signifie qu'un laps de temps raison-
nable doit alors être laissé. Mais il est plus prudent de
spécifier en tout cas le délai imparti, pour éviter tout
arbitraire. Et c'est ce qui a lieu en général.

21. Le droit constitutionnel interne de chaque Etat
indique quels sont les pouvoirs compétents pour effectuer la déclaration de guerre. Dans les pays où n'existe
pas le régime parlementaire, tels que la Russie et la
Porte, la déclaration émane du souverain seul. Dans les
autres, l'assentiment du Parlement est requis pour sanc-
tionner l'initiative de la guerre prise par le pouvoir exécutif. C'est ce que décide, en France, l'article 8 de la loi
constitutionnelle du 16-18 juillet 1875 (1).

Le pouvoir exécutif échappe quelquefois à cette nécessité du contrôle des représentants du pays, sous prétexte
qu'il ne s'agit pas d'une guerre véritable, mais d'une
simple *expédition* ; ainsi ont fait les puissances engagées
dans le dernier conflit sino-européen. Il y a là une pratique souvent dangereuse, car on engage les finances de
l'Etat et ses forces armées sans la volonté du Parlement.
Sans doute, l'assentiment de ce dernier n'est pas nécessaire pour prendre des mesures de répression ou de légitime défense vis-à-vis, par exemple, de pirates ou de bri-

---

(1) Conf. Bry. *loc. cit.*, § 379 ; G. de Martens, *loc. cit.*, § 264
Pradier-Fodéré, *loc. cit.*, t. VI, § 2679.

gands ; mais, dès que l'imminence d'un conflit avec un
Etat tiers apparaît, mieux vaut, dans le doute, appliquer
la loi constitutionnelle relative à la déclaration de
guerre (1).   ·

(1) Despagnet, *loc. cit.*, § 519.

SECTION II

Les effets de la déclaration de guerre

———

22. Nous avons dit au § 15 que la déclaration de guerre était indispensable à l'égard des belligérants et des neutres, à raison des conséquences incalculables que la guerre entraîne pour les uns et les autres. Examinons maintenant ces conséquences, qui vont se produire au point de vue des *personnes*, des *biens*, des *relations diplomatiques et commerciales*, enfin de la mise en vigueur de *lois spéciales* correspondant à l'état de guerre.

———

CHAPITRE PREMIER

EFFETS DE LA DÉCLARATION DE GUERRE A L'ÉGARD DES PERSONNES

Ces personnes sont : *les sujets des États belligérants* dans leurs rapports avec leur pays, *les sujets des États neutres*, *les sujets de l'un des belligérants* sur le territoire de l'autre.

§ I

Sujets des Etats belligérants dans leurs rapports avec leur pays

La déclaration de guerre les divise en *combattants* et *non combattants*, distinction dont la portée considérable apparaîtra par la suite.

S'ils résident en territoire étranger, st s'ils sont soumis aux obligations du service militaire, ils doivent rejoindre leurs corps respectifs. On leur expédie, au sur-plus, le cas échéant, des lettres de rappel, connues dans la période antérieure à la Révolution française, sous le nom de *edicta avocatoria*. Et l'on peut les menacer de certaines peines, pour le cas où ils n'obéiraient pas à l'injonction de leur pays (1). Sous le premier Empire, par exemple, la désobéissance était punie de la perte de la qualité de Français (Décret du 6 avril 1809 aujour-d'hui abrogé).

§ II

Sujets des Etats neutres

23. Soumis aux obligations générales que la neu-tralité impose et dont il sera question au livre V du présent ouvrage, ils ne peuvent être astreint au ser-vice militaire par celui des belligérants dans le pays duquel ils seraient établis sans avoir perdu leur natio-nalité primitive. Mais il leur est interdit de commer-cer avec les sujets de l'autre belligérant, et les mar-

---

(1) Neumann, *loc. cit.*, § 42. Conf. sur les lettres avocatoires : G. de Martens, *loc. cit.*, § 269 et les citations de la page 221, note *a* ; Pinheiro-Ferrera, *ibidem*, p. 223, note.

chandises par eux expédiées à ces derniers seraient
arrêtées à leur sortie du territoire par le belligérant
sur le sol duquel ils se trouvent. Sous la réserve qui
précède, on ne saurait les inquiéter en quoi que ce soit,
sans violer les règles de la neutralité, telles qu'elles
seront tracées au livre V précité.

En dehors du territoire des belligérants, les neutres
sont régis par un ensemble de droits et d'obligations qui
constituent le *régime de la neutralité*, dont il sera
traité en détail au même livre V précité.

§ III

Sujets de l'autre belligérant en territoire ennemi

24. Les sujets de l'adversaire étaient autrefois traités
en ennemis et pouvaient comme tels être arrêtés et détenus à titre de prisonniers de guerre. Grotius légitimait
cette pratique (1), que Bynkershoek (2) toutefois affirmait ne plus guère être usitée à son époque. Vattel se
prononçait dans le sens opposé à celui de Grotius (3).
Pour lui, les étrangers étaient venus sur le territoire en
amis, sous la protection de la foi publique, et c'était la
violer que de les maltraiter ou de les appréhender. On
devait leur donner un certain temps pour sortir du
territoire et il était permis de les traiter en ennemis
désarmés seulement quand ils ne l'avaient pas quitté
à l'expiration du délai imparti. En 1803, fut appliquée
pour la dernière fois la doctrine ancienne. Napoléon Ier,
par mesure de représaille contre l'Angleterre, déclara

(1) *Loc. cit.*, l. III, ch. IX, § 3, t. III, p. 203.
(2) *Loc. cit.*, l. I, cap. III.
(3) *Loc. cit.*, l. III, ch. IV, § 63, t. II, p. 410.

prisonniers de guerre tous les Anglais se trouvant en
France, de l'âge de 18 à celui de 60 ans (1).

Le fait de traiter comme prisonniers de guerre des
sujets étrangers pourrait théoriquement se justifier, au
moins pour ceux qui sont soumis au service militaire,
par la pensée très acceptable et très rationnelle de les
empêcher d'aller grossir les rangs de l'armée ennemie.
En effet, au point de vue du droit strict, il est parfaitement licite d'user d'un procédé qui privera l'adversaire
d'une partie des ressources sur lesquelles il compte, et
qui lui manqueront pour son plus grand préjudice, surtout quand il s'agit d'officiers (2).

De nos jours toutefois la pensée de Vattel est acceptée
par tous les publicistes ; et la générosité, dont un Etat
fait preuve en ne retenant point les sujets de son adversaire, n'est au fond qu'apparente, car s'il agissait différemment, l'adversaire userait de représailles, en sorte
qu'au fond la situation ne changerait pas. Les deux
Etats seraient, d'autre part, astreints à une surveillance
difficile et souvent impossible, de façon que la pratique
courante est à la fois juste, humaine et avantageuse.
Un certain nombre de traités de commerce stipulent un
délai réciproque pour l'exode des nationaux ; et la clause
est devenue tellement usuelle que la proclamation de
guerre indique en général le temps imparti, pour se retirer, aux nationaux ennemis (3).

---

(1) L'acte de Napoléon Ier était une réponse à une mesure essentiellement blâmable de l'Angleterre, la saisie de vaisseaux français opérée
sans déclaration préalable de guerre dans la baie d'Audierne. Conf.
Twiss, *loc. cit.*, II, p. 90, § 51 ; Neumann, *loc. cit.*, § 42.

(2) Bonfils-Fauchille, *loc. cit.*, § 1053.

(3) Conf. *Revue générale de droit international public*, t. IV.

25. Si les étrangers restent sur le territoire malgré l'ordre d'en sortir à l'expiration du délai fixé, l'Etat sur le sol duquel ils se trouvent prend les mesures que la situation comporte. Il pourra tout d'abord expulser les étrangers, soit individuellement, comme en temps de paix, soit par mesure générale, si la sécurité publique l'exige (1), sans distinguer, du reste, suivant que ces étrangers ont ou non des intérêts dans le pays, y sont ou non domiciliés, commerçants, etc. En effet, le souci de la sécurité publique autorise toutes les mesures jugées nécessaires. Le droit d'expulsion ne saurait présenter aucune difficulté, car il existe en tout pays même en temps de paix, par mesure de police générale (Conf. la loi française du 11 décembre 1849. art. 7).

Les expulsions en masse de sujets étrangers étaient autrefois très fréquentes ; elles le sont moins aujourd'hui en présence de l'adoucissement des mœurs. Durant la guerre de Crimée, les Russes purent résider sans inconvénient en Angleterre et en France (2). Au contraire, lors de la guerre turco-grecque, la Porte expulsa tous les sujets hellènes, tandis que la Grèce tolérait la la résidence des sujets turcs qui ne donnaient lieu à aucune plainte (3).

A l'époque de la guerre franco-allemande, les alle-

1897, pp. 524 et s. et V, 1898, p. 677 ; Funck-Brentano et Sorel, *loc. cit.*, pp. 254 et s.

(1) Durant la guerre anglo-transvaalienne, pendant la première partie de la campagne, le Transvaal a ordonné l'expulsion en principe, dans les 48 heures, de tout sujet anglais se trouvant sur le territoire de la République. *Revue précitée*, t. VII, 1900, p. 698.

(2) Heffter, *loc. cit* , § 121.

(3) Politis, dans la *Revue générale de droit international public*, 1897, t. IV, p. 525 ; Rivier *loc. cit.*, § 62, n° 182.

mands furent tout d'abord autorisés à rester en France (1);
ils y étaient plus de 100.000, dont 35.000 à Paris seulement. Toutefois, au moment du siège, la Défense nationale, le 16 septembre 1870, décréta leur expulsion en
masse, mais avec tous les ménagements possibles et
notamment la concession de permis particuliers de
séjour. Aussi est-il singulier que l'Allemagne ait cru
devoir, de ce chef, demander, à la paix, une indemnité de
100 millions de francs, qui, du reste lui a été refusée (2).

On peut, à défaut d'expulsion générale, faire quitter
certaines parties du territoire, telles que le théâtre de
la guerre, les forteresses, etc., principalement dans le
but d'éviter l'espionnage et les complots.

26. Si les ressortissants étrangers ne sont pas expulsés
du territoire, ils doivent respecter les lois de police et de
sûreté générale du pays qui les autorise à résider, et
spécialement se conformer aux *lois martiales*, dont il
va être ci-après question. Ils se placent, en général, sous
la protection du consul d'une puissance neutre, amie
de leur pays. Lors de la guerre franco-allemande, les
intérêts des sujets allemands restés en France furent

(1) Le *Moniteur* du 21 juillet 1870, qui rapportait cette autorisation, ajoutait seulement que leur conduite devait être bonne et régulière.

(2) Pillet, *loc. cit.*, § 45. M. Geffcken (sur Heffter, § 121, note 4) a
prétendu à tort que l'expulsion fut due au ressentiment des premières
défaites, et que les expulsés ne furent pas suffisamment protégés
contre les outrages de la population. L'allégation était inexacte, car
on prit toutes les mesures de précaution et de sauvegarde compatibles
avec la sécurité du pays. La France ne fit donc qu'user d'un droit
incontestable et avec beaucoup de modération. On a objecté encore
qu'on avait laissé résider les Français qui se trouvaient en Allemagne ;
mais il convient de remarquer qu'ils y étaient bien moins nombreux
que les Allemands en France.

confiés aux représentants de la Suisse et des États-Unis
de l'Amérique du Nord (1). Pendant la guerre gréco-
turque de 1897, les Grecs n'ayant point quitté le territoire ottoman se placèrent sous la protection des représentants anglais, français et russe (2). Au cours de la
guerre hispano-américaine, la France et l'Autriche ont
pris sous leur sauvegarde les sujets espagnols résidant
aux États-Unis (3).

En cas d'expulsion, il est dans l'usage d'accorder un
délai, pour que l'expulsé puisse prendre les mesures
matérielles que l'expulsion nécessite (4).

CHAPITRE II

EFFETS DE LA DÉCLARATION DE GUERRE A L'ÉGARD DES BIENS

27. L'opinion générale des auteurs anciens était que
tous les biens des particuliers ennemis faisaient partie
des choses susceptibles de confiscation (5). Et c'est tout
au plus si l'on faisait des exceptions pour certains de ces
biens, tels que les immeubles et les créances (6).

De nos jours, on ne saisit plus la propriété privée

(1) Dudley-Field, *loc. cit.*, art. 911.
(2) *Revue générale de droit international public*, 1897, t. IV,
p. 530.
(3) Pillet, *loc. cit.*, § 39.
(4) Bonfils-Fauchille, *loc. cit.*, § 1055.
(5) Bynkerskoek, *loc. cit.*, l. II, cap, VII, pp. 54 et s.
(6) Grotius, *loc. cit.*, l. III, ch. VI ; t. III, pp. 123 et s. ; Vattel,
loc. cit., l. III, ch. XIII, §§ 196 et s., t. III, pp. 76 et s.

ennemie sur terre, en partant du point de vue déjà indiqué que la guerre est une relation d'Etat à Etat (1), sans distinguer s'il s'agit de meubles, d'immeubles ou de créances. La règle ayant cependant été quelquefois malheureusement violée, pour la mettre à l'abri de toute atteinte on l'a stipulée dans un certain nombre de traités de commerce. Mais, en dehors de ces traités, il convient d'affirmer, en thèse générale, que le droit de la guerre impose absolument le respect de la propriété privée ; et il ne nous paraît pas qu'on puisse souscrire à cette proposition qu'un souverain est libre de l'accepter ou de le méconnaître suivant les circonstances et les considérations politiques (2).

Le respect de la propriété privée ennemie conduit à l'insaisissabilité, en capital et arrérages, des dettes de l'Etat ennemi envers les sujets de son adversaire. La confiscation aurait, du reste, ce mauvais résultat de nuire à l'Etat qui la pratiquerait, en paralysant son crédit pour l'avenir : on ne prête point, en effet, à un Etat qui, sous prétexte de guerre, fait faillite à ses engagements. D'où il apparaît qu'en matière internationale aussi bien qu'à l'intérieur, l'Etat doit se montrer *honnête homme*, et qu'en accomplissant ce que l'honnêteté commande il agira, le plus souvent, conformément à ses véritables intérêts.

Le principe d'insaisissabilité a été, dans la pratique,

(1) Bluntschli, *loc. cit.*, art. 530 et 531 ; Rivier, *loc. cit.*, § 182 p. 234.

(2) M. Guelle cite un certain nombre d'auteurs qui ont soutenu la distinction repoussée au texte. *Loc. cit.*, I, p. 64, note 1. Cette distinction paraît rentrer dans celle plus générale entre la *loi de la guerre* et la *raison de la guerre*, dont il sera ci-après question, en thèse générale, au § 78.

tantôt appliqué, comme lors de la guerre de Crimée, où le service de l'emprunt russo-hollandais fut fait, sans aucune réserve, conformément aux conventions de Londres des 19 mai 1815 et 16 novembre 1831 ; tantôt violé, comme en 1866 lors de la guerre de sécession, où les confédérés du Sud confisquèrent tous les droits de créance des citoyens du Nord, sauf les fonds publics. Tantôt enfin il a subi des restrictions basées sur l'idée de représaille : ainsi Frédéric II, roi de Prusse, suspendit, en 1753, le paiement de l'emprunt silésien, en réponse à une saisie pratiquée par les Anglais sur des navires prussiens (1).

Pour les motifs que nous avons développés ci-dessus, un État ne peut pas non plus, sous prétexte de confiscation, se faire payer, en cas de guerre, ce qui est dû par ses sujets à l'État ennemi ou aux nationaux de cet État (2).

---

(1) Vattel, *loc. cit.*, l. II, ch. VIII, § 84, t. II, p. 62 ; Bonfils, Fauchille, *loc. cit.*, § 1058 ; Twiss, *loc. cit*, § 55 et 58 ; Calvo, *loc. cit.*, IV, § 1916 et s. ; Pradier-Fodéré, *loc. cit.*, VI, § 2715.

(2) Pradier-Fodéré, *loc. cit.*, VI, § 2714 ; Massé, *Le droit commercial dans ses rapports avec le droit des gens et le droit civil*, 1844-47, t. I, pp. 123 et s.

CHAPITRE III

EFFETS DE LA DÉCLARATION DE GUERRE A L'ÉGARD DES RELATIONS DIPLOMATIQUES ET COMMERCIALES

§ I

Relations diplomatiques

28. Souvent ces relations ont déjà cessé avant la déclaration de guerre, par le rappel des ambassadeurs; c'est ce qui se produisit notamment lors de la guerre hispano-américaine. En tout cas, après la déclaration de guerre, d'habitude, si la chose n'a pas été préalablement faite, les agents diplomatiques reçoivent leurs passeports et les consuls se voient retirer l'*exequatur*. Toutefois il peut exceptionnellement n'en être pas ainsi, et l'on a des exemples de relations diplomatiques maintenues durant les hostilités (1).

Au contraire, les relations diplomatiques ne sont nullement rompues avec les puissances neutres, dont les représentants ont le droit de rejoindre leur poste et d'y demeurer malgré la guerre en restant en communication avec leur gouvernement.

29. Quel est l'effet de la déclaration de guerre relati-

---

(1) Bluntschli, *loc. cit.*, art. 537; Fiere, *Nouveau droit internat.*, § 1290; Dudley-Field, *loc. cit.*, art. 911. C'est seulement quand la grande armée envahit la Russie, en 1812, qu'Alexandre Ier fit savoir aux consuls de France et des pays alliés à la France qu'ils perdaient out caractère officiel et devaient quitter le territoire russe par le port d'embarquement le plus proche. F. de Martens, *loc. cit.*, III, § 109.

vement aux traités? La guerre déclarée fait tout d'abord
entrer en vigueur les traités généraux qui ont été faits
pour le cas où elle se produirait, tels que la déclaration
de Saint-Pétersbourg de 1868 sur les projectiles de petit
calibre et la convention de Genève de 1864 sur le service
hospitalier (1). Il en est de même des conventions spéciales qui ont pu être passées entre les belligérants sur
un point spécial du droit de la guerre : contrebande de
guerre ou neutralisation de telle ou telle portion du
territoire.

D'autre part, la déclaration de guerre donne encore
ouverture à l'exécution des traités établissant entre certains Etats une union ou une association devant produire
certains effets en cas de conflit. Tels sont les traités d'alliance, soit offensive et défensive, soit défensive
ou offensive seulement. C'est, dans chaque hypothèse,
l'examen du traité lui-même qui déterminera quand
pourra être invoqué le *casus fœderis*. Au surplus, les alliés d'un belligérant ne doivent être traités en ennemis
que tout autant qu'ils prennent part effectivement aux
hostilités. Et, si leur attitude paraît suspecte, on est en
droit de les mettre en demeure de se prononcer, et de les
considérer comme ennemis pour le cas où ils ne répon-
draient pas d'une façon satisfaisante aux explications
demandées (2).

Les pactes d'union réelle obligent les contractants à se
prêter main-forte en cas de conflit, car ces Etats forment une seule personnalité internationale. Au contraire, dans l'union personnelle, les nations ne sont unies

(1) Fanck-Brentano et Sorel, *loc. cit.*, p. 248.
(2) Pillet, *loc. cit.*, § 7.

qu'en la personne du souverain, et, par suite, restent séparées en cas de conflit de l'une d'entre elles (1).

Les pactes de fédération ou de confédération engagent également dans la lutte commune ceux qui y sont parties. Ainsi, en 1870, la confédération de l'Allemagne du Nord tout entière s'est unie à la Prusse contre la France (2). Toutefois, dans cette dernière occurrence, la constitution stipulait expressément que toute guerre serait commune à toute la confédération (3). Or il pourrait se faire que le lien fût moins étroit et dispensât de participer à la guerre ; en 1859, par exemple, la même confédération allemande était restée neutre dans la guerre que l'Autriche soutint contre la France et l'Italie ; et elle a gardé la même neutralité dans la guerre entre le Danemark, la Prusse et l'Autriche (4).

30. Quand un État protecteur est en guerre, il arrivera souvent que les circonstances du fait entraîneront l'État protégé dans la lutte. Mais le contraire peut très bien se produire ; et, au point de vue du droit, il n'y a aucune obligation pour l'État protégé de prendre parti pour l'État protecteur ; il pourrait donc fort bien rester neutre.

De même un État vassal ou tributaire n'est nullement

(1) Rivier, *loc. cit.*, § 177, p. 210.

(2) Rivier, *loc. cit.*, pp. 211 et s.

(3) Lawrence, *Commentaire sur les éléments du droit international et sur l'histoire des progrès du droit des gens* de Whéaton-1873, II, p. 85.

(4) Guelle, *loc. cit.*, p. 43. On remarquera que, pour éviter toute difficulté, l'autorité centrale est, en général, dans les fédérations modernes, investie du droit exclusif de faire la guerre au nom de tous les États fédérés. En ce sens, les constitution allemande (art. 11), suisse (art. 8) et des États-Unis de l'Amérique du Nord (art. 1, sect. VIII, 11).

engagé en principe dans les querelles de son suzerain ;
ainsi, la guerre de 1897 entre la Turquie et la Grèce
n'a point englobé les Etats et principautés tributaires de
la Porte ottomane (1). Si c'est l'Etat vassal ou tributaire
qui est belligérant, rien n'empêche théoriquement de
considérer l'Etat suzerain comme étranger au conflit.
Et pratiquement il en a été ainsi relativement à la
guerre qui a éclaté en 1885 entre la Serbie et la Bulgarie, guerre à laquelle la Porte n'a point participé,
bien que la Bulgarie fût à son égard puissance tributaire (2). Tout dépend, au surplus, en ces matières, de
l'ampleur plus ou moins grande du pacte unissant les
Etats intéressés ; et peut-être l'on n'eût point autrefois
accepté aussi facilement à Constantinople une situation
qui s'est imposée en 1885, grâce à l'affaiblissement croissant de lien plus nominal que réel qui rattache la Bulgarie à l'Empire ottoman.

Si l'on raisonne maintenant au sujet de l'Etat protecteur, il ne paraît pas possible qu'il reste neutre dans une
guerre où serait belligérant l'Etat protégé. Le protecteur a, en effet, de par le pacte constitutif du protectorat,
l'obligation essentielle de *défendre le protégé*. Il lui doit
donc aide et protection, soit pour le faire triompher au
cas où la guerre a été entreprise avec son assentiment,
soit pour faire cesser la guerre en question si elle s'est
produite contre sa volonté ; il ne paraît pas dès lors qu'il
puisse en aucun cas s'en désintéresser.

31. La guerre met fin aux traités qui supposent nécessairement l'état de paix, par exemple aux traités anté-

(1) Pillet, *loc. cit.*, § 6.
(2) Rolin Jaëquemyus dans la *Revue de droit international et
de législation comparée*, 1886, t. XVIII, pp. 512 et s.

rieurs d'alliance entre les belligérants. Elle reste, d'autre
part, indifférente aux conventions qui ont réglé une
situation définitivement acquise, par exemple, une cession de territoire, une libération de dette.

Ces points mis de côté, quelle va être l'influence de la
déclaration de guerre par rapport aux traités qui peuvent
s'exécuter indistictement pendant la paix et la guerre,
tels ceux concernant les successions, la compétence,
l'extradition, la propriété littéraire et artistique, etc.?
A cet égard, il existe une vive controverse. Les uns
soutiennent que ces traités sont absolument caducs et
qu'il faut, pour les remettre en vigueur, une disposition
formelle du traité de paix(1). Les autres sont d'avis qu'ils
demeurent seulement suspendus durant les hostilités et
qu'ils reprennent de plein droit à la paix (2). Certains,

---

(1) Kent, *Commentary on international law*, 2e édition, 1878,
V, I, p. 420, expose que les obligations naissant des traités disparais-
sent par le fait des hostilités. M. Geffcken croit que la guerre annule
les traités de commerce ; sur Heffter, *loc. cit.*, p. 269, note 3. En ce
sens, le traité de Francfort du 10 mai 1871 dit expressément que les
traités de commerce avaient été *annulés* par la guerre, art. 10. *Id.*
de la convention additionnelle au traité de Francfort du 11 décembre 1871, art. 18 Dans le même sens disposaient les traités de San-
Stéphano du 3 mars 1878, art. 23 et de Shimonoseki du 17 avril 1895,
art. 6. Le décret espagnol du 24 avril 1898 a déclaré caducs, par
l'effet de la guerre avec les Etats Unis, tous les traités et conventions
antérieurement conclus entre les deux pays. *Revue générale de droit
internat. public*, V, 1898, pp. 676 et s. Voir dans le même sens le
traité de paix de Paris du 30 mai 1814 entre la France et le Portugal,
art. 1er additionnel secret.

(2) Heffter, *loc. cit.*, § 122 et 181 ; Calvo, *loc. cit.*, § 1931 ; Funck-
Brentano et Sorel, *loc. cit.*, p. 247 ; Pradier-Fodéré, *loc. cit.*,
§ 2604 ; Bry, *loc. cit.*, § 384. Klüber pense que le belligérant peut
considérer le traité comme suspendu ou s'en désister ou même
reprendre les prestations qui ont été déjà effectuées en accomplisse-

estiment, enfin, que la guerre ne produit aucun effet à
leur égard et qu'ils restent dans le *statu quo ante* (1).

Nous croyons, en ce qui nous concerne, que la guerre,
rapport d'Etat à Etat, doit laisser subsister les traités
concernant des intérêts particuliers ou même des intérêts
publics qui n'ont aucune relation avec les hostilités. Si,
en effet, ces traités ont été conclus, c'est que les deux
parties les avaient trouvés utiles. Pourquoi donc se pri-
veraient-elles gratuitement d'avantages spéciaux étrangers au litige qui les divise ? Le bon sens indique
que, loin de les étendre, il faut limiter les maux que
cause la guerre et tenir soigneusement à l'écart du conflit international tout ce qui n'y doit point forcément
être mêlé.

§ II

Relations commerciales

32. La déclaration de guerre fait considérer, en général, ces relations comme rompues dans les rapports des
sujets des belligérants. Cette donnée, déjà admise chez
les juristes anciens (2), a été critiquée par quelques
auteurs modernes. Pour eux d'abord elle est injuste,

ment du traité, pour autant que la chose est possible. *Loc. cit.*,
§ 250.

(1) Guelle, *loc. cit.*, I, p. 45 ; Calvo, *loc. cit.*, III, p. 58 ; Blunt-
schli, *loc. cit.*, art. 538 ; Funck-Brentano et Sorel, *loc. cit.*, p. 247 ;
Bonfils-Fauchille, *loc. cit.*, § 1049 ; Pillet, *loc. cit.*, § 43 ; Domin-
Petrushevecz, *loc. cit.*, art. CVIII ; Despagnet, *loc.cit.*.§522; Dudley-
Field, *loc. cit.*, art. 905 ; Halleck, *International law, on rules...*,
1893, p. 371 : Fiore, *Nouveau droit intern.*, § 1291.

(2) Bynkershoek, *loc cit.*, l. I, ch. III, p. 23. On envoyait des *lettres inhibitoires* pour défendre le commerce et la correspondance
avec l'ennemi. G. de Martens, *loc. cit.*, § 269.

puisque les négociants, simples particuliers, ne sauraient
souffrir de la guerre, rapport d'Etat à Etat ; elle est ensuite économiquement fausse, car, grâce à la prohibition du commerce, on en arrive à favoriser soit un
négoce interlope fait à leurs risques et périls, au détriment de la masse, par des particuliers aventureux, soit
le trafic des neutres bénéficiant de l'inaction forcée et
injustifiée des sujets des belligérants. Enfin, au point de
vue de l'intérêt général, les mêmes auteurs font observer
qu'on doit éviter de brouiller entre eux les ressortissants des Etats en conflit, parce que leur union commerciale restée intacte constituera souvent un sérieux
appoint pour le rétablissement des relations pacifiques (1).

Contre cette opinion on a objecté avec raison que les
intérêts privés doivent s'effacer devant les intérêts publics ; qu'il est inadmissible que les particuliers puissent réaliser des gains par des opérations faites avec les
sujets ennemis ; que le commerce serait trop porté à
sacrifier aux intérêts privés les intérêts du pays ; que ses
agissements arriveraient peut-être à gêner les opérations
militaires, à divulguer, grâce à des indiscrétions épis-
tolaires, le secret des mouvements de l'armée, à alimenter l'ennemi parvenant à utiliser les ressources obte-
nues par des conventions privées (2).

L'interdiction théorique de faire le commerce se traduit pratiquement par les mesures jugées utiles, telles

(1) Calvo, *loc. cit.*, IV, § 1930. Toutefois, M. Calvo paraît se
prononcer en sens opposé au § 1954. *Adde*, F. de Martens, *loc. cit.*,
§ 109 ; Neumann, *loc. cit.* § 143, Rivier, *loc. cit.*, § 182, p. 231 ;
Pradier-Fodéré, *loc. cit.*, VI, § 2696 et s.

(2) Guelle, *loc. cit.*, I, p. 48 ; Dudley-Field, *loc. cit.*, art. 921 et
s. ; Whéaton, *loc. cit.*, p. 295, § 13 ; Twiss, *loc. cit.*, § 36 et 57 ;
Heffter, *loc. cit.*, § 123 ; Klüber, *loc. cit.*, § 240.

que la saisie et la confiscation des objets compris dans
les conventions prohibées, quelqu'en soit le propriétaire ;
elle se traduit aussi par des pénalités. Ainsi, en 1871,
le banquier allemand Güterboek fut condamné comme
coupable de crime de haute trahison pour avoir favorisé
à Berlin la conclusion de l'emprunt Morgan (1). Un délai
est accordé aux commerçants des deux Etats pour se
mettre en règle ; passé ce délai, ils deviennent, de plein
droit, passibles des mesures précitées.

33. Les considérations ci-dessus ayant mis suffisamment en lumière combien l'interdiction du commerce
entre les sujets des deux belligérants se rattache à un
intérêt général, il convient de repousser une opinion
d'après laquelle il suffirait d'édicter des prohibitions
spéciales de commercer si le besoin s'en faisait sentir,
en tenant, en leur absence, le commerce pour licite
comme en temps de paix (2). Nous estimons, au contraire, qu'il y a lieu de renverser la proposition et de
n'autoriser la liberté commerciale que lorsqu'elle fait
l'objet d'une concession formelle, soit totale soit partielle, de la part des Etats belligérants. Ces concessions
sont qualifiées de *passeports*, *licences* et *sauf-conduits*.
Elles sont *générales* ou *spéciales* (3).

Les licences *générales* émanent du chef de l'Etat. En

(1) Rivier, *loc. cit.*, II, p. 232 ; Geffcken sur Heffter, *loc. cit.*,
§ 123, note 5 ; Despagnet, *loc. cit.*, § 521.

(2) Bluntschli, *loc. cit.*, art. 674, note 1 ; Calvo, *loc. cit.* ; F. de
Martens, *loc. cit.*, III, § 109 ; Rivier, *loc. cit.*, II, p. 231 ; Pillet,
Droit de la guerre, I, p. 105. Cet auteur a changé d'opinion dans
son ouvrage sur *Les lois actuelles de la guerre*, § 40, p. 75, note 1.

(3) Despagnet, *loc. cit.*, § 521 ; Calvo, *loc. cit.*, § 1954 et s. ;
Bonfils-Fauchille, *loc. cit.*, § 1062 ; Pradier-Fodéré, *loc. cit.*,
§ 2700 et s.

1860, lors de l'expédition de Chine, licence générale de faire le commerce fut donnée aux sujets anglais et français, dans leurs rapports avec les Chinois. On remarquera que la pratique des licences générales, qui, en somme, aboutit à supprimer l'état de guerre dans les rapports commerciaux des particuliers des États belligérants, ne se produira guère qu'en cas de conflit avec des puissances lointaines et exotiques, car, avec elles, le commerce n'offre point les mêmes inconvénients qu'au regard des puissances limitrophes ou rapprochées. Toutefois, les licences générales se peuvent encore concevoir dans les rapports de ces dernières, lorsque, bien qu'en état de guerre, elles ne sont point séparées par des dissentiments excessifs. Ainsi, pendant la guerre de Crimée, la prohibition de commercer disparut presque complètement. Un ordre du Conseil, du 15 avril 1854, autorisait les sujets anglais à commercer avec les ports russes non bloqués par navires *neutres*, et à propos de marchandises ne constituant pas une contrebande de guerre. (Conf. également l'instruction française du 31 mai 1854 et la déclaration russe du 9 avril de la même année.)

Les licences *spéciales* ont pour but de permettre le commerce de certains objets déterminés ; d'autoriser le transport de certaines personnes et marchandises ou certaines communications. C'est l'autorité militaire qui, d'habitude les accorde en des formes et sous des conditions variables, pour un temps ou une durée illimitée. Elles sont individuelles et incessibles ; on y eut recours fréquemment durant la guerre entre les États-Unis et le Mexique (1).

(1) Sur les licences, voir Bonfils-Fauchille, *loc. cit.*, § 1062 ; Despagnet, *loc. cit.*, § 521 ; Pradier-Fodéré, *loc. cit.*, § 2700 ; Whéaton,

CHAPITRE IV

DE LA MISE EN VIGUEUR D'UNE LÉGISLATION SPÉCIALE
MOTIVÉE PAR L'ÉTAT DE GUERRE

34. Cette législation a trait aux points dont l'examen va suivre.

1° *Dispositions concernant l'appel sous les drapeaux des hommes devant rejoindre leur corps en cas de mobilisation.*

En France, la loi du 15 juillet 1889 appelle sous les drapeaux la *réserve de l'armée active*, l'*armée territoriale* et la *réserve de l'armée territoriale* (art. 37) (1).

loc. cit., II, pp. 65 et s., §§ 25 et s. ; Geffcken, *loc. cit.*, § 123 ; Guelle, *loc. cit.*, I, pp. 49 et s. , Calvo, *loc. cit.*, § 1970 et s. ; Despagnet, *loc. cit.*, § 521.

(1) Intendant général Delaperrière, *L'armée française*, organisation, 1897, t. I, pp. 248 et s.

Le système de la mobilisation de toutes les forces du pays, qui est employé dans la composition, en cas de guerre, des armées des diverses puissances, fait que, sous un nom ou sous un autre, on rencontre à peu près partout les diverses lignes usitées dans le système français. En Allemagne, on appelle en cas de mobilisation, la *Landwehr* et le *Landsturm* (lois du 9 novembre 1867, du 11 février 1888 et du 3 août 1893). Il en est de même en Autriche (lois du 5 décembre 1868, du 2 octobre 1882, du 6 juin 1886 et du 11 avril 1889) , en Hongrie (loi du 19 juin 1886) ; en Suisse (lois du 1er novembre et du 4 décembre 1886). En Norvège, existe la *Landwern* (loi du 3 juillet 1876) et en Suède, la *Landwern* et le *Landstorm* (loi du 16 juin 1885). En Italie, on se sert des termes de : *réserve, milice mobile, milice territoriale* (lois du 7 juin 1875, du 6 août 1888, du 5 juin 1897). L'expression de *réserve* est employée en Espagne (lois du

2° *Dispositions figurant dans les diverses législations pénales internes pour le cas de guerre.*

En France, le Code de justice militaire pour l'armée de terre et le Code pénal contiennent un certain nombre de textes visant des délits spéciaux à l'état de guerre, aggravant certaines peines à raison de faits commis en face de l'ennemi, par exemple le refus d'obéissance ou la désertion.

3° *Dispositions ayant en vue les situations et les besoins d'ordre divers créés par la guerre.*

Elles comprennent les lois et règlements nécessités par le nouvel état de choses. Les principaux de ces documents sont, en France, les lois, règlements et instructions militaires sur les réquisitions, la guerre de siège, le service des armées en campagne et des subsistances en campagne, les prisonniers de guerre, le service de santé en campagne, l'état de siège, etc., etc. (1).

28 août 1878, du 22 janvier 1882 et du 11 juillet 1885), en Serbie (loi du 1er novembre 1886), en Bulgarie (loi du 15/27 février 1892), en Grèce (loi de 1876), en Angleterre (*The Reserve force and Militia bills* de 1896 et de 1899), en Belgique (lois du 3 juin 1870, du 18 septembre 1873 et du 30 juin 1896), en Russie, où l'on emploie aussi le mot de *milice* (lois du 1er janvier 1874, du 11 novembre 1876 et Ukases impériaux de 1888 et de 1893). En Roumanie, la *Glota* équivaut à la réserve de l'armée territoriale (loi du 24 février 1876, remaniée en 1882, 1884, 1886, 1887). Conf. sur ces points, Lauth, *L'état militaire des principales puissances étrangères en 1900,* *passim* ; Delaperrière, *loc. cit.,* I, pp. 274 et s. ; Pradier-Fodéré, *loc. cit.,* § 2725 et s. ; F. de Martens, *loc. cit.,* p. 233.

(1) Nous retrouverons tous ces points au fur et à mesure des explications ultérieures. Quant à l'état de siège, en France, il ne peut être déclaré qu'en vertu d'une loi désignant les communes, les arrondissements ou départements auxquels il s'applique. Cette loi fixe le temps de sa durée ; et, à l'expiration de ce temps, l'état de siège cesse de plein droit, sauf prolongation par une loi nouvelle. Exceptionnel-

4° *Lois martiales.*

35. Ce sont les dispositions par lesquelles chaque Etat règle l'instruction et la punition des faits délictueux relatifs à la guerre ; elles ont principalement en vue de protéger l'armée d'invasion contre toute tentative de la part des habitants du pays envahi (1). Ceux-ci doivent, comme on le verra, rester absolument étrangers aux opérations militaires de l'ennemi ; ne les aider ni les entraver. Et la loi martiale punit de peines en général fort sévères tous les actes dont le résultat pourrait être de nuire à l'envahisseur et de contrecarrer ses desseins.

La loi martiale a nécessairement un caractère dérogatoire au droit commun, comme les faits eux-mêmes auxquels elle s'applique. On ne peut donc lui demander de s'inspirer du principe de justice absolue qui domine la loi pénale ordinaire. Chaque Etat a ses lois martiales, qui, tout en reflétant son caractère personnel, contiennent néanmoins, par la force même des choses, un certain nombre de principes communs, lesquels devraient se multiplier le plus possible, dans le but d'éviter toute méprise et tout arbitraire, pour ceux à qui on les applique et pour ceux qui sont chargés de les appliquer.

36. Pour familiariser les habitants des pays envahis avec les lois martiales, l'envahisseur indique, en général, par des proclamations, au moment où il entre en territoire ennemi, de quels principes il s'inspirera et quels

lement l'état de siège peut être déclaré par décret ou émaner du commandant militaire d'une place de guerre ou d'un poste militaire. Conf. la loi du 3 avril 1878 et l'article 189 du décret du 4 octobre 1891 sur le service des places de guerre et des villes ouvertes.

(1) Fiore, *Nouveau droit internat.*, § 1296 ; Pradier Fodéré, *loc. cit.*, VI, § 2706.

faits il considérera comme punissables (1). Il est à souhaiter avant tout qu'il n'agisse pas uniquement suivant le caprice du moment, et qu'il applique des lois martiales soit établies dès le temps de paix, soit tout au moins décrétées au début de la guerre ou de l'invasion, ayant, en un mot, une certaine fixité et une continuité de nature à présenter quelques garanties pour les populations. Il est désirable, d'autre part, qu'il n'exécute pas la loi martiale d'une façon sommaire et qu'il recoure toujours à un jugement régulier prononcé après défense. Cette conduite humaine doit être étendue même au cas de flagrant délit et de représailles, sous peine de réduire au désespoir les habitants du pays envahi et de les pousser aux pires excès, pour le plus grand dommage de l'envahisseur lui-même. Bluntschli, dans les prescriptions très sage qu'il propose pour l'établissement des lois martiales, dit que, sans doute, ces lois, en raison de leur nécessité

(1) Voir notamment les proclamations du roi de Prusse aux français (11 août 1870), du prince royal de Prusse aux habitants de la Lorraine et des commandants supérieurs des armées allemandes (18 août 1870). Valfrey, *Histoire de la diplomatie du gouvernement de la défense nationale*, 1871, 73, III, pp. 269 et s. *Le Manuel français à l'usage des officiers* s'exprime ainsi : « D'après la loi française, les délinquants sont justiciables des conseils de guerre..... Il est d'usage d'aviser la population des actes qui sont plus particulièrement interdits et des pénalités afférentes aux infractions commises. C'est ordinairement l'objet d'un paragraphe inséré dans la proclamation que le commandant en chef public à son entrée sur le territoire ennemi... Pour la France, c'est le code de justice militaire qui fournirait les éléments de pareilles proclamations. La plupart des actes à prévoir tomberont sous l'application de l'article 63 combiné avec les articles 198, 204 à 206. La jurisprudence a, d'ailleurs, étendu la compétence des conseils de guerre à toutes les infractions commises par les habitants d'un territoire occupé contre la sécurité de l'armée », p. 90.

impérieuse, seront souvent contraires à la constitution et
au droit commun du pays occupé ; mais que, cependant,
les représentants de l'autorité militaire ne devront jamais perdre de vue, en les édictant, les exigences de l'humanité de la justice, et de l'honneur. Il ajoute que leur
sévérité, si justifiée qu'elle soit, doit être proportionnée
dans chaque cas aux dangers courus par l'armée ; et que
dans leur application, il convient de s'abstenir de toute
passion et de respecter les règles élémentaires de la
justice (1).

5° *Lois internationales relatives à l'état de guerre.*

37. Nous les avons déjà indiquées par avance, en nous
occupant, au § 43, des traités internationaux d'où elles
dérivent et qui entrent en vigueur du jour de la déclaration de guerre. Les prescriptions des conventions de
Saint-Pétersbourg, de Genève et du règlement de
La Haye forment la base de la législation à appliquer
dans les rapports des États en conflit.

Les lois internationales relatives à l'état de guerre sont
dominées dans leur entier par une distinction fondamen-

---

(1) Bluntschli, *Völkerrecht*, §§ 542 et s. Les dispositions des lois
martiales varieront nécessairement avec les temps, les lieux, les circonstances ; et leur application sera plus ou moins énergique suivant
l'intensité du conflit qui divise les belligérants. Elles ont été appliquées très durement, en 1870-71, par les Prussiens, et aussi par les
Anglais durant la guerre du Transvaal, où elles avaient été promulguées
pour tous les ports du Sud de l'Afrique. Conf. sur ce dernier point le
très intéressant opuscule de M. Frédéric Mackarness, édité à Paris,
en 1902, par les soins du comité pour l'indépendance des Boërs, sous
ce titre : *La loi martiale dans la colonie du Cap durant 1901.*
Au contraire, le règlement japonais sur l'application de la loi martiale,
durant la guerre sino-japonaise, du 23 février 1895, était conçu dans
un grand esprit d'humanité et de libéralisme. Nagao Ariga, *La
guerre sino-japonaise au point de vue du droit international,*
1896, pp. 210 et s.

tale, celle des *belligérants* et des *non-belligérants* ou *neutres,* les premiers participant seuls à la guerre, les autres devant s'en abstenir. Nous tiendrons soigneusement compte, dans les explications ultérieures, de cette distinction, dont l'importance apparaîtra plus nettement par la suite, spécialement au livre V de cet ouvrage consacré au *régime de la neutralité.*

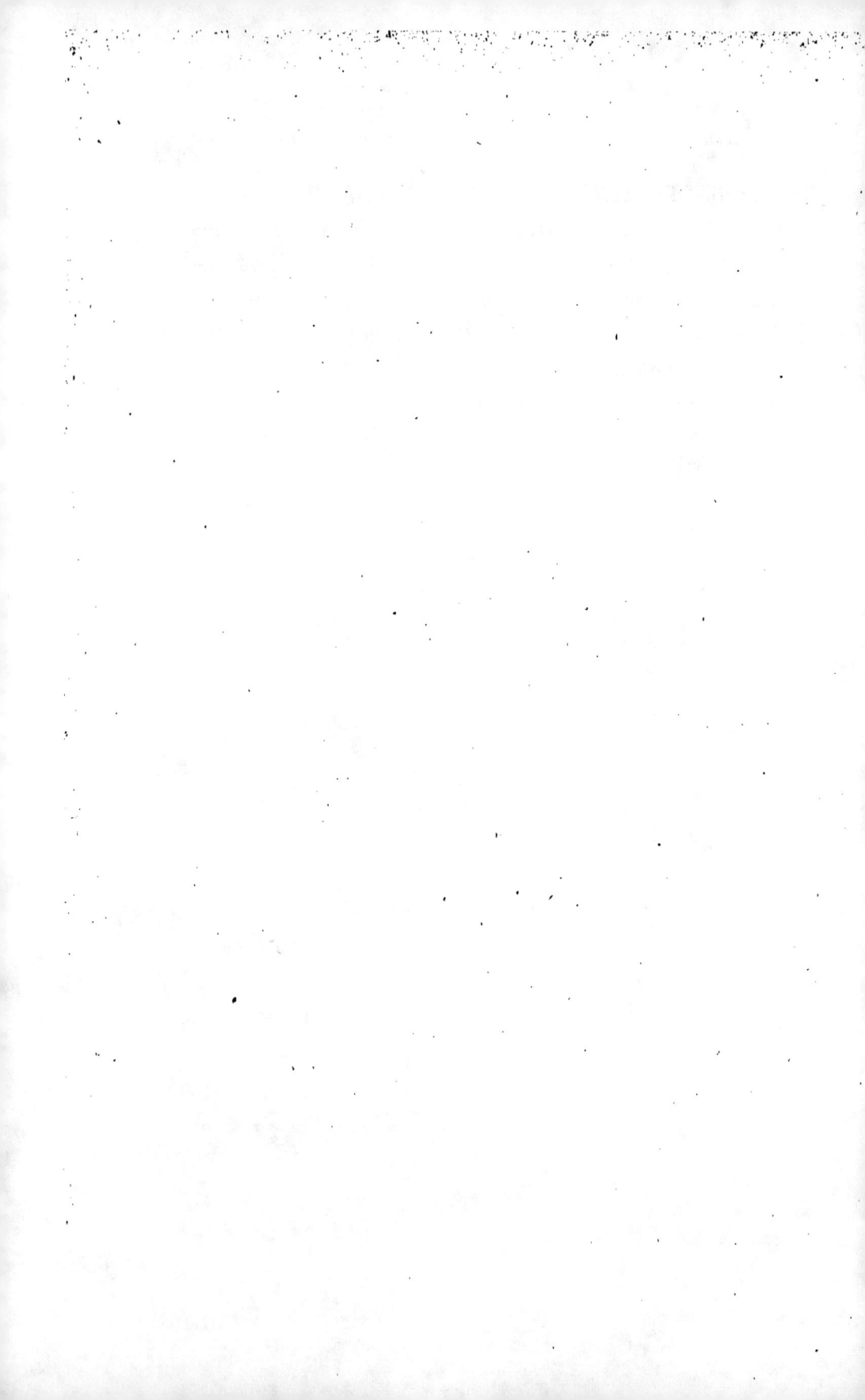

LIVRE II

LES OPÉRATIONS DE GUERRE

SECTION PREMIÈRE

Des belligérants

38. Le fait de la belligérance produit des droits et des obligations que réglemente le droit de la guerre. Il établit, tout d'abord, en principe que seuls les Etats peuvent avoir la qualité de belligérants, et se refuse par suite à reconnaître les droits et obligations résultant de cette qualité aux associations, si puissantes soient-elles, qui ne sauraient constituer des Etats. Ainsi, les organisations de pirates, de flibustiers et de brigands, les compagnies formées en vue du négoce, des explorations ou de la colonisation, qui, en fait, ont disposé quelquefois d'une puissance plus grande que certains Etats, n'ont jamais néanmoins été traitées comme belligérants.

Les Etats sont donc seuls belligérants ; et, d'autre part, cette qualité n'appartient pas à leurs sujets ; ce sont les pouvoirs publics constitués et non les simples particuliers qui entrent en conflit. Ce principe fertile, on le verra, en conséquences de toute sorte, a beaucoup contribué à humaniser la guerre en diminuant les maux des luttes anciennes.

39. Autrefois, en effet, tous les sujets de l'Etat belligérant entraient en lutte au même titre que le pouvoir central. Ils pouvaient se livrer à des actes d'hostilité, et il leur était recommandé par les anciennes déclarations de guerre de *courir sus aux ennemis.* Cette pratique usitée autant sur mer que sur terre avait créé la célèbre institution de la *course maritime*, bannie par le congrès de Paris de 1856, en vertu de laquelle les particuliers étaient autorisés officiellement à se livrer à la poursuite et à la capture des bâtiments appartenant à l'Etat ennemi ou à ses sujets. Ainsi les particuliers se solidarisaient avec l'Etat ; et, d'autre part, chaque belligérant pouvait, à son tour, en vertu de cette solidarité, faire peser les conséquences de la guerre aussi durement sur les particuliers que sur l'Etat ennemi. De là, venait la pratique du butin, de la confiscation, du pillage des biens des particuliers, tenue pour légitime, courante dans les luttes anciennes, qu'approuvaient sans hésitation les représentants les plus autorisés de la science du droit des gens.

De nos jours, il n'en est plus ainsi ; les particuliers sont en dehors de la guerre, et les proclamations lancées au début des hostilités accusent nettement cette distinction qui, malheureusement en pratique, n'est pas toujours bien suivie (1). Ce n'est plus directement comme jadis,

---

(1) Conf. la proclamation du roi de Prusse, Guillaume II, du 11 août 1870, et celle des maréchaux japonais dans la guerre avec la Chine. Nagao Ariga, *loc. cit.*, p. 40, § 12. Le maréchal Yamagata dit notamment : « Ceux qui sont nos ennemis, c'est l'armée ennemie. Quant aux autres, excepté ceux qui attentent ou essayent d'attenter à notre

mais seulement par voie de répercussion que la vie, la fortune et la famille des particuliers peuvent être atteintes dans la guerre.

40. La notion nouvelle qui fait de la guerre un rapport d'Etat à Etat, amène à cette conséquence que les hostilités doivent uniquement se produire entre les forces militaires des adversaires, la masse des habitants s'abstenant soigneusement d'y intervenir à quelque titre que ce soit. De là, l'importante distinction entre les *combattants* et les *non-combattants*, qui est l'un des principes fondamentaux de la guerre actuelle.

Les non-combattants sont les habitants inoffensifs du pays, qui ne peuvent point prendre part à la lutte, auxquels l'ennemi donnera aide et protection pour leurs personnes, leur honneur, leurs biens et leurs intérêts de toute sorte, et qui ne doivent subir que le contre-coup nécessaire et indirect des opérations militaires. Cette immunité n'existe, on ne saurait trop y insister, que pour le cas où les non-combattants s'abstiennent de toute participation à la guerre Dans le cas contraire, ils sont passibles de peines fort sévères édictées par les lois martiales du pays contre les armées duquel ils ont effectué les actes d'hostilité prohibés.

Les combattants sont les soldats des belligérants, appartenant aux diverses lignes de l'armée régulière, soldats auxquels il convient de joindre certains corps auxiliaires ou milices, et même la levée en masse des habitants du pays sous des conditions spéciales que nous aurons soin de préciser (1). A ces combattants sont

armée, ils ne doivent pas être considérés comme nos ennemis ». Conf. Calvo, *loc. cit.*, § 2050.

(1) *Manuel français de droit internat.*, p. 30.

accordés certains privilèges, tels que celui d'être traités
avec des soins et des égards particuliers pour le cas où
ils sont faits prisonniers de guerre et sont malades ou
blessés. Nous allons donc établir tout d'abord les bases
sur lesquelles repose la distinction des combattants et
des non-combattants ; nous verrons ensuite quelles prérogatives spéciales sont concédées aux premiers à l'ex-
clusion des non-combattants qui auraient indûment pris
part aux hostilités.

CHAPITRE PREMIER

DE LA DISTINCTION DES COMBATTANTS ET DES NON-COMBATTANTS

41. Les combattants sont d'abord les membres de
l'armée régulière appelés sous les drapeaux en vertu
d'une disposition légale, faisant partie des diverses
lignes de formation dont il vient d'être question au § 34.
Les troupes coloniales sont comprises dans les combattants. Mais il ne faut pas y adjoindre des auxiliaires
sauvages, incapables de connaître et d'appliquer les lois
de la guerre, tels les Bachi-bouzouks, qui, employés
par la Porte dans la guerre de 1877-78, ignoraient
même la Convention de Genève (1) ; telles aussi les
bandes cafres lancées contre les Boërs par les Anglais (2). Au contraire, c'est à tort que le prince de

(1) Bonfils-Fauchille, *loc. cit.*, § 1072 ; Pillet, *loc. cit.*, § 18 ;
Calvo, *loc. cit.*, IV, p. 139 ; Dudley-Field, *loc. cit.*, art. 739 ;
Holtzendorff, *loc. cit.*, § 63 ; Neumann, *loc. cit.*, § 45.

(2) Les Anglais ont nié systématiquement ce point qui paraît pourtant certain. Ainsi, le 27 janvier 1902, une ambulance accompagnant

Bismarck a critiqué l'emploi des troupes indigènes d'Algérie, qui, en définitive, étaient enregimentées, immatriculées, commandées par des officiers français et n'ont eu d'autre tort que de se distinguer par une ardeur dans l'attaque à laquelle les Allemands n'étaient point habitués (1).

42. Les corps francs organisés et composés de volontaires, tels que partisans, francs-tireurs, etc., font également partie des combattants (2). Seulement, comme ils

le général de Wet fut attaquée par une force anglaise, à laquelle s'étaient joints des Cafres. Rapport du docteur Dupont attaché à l'ambulance. *Temps* du 13 mars 1902. Conf. les déclarations faites sous serment par des volontaires boërs et consignées dans les rapports des généraux Delarey et Smutz, publiées par les soins du comité parisien pour l'indépendance des Boërs en 1902, p. 13. D'autre part, les *raisons* qui ont amené les chefs boërs réunis le 31 mai 1902 à Vereeniging, pour y traiter des conditions de paix, à se rendre aux Anglais contiennent un paragraphe 3 ainsi conçu : « Les tribus cafres situées en dehors et à l'intérieur des frontières des deux Républiques ont été presque toutes armées et prennent part à la guerre contre nous. La perpétration de meurtres et d'atrocités de toutes sortes a provoqué une situation intolérable dans un grand nombre de districts des deux Républiques, dans celui de Vryheid notamment, où 56 burghers ont été cruellement assassinés et mutilés ». Lettre du 6 juin de Lord Milner contenue dans le livre bleu anglais du 29 juillet 1902. Conf. d'autre part, les détails fournis sur le même point par M. Despagnet dans son étude intitulée : *La guerre sud-africaine au point de vue du droit international*, 1902. Extrait de la *Revue générale de droit international public*, pp. 122 et s.

(1) Bonfils-Fauchille, *loc. cit.*, § 1070 et les citations. Conf. Calvo, *loc. cit.*, § 2057 et la circulaire du chancelier dans Brenet : *La France et l'Allemagne devant le droit international en 1870-71*, 1902, pp. 47 et s. Conf. Rolin-Jaéquemyus dans la *Revue de droit internat. et de législ. comparée*, 1870, II, p. 659 et 1871, III, p. 307.

(2) Consulter sur les francs-tireurs l'ouvrage précité de M. Brenet, pp. 5 et s. En 1870-71, le chiffre des francs-tireurs a atteint 80.000 hommes, soit l'effectif de trois corps d'armées. Conf. le général Thomas dans ces *Souvenirs de la guerre de 1870* et le comman-

n'ont pas l'estampille de l'armée régulière, on exige d'eux des conditions spéciales. Ils doivent être munis tout d'abord de l'autorisation du gouvernement qui prend la responsabilité de leurs actes. En 1870-71, les francs-tireurs furent commissionnés et rattachés à l'armée par décrets des 25 septembre, 11 octobre et 4 novembre 1870 (1). Et pourtant les Allemands ont émis la préten-tion singulière d'exiger d'eux un ordre d'appel nomina-tif sous les drapeaux, condition possible à réaliser seu-lement pour le soldat, dont le livret et l'ordre d'appel sont préparés dès le temps de paix. On se contente donc, en principe, d'une commission générale pour le corps franc tout entier (2). Les Allemands refusèrent même de traiter comme combattants les gardes nationaux, mobiles et mobilisés, incorporés en vertu des lois du recrutement et notamment de la loi du 25 août 1870. Il fallut, pour amener le gouvernement allemand à résipiscence, mena-cer de traiter de la même façon les soldats de la landwher et du landsturm (3).

dant Rousset, *La guerre de 1880-71*, t. III, ch. III et t. V, ch. Ier, *passim*.

(1) Toutefois Bluntschli, *loc. cit.*, art. 570, dit que, suivant l'opi-nion courante, on admet que les corps francs, même non autorisés par leur gouvernement, doivent être assimilés aux armées régulières, quand ils sont organisés militairement, combattent pour les buts politiques, et non pas comme des brigands, par cupidité ou esprit de vengeance.

(2) Voir les proclamations des généraux allemands dans Brenet, *loc. cit.*, pp. 11 et s. Conf. Bluntschli, *loc. cit.*, art. 570 *bis*.

(3) Brenet, *loc. cit.*, pp. 21 et s. Les généraux allemands objec-taient que les troupes françaises dont s'agit portaient une blouse bleue de nature à être confondue avec celle du paysan Mais elles avaient en plus le képi et l'armement. Du reste, les puissances aujourd'hui, et spécialement la Prusse, tendent à donner à leurs troupes des vête-ments de couleur de plus en plus indécise, à enlever à l'officier les

Les corps francs doivent porter ouvertement les armes ; observer loyalement les usages de la guerre ; être revêtus d'uniformes et d'insignes communs, indiquant un corps constitué ; il faut qu'ils soient reconnaissables autant que possible à une portée de fusil, et commandés par un chef responsable, nanti de pouvoirs réguliers (1). Mais, de ces prescriptions l'absence d'une seule ne fait point disparaître la qualité de combattant. Tout est, en cette matière, question de fait et d'appréciation équitable. C'est d'après leur allure générale et non suivant tel ou tel point de détail qu'il convient d'accorder ou non aux corps francs les privilèges des combattants. Par suite, l'Allemagne outrepassait ses droits en menaçant, durant la guerre franco-allemande, de fusiller les francs-tireurs français qui ne seraient pas revêtus d'insignes et d'uniformes reconnaissables facilement à une portée de fusil, alors qu'elle ne niait pas, du

signes trop éclatants de son grade pour mettre, ce qui est naturel, le plus possible, les soldats et les chefs à l'abri des fusils à tir rapide. Dans le même ordre d'idées, on peut citer un ordre du jour du général Radetzki, durant la guerre turco-russe de 1877-78 Cet ordre du jour interdisait le port des fourreaux de sabre métalliques, parce qu'il avait été constaté que le scintillement de ces sabres fournissait aux Turcs un excellent point de mire. Cette expérience n'a point été perdue, ajoute le chroniqueur du *Temps* qui rapporte ce fait, pour l'armée russe, d'où, après la guerre de 1877, auraient été bannis les fourreaux métalliques restés jusqu'à présent réglementaires dans l'armée française. *Temps* du 11 octobre 1902. — L'ordre du jour en question s'adressait aux troupes défendant les hauteurs de Chipka que l'on a qualifiées avec raison de Thermopyles bulgares

(1) Morin, *loc. cit.*, I, pp. 219 et s., 229 et s ; Calvo, *loc. cit.*, §§ 2051 et s. ; Bonfils-Fauchille, *loc. cit*, §§ 1091 et s. Conf. l'art. 2 du *Manuel de l'Institut de droit intern.* ; Bluntschli, *loc. cit.*, art. 570 *bis* ; Rivier, *loc. cit.*, § 63, p. 251 ; Fiore, *Nouveau droit internat.*, III, §§ 1312 et s. ; Despagnet, *loc. cit.*, § 526.

reste, qu'ils réunissaient les autres conditions exigées par le droit de la guerre (1).

43. Quand les corps francs violent les lois de la guerre ou commettent des actes de belligérance que l'ennemi refuse à tort d'accepter, on ne peut, en tout cas, rendre responsables de leur fait personnel que les auteurs des actes incriminés. Il serait vraiment monstrueux de faire assumer par le corps tout entier la responsabilité du fait d'un de ses membres, ou par les populations inoffensives celle des actes des corps francs. Pareille prétention, émise par les Allemands en 1870-71, ramènerait le principe de solidarité ancienne dont il a été ci-dessus question aux §§ 38 et 39, banni désormais des guerres actuelles considérées comme un rapport d'État à État. Nous y reviendrons en parlant des *représailles* aux §§ 105 et 106.

Les difficultés soulevées par la question des corps francs, seront de moins en moins considérables dans la guerre future, car les diverses organisations des armées européennes, englobant toute la population valide d'un pays, ne laisseront guère de place à d'autres formations (2). Toutefois, il importe de maintenir la possibilité de l'organisation des corps francs, surtout au regard des pays qui ont limité leurs contingents militaires aux troupes nécessaires pour assurer la tranquillité intérieure.

(1) Brenet, *loc. cit.*, p. 10 ; F. de Martens, *loc. cit.*, pp. 231 et s. ; Pradier-Fodéré, *loc. cit.*, § 2729 ; Rivier, *loc. cit.*, p. 251 ; Heffter et Geffcken, *loc. cit.*, § 124 *a*; Fiore, *loc. cit.*, § 1306 et *Droit intern. codifié*, art. 945 ; Neumann, *loc. cit.*, § 41 ; Ott sur Klüber, *loc. cit.*, § 267, p. 384, note ; Calvo, *loc. cit.*, §§ 2055 et s. ; Pradier-Fodéré, *loc. cit.*, § 2730.

(2) Pillet, *loc. cit.*, § 19.

L'article 9 de la déclaration de Bruxelles de 1874 établissait sur ce point des dispositions qui ont été reproduites par l'article 1er du règlement de La Haye dont voici le texte.

Art. 1er. — *Les lois, les droits et les devoirs de la guerre ne s'appliquent pas seulement à l'armée, mais encore aux milices et aux corps de volontaires réunissant les conditions suivantes :*

1° D'avoir à leur tête une personne responsable pour ses subordonnés ;

2° D'avoir un signe distinctif fixe et reconnaissable à distance ;

3° De porter les armes ouvertement et

4° De se conformer dans leurs opérations aux lois et coutumes de la guerre.

Dans les pays où les milices ou des corps de volontaires constituent l'armée ou en font partie, ils sont compris sous la dénomination d'armée (1).

On doit faire rentrer dans l'économie des dispositions de l'article 1er les corps francs formés d'individus étrangers à la nation belligérante. Sans doute, comme on le verra plus tard aux §§ 171 et s., l'État neutre empêchera autant que possible ces formations, s'il tient à exécuter loyalement les obligations de la neutralité. Mais, pour le cas où elles se produiraient, les volontaires étrangers qui en font partie sont traités comme combattants réguliers. En 1870-71, les garibaldiens et les Grecs s'enrôlèrent au service de la France ; et, dans la dernière guerre

---

(1) Sur le commentaire et les précédents de ce texte, consulter notre ouvrage sur la *Conférence de la Paix*, § 87.

turco-grecque, des Français se sont engagés dans l'armée grecque, tandis que des officiers allemands ont pris du service dans l'armée ottomane (1).

44. On appelle *levée en masse* la réunion des habitants d'un territoire, qui, sans organisation préalable, en présence de l'invasion, se concertent pour défendre le sol national (2). Les levées en masse, fréquentes dans les guerres anciennes, sont devenues très rares à notre époque, en présence du système des armées modernes, englobant toute la population valide du pays. Elles ont leurs avantages et leurs inconvénients.

Comme avantages, elles permettent d'utiliser toutes les forces vives de la nation et de susciter des élans patriotiques qui ont parfois raison d'ennemis supérieurs en nombre. Elles rétablissent, d'autre part, l'équilibre entre les pays où existe le service militaire obligatoire et ceux qui ont le régime des milices. Par contre, la levée en masse entraîne une confusion inévitable et dangereuse, devient la cause d'actes d'audace et d'héroïsme qui poussent, de très bonne foi, leurs auteurs à méconnaître les lois de la guerre, actes de patriotes exaltés de nature à exaspérer l'ennemi et à amener souvent des représailles terribles. Enfin, la levée en masse est, dans une certaine mesure, en opposition avec le principe que la guerre est un rapport d'Etat à Etat.

---

(1) Brenet, *loc. cit.*, §§ 18 et s. ; Politis, dans la *Revue générale de droit international public*, 1897, p. 702.

(2) Sur la levée en masse, conf. : Rivier, *loc. cit.*, pp. 251 et s. ; Pradier-Fodéré, *loc. cit.*, § 2731 ; Guelle, *loc. cit.*, I, pp. 80 et s. ; Bonfils-Fauchille, *loc. cit.*, §§ 1096 et s. ; Heffter et Geffcken, *loc. cit.*, § 124 *a* ; Funck-Brentano et Sorel, *loc. cit.*, pp. 264 et s. ; Despagnet, *loc. cit.*, § 527 ; Morin, *loc. cit.*, §§ 2731 et s. ; Bry, *loc. cit.*, § 388 ; Mérignhac, *loc. cit.*, §§ 87 et s.

Deux idées contradictoires peuvent se présenter au sujet de la levée en masse. Ou bien, on assimilera ceux qui en font partie à des corps francs et on exigera d'eux les conditions que l'article 1er du Règlement de La Haye prescrit pour ces corps. Ou bien, on considérera que l'accomplissement de ces conditions équivaut presque à rendre la levée en masse impossible ; et l'on se bornera à prescrire que la population armée, respectant les lois et coutumes de la guerre, agira d'une façon suffisamment loyale et ouverte pour que l'adversaire se rende compte qu'il a, en face de lui, des citoyens marchant de concert pour la défense du pays et non des individualités isolées s'exposant à toutes les conséquences de leurs actes personnels.

45. Dans cet ordre d'idées, la délégation de Tours, en appelant sous les armes tous les hommes valides de 21 à 40 ans, par le décret du 2 novembre 1870, stipulait que ces recrues seraient, après leur organisation par les préfets, mises à la disposition du ministre de la guerre et munies d'un équipement et d'un armement (1). Bien différente et nettement blâmable avait été la conduite suivie en 1813 par Guillaume III de Prusse, autorisant la levée en masse et prescrivant à ceux qui en faisaient partie de n'avoir ni uniformes ni signes particuliers, afin de pouvoir échapper complètement à l'attention de l'ennemi. L'article 13 de l'ordonnance prussienne de 1813 sur le Landsturm disait notamment: « Le Landsturm n'a ni uniformes, ni insignes particuliers, car ces uniformes serviraient à le faire reconnaître par l'ennemi et l'exposeraient aux persécutions ».

(1) Voir le décret de la Délégation de Tours du 2 novembre 1870 dans Brenet, *loc. cit.*, p. 42 et Calvo, *loc. cit.*, § 2058.

A la Conférence de Bruxelles, en 1874, un conflit s'éleva, au sujet de la levée en masse, entre les représentants des petits Etats et ceux des grandes puissances (1). Le même conflit s'est produit à La Haye, où les mêmes causes ont nécessairement produit les mêmes résultats. Si, en effet, tout le monde s'accorde sur le principe de la levée en masse, on diffère essentiellement sur les conditions à exiger d'elle. Les grands Etats, déjà munis, par le système de la mobilisation générale, de forces considérables, inclinent à la rendre peu facile, puisqu'elle ne leur profitera guère et pourra, au contraire, servir leur adversaire. Pour ce motif, ils exigeront qu'elle réunisse les conditions prescrites par l'article 1er du Règlement de La Haye, au sujet des milices et corps de volontaires.

Sans aller aussi loin, certains auteurs pensent que l'on devrait demander à la levée en masse plus que le simple fait de se conformer aux lois et coutumes de la guerre ; qu'il faudrait, par exemple, obliger ceux en faisant partie à porter ouvertement les armes et leur imposer un uniforme ou tout autre signe distinctif apparent, de façon que l'adversaire ne puisse pas croire qu'il n'a devant lui que des particuliers isolés, à l'égard desquels il soit autorisé à exercer des représailles (2).

(1) Romberg, *Des belligérants et des prisonniers de guerre*, 1894, pp. 42 et s. ; Brenet, *loc. cit.*, pp. 44 et s. Conf. les *Protocoles*, 12 et s. ; de la *Conférence de Bruxelles* dans les *Actes de la Conférence* publiés à Paris, en 1874, par la Librairie des publications législatives, pp. 28 et s.

(2) Geffcken sur Heffter, *loc. cit.*, § 124, note 2 ; Guelle, *loc. cit.*, I, pp. 85 et s. ; Pillet, *loc. cit*, pp. 46 et s. Il est vrai que les auteurs en question reconnaissent, ce qui diminue beaucoup la portée de leur opinion, que les inconvénients résultant du non-accomplissement

46. Mais les petits États font observer que la levée
en masse constituera souvent leur seule ressource contre l'invasion ; que, sans elle, ils seraient peut-être accu-
lés à la ruine par la nécessité d'entrer dans la voie des
armements à outrance, voie où, du reste, ils ne pourraient suivre efficacement les grandes puissances. Ils
demandaient donc à La Haye, conformément au désir
déjà exprimé à Bruxelles, que le fait de ne pas se conformer aux conditions de l'article 1ᵉʳ précité du Règlement concernant les lois et coutumes de la guerre sur
terre, d'une exécution très difficile pour la levée en
masse, ne privât pas les habitants qui prendraient les
armes des droits des combattants, *si d'ailleurs ils respec-
taient les lois et coutumes de la guerre.* Les délégués
suisses, appuyés par l'Angleterre et la Belgique, solli-
taient, en conséquence, un vote de principe autorisant
la levée en masse, d'une façon absolue en toute hypothèse. Il semble que satisfaction complète leur ait été
donnée par la rédaction de l'article 2 du Règlement,
lequel ne soumet la levée en masse qu'à la seule condition indispensable de respecter les lois et coutumes
de la guerre (1). Le texte est ainsi conçu.

Aʀt. **2.** — *La population d'un territoire non occupé
qui, à l'approche de l'ennemi, prend spontanément les
armes pour combattre les troupes d'invasion sans avoir*

des prescriptions qu'ils proposent se produiront principalement en
cas de guerre civile.

(1) Sur la discussion fort intéressante à laquelle ces points ont
donné lieu à La Haye, on consultera les *Procès-verbaux de la Conférence de la Paix* dans la publication officielle du gouvernement néerlandais, La Haye 1899, 3ᵉ partie, pp. 151 et s. La délégation française
est intervenue ici d'une manière fort utile et les efforts de son chef,

eu le temps de s'organiser conformément à l'article 1er,
sera considérée comme belligérante si elle respecte les lois
et coutumes de la guerre.

On remarquera que l'article 2 vise seulement le cas
où le pays, siège de la levée en masse, n'est pas occupé ;
et l'article 10 du projet de Bruxelles s'exprimait dans
le même sens ; or une pareille réserve peut paraître singulière. Pourquoi, en effet, limiter ainsi l'exercice de
la levée en masse? Sous quel prétexte, la légitimité de la
mesure une fois reconnue, l'interdire dans le territoire occupé, alors qu'il est universellement admis que le simple
fait de l'occupation militaire ne fait pas passer le pays
occupé sous la souveraineté de l'envahisseur? Sans doute,
la situation de l'occupant pourra être aggravée par le
fait de la levée en masse, qui deviendra pour lui une
menace permanente et considérable. Mais la population
doit être seule juge du point de savoir s'il lui convient
d'y recourir, en en acceptant toutes les conséquences ;
et, en lui-même le fait ne saurait passer pour illicite à
raison des suites qu'il peut comporter. Si l'article 10
du projet de Bruxelles se bornait à parler des pays
non occupés, c'est parce qu'on n'était pas parvenu à
se mettre d'accord quant aux autres (1) ; d'où il résul-
tait que, bien qu'il fût muet à leur égard, les habitants
d'un pays occupé conservaient, suivant la coutume
internationale antérieure, le droit à la levée en masse, à

M. L. Bourgeois, ont été en grande partie cause de l'entente qui a fini
par s'établir. Conf. le *Rapport* précité de la délégation française,
p. 20 et les *Procès-verbaux de la Conférence, ibidem,* pp. 154 et s.
    (1) *Actes de la Conférence de Bruxelles, loc. cit.,* p. 264.

la condition de se conformer, comme l'exigeait ledit article, aux lois et coutumes de la guerre (1).

47. A La Haye, le délégué anglais, général sir John Ardagh, avait proposé d'ajouter aux articles du projet une disposition expresse consacrant ce droit à la levée en masse pour les habitants des pays occupés. Elle fut jugée inutile en présence d'une déclaration formelle dont le délégué russe, M. de Martens, avait donné lecture à la Conférence, à la date du 20 juin. En voici les termes : « il n'a pu entrer dans les intentions de la Conférence que les cas non prévus fussent, faute de stipulations écrites, laissés à l'appréciation arbitraire de ceux qui dirigent les armées. En attendant qu'un code tout à fait complet des lois de la guerre puisse être édicté, la Conférence juge opportun de constater que, *dans les cas non compris dans l'arrangement de ce jour, les populations et les belligérants restent sous la sauvegarde et sous l'empire des principes du droit des gens tels qu'ils résultent des usages établis entre les nations civilisées, des lois de l'humanité et des exigences de la conscience publique.* C'est dans ce sens que doivent s'entendre notamment les articles 1 et 2 du projet nouveau » (2).

Cette déclaration ayant été insérée dans les *Actes offi-*

---

(1) En ce sens Despagnet, *loc. cit.*, § 574. Nous devons rappeler ici, soit pour ce qui vient d'être dit au texte, soit pour la discussion ultérieure, qu'à la différence des textes de La Haye, d'une portée obligatoire, ceux de Bruxelles n'avaient qu'un caractère facultatif au point de vue strictement juridique, tout en étant acceptés en pratique comme autorité de raison et règles dirigeantes internationales. Conf. § 11.

(2) *Procès-verbaux de la Conférence de la Paix*, 3ᵉ partie, p. 152. Mérignhac, *Conférence de la Paix*, § 86.

ciels de la Conférence de La Haye, la question est désormais tranchée dans le sens de la possibilité de la levée en masse, soit pour les pays occupés en vertu de la dite déclaration, soit pour les pays non occupés à raison de l'article 2, à la seule condition de se conformer, en tout cas, aux lois et coutumes de la guerre. Il aurait été, semble-t-il, bien plus simple de dire que l'article 2 s'appliquait aux pays occupés ou non occupés. Mais, quelque désirable qu'eût été cette simplification, il ne nous paraît pas possible de conclure, avec M. Pillet, du silence de l'article 2, que les habitants trouvés sur un territoire occupé, les armes à la main, seront fusillés (1).

Notre collègue n'admettait nullement ce résultat sous l'empire de la déclaration de Bruxelles, dont l'article 10 lui aussi ne parlait que des territoires *non occupés*. Il pensait, au contraire, que, malgré le texte de cet article, les habitants des pays occupés pouvaient s'armer, comme ceux des pays non occupés, pour repousser l'ennemi, et ne manifestait aucune crainte pour leur vie s'ils étaient pris les armes à la main (2). Pourquoi en serait-il différemment sous l'empire du Règlement de La Haye, qui emploie les mêmes termes que le projet de Bruxelles et qui, de plus, est accompagné d'une déclaration officielle et formelle concernant la légitimité de la levée en masse dans les pays occupés? Sans doute, il est nécessaire que les habitants insurgés se groupent et constituent un ensemble, car, s'ils restaient isolés, ce ne serait plus la levée

(1) *Loc. cit.*, p. 458.
(2) *Loc. cit.*, § 21. M. Pillet dit expressément et avec raison à la note 2 de la page 45 que les habitants trouvés les armes à la main en territoires occupé ne pouvaient être frappés de peines quelconques sous l'empire du projet de 1874.

en masse ; mais, quand bien réellement ils forment
cette levée, ce qui est question de fait, il n'y a aucune
bonne raison pour leur refuser, sous la législation internationale de 1899, un privilège qui leur était auparavant
concédé, alors surtout que cette législation est plus
explicite que le projet de 1874 (1).

48. Les Anglais au Transvaal n'ont guère suivi ces
principes, que leur délégué avait pourtant si énergiquement soutenus à La Haye. Le droit des gens coutumier
et conventionnel, en tant qu'il consacre le droit de
défense du pays, par ses habitants organisés en corps
et respectant les lois et coutumes de la guerre, a été
systématiquement méconnu dans les proclamations des
chefs britanniques, dont les décisions ont été, avec
raison, sévèrement critiquées par les juristes et l'opinion
publique. Ils ont, en effet, mis hors la loi et transformé
en insurgés isolés, passibles de la loi martiale, les
combattants provenant des débris des *commandos* boërs,
qui se reformaient après la défaite ou après une disper-
sion voulue et parfaitement calculée. Ces combattants
constituaient sans contredit des troupes régulières, suivant la coutume et la tactique usitées dans les Républiques sud-africaines. Et, si l'on se refusait à les
traiter comme armée régulière, il convenait tout au
moins de les ranger soit dans les corps francs, soit dans
la levée en masse, car ils réalisaient parfaitement les

(1) Nous devons faire remarquer, en clôturant cette discussion, que
certains auteurs ont rejeté et rejettent encore aujourd'hui, d'une
manière absolue, par raison de principe, la levée en masse en pays
occupé. *Sic*, Neumann, *loc. cit.*, § 44, p. 166 ; Brenet, *loc. cit.*,
p. 47. Bluntschli, *loc. cit.*, art. 598, 2°, dit que l'occupant peut faire
poursuivre *criminellement* ceux qui se soulèvent en pays occupé.

conditions contenues aux articles 1 et 2 du Règlement de La Haye (1).

49. En dehors des combattants, les armées renferment encore certaines catégories de personnes, dont la situa-

(1) Lord Roberts avait tout d'abord décidé, en septembre 1900, que les partis boërs composés de moins de 20 personnes ne seraient pas traités comme des combattants réguliers, que leurs membres, en cas de capture, seraient punis d'un emprisonnement qui ne serait pas inférieur à 20 années de détention et de la peine du meurtre s'il y avait eu mise à mort de soldats anglais. Plus tard, lord Kitchener, par une proclamation restée fameuse, condamnait, à partir du 15 septembre 1901, les chefs boërs à la déportation. En mars 1902, passant des menaces aux actes, il faisait fusiller les chef boërs Lotter et Scheepers, combattants réguliers, inculpés de prétendus actes de haute trahison. On allait procéder aussi sommairement vis-à-vis d'un autre chef, Kruitzinger, quand cette exécution a été moralement rendue impossible par la chevaleresque conduite du général boer Delarey, qui a relâché sans condition le général anglais lord Methuen fait prisonnier par lui. Conf. sur le cas de Lotter et Scheepers, la brochure précitée de M. Mackarness, pp. 17 et s. Nous n'avons pas, on le conçoit, l'intention d'entrer ici dans l'examen du point de savoir si, après le départ du président Krüger pour l'Europe, le Transvaal constituait encore un Etat véritable, possédant une armée régulière. On consultera à cet égard notre article intitulé : *Les pratiques anglaises dans la guerre terrestre* ; *Revue générale de droit international public*, t. VIII, 1901, pp. 93 et s. Quant à l'argument tiré de ce que le Transvaal ne pouvait pas invoquer le Règlement de La Haye sur les lois et coutumes de la guerre terrestre, parce qu'il n'avait pas été partie à la Conférence, on a répondu avec raison que les textes des articles 1 et 2 ne sont que l'expression du droit des gens général, qui s'impose au respect de tous les peuples, abstraction faite des textes spéciaux de telle ou telle codification internationale où ils ont trouvé leur expression écrite. Enfin, s'agissant d'un territoire que les Anglais, à tort ou à raison, prétendaient occupé par leurs troupes, on n'avait même pas besoin d'invoquer, en faveur des Boërs réclamant les privilèges de la levée en masse, les textes de La Haye, puisque ces textes ne visent point les pays *occupés*, lesquels sont restés placés, suivant les observations de M. de Martens, sous l'empire du droit commun international. Conf. sur ces points l'étude précitée de M. Despagnet sur la guerre sud-africaine, pp. 214 et s., 244 et s.

tion est quelquefois difficile à préciser, qui, sans être combattants, remplissent des mandats d'ordre divers au mieux des intérêts des belligérants.

De ces personnes, les unes sont couvertes par les dispositions de la Convention de Genève du 22 août 1864 ; ce sont celles affectées aux secours et soins à donner aux malades et blessés. Quant aux autres, bien que, dans l'accomplissement de leur mission, elles soient obligées de supporter l'effet des opérations de l'ennemi, elles sont exemptes de toute agression individuelle ; et, si elles tombent au pouvoir de l'adversaire, jouissent des immunités des prisonniers de guerre. Tels sont, par exemple, en haut et en bas de l'échelle sociale, les fonctionnaires et diplomates qui ont pu être adjoints aux chefs militaires pour les assister de leurs conseils, les domestiques, vivandiers et autres employés de même sorte (1). L'article 3 du Règlement de La Haye applique à ces personnes les règles qui régissent les combattants eux-mêmes, dans les termes suivants.

Art. 3. — *Les forces armées des parties belligérantes peuvent se composer de combattants et de non-combattants. En cas de capture par l'ennemi, les uns et les autres ont droit au traitement des prisonniers de guerre.*

S'il s'agit des individus qui suivent une armée sans en faire partie, il pourra quelquefois être indispensable de

---

(1) Pillet, *loc. cit.*, p. 47 ; Heffter, Geffcken, *loc. cit.*, § 126 ; Klüber, *loc. cit.*, § 247. Voir *infrà* les dispositions de l'article 13. Les attachés militaires qui suivent une armée ne peuvent être détenus à raison de leur caractère diplomatique. Le général a seulement le droit, par mesure de sécurité, de leur interdire, avec tous les égards voulus, l'accès de la totalité ou de partie des lignes de son armée.

les *détenir* soit temporairement soit jusqu'à la fin de la guerre, par mesure de sécurité, par exemple pour éviter la transmission de renseignements utiles à l'ennemi, gêner son service de ravitaillement, etc., etc. L'article 13 du Règlement de La Haye précise, en ce cas, comme suit, la situation qui leur est faite.

ART. 13. — *Les individus qui suivent une armée sans en faire directement partie, tels que les correspondants et les reporters de journaux, les vivandiers, les fournisseurs, qui tombent au pouvoir de l'ennemi et que celui-ci juge utile de détenir, ont droit au traitement des prisonniers de guerre, à condition qu'ils soient munis d'une légitimation de l'autorité militaire de l'armée qu'ils accompagnaient* (1).

Parmi les personnages divers dont s'occupe l'article 13, les reporters de journaux ont pris, grâce à l'influence de plus en plus grandissante de la presse, une situation tout à fait exceptionnelle. Dès qu'une guerre éclate, les grands journaux envoient, pour en suivre les péripéties, des correspondants qui sont quelquefois victimes de leur zèle imprudent. Il importe tout d'abord de faire remarquer que le général en chef est parfaitement maître de leur refuser tout accès ou de ne les admettre que dans

---

(1) G. F. de Martens, enseigne qu'on ne fait pas prisonniers les vivandiers, cantiniers, marchands et fournisseurs. *Loc. cit.*, II, pp. 243, 244. M. Pradier-Fodéré estime, au contraire, avec raison, que, s'il y a lieu, on peut les faire prisonniers. *Loc. cit.*, VII, § 2813. Conf. au sujet des vivandiers, cantiniers, marchands, domestiques, etc. : article 75 du Code de justice militaire français pour l'armée de terre, instruction ministérielle française du 13 février 1900 sur le service de la gendarmerie en campagne, et art. 24 et s., 126 et s., du décret du 28 mai 1895.

des lieux et des circonstances déterminés. Autorisés, ils doivent se conformer strictement à l'autorisation donnée ; se soumettre à toutes les lois de la discipline militaire et s'abstenir de tout acte de nature à préjudicier à l'armée dont ils suivent les opérations. D'autre part, ils ne devront rien publier, sans l'autorisation du commandement, au sujet des effectifs et de la composition des troupes, ainsi que des opérations militaires. Ils communiqueront au quartier général leur correspondance, et ne recevront eux-mêmes qu'une correspondance ou des télégrammes ouverts. On leur demandera la plupart du temps un engagement d'honneur de se conformer aux conditions que nous venons d'indiquer, qui n'ont rien d'injurieux pour eux et tendent simplement à déjouer la pratique de l'espionnage voilée sous l'apparence d'un reportage inoffensif (1).

CHAPITRE II

DES PRISONNIERS DE GUERRE

50. Les combattants et ceux qui doivent leur être assimilés, ainsi qu'il vient d'être dit au chapitre précédent,

---

(1) Dans la guerre de 1885, entre la Serbie et la Bulgarie, cette dernière puissance admit seule les reporters de journaux dans ses armées. En 1893, l'Espagne les avait écartés complètement ; en 1895, ils furent autorisés seulement jusqu'à une certaine limite à suivre les opérations du corps expéditionnaire de Madagascar. Liberté entière leur fut donnée pendant la guerre turco-grecque. Conf. *Revue générale de droit international public*, 1896, t. III, p. 80 et 1897, t. IV, p. 698 ; Rivier, *loc. cit.*, § 63, p. 249 ; Pradier-Fodéré, *loc. cit.*, § 2184.

sont faits prisonniers quand une circonstance quelconque les fait tomber aux mains de l'ennemi. Il en est de même de tous ceux qui participent à la guerre d'une manière quelconque, directe ou indirecte, principale ou accessoire. A ce titre, les chefs d'Etat et leur famille, les membres du gouvernement, ministres, directeurs des grands services gouvernementaux, diplomates, ingénieurs, industriels, fonctionnaires de toute espèce, coopérant à la guerre, encourent la captivité (1). On n'a point à distinguer, du reste, suivant que les personnes sujettes à la captivité appartiennent à la nationalité de l'adversaire ou servent au titre étranger (2).

Dans l'Antiquité, le sort des prisonniers était fort précaire. On les mettait à mort, car on considérait qu'il eût été dangereux de leur laisser la vie. Puis, on partit de ce point de vue qu'il valait mieux les conserver pour utiliser leurs services ; et l'on institua ainsi l'esclavage. On avait sauvé la vie aux prisonniers ; donc on avait sur eux droit de vie et de mort (*servus-servatus*). Cette pratique,

---

(1) Bluntschli, *loc. cit.*, art. 569 ; Geffcken et Heffter, *loc. cit.*, §§ 128 et 129, note 3.

(2) Les Anglais, durant la guerre du Transvaal, se sont refusés, suivant leur droit strict, à relâcher les prisonniers pris dans les *commandos*, qui appartenaient à une nationalité autre que la nationalité transvaalienne, notamment les prisonniers français. Conf. en ce sens une lettre de M. Delcassé, ministre français des affaires étrangères, du 28 décembre 1901, à M. Mérignhac, président du Comité régional du Midi pour l'indépendance des Boërs. Voir le Règlement français sur les prisonniers de guerre du 21 mars 1893, art. 1er. Toutefois, des exceptions ont été quelquefois apportées à la règle qui vient d'être indiquée. Ainsi, lors de la guerre franco-allemande, la Prusse offrit la liberté au prince Georges Bibesco, chef d'escadron, servant au titre étranger dans l'état-major du général Douay, fait prisonnier à Sedan. Le prince refusa pour ne point se séparer de ses compagnons de captivité.

suivie durant tout le Moyen Age, fut ensuite condamnée par l'Eglise qui la proscrivit au Concile de Latran en 1179. Mais elle ne fut pas abandonnée ; et les publicistes du xviie siècle, notamment Grotius (1), tout en ne l'approuvant pas en principe, n'osèrent pas la condamner absolument. Parmi les juristes, Vattel, le premier, s'insurgea contre l'institution de l'esclavage (2), que Rousseau battit également en brèche de la façon la plus énergique (3), et qui finit par disparaître à peu près complètement. Elle ne fut, en effet, guère plus usitée que vis-à-vis d'ennemis tels que les pirates barbaresques, lesquels avaient eux-mêmes persisté dans des errements désormais condamnés (4).

Au Moyen Age, s'introduisit la pratique de la *rançon*, qui, tout en étant odieuse en soi, rendit pourtant de signalés services, en permettant le rachat des prisonniers. On connaît les épisodes célèbres de ces rois et chevaliers rachetés à grands frais par leur pays, tels que François Ier et Duguesclin. Le prisonnier, à cette époque, appartenait non point à l'Etat, mais au personnage qui l'avait capturé ; et, pour faciliter les négociations relatives à la mise en liberté, on avait institué des tarifs correspondant au grade et à la situation sociale des prisonniers (5).

51. Dans la guerre contemporaine, on considère, au

(1) *Loc. cit.*, l. III, chap. VII, t. III, pp. 174 et s.
(2) *Loc. cit.*, l. III, ch. VIII, §§ 152 et s., t. III, pp. 21 et s.
(3) *Contrat social*, l. I, ch. IV.
(4) Bynkershoek, *loc. cit.*, t. I, cap. III, pp. 19 et s.
(5) Nys, *Les origines du droit international*, 1894, pp. 244 et s. En 1780, la France et l'Angleterre signent un cartel où les prisonniers de guerre sont tarifés suivant leur grade. Brenet, *loc. cit.*, p. 200.

contraire, le captif comme étant exclusivement au pouvoir de l'État ennemi (1), et comme devant être détenu seulement pendant la durée de la guerre par mesure de sûreté. On doit donc, sans le maltraiter (2), prendre uniquement à son égard les mesures nécessaires pour qu'il ne puisse point s'évader et aller grossir les rangs de l'armée ennemie.

Il est absolument interdit de mettre à mort les prisonniers ; et l'on ne serait autorisé à agir ainsi qu'en cas de rébellion déclarée ou imminente, compromettant la sécurité de l'armée. Certains auteurs vont plus loin et autorisent la mise à mort pour le cas où la présence des prisonniers deviendrait un danger éventuel ou même une simple charge, dans l'impossibilité où serait le capteur de les surveiller suffisamment ou de les conduire au lieu d'internement.

Tandis que Vattel n'acceptait cette dernière manière de voir qu'avec hésitation et en formulant des réserves (3), un certain nombre d'auteurs modernes, notamment Bluntschli (4), Heffter (5), Neumann (6), Lieber (7), essayent, au contraire, de la justifier. Bien qu'elle ait été appliquée à diverses reprises au Transvaal, notamment à la bataille d'Elandslaagte, après laquelle des lanciers

(1) Bluntschli, *loc. cit.*, art. 603, art. 603, 1° ; Pradier-Fodéré, *loc. cit.*, VII, § 2799. Conf. sur les prisonniers de guerre les articles 21, 22, 61 à 78 de Règlement de l'Institut de droit international.

(2) Conf. au sujet des blessures et mauvais traitements infligés aux prisonniers boërs au Transvaal, les déclarations sous serment faites par des soldats boërs consignées dans le rapport indiqué plus haut, publié par les soins du comité boérophile parisien, pp. 14 et ss.

(3) *Loc. cit.*, l. III, ch. VIII, § 140.

(4) *Loc. cit.*, art. 580.

(5) *Loc. cit.*, § 128.

(6) *Loc. cit.*, § 46.

(7) Article 60 des *Instructions pour les armées américaines*.

anglais décimèrent des Boërs qui avaient jeté leurs armes
en signe de reddition, on ne saurait trop louer le gouvernement britannique de l'avoir énergiquement désa-
vouée (1).

52. Nous estimons, en effet, avec la plupart des
auteurs modernes, que, dans les hypothèses sus-indi-
quées, les prisonniers doivent avoir la vie sauve d'une
manière absolue, sauf dans le seul cas précité de force
majeure résultant d'une rébellion déclarée ou imminente de nature à compromettre la sécurité du capteur.
Nous ne voyons, aucune bonne raison de justifier, en
dehors de ce cas, la mise à mort des prisonniers. Nous
ne l'admettrions même pas à titre de représailles (2),
car, ainsi que nous le préciserons au § 104, les représailles ne peuvent consister en des actes condamnés
par le droit commun international.

Au surplus, en dehors de l'hypothèse de force majeure
signalée plus haut, il est des manières diverses de rendre une troupe prisonnière peu dangereuse, que sait
utiliser un ennemi prévoyant. « Lui faire jeter ses armes
et ses munitions, dit M. Pillet, la séparer de ses chefs,
l'obliger même, s'il le faut, à se dépouiller de ses habits
et de ses chaussures, sont autant de moyens de la rendre inoffensive, et on conviendra au moins qu'il ne fau-

_____

(1) *Temps* du 3 décembre 1899. En avril 1902, le War Office a
publié une communication aux termes de laquelle certains officiers
d'un corps irrégulier servant au Transvaal, appelé *Bushveldt Cara-
bineers*, ont été jugés par un conseil de guerre, reconnus coupables
d'assassinat sur la personne de prisonniers boërs et condamnés à
mort pour meurtre.

(2) Pradier-Fodéré, *loc. cit.*, VII, §§ 2800 et s. ; Lorimer, *Principes de droit international*, traduction française, Nys, 1885,
p. 212; Fiore, *Nouveau droit internat.*, § 1347.

dra pas, pour la surveiller pendant le moment critique
plus de force qu'il n'en faudra pour la détruire... » (1).
Enfin, mieux vaut relâcher les captifs, s'il n'y a pas
moyen de faire différemment que d'assumer la lourde
responsabilité de massacres injustifiés qui auraient pour
résultat d'exaspérer l'ennemi, de rendre la lutte plus
ardente et plus atroce, en provoquant des résistances
désespérées ou des représailles. Le soldat luttera jusqu'au bout au lieu de se rendre, s'il sait qu'il peut trouver la mort dans la captivité. Dans le cas contraire, il
se rendra bien plus aisément, ainsi que l'expérience en
a été faite au Transvaal par les chefs boërs, qui, ne
pouvant garder prisonniers les soldats anglais, les re-
mettaient en liberté après leur avoir enlevé leurs armes,
leurs munitions et leurs vêtements.

53. Autrefois la captivité était, en général, fort
dure ; la Sibérie russe et les pontons anglais ont laissé
dans la mémoire des contemporains et dans l'histoire
une trace ineffaçable (2). Durant la guerre du Transvaal,

(1) *Loc. cit.*, § 100. Il est vrai que l'auteur dit ailleurs qu'un général pourra être amené à faire fusiller quelques prisonniers à raison
de la conduite incorrecte de l'adversaire. *Le droit de la guerre*,
Ire partie, pp. 197 et 198. Conf. dans le sens indiqué au texte : Romberg, *Des belligérants et des prisonniers de guerre*, p. 19 ;
Calvo, *loc. cit.*, § 2144 ; Fiore, *loc. cit.*, art. 974 ; Bonfils-Fauchille,
loc. cit., § 1120. Il est regrettable que la Conférence de La Haye
n'ait pas cru devoir résoudre nettement la question. Elle s'est bornée,
comme l'avait fait la Conférence de Bruxelles, à interdire, dans
l'art. 22 du Règlement, la déclaration qu'il ne serait pas fait de
quartier.

(2) Il convient de rapprocher de ces tristes pratiques la généreuse
conduite de la République française, qui, dans la loi du 20 juin 1792,
plaçait les prisonniers de guerre sous la protection de la nation,
défendait la rançon et n'autorisait que l'échange à parité de grade.

Le prince de Bismarck a reproché aux Français, dans une circulaire

le traitement infligé aux prisonniers boërs a laissé beaucoup à désirer. Les *bateaux-prison* de la baie Symons au Cap, les *trous à Cafres* de Ladysmith, le climat *historique* de l'île Sainte-Hélène ne laisseront point un souvenir meilleur que celui des pontons du siècle dernier (1).

De ce que les combattants seuls et ceux qui leur sont assimilés peuvent, comme il a été dit ci-dessus, être faits prisonniers, il résulte que les habitants du pays paisibles et inoffensifs, spécialement les vieillards, les femmes et les enfants, ont droit à une entière liberté pourvu qu'ils ne participent point aux opérations de guerre. Les Anglais ont inauguré au Transvaal une pratique tout à fait opposée avec les fameux *camps de concentration* ou *camps-prison* si tristement célèbres. Le sort navrant des vieillards, des femmes et des enfants boërs, rassemblés de vive force dans des camps retranchés qu'entouraient des amas de palissades, de ronces et de fil de fer, parqués sous des tentes insuffisantes qui ne les protégeaient ni contre la chaleur le jour ni contre le froid la nuit, privés d'eau ou n'ayant qu'une eau fétide et malsaine, manquant de nourriture et de vêtements, en proie, pour tous ces motifs, aux maladies épidémiques de toute sorte et à une mortalité effrayante, a suscité dans le monde entier un magnifique élan de sympathie et de pitié, grâce auquel les victimes des procédés que nous venons de dépeindre ont pu être, bien que très insuffisamment, aidées et secourues.

du 9 janvier 1871, d'avoir maltraité les prisonniers allemands. De leur côté, les prisonniers français internés en Allemagne se sont plaints du traitement qui leur avait été infligé. Pradier-Fodéré, *loc. cit.*, VII, § 2999. Sur le traitement des prisonniers chinois durant la guerre sino-japonaise, conf. Nagao-Ariga, *loc. cit.*, pp. 105 et s.

(1) Comp. Despagnet, *Étude* précitée, pp. 127 et s., 223 et s.

Les Anglais ont essayé de justifier par des raisons
diverses les camps de concentration, notamment par le
manque de ressources du pays dévasté et la crainte de
voir les enfants et femmes boërs devenir les espions de
leurs pères et de leurs maris. Aucun de ces arguments,
bien faibles du reste, ne peut légitimer une pratique en
opposition absolue avec les lois de la guerre actuelle
qui ne permettent de faire prisonniers que les combattants. Si elle se généralisait, par impossible, elle amènerait bientôt l'extinction de la race objet de pareils
procédés. Ce serait donc le retour à la barbarie des anciennes guerres d'extermination (1).

(1) Voir sur les camps de concentration le rapport d'une anglaise,
Mis Hobhouse, qui est allée elle-même sur les lieux se rendre compte
de la situation. Ce rapport, édité et répandu par les soins du comité
parisien pour l'indépendance des Boërs, contient les détails les plus
navrants sur la déplorable condition de ceux qui ont été internés
dans ces camps-prison, contre lesquels l'opinion publique a partout
protesté énergiquement.

Un Livre Bleu publié le 29 juillet 1902 par le gouvernement anglais
contient une lettre du 6 juin de lord Milner, dans laquelle ce dernier communique la résolution votée par l'assemblée boër à Vereeniging, le 31 mai 1902, à l'issue de la signature des conditions de paix,
et dans laquelle les représentants boërs exposent les raisons qui les
ont amenés à se rendre aux Anglais. Le § 2 de ces raisons est ainsi
conçu :

« L'internement de nos familles dans les camps de concentration a
provoqué des souffrances et des maladies sans exemple ; de sorte que,
dans une période relativement courte, près de 20.000 de ceux qui
nous sont chers sont morts. Au surplus, nous avons devant nous la
terrible perspective que, si la guerre se poursuit, notre race tout
entière peut se trouver exterminée de cette façon ».

Le Livre Bleu se termine par un télégramme de lord Milner, annon-
çant que le nombre des personnes internées dans les camps de concentration, au mois de juin, s'élevait à 109.610 hommes, femmes et
enfants.

54. Le Règlement de La Haye concernant les lois et coutumes de la guerre sur terre se préoccupe de la condition des prisonniers de guerre, dans ses articles 4 à 20. Antérieurement, les gouvernements avaient édicté des dispositions d'ordre interne, plus ou moins calquées sur le projet de Bruxelles de 1874 (art. 23 à 34). En France, le règlement du 21 mars 1893 contient une série de règles humanitaires et libérales reproduites dans la plupart des règlements nationaux (1). Ces règlements, restés en pleine vigueur, devront, au cas de conflit, se concilier avec celui de La Haye, conciliation facile, car ce dernier règlement se tient naturellement dans les grandes lignes, laissant les questions de détail aux actes nationaux.

Le Règlement de La Haye, dans ses articles 4 à 8, trace les grandes lignes du traitement des prisonniers de guerre, suivant les principes déjà antérieurement admis par les juristes de tous les pays et les codifications du droit de la guerre, spécialement, celle de l'Institut de droit international. Ces textes disposent comme suit.

ART. 4. — *Les prisonniers de guerre sont au pouvoir du Gouvernement ennemi, mais non des individus ou des corps qui les ont capturés.*

Ils doivent être traités avec humanité.

Tout ce qui leur appartient personnellement, excepté

---

(1) L'annexe VIII, pp. 247 et s. de l'ouvrage précité de M. Romberg indique les principales dispositions concernant les prisonniers de guerre dans les divers Etats. En voici le résumé succinct : Allemagne, extrait du règlement du 28 mai 1888 sur le service en campagne ; Espagne, règlement de 1882 sur le service des armées en campagne, articles 905 à 927 ; Angleterre, chapitre XII du manuel non officiel de législation militaire de lord Thring, dont la deuxième édition a été

les armes, les chevaux et les papiers militaires, reste leur propriété.

Art. 5. — *Les prisonniers de guerre peuvent être assujettis à l'internement dans une ville, forteresse, camp ou localité quelconque, avec obligation de ne pas s'en éloigner au delà de certaines limites déterminées ; mais ils ne peuvent être enfermés que par mesure de sûreté indispensable.*

Art. 6. — *L'Etat peut employer, comme travailleurs, les prisonniers de guerre, selon leur grade et leurs aptitudes. Ces travaux ne seront pas excessifs et n'auront aucun rapport avec les opérations de la guerre.*

Les prisonniers peuvent être autorisés à travailler pour le compte d'administrations publiques ou de particuliers, ou pour leur propre compte.

Les travaux faits pour l'Etat sont payés d'après les tarifs en vigueur pour les militaires de l'armée nationale exécutant les mêmes travaux.

Lorsque les travaux ont lieu pour le compte d'autres administrations publiques ou pour des particuliers, les conditions en sont réglées d'accord avec l'autorité militaire.

Le salaire des prisonniers contribuera à adoucir leur position, et le surplus leur sera compté au moment de leur libération, sauf défalcation des frais d'entretien (1).

publiée en 1887 ; Italie, extrait du règlement du service de guerre du 6 mars 1882 ; Autriche-Hongrie, extrait du règlement de 1881 ; Portugal, règlement provisoire pour le service des armées en campagne de 1890, art. 1092 à 1107 ; Russie, règlement temporaire sur les prisonniers de guerre, publié au *Journal de Saint-Pétersbourg* du 10 juillet-1er août 1877.

(1) Certains pays défalquent les frais d'entretien, conformément à

Art. 7. — *Le gouvernement au pouvoir duquel se trouvent les prisonniers de guerre est chargé de leur entretien.*

A défaut d'une entente spéciale entre les belligérants, les prisonniers de guerre seront traités, pour la nourriture, le couchage et l'habillement, sur le même pied que les troupes du gouvernement qui les aura capturés.

Art. 8. — *Les prisonniers de guerre seront soumis aux lois, règlements et ordres en vigueur dans l'armée de l'Etat au pouvoir duquel ils se trouvent. Tout acte d'insubordination autorise, à leur égard, les mesures de rigueur nécessaires.*

Les prisonniers évadés, qui seraient repris avant d'avoir pu rejoindre leur armée ou avant de quitter le territoire occupé par l'armée qui les aura capturés, sont passibles de peines disciplinaires.

Les prisonniers qui, après avoir réussi à s'évader, sont de nouveau faits prisonniers, ne sont passibles d'aucune peine pour la fuite antérieure (1).

55. Les sept premiers de ces textes n'ont pas donné lieu à beaucoup de difficultés ; faisons simplement remarquer, en ce qui les concerne, que le travail n'est jamais imposé aux officiers ; et que les soldats ne peuvent être employés à des travaux ayant un caractère militaire,

l'article 6. En France, aucune retenue n'est faite sur le montant du salaire du prisonnier. *Manuel français* précité, p. 75. Du reste, les conventions passées entre les belligérants règlent, en général, la question de l'attribution définitive des frais d'entretien. Conf. le *Manual of military law*, publié par le War Office anglais et le règlement italien de 1882. Voir Pradier-Fodéré, *loc. cit.*, VII, § 2804.

(1) Conf. sur ces textes notre ouvrage sur la *Conférence de la Paix*, §§ 89 et s.

7

même loin de leur pays. En effet, en les astreignant à des travaux semblables, on les obligerait, d'une manière indirecte, à venir en aide à l'ennemi, lequel aurait peut-être été obligé de se servir à leur place de certains de ses propres soldats.

Le premier alinéa de l'article 8 ne pouvait fournir matière à discussion. La sûreté de l'Etat exige, en effet, d'une manière impérieuse, l'application aux prisonniers de la loi du vainqueur ; c'est là un point consacré par toutes les codifications internationales (1) et par tous les règlements internes sur la matière (2). Aussi la discussion n'a-t-elle porté que sur les autres dispositions de l'article. Que statuer pour le cas où l'évasion d'un prisonnier de guerre vient à se produire? Convient-il, comme on l'a proposé quelquefois, d'assimiler l'évasion à la désertion et de la punir de mort? Cette solution est aujourd'hui repoussée d'une manière unanime. Mais ne faut-il pas tout au moins infliger une peine spéciale au prisonnier qui a cherché à s'évader, afin de faire impression sur son esprit aussi bien que sur celui de ses codétenus et d'éviter le retour d'actes fort dangereux, obligeant d'ailleurs à une surveillance incessante? Sur ce point, on a abouti au maintien à peu près intégral de la disposition de l'article 28 du projet de 1874 : l'évadé repris sera, comme autrefois, puni de peines disciplinaires. En limitant ainsi le degré de la pénalité, on évite des rigueurs excessives, notamment

(1) Article 62 du *Manuel d'Oxford* ; Bluntschli, *loc. cit.*, article 609, 2º ; Fiore, *Droit internat. codifié,* art. 985.

(2) En ce sens les règlements nationaux : autrichien de 1881 ; espagnol, de 1882 et le règlement français du 21 mars 1893, art. 35; conf. le *Manuel français* précité, pp. 76 et s.

l'application de la peine de mort à l'évadé, ou un redoublement injuste de sévérité vis-à-vis de ses codétenus non coupables de l'acte qu'on veut atteindre. Mais l'évasion des prisonniers peut être accompagnée d'actes graves, tels que l'insubordination, le complot, l'émeute, la rébellion. D'accord avec le § 4 de l'article 23 du projet de 1874, l'article 8 nouveau prévoit spécialement le cas de rébellion ; quant aux autres cas, il les atteint par sa disposition générale soumettant les prisonniers de guerre aux lois, règlements et ordres en vigueur dans l'armée de l'État au pouvoir duquel ils se trouvent (1). Enfin, après s'être évadé, le prisonnier peut être pris une seconde fois ; devra-t-on alors le punir spécialement pour sa fuite antérieure ? On aurait pu être tenté de lui appliquer une peine semblable à celle qu'il doit subir quand il est repris immédiatement, car les deux situations ont entre elles une grande analogie. Pourtant on a accepté cette idée traditionnelle que, par le fait de la liberté reconquise, toutes les conséquences de la captivité sont effacées et en fait et en droit, en sorte qu'on ne peut plus appliquer une pénalité en vertu d'un état antérieur réputé totalement anéanti (2).

56. A titre de mesure extrême, bien que le texte n'en dise rien, il est permis de faire usage des armes contre le prisonnier qui prend la fuite et qui ne s'arrête pas en présence de la sommation à lui faite. Bien que le texte n'en dise rien non plus, on reconnaît d'une manière

(1) En ce sens, le règlement provisoire russe du 2 juillet 1877, relativement au régime à imposer aux prisonniers turcs. F. de Martens, *loc. cit.*, p. 236, § 113.

(2) Mérignhac, *loc. cit.*, § 89. Voir en ce sens le règlement français précité de 1893, art. précité.

unanime qu'il est interdit d'établir une sorte de solidarité entre les prisonniers de guerre, et de rendre plus pénible la situation de certains à cause de l'évasion des autres. Autrement agit le général allemand Vogel de Falkenstein pendant la guerre franco-allemande, et sa conduite sur ce point fut considérée comme contraire aux principes les plus certains du droit des gens (1).

Les articles 9 à 12 du Règlement concernant les lois et coutumes de la guerre sur terre fixent, comme suit, les obligations des prisonniers de guerre.

Art. 9. — *Chaque prisonnier de guerre est tenu de déclarer, s'il est interrogé à ce sujet, ses véritables noms et grade et, dans le cas où il enfreindrait cette règle, il s'exposerait à une restriction des avantages accordés aux prisonniers de guerre de sa catégorie (2).*

Art. 10. — *Les prisonniers de guerre peuvent être mis en liberté sur parole, si les lois de leur pays les y autorisent, et, en pareil cas, ils sont obligés, sous la garantie de leur honneur personnel, de remplir scrupuleusement, tant vis-à-vis de leur propre Gouvernement que vis-à-vis de celui qui les a fait prisonniers, les engagements qu'ils auraient contractés.*

Dans le même cas, leur propre Gouvernement est tenu de n'exiger ni accepter d'eux aucun service contraire à la parole donnée.

Art. 11. — *Un prisonnier de guerre ne peut être con-*

_____

(1) Bonfils-Fauchille, *loc. cit.*, § 1130 ; Pillet, *Les lois de la guerre*, p. 156. Le général allemand soumit à la détention dans une forteresse dix des camarades d'un prisonnier français évadé, jusqu'à ce que ce dernier eût été repris.

(2) *Manuel français* précité, p. 78.

traint d'accepter sa liberté sur parole ; de même le Gou-
vernement ennemi n'est pas obligé d'accéder à la demande
du prisonnier réclamant sa mise en liberté sur parole.

ART. 12. — *Tout prisonnier de guerre, libéré sur*
parole et repris portant les armes contre le Gouvernement
envers lequel il s'était engagé d'honneur, ou contre les
alliés de celui-ci, perd le droit au traitement des prison-
niers de guerre et peut être traduit devant les tribu-
naux (1).

La liberté sur parole dont il est question dans ces textes,
a toujours fait l'objet de difficultés fort délicates dans les
rapports des belligérants avec les libérés ou le gouvernement de ces derniers. Il est donc nécessaire de préciser
très nettement les conditions et les effets de la liberté sur
parole. Il importe surtout que le libéré ait une notion
très exacte de la portée de l'engagement par lui contracté ; et, par exemple, il n'est pas admissible qu'on lui
fasse signer un engagement dans une langue qu'il ne
connait pas, comme l'ont fait, en 1870-71, les Allemands vis-à-vis d'officiers français ne comprenant pas
l'allemand (2).

57. La liberté sur parole ne peut jamais être imposée
aux prisonniers (3) ; et, d'autre part, le gouvernement
ennemi n'est jamais tenu de l'accorder. S'il l'accorde vis-

(1) G. de Martens, *loc. cit.*, § 275, dit qu'en ce cas le prisonnier
est infâme et peut, s'il est repris, être puni de mort. Pinheiro-Ferrera,
ibidem, p. 243, critique avec raison cette sévérité excessive inusitée
aujourd'hui. Conf. sur les articles 9 et s. Mérignhac, *loc. cit.*, § 90.

(2) Guelle, *loc. cit.*, I, p. 205 ; Brenet, *loc. cit.*, p. 206 ; Pradier-
Fodéré, *loc. cit.*, VII, § 2824.

(3) Règlement espagnol de 1882 sur le service des armées en campagne. art. 917 ; Bluntschli, *loc. cit.*, art. 620 1°.

à-vis de quelques-uns, il a le droit d'agir différemment à l'égard des autres. En somme, la dation et l'acceptation de la liberté sur parole constituent toujours des actes essentiellement *facultatifs.*

La liberté sur parole ne peut être demandée et accordée qu'après les hostilités et jamais sur le champ de bataille, où il n'y a place que pour la reddition pure et simple. On peut mettre en liberté sur parole tous les prisonniers sans exception (1). En pratique, généralement, les officiers seuls jouissent de ce privilège. Les instructions américaines de Lieber, aux articles 126 et 127, prescrivent, mesure fort sage, que les soldats ne recevront la liberté sur parole qu'avec l'assentiment de leurs officiers, et ces derniers seulement avec l'autorisation du plus haut gradé d'entre eux. Il en est de même du règlement espagnol précité de 1882, art. 918. En l'article 125, Lieber exige deux documents écrits échangés entre les États intéressés, l'un accordant, l'autre acceptant la liberté sur parole, documents dans lesquels sont consignés les noms et le rang ou grade des officiers ainsi libérés. Cette disposition prudente, qu'approuve pleinement Dudley-Field (2), aurait figuré utilement dans le Règlement de La Haye. Elle eût eu encore le bon effet de faire dépendre la liberté sur parole, non seulement de la volonté du prisonnier, mais encore de celle de son pays qui peut être intéressé à la refuser. Car il ne faut pas oublier que la liberté sur parole a le grand inconvénient de séparer l'officier du soldat, et, par suite, d'empêcher l'exercice de son autorité morale sur celui-ci, autorité si nécessaire pourtant, durant la captivité, à la fois dans

(1) Bluntschli, *ibidem*, art. 624, 1°.
(2) Article 820 du projet de Code international.

l'intérêt du soldat lui-même et de l'Etat capteur (1).

58. Quels sont les effets de la liberté sur parole ? Dans les rapports du libéré avec le pays qui l'a mis en liberté, l'article 12 établit comme principe que la violation de la parole donnée entraîne la perte non seulement des avantages de la liberté sur parole, mais encore de la situation de prisonnier de guerre. En ce cas, les législations internes punissent parfois fort durement quand à l'évasion s'ajoute une participation nouvelle à la guerre (2).

Examinons maintenant la situation du libéré sur parole dans ses rapports avec son pays. Ce dernier est-il tenu de respecter l'engagement du libéré ? Oui, incontestablement, si la mesure a été prise d'accord avec lui, par exemple, en vertu d'instructions conformes du gouvernement ou même en harmonie avec les lois générales internes autorisant la pratique de la liberté sur parole (3). En ce sens, l'article 10 précité du Règlement de la Haye décide que le gouvernement du libéré est tenu de respecter la parole donnée, mais pourvu que les lois du pays admettent la liberté sur parole.

Au contraire, on peut supposer que l'Etat a spécialement défendu la liberté sur parole, ou que ses lois mi-

(1) Bluntschli, *loc. cit.*, art. 625 ; *Manuel français* précité, pp. 78 et 79.

(2) L'article 204, § 2, du code de justice militaire français pour l'armée de terre prononce la peine de mort contre « tout prisonnier de guerre qui, ayant faussé sa parole, est repris les armes à la main ». Conf. l'art. 35 du règlement du 21 mars 1893. Conf. le code pénal militaire italien dans Fiore, *Droit codifié*, art. 984 ; F. de Martens, *loc. cit.*, p. 237, § 113.

(3) Il est des pays qui interdisent formellement de s'engager à ne pas reprendre du service pendant la guerre. En ce sens, le règlement portugais de 1890 cité par Pradier-Fodéré, *loc. cit.*, VII, § 2827.

litaires générales sont dans le sens de cette prohibition. Certains auteurs pensaient en ce cas, avant le
Règlement de la Haye, que le libéré était passible des
peines édictées contre l'acte qu'il avait commis, et que
son pays se trouvait engagé par la parole donnée (1).
D'autres estimaient que le contrat intervenu ne liait
nullement l'Etat, lequel pouvait obliger le libéré à reprendre, à ses risques et périls, son service militaire (2).
D'aucuns, enfin, étaient d'avis que le libéré devait aller
se constituer prisonnier à nouveau, quitte à reconquérir
liberté entière si l'ennemi le dégageait de ses obligations en refusant de le recevoir (3).

Il nous paraît que le Règlement de la Haye a résolu la
question dans le sens de la liberté absolue du pays du
libéré. Puisqu'en effet ce pays, suivant l'article 10 précité, doit se conformer à la parole donnée par le prisonnier libéré *si les lois internes sont conformes*, il n'a
pas à en tenir compte dans le cas inverse. C'est à tort,
dans cette dernière hypothèse, que le prisonnier a
accepté la liberté sur parole ; il n'y a pas à en faire état,
et il doit reprendre son service militaire comme s'il n'y
avait eu aucun engagement de sa part, avec toutes les
conséquences qui pourront en résulter pour lui. S'il
refuse on devra le traiter comme réfractaire.

59. Pour connaître la portée exacte des engagements
du libéré sur parole, il convient de consulter la formule

---

(1) Fiore, *Droit codifié*, art. 994, Conf. le *Manuel français* précité, p. 79.

(2) Pillet, *loc. cit.*, § 107 ; Pradier-Fodéré, *loc. cit.*, VII, § 2827.
Conf. l'article 76 du Règlement de l'Institut de droit international.

(3) Calvo, *loc. cit.*, t. IV, § 2151 ; Geffcken sur Heffter, *loc. cit.*,
§ 129, p. 296, note 2 ; Bluntschli, *loc. cit.*, art. 626 ; *Instructions
américaines*, art. 131 et art. 919 du règlement espagnol de 1882 sur
le service des armées en campagne.

même qui a été employée, soit oralement soit par écrit.
Cette formule variera nécessairement, tantôt large et
tantôt étroite, soit pour le libéré soit pour l'Etat capteur.
Ainsi, il fut spécifié, durant la guerre franco-allemande,
que les libérés ne feraient rien contre les intérêts de l'Allemagne pendant le reste de la guerre (1). Il semble bien
que, par là, on défendait tous actes militaires quelconques, près ou loin du théâtre des hostilités, par exemple de servir en Algérie ou dans les colonies, d'ins-
truire des recrues à l'intérieur, de travailler aux fortifications des places non assiégées. Et même on pouvait
soutenir jusqu'à un certain point que les libérés étaient
incapables de remplir des fonctions civiles et de jouer
un rôle diplomatique.

Plus généralement, la formule est moins étendue dans
ses prohibitions, et il y est simplement indiqué que le
libéré s'engage à ne pas combattre durant le reste de la
guerre. En ce cas, certains auteurs ont pensé que l'on ne
saurait, à raison de la loyauté militaire, imposer à ceux
qui ont contracté une pareille obligation, un service ayant
un rapport quelconque avec les opérations militaires (2).
La solution paraît excessive : si le pays qui libère s'est
borné à spécifier que le prisonnier ne se battrait plus, c'est
qu'il n'a pas voulu autre chose. Aller plus loin équivaudrait à priver la patrie du libéré de services précieux,
sans que la loyauté militaire fût ici le moins du monde
en jeu, l'engagement faisant la loi des parties. Nous
pensons donc que le libéré pourra être utilisé aux

(1) Guelle, *loc. cit.*, I, p. 207 ; Brenet, *loc. cit.*, pp. 209 et s.
(2) Pillet, *loc. cit.*, § 108 ; Bonfils-Fauchille, *loc. cit.* § 1135 ;
Geffcken sur Heffter, *loc. cit.*, § 129, p. 296, note 2 ; Lentner, *Das
Recht in Kriege*, p. 100.

divers point de vue dont il a été question ci-dessus, en se
bornant simplement à ne point reprendre les armes pendant la durée de la guerre (1). Ainsi, en 1793, les troupes de Kléber, laissées libres lors de la capitulation de
Mayence, à la condition de ne pas servir pendant un an
contre les coalisés, purent' fort bien, sans réclamation,
être employées, par la Convention, contre les insurgés
vendéens.

60. L'une des plus cruelles souffrances que cause la
guerre, consiste dans l'incertitude où est placée la famille
du prisonnier au sujet du sort de ce dernier pendant une
captivité prolongée, incertitude que' partage également
le prisonnier vis-à-vis des siens. Un organe destiné à
transmettre des nouvelles réciproques, constitue donc
une institution bienfaisante entre toutes, qu'on ne saurait trop favoriser et développer. Et pourtant cet organe
manquait, au moins officiellement, jusqu'à la Conférence
de la Paix. En 1874, le gouvernement belge avait proposé à la Conférence de Bruxelles. par l'organe du baron
Lambermont, des dispositions spéciales au sujet des
sociétés de secours pour les prisonniers de guerre.
Elles furent l'objet d'un ordre du jour favorable, mais
sans être incorporées dans le projet définitivement

---

(1) Fiore, *Droit internat. codifié*, art. 995 ; Guelle, *loc. cit.*,
I, p. 207 ; Bluntschli, *loc. cit.*, art. 624 ; *Instructions américaines*, art. 130 ; Dudley-Field, *loc. cit.*, art. 821. « Le contrat d'où
procède la liberté sur parole, est-il dit dans le *Manuel français*, est
un contrat de *droit strict*, c'est-à-dire que le prisonnier n'est tenu que
de remplir rigoureusement les obligations souscrites. Il appartient au
belligérant de bien préciser ses conditions et de bien déterminer les
actes que les prisonniers devront s'interdire après leur mise en liberté,
car ces derniers s'en tiendront aux termes précis de leur engagement».
p. 78.

adopté ; leur rouage principal consistait dans un *Bureau de renseignements* relatif aux prisonniers de guerre (1).

On eut, en 1870-1871, la preuve de l'utilité de ce bureau général, quant on vit les services signalés rendus par le bureau prussien institué par l'ordonnance royale du 29 avril 1869 (2). Durant la guerre franco-allemande, d'autre part, les sociétés de secours aux prisonniers fonctionnèrent de la façon la plus satisfaisante. Mais la reconnaissance officielle, si nécessaire pour l'accomplissement de leur mission humanitaire, leur faisait défaut. Aussi, après le rétablissement de la paix, par l'organe de la société internationale de Bruxelles, firent-elles leurs efforts pour arriver à obtenir cette reconnaissance officielle qui seule leur permettrait d'agir en toute sécurité, au mieux des intérêts qu'elles désiraient servir (3).

61. En 1874, un Congrès, provoqué par la Société française pour l'amélioration du sort des prisonniers de guerre, eut lieu à Bruxelles ; tous les Etats de l'Europe y furent représentés ; mais aucun ne voulut prendre un engagement précis et définitif. En 1889, se tint à Paris, pendant l'exposition, un Congrès international des œuvres d'assistance en temps de guerre, dont le vice-président

---

(1) Protocole, n° 8 et annexe n° XI aux protocoles de la Conférence de Bruxelles. Le règlement français du 21 mars 1893 avait tenu compte, autant que possible, du vœu émis à Bruxelles, ainsi qu'on s'en convaincra en lisant notamment ses articles 45, 64 et s. et 108 Conf. en ce point la brochure de M. Romberg intitulé : *Belligérants, blessés et prisonniers de guerre*, 1902, pp. 36 et s. Conf. du même : *Des belligérants et des prisonniers de guerre*, pp. 52 et s.

(2) Conf. sur ce point Brenet, *loc. cit.*, p. 233.

(3) Romberg : *Belligérants et prisonniers de guerre*, pp. 23 et s. et *Belligérants, blessés et prisonniers de guerre*, pp. 27 et s.

autorisé était un français, M. Edouard Romberg, qui élabora un projet (1), lequel, dans ses grandes lignes, a inspiré les articles 14, 15 et 16 du Règlement concernant les lois et coutumes de la guerre sur terre, dont la teneur suit.

Art. 14. — *Il est constitué, dès le début des hostilités, dans chacun des États belligérants et, le cas échéant, dans les pays neutres qui auront recueilli des belligérants sur leur territoire, un Bureau de renseignements sur les prisonniers de guerre. Ce bureau, chargé de répondre à toutes les demandes qui les concernent, reçoit des divers services compétents toutes les indications nécessaires pour lui permettre d'établir une fiche individuelle pour chaque prisonnier de guerre. Il est tenu au courant des internements et des mutations, ainsi que des entrées dans les hôpitaux et des décès.*

Le Bureau de renseignements est également chargé de recueillir et de centraliser tous les objets d'un usage personnel, valeurs, lettres, etc., qui seront trouvés sur les champs de bataille ou délaissés par des prisonniers décédés dans les hôpitaux et ambulances, et de les transmettre aux intéressés.

Art. 15. — *Les sociétés de secours pour les prisonniers de guerre, régulièrement constituées selon la loi de leur pays et ayant pour objet d'être les intermédiaires de l'action charitable, recevront, de la part des belligérants, pour elles et pour leurs agents dûment accrédités, toute facilité, dans les limites tracées par les nécessités militaires et les règles administratives, pour accomplir*

(1) Conf. sur les points indiqués au texte, Romberg, *Belligérants et prisonniers de guerre*, pp. 65 et s.

efficacement leur tâche d'humanité. Les délégués de ces sociétés pourront être admis à distribuer des secours dans les dépôts d'internement, ainsi qu'aux lieux d'étape des prisonniers rapatriés, moyennant une permission personnelle délivrée par l'autorité militaire, et en prenant l'engagement par écrit de se soumettre à toutes les mesures d'ordre et de police que celle-ci prescrirait.

ART. 16. — *Les Bureaux de renseignements jouissent de la franchise de port. Les lettres, mandats et articles d'argent, ainsi que les colis postaux destinés aux prisonniers de guerre ou expédiés par eux, seront affranchis de toutes taxes postales, aussi bien dans les pays d'origine et de destination que dans les pays intermédiaires.*

Les dons et secours en nature destinés aux prisonniers de guerre seront admis en franchise de tous droits d'entrée et autres, ainsi que des taxes de transport sur les chemins de fer exploités par l'État (1).

(1) Les Bureaux de renseignements, dit M. Beernaert, premier délégué belge à la Conférence de la Paix, où il prit l'initiative de cette création, ne sont pas une institution nouvelle ; ils ont déjà fonctionné en 1866 et 1870. Ils ont été acceptés, à La Haye, par tous les délégués sans aucune hésitation, avec l'appui tout spécial de la délégation française. Conf. les *Procès-verbaux de la Conférence de la Paix*, 3e partie, pp. 90 et s.

Le vote de l'article 16 aura nécessairement partout son retentissement dans les lois internes. Les conventions postales, douanières et autres devront être modifiées ou l'ont été déjà en exécution du texte. D'autre part, les pouvoirs nationaux ont dû apporter ou apporteront également les modifications voulues à la législation nationale. En France, la loi du 3 mai 1902 dispose à cet égard comme suit : « Sont affranchis du droit d'importation et de statistique, ainsi que des droits intérieurs de consommation, d'entrée et d'octroi sous réserve du contrôle à exercer par les administrations intéressées, les denrées et autres objets, y compris les tabacs, allumettes et cartes à jouer, envoyés de l'étranger à titre de dons ou de secours aux prisonniers de

Les articles 17, 18 et 19 du Règlement de la Haye ont trait à des dispositions diverses concernant la solde, le libre exercice du culte, les testaments, la constatation des décès et l'inhumation des prisonniers de guerre.

Art. 17. — *Les officiers prisonniers pourront recevoir le complément, s'il y a lieu, de la solde qui leur est attribuée dans cette situation par les règlements de leur pays, à charge de remboursement par leur Gouvernement.*

Art. 18. — *Toute latitude est laissée aux prisonniers de guerre pour l'exercice de leur religion, y compris l'assistance aux offices de leur culte, à la seule condition de se conformer aux mesures d'ordre et de police prescrites par l'autorité militaire.*

Art. 19. — *Les testaments des prisonniers de guerre sont reçus ou dressés dans les mêmes conditions que pour les militaires de l'armée nationale.*

On suivra également les mêmes règles en ce qui concerne les pièces relatives à la constatation des décès, ainsi que pour l'inhumation des prisonniers de guerre, en tenant compte de leur grade et de leur rang (1).

La captivité cesse par l'échange toujours facultatif, qui est individuel ou collectif. La convention d'échange se nomme *cartel d'échange*; c'est un acte dans lequel on précise les conditions de l'échange, en indiquant quel

---

guerre internés en France, en Algérie et dans les colonies françaises ». *Officiel* du 7 mai. Conf. sur les Bureaux de renseignements Pradier-Fodéré, *loc. cit.*, § 2819; Bry, *loc. cit.*, § 394; Mérignhac, *loc. cit.*, §§ 91 et s.

(1) Conf. le règlement français du 21 mars 1893, art. 53, 58, 102 et s.

est le grade des libérés, à quels corps ils appartiennent, et généralement en fournissant tous les renseignements nécessaires (1).

La conclusion de la paix libère encore les prisonniers ; et le traité de paix prend des mesures matérielles concernant les détails de la libération, l'évacuation des convois, etc. Conf. *infrà* § 158. L'article 20 du Règlement de La Haye dispose à ce sujet en ces termes.

ART. 20. — *Après la conclusion de la paix, le rapatriement des prisonniers de guerre s'effectuera dans le plus bref délai possible.*

62. Il existait autrefois une pratique qui a quelque analogie avec la condition des prisonniers de guerre ; les *otages* garantissaient la parole donnée et assuraient spécialement l'exécution des traités de paix. C'est à ce point de vue seulement que Vattel les mentionne, disant que, si celui qui les a donnés manque à sa parole, on peut les retenir en captivité et qu'autrefois (ce que l'auteur réprouve) on les mettait à mort en pareil cas (2). Parmi les auteurs modernes, ceux qui mentionnent

(1) En France, l'échange des prisonniers de guerre valides ne peut avoir lieu, en principe, qu'avec l'autorisation du ministre de la guerre. Règlement du 21 mars 1893, art. 12. En cas d'interruption des communications, le commandant en chef procède aux échanges dans la mesure jugée par lui convenable, et en rendant compte dès que les communications sont rétablies. Conf. sur l'échange des prisonniers l'article 925 du règlement espagnol précité et le *Manuel français* précité, pp. 69 et s. Voir Pradier-Fodéré, *loc. cit.*, §§ 2832 et s. ; Whéaton, *loc. cit.*, II, § 3, p. 3 ; Morin, *loc. cit.*, II, pp. 24 et s.

(2) *Loc. cit.*, l. II, ch. XVI, §§ 245 et 247, t. II, pp. 239 et 242.

encore les otages à propos de l'exécution des traités (1),
exposent qu'ils servent surtout en temps de guerre, pour
assurer les négociations ou l'accomplissement des capitulations, et rarement pour la garantie d'un traité conclu
en temps de paix (2).

On croyait la pratique des otages définitivement dis-
parue (3) quand on l'a vue reprise par les Prussiens
durant la guerre franco-allemande. Et ici le raffinement
dans la cruauté et dans l'injustice a été vraiment atroce.
On s'est saisi de certains personnages marquants, dans
le but soit de les faire monter dans les trains portant
des troupes et sur les locomotives, qu'ils devaient, par
leur présence, préserver des attaques des francs-tireurs,
soit de les emprisonner, soit même de les mettre à mort,
en les rendant ainsi responsables du non paiement de
contributions et d'amendes ou d'actes de guerre commis
contre des soldats prussiens isolés et en détachement.
Après la guerre, on a essayé de justifier la pratique des
otages, principalement de ceux dits *d'accompagnement*,
c'est-à-dire placés dans les endroits périlleux pour assurer
la sécurité de l'occupant, en faisant remarquer que le
moyen critiqué avait, en somme, abouti à éviter des catas-
trophes, à épargner des vies humaines. Mais Bluntschli
n'a pas hésité à repousser sur ce point les idées mises en
avant par ses compatriotes, en déclarant nettement que le
procédé des otages « est d'autant plus répréhensible, qu'il
compromet la vie de citoyens paisibles, sans qu'il y

---

(1) Whéaton, *loc. cit.*, I, § 16, p. 270.
(2) G. de Martens, *loc. cit.*, I, § 63 et II, § 296.
. (3) Pinheiro-Ferrera condamnait déjà la pratique des otages ; sur
Vattel, *loc. cit.*, p. 240, note. Voir également Ott sur Klüber, *loc.
cit.*, § 248, note ; Fiore, *Droit internat. public*, art. 996 et s.

ait faute de leur part et, de plus, sans procurer un sérieux accroissement de sécurité » (1).

En réalité, la pratique des otages est indigne d'un peuple civilisé. C'est à l'occupant à veiller lui-même à sa propre sécurité, et il ne lui est pas permis de faire retomber les effets de la guerre sur de paisibles citoyens, auxquels, du reste, il défend de se mêler aux hostilités, parce que la guerre est un rapport d'État à État. S'ils ne peuvent s'y immiscer d'eux-mêmes, il ne saurait être licite de les y introduire contre leur volonté. Concluons pour tous ces motifs qu'il est profondément regrettable, en présence de la conduite des Prussiens durant la guerre franco-allemande, conduite qui pourra peut-être trouver plus tard des imitateurs, que la Conférence de La Haye n'ait pas cru devoir, d'accord avec l'opinion publique universelle, prohiber, par un article formel du Règlement, le procédé des otages.

---

(1) *Loc. cit.*, art. 600, 2° Toutefois Bluntschli autorise les otages au cas de représailles ou de nécessité absolue. *Sic*, Lueder et Lœning cités par Brenet, *loc. cit.*, p. 218. Conf. Pillet, *loc. cit.*, § 146 ; Fiore, *Droit codifié*, art. 996 et s., et *Nouveau droit intern.*, § 1364; Morin, *loc. cit.*, I, pp. 560 et s., II, pp. 265 et s. ; Calvo, *loc. cit.*, §§, 2159 et s., Pradier-Fodéré, *loc. cit.*, VII, §§ 2844 et s., qui condamnent le procédé des otages. Voir à propos de la guerre franco-allemande, la circulaire du comte de Chaudordy du 26 décembre 1871 dans Valfrey, *loc. cit.*, III, p. 294.

CHAPITRE III

DES MALADES, DES BLESSÉS ET DES MORTS

TITRE PREMIER

Des malades et blessés

63. En principe, les Etats civilisés ont le plus souvent respecté les blessés et appliqué la maxime ancienne : *Hostes dum vulnerati, fratres* (1). Mais, primitivement, il n'y avait là qu'un respect isolé, d'homme à homme. La première manifestation d'ensemble apparaît dans les traités particuliers par lesquels certains chefs d'armée, aux siècles antérieurs au nôtre, s'engageaient à soigner réciproquement leurs blessés et à considérer comme inviolable le personnel sanitaire (2).

Toutefois ces conventions, souvent méconnues, avaient le grand inconvénient de se limiter à la guerre entreprise. Et pourtant, rien ne semble plus nécessaire et plus essentiel que d'organiser, dès le temps de paix, pour fonctionner aussitôt que la guerre éclate, un service sanitaire d'ensemble accepté par tous les

(1) Pourtant il y avait quelquefois des pratiques opposées. Voir Delaperrière, *loc. cit.*, pp. 560 et s.

(2) Conf. sur ces traités le remarquable ouvrage de M. Lueder, couronné dans le concours international de 1873 et intitulé : *La Convention de Genève au point de vue historique, critique et dogmatique*, 1876, pp. 10 et s. *Adde*, Romberg, *Des belligérants et des prisonniers de guerre*, pp. 13 et s. Gurlt a réuni ces traités ou cartels dans un ouvrage cité par M. Brenet, lequel a lui aussi donné quelques-uns de ces cartels, prélude lointain et la Convention de Genève, *loc. cit.*, pp. 254 et s.

Etats. Le besoin s'en est fait sentir à toutes les époques, principalement dans les grandes guerres de la Révolution et du Premier Empire ; et il ira grandissant dans la guerre future, en présence de l'immense développement des forces armées contemporaines.

Grâce aux efforts d'un philanthrope genevois, dont l'ouvrage intitulé : *Le Souvenir de Solférino*, traduit dans les principales langues de l'Europe, eut partout un immense retentissement et devint pour le service hospitalier ce que la *Case de l'oncle Tom* avait été pour l'abolition de l'esclavage (1), fut votée à Genève, le 22 août 1864, une convention pour l'amélioration du sort des militaires blessés dans les armées en campagne.

Cette convention groupe toutes les puissances européennes, ainsi que la plupart des Etats en dehors de l'Europe parvenus à un certain degré de civilisation (2).

(1) *Le Souvenir de Solférino*, dont la dernière édition a été publiée à Amsterdam en 1902. En 1901, M. Dunant a obtenu le prix Nobel de la paix pour ses efforts en faveur de l'humanisation de la guerre, qui ont amené l'organisation moderne du service hospitalier. Voir l'analyse du livre de M. Dunant dans Fiore, *Nouveau droit intern.* § 1365, note 1 et dans Lueder, *loc. cit.*, pp. 39 et s. Conf. la publication de MM. Haje et Simon, intitulée : *Les origines de la Croix-Rouge*, 1901 et 1902. Conf. Rivier, *loc. cit.*, § 63, p. 270. Au nom de M. Dunant, il convient de joindre ceux de MM. Moynier, président du comité international de la Croix-Rouge, Palasciano et Arrault à qui la cause du service hospitalier doit également beaucoup.

(2) Pillet, *loc. cit.*, § 115, p. 170, note 1. Conf. sur l'historique de la Convention de Genève, l'ouvrage précité de M. Lueder, au livre Ier, consacré aux notions historiques. On consultera également, sur la Convention, en dehors des ouvrages généraux du droit international, l'excellent travail de M. Moynier intitulé : *Etude sur la Convention de Genève*, paru en 1870. *Adde* les notes de Bluntschli, *loc. cit.*, aux articles 586 et s., pp. 340 et s. et Pradier-Fodéré, *loc. cit.*, §§ 2852 et s. Voir le *Manuel français* précité, pp. 44 et s. et le *Manuel de l'Institut de droit international*, art. 10 à 18.

Deux principes dominent l'économie de ses dispositions : garantir aux blessés les soins nécessaires et l'inviolabilité ; assurer à ceux qui leur donnent ces soins la
protection voulue pour le libre et inoffensif exercice de
leur ministère. La Convention de Genève a incontestablement marqué un progrès considérable sur l'état des
choses ancien, en organisant un système général,
connu de tous, obligatoire pour tous et appliqué dans
ses grandes lignes, là où n'existaient que les accords
spéciaux et transitoires ci-dessus indiqués, accords
mal connus et mal observés. Néanmoins, elle a donné
lieu à beaucoup de critiques. Dans certaines de ses
dispositions qui ont été hâtivement rédigées, elle est
vague et prête à l'arbitraire ; en d'autres, elle va trop
loin ; et, dans un but d'humanité très louable mais peu
pratique, elle édicte des prescriptions d'une réalisation
parfois impossible, ce qui jette sur elle un certain discré-
dit et la range, pour plusieurs, dans le domaine des
conceptions plutôt théoriques (1).

(1) Ces défauts sont mis en relief d'une façon saisissante dans le
livre II de l'ouvrage précité de M. Lueder, consacré à la revision cri-
tico-dogmatique de la Convention de Genève. L'auteur y passe en
revue les jugements divers émis au sujet de cette convention, les critiques dont elle a été l'objet, surtout à la suite de la guerre franco-
allemande ; et il conclut à son maintien, malgré certaines opinions
contraires. Il cite les paroles de Bluntschli, d'après lequel, bien que
la Convention de Genève contienne des lacunes, bien qu'elle ait été
quelquefois violée et ait donné lieu à des abus, cependant l'opinion
générale lui est favorable.

Mais si, dans l'état actuel du droit et, en l'absence d'une codification internationale générale, le maintien de la Convention de 1864
paraît un bienfait, il semble néanmoins que les stipulations qu'elle
renferme trouveraient leur place naturelle dans une réglementation
générale des lois de la guerre, si elle parvient à se réaliser. Il est,
en effet, évident, que dans cette réglementation les prescriptions

64. Voici l'économie des dispositions de la Convention de 1864. D'après les articles 1 à 4, les ambulances et les hôpitaux militaires (1) sont reconnus *neutres* et comme tels protégés et respectés par les belligérants, aussi longtemps qu'il s'y trouve des malades et des blessés. Le même traitement est accordé au personnel des hôpitaux et ambulances (2), ainsi qu'aux aumôniers, tant qu'il reste

relatives aux combattants malades ou blessés seraient mieux coordonnées, mieux en harmonie avec l'ensemble des lois de la guerre, dont elles constitueraient une partie, un titre, à l'exemple des divers titres d'un code, qui, reliés entre eux, forment un tout bien préférable à une série de dispositions particulières et isolées. On verra plus loin par suite de quelles circonstances la Conférence de La Haye n'a point légiféré en ce qui concerne l'ensemble des règles concernant le service hospitalier.

(1) La qualification de *militaire* vise le cas ordinaire et n'exclut pas les hôpitaux civils où se trouveraient des blessés militaires.

On s'accorde généralement à reconnaitre que les établissements *thermaux*, où les militaires sont hospitalisés ne rentrent pas dans le cadre de la Convention de Genève, et que les armées peuvent les utiliser pendant la durée de la guerre pour le logement ou le cantonnement des troupes. Lueder, *loc. cit.*, p. 305.

(2) Ce personnel comprend les médecins civils et militaires, pharmaciens, infirmiers, conducteurs de cantines et voitures sanitaires, comptables des hôpitaux et ambulances, officiers d'administration attachés au service de santé, sœurs hospitalières. On remarquera que l'article 2 de la Convention fait figurer l'Intendance dans le personnel inviolable. Cette disposition doit être limitée aux fonctionnaires de l'Intendance placés à la tête du service hospitalier. En conséquence, elle ne peut concerner les pays où le service de santé est devenu autonome, ce qui est le cas pour la France depuis la loi du 1er juillet 1889. Quant aux brancardiers, dans les pays où ils seraient uniquement assignés à ce service, ils jouiraient évidemment de l'immunité de la Convention. En France, il n'en est pas ainsi : les brancardiers sont des soldats de l'armée régulière, munis d'un signe qui n'est pas celui de Genève (art. 10 et 23 du décret du 31 octobre 1892), qui, une fois leur service fini, rentrent dans leurs corps, et qui, par suite, ne peuvent, à aucun titre, avoir droit à l'inviolabilité. Cette inviolabilité,

des blessés à relever et à secourir. Mais l'immunité des
ambulances et hôpitaux militaires cesse s'ils sont gardés
par une force militaire (1). Le personnel dont il vient
d'être parlé peut, même après l'occupation par l'ennemi,
continuer à remplir ses fonctions dans l'hôpital ou l'ambulance par lui desservis, ou se retirer pour rejoindre le
corps auquel il appartient. Dans ce dernier cas, ce personnel, qui cesse ses fonctions, est remis aux avant-postes ennemis par les soins de l'armée occupante. Il emporte les objets qui sont sa propriété particulière. Quant
aux ambulances, elles conservent leur matériel, tandis
que celui des hôpitaux militaires demeure soumis aux
lois de la guerre. Suivant l'article 5, les habitants du
pays qui porteront secours aux blessés seront respectés
et demeureront libres ; et les généraux des puissances
belligérantes auront pour mission de les prévenir qu'appel est fait à leur humanité et que le bénéfice de la
neutralité leur est assuré. L'habitant qui aura recueilli
chez lui des blessés, sera dispensé du logement des troupes, ainsi que d'une partie des contributions de guerre
imposées (2). L'article 6, rappelant le principe de confra-

au contraire, appartiendra aux brancardiers volontaires, auxquels, en
cas de nécessité, on fait appel pour compléter le service sanitaire.

(1) La présence d'un simple poste destiné à faire la police et à
garantir des attaques des rôdeurs et des malfaiteurs n'enlèverait pas le
bénéfice de l'inviolabilité. La Convention ne serait violée que s'il y
avait un nombre de combattants suffisant pour tenter des opérations
de guerre. Pillet, *loc. cit.*, § 123; Bluntschli, *loc. cit.*, art. 586, 4°
et la citation faite par cet auteur de la brochure du docteur de P...,
publiée à Calsruhe en 1871.

(2) Cette disposition appliquée à la lettre pourrait devenir la cause
de véritables abus. On peut supposer que, soit par calcul, soit chari-
tablement, la moitié des habitants d'une commune recueille des blessés
et échappe ainsi aux charges militaires qui pèseront lourdement et

ternité universellement admis, décide que les militaires blessés ou malades seront recueillis et soignés, à quelque nation qu'ils appartiennent. Il ajoute que les commandants en chef auront la faculté de remettre immédiatement aux avant-postes les soldats blessés pendant le combat, quand les circonstances le permettront et du consentement des deux parties. On renvoie dans leur pays après guérison ceux qui sont reconnus incapables de servir (1); les autres peuvent également être renvoyés, à la condition de ne pas reprendre les armes pendant la durée de la guerre. Les évacuations, avec le personnel qui les dirige, seront couvertes par une *neutralité* absolue. L'article 7 règle comme suit la question de l'insigne destiné à couvrir les objets visés par la Convention et le personnel hospitalier : un drapeau distinctif et uniforme sera adopté pour les hôpitaux, les ambulances et les évacuations; il devra être, en toute circonstance, accompagné du drapeau national ; un brassard sera également admis pour le personnel neutralisé; mais la délivrance en sera laissée à l'autorité militaire; le drapeau et le brassard porteront la croix rouge sur fond blanc. Enfin, aux termes de l'article 8, les détails d'exécution de la convention seront réglés par les commandants en chef

injustement pour la totalité sur l'autre moitié. Voilà pourquoi le 4e article additionnel, dont il sera ci-après question au § 68, explique qu'il sera tenu compte du zèle charitable des habitants *seulement dans la mesure de l'équité.* Conf Bluntschli, *loc. cit.*, art 590, 2° ; Fiore, *Droit internat. codifié*, art. 1009.

(1) Quant aux soldats, il s'agit évidemment au texte d'invalidité corporelle. Mais on conçoit que, pour les chefs, il pourra en être tout différemment. En effet, quoique incapables de servir matériellement, ils rendraient souvent, si on les libérait, des services signalés, à raison desquels on sera fort bien autorisé chez l'ennemi à les retenir en captivité, par mesure de prudence. Bluntschli, *loc. cit.*, art 591, 2°.

des armées belligérantes, d'après les instructions de leurs gouvernements respectifs et conformément aux principes généraux énoncés dans la Convention elle-même (1).

65. La plupart des pays ont, dans un but d'utilité facile à saisir, essayé d'éviter, grâce à des règlements intérieurs, que des combattants peu loyaux ne se servent de la Convention de Genève pour dissimuler leur qualité véritable. En France, les précautions nécessaires ont été prises par le décret du 31 octobre 1892 qui dispose, dans son article 10, que : les brassards sont estampillés, dès le temps de paix, du cachet du ministère de la guerre et revêtus d'un chiffre romain indiquant la région et d'un numéro d'ordre, qui sont reproduits sur le livret individuel ». Au moment de la mobilisation, les brassards sont délivrés au personnel sous leurs ordres, par les chefs des formations sanitaires.

Le brassard est également délivré dans les mêmes conditions au personnel des sociétés d'assistance aux blessés et malades militaires, autorisées par le ministre de la guerre à prêter leur concours au service de santé militaire, sociétés dont il va être question au § 75. En outre, le personnel de ces sociétés est muni d'une carte

---

(1) L'expression de *neutre* ou *neutralité* employée par la Convention de Genève et par les articles additionnels dont il va être ci-après question, est inexacte, car c'est dans un sens tout différent que les lois de la guerre emploient ce terme. Conf. §§ 161 et s. Il faut lui substituer, ainsi que le fit observer M. Renault, rapporteur de la 2e commission de la Conférence de la Paix, le terme de *inviolable* ou *ne pouvant être capturé.* Conf. notre ouvrage sur la *Conférence de la Paix*, § 58 et les *procès-verbaux de la Conférence* y cités. Voir Bluntschli, *loc. cit.*, art. 586, 3o.

On consultera, au sujet des actes officiels et recueils des divers pays relativement à la Convention de Genève, l'ouvrage précité de Lueder, p. 105, note 79.

d'identité qui reçoit les mêmes indications que le brassard et est visée par le délégué régional de la société et la direction du service de santé du corps d'armée (Décret du 19 octobre 1892, art. 10).

Il est des publicistes qui vont plus loin, en demandant, ce qui peut paraître excessif, que les médecins volontaires et les chefs des corps hospitaliers volontaires reçoivent, indépendamment du brassard, un signe apparent de leur qualité. Le docteur de C... propose un petit sac en cuir rouge avec trousse, porté à l'aide d'une courroie rouge (1). En outre, Bluntstschli voudrait que chaque chef fût porteur d'un état nominatif de ses hommes (2). Enfin, Lueder réclame un brassard timbré, une sorte de légitimation écrite et un document constatant l'identité de la personne (3).

66. La Convention de Genève est naturellement obligatoire pour les puissances signataires dans leurs rapports respectifs (4). Dans les rapports d'une puissance signataire avec un État non signataire, certains auteurs pensent que la Convention n'a pas ce caractère, en vertu du principe général suivant lequel les traités n'obligent que les contractants (5). D'autres estiment que, basée sur des principes humanitaires et utilitaires d'une évidence incontestable, elle s'impose comme faisant partie

(1) Brochure précitée citée par Bluntschli, *loc. cit.*, art. 590, 1º.
(2) *Ibidem*.
(3) *Loc. cit.*, art. 5.
(4) Fiore, *Droit internat. codifié*, art. 1000.
(5) En ce sens, la réponse du président Peixoto dans la guerre civile brésilienne. *Revue générale de droit int. pub.* 1894, t. I, p. 465. Le correspondant du *Times* cité *ibidem* a affirmé que le gouvernement fit tirer sur un hôpital installé dans l'île de Seixadas, lequel aurait été évacué précipitamment par les blessés et malades.

du droit commun international de tous les Etats, en dehors de tout accord préalable (1).

Nous inclinerions à penser que l'on doit faire une distinction dans les prescriptions de la Convention de Genève. Il en est certaines dont le caractère nécessaire astreint tous les peuples civilisés d'une façon absolue, car l'humanité la plus élémentaire les imposerait en l'absence de tout texte écrit. Telles sont les prescriptions de droit naturel relatives au respect et à la protection dus aux blessés et aux personnes chargées officiellement de les assister et de les secourir. Au contraire, les dispositions d'ordre purement conventionnel, notamment celles concernant le signe garantissant les hôpitaux, ambulances et évacuations, l'insigne du personnel, l'insaisissabilité du matériel, etc., nous paraissent ne devoir être obligatoires, suivant les règles générales, que dans les rapports des Etats signataires (2).

67. La croix rouge sur fond blanc, accompagnée des couleurs nationales (3), constitue l'insigne qui couvre les objets et les personnes déclarés inviolables. Toutefois,

(1) Nagao-Ariga, *loc. cit.*, p. 110. « Le Japon, dit cet auteur, considérant que le secours qu'on prête aux blessés ennemis est une *obligation morale, naturelle et tout humaine*, prit la résolution d'aider les Chinois blessés le plus possible, sans tenir compte des agissements de la Chine à ce sujet ». Conf. Fiore, *Nouveau droit internat.*, § 1368 ; Pradier-Fodéré, *loc. cit.*, VII, § 2879.

(2) En ce sens Pillet, *loc. cit.*, § 115, p. 170, note 1.

(3) Décret français du 31 octobre 1892 sur le service de santé en campagne, art. 10. La nécessité d'adjoindre les couleurs nationales peut avoir cet inconvénient que le signe de Genève soit quelquefois caché, ce qui provoquerait des méprises regrettables. L'inconvénient est encore plus grand quand on se trouve en présence d'une formation sanitaire neutre, car il faut réunir au drapeau de Genève celui de l'Etat neutre et celui du belligérant auquel le neutre aura prêté son concours.

en 1877, les Turcs ont adopté le croissant rouge sur
fond blanc. Les susceptibilités religieuses qui avaient
inspiré l'innovation turque se sont reproduites à la
Conférence de La Haye. Les délégués de la Turquie, du
Siam et de la Perse ont déclaré que leurs gouvernements avaient l'intention de remplacer la croix rouge
par un croissant, une flamme (emblème sacré du culte
boudhiste) ou un soleil rouge. Leurs collègues ont pensé,
avec raison, que ces demandes devraient être adressées
à la Conférence ultérieure chargée de la revision générale de la Convention de Genève. Disons qu'il serait fort
regrettable de rompre l'unité du signe universellement
connu et respecté dans les relations internationales, alors
surtout qu'on a choisi les couleurs de Genève renver-
sées, en dehors de toute préoccupation confessionnelle
et uniquement pour rendre hommage à la cité suisse
qui donna l'hospitalité à la Conférence de 1864 (1).

68. En 1868, se réunit à Genève une seconde Conférence, destinée à combler une lacune considérable de
la Convention de 1864, en étendant à la marine les principes du service hospitalier. De ses délibérations sortit
un projet d'articles additionnels (20 octobre 1868) à la
Convention de Genève. Les articles 6 à 14, dont nous
n'avons pas à nous occuper ici, étendaient à la guerre
maritime les règles de 1864 (2).

---

(1) *Rapport de la Délégation française*, p. 15 et *Procès-verbaux
de la Conférence de la Paix*, 3ᵉ partie, pp. 6, 8, 66, et 73.

Le signe de Genève n'étant pas visible la nuit, ce qui peut avoir des
inconvénients graves, spécialement en cas de bombardement, on a
proposé de le remplacer dans l'obscurité par des fanaux à verre blanc
et croix rouge. Le procédé paraît très acceptable, bien qu'il ne soit pas
expressément prévu par le texte de la Convention.

(2) Conf. notre ouvrage sur la *Conférence de la Paix*, §§ 54 et s.

D'autre part, dans ses articles 1 à 5, le projet de 1868 réalisait certaines réformes dont le principe avait été posé dans une conférence internationale réunie à Paris en 1867, à l'occasion de l'exposition universelle. Suivant le premier des articles additionnels, le personnel hospitalier continuera, après l'occupation par l'ennemi, à donner ses soins aux malades et blessés de l'ambulance ou hôpital qu'il dessert. S'il demande à se retirer, le commandant des troupes occupantes fixera le moment de son départ, qui ne pourra être différé qu'à raison des nécessités militaires et pour une courte durée. L'article 2 se préoccupe du traitement du personnel hospitalier et lui en assure la jouissance intégrale. Ce texte qui a été reproduit dans le dernier paragraphe de l'article 7 de la Convention de La Haye sur le service hospitalier maritime, a été critiqué par Bluntschli comme ayant été rédigé par des médecins dans leur intérêt exclusif et sans motif juridique. Il fait remarquer, en ce sens, qu'un État pourrait être obligé de faire aux médecins ennemis une solde plus forte qu'à ses propres médecins (1). Pour obvier à cet inconvénient, M. Lueder demande, dans l'article 3 de ses propositions, que le personnel sanitaire, pendant son séjour chez l'ennemi, reçoive la même solde que celle affectée aux personnes du même rang dans l'armée au milieu de laquelle il se trouve. A défaut de rang défini, il lui serait allouée une somme suffisante pour l'entretien (2). L'article 3 étend la dénomination d'ambulance aux hôpitaux de campagne et autres établissements temporaires qui suivent les troupes sur les

---

(1) *Loc. cit.*, art. 588 *bis*. Conf. l'article 6 du règlement français sur les prisonniers de guerre du 21 mars 1893.

(2) *Loc. cit.*, pp. 381 et 383.

champs de bataille ; et l'article 4 explique que, eu égard
au logement des troupes et aux contributions de guerre,
on ne tiendra compte que dans la mesure de l'équité du
zèle charitable déployé par les habitants. Enfin, l'article 5 dispose que l'on devra renvoyer dans leur pays,
après guérison et même plus tôt si faire se peut, à la
condition de ne pas reprendre les armes pendant la
guerre, les blessés tombés aux mains de l'ennemi,
autres que les officiers, alors même qu'ils ne seraient
pas reconnus incapables de servir. Cette dernière disposition viole tous les principes du droit de la guerre, car
un Etat agit comme il l'entend, en pleine indépendance,
à l'égard des prisonniers blessés ou non ; et il n'est pas
possible, s'il n'en veut pas, de lui imposer la libération
conditionnelle. Aussi ce texte, unanimement critiqué (1), n'a été respecté dans aucune guerre et spécialement dans la guerre franco-allemande.

69. Les articles additionnels de 1868 ne furent pas
ratifiés pour des raisons diverses, qui tenaient surtout à
l'organisation du service hospitalier dans les guerres maritimes (2). Sur ce dernier point (articles 6 à 14), ils ont
été remplacés par l'une des conventions de La Haye, la
Convention du 29 juillet 1899 étendant à la guerre sur

---

(1) Il est, dit Bluntschli, « le fruit d'une fausse sentimentalité et
pratiquement inexécutable ». *Loc. cit.*, art. 951, 2º, conf. Pillet, *loc.
cit.*, § 119.

(2) Conf. sur ce point notre ouvrage sur la *Conférence de la Paix*,
§ 52 et celui de M. Cauwès intitulé : *L'extension des principes de
la Convention de Genève aux guerres maritimes*, 1899, pp. 75
et s. Toutefois certaines puissances ont manifesté l'intention, dans les
guerres postérieures à 1868, de se conformer aux articles additionnels.
Cauwès, *ibidem* ; Mérignhac, *ibidem*, § 53.

mer les principes de la Convention de Genève du 22
août 1864 (1). C'est donc cette dernière Convention
qui actuellement régit encore, d'une façon exclusive,
le service hospitalier sur terre. A raison des imperfections, des incertitudes et des lacunes que nous avons
eu l'occasion de signaler plus haut en ce qui la concerne, il semble que la Conférence de La Haye aurait
dû en opérer la revision et en faire figurer les dispositions amendées et corrigées dans le *Règlement* général
sur les lois et coutumes de la guerre continentale, dont
elle semblait devoir faire logiquement partie intégrante.
En ce sens, le gouvernement russe avait proposé aux
délégués d'aborder la révision intégrale de la Convention
de Genève « dans le but de mettre les dispositions
actuellement en vigueur en concordance avec les conditions des batailles d'aujourd'hui, les grandes masses de
combattants exigeant un secours prompt et largement
organisé ». Dans ce but, on aurait pu admettre la participation au secours sanitaire porté sur les champs de
bataille des sociétés sanitaires privées, avec leurs propres moyens de transport et des médecins étrangers
jouissant de la protection du signe de la Croix-Rouge.
Le gouvernement russe proposait, comme innovation
originale, la création d'un *Bureau international de la
Croix-Rouge*, reconnu par toutes les puissances et
établi sur les principes du droit international, pour
régler toutes les questions concernant les assistances et
secours sanitaires volontaires pendant la guerre, confor-

(1) Consulter sur cette convention notre ouvrage sur la *Conférence
de la Paix*, §§ 46 et s.

mément à la déclaration de la Russie à la Conférence de
la Croix-Rouge, à Genève en 1884 » (1).

70. On a beaucoup écrit au sujet de la revision de la
Convention de 1864, et la Conférence de La Haye aurait
eu, dans les ouvrages spéciaux sur la matière, tous
les documents nécessaires pour mener cette revision à
bonne fin (2). Mais elle s'est absolument refusée à entrer
dans cette voie, soit parce que la refonte intégrale des
textes de 1864 lui paraissait pour le moment devoir
soulever trop de complications et amener peut-être un

(1) Propositions du colonel Gilinski, délégué russe, à la séance du
25 mai 1899 ; *Procès-verbaux de la Conférence de la Paix*,
IIIᵉ partie, pp. 3 et 4. Conf. notre ouvrage sur la *Conférence de la
Paix*, § 75.

(2) On trouvera dans ces ouvrages, notamment dans celui de
Lueder, le tableau des efforts individuels et collectifs tentés dans le
but de réaliser la revision de la Convention. Conf. notamment les
annexes de l'ouvrage précité contenant les tableaux résumés et com-
paratifs des propositions de modification faites par les divers congrès et assemblées réunis à cet effet. Voir également les propositions de l'auteur lui-même à cet égard. Nous mentionnerons simplement les deux documents les plus récents qui figuraient parmi
ceux sur lesquels la seconde commission de la Conférence de La Haye
était appelée à faire porter son examen. Ce sont le projet de revision
de la Convention de Genève par M. Moynier et le programme provisoire de revision proposé par le Conseil fédéral suisse. Ce programme
intitulé : *Énoncé de quelques idées à examiner pour la revision
de la Convention de Genève*, comporte une série de réformes
qui ont été l'objet d'une étude complète de la part de M. Moynier. En 1898, le comité international de la Croix-Rouge a publié à
Genève une brochure contenant l'examen du programme du Conseil
fédéral et le projet de convention revisée de l'auteur de la brochure.
Voir les *documents* publiés pour la Conférence de La Haye, d'ordre
du gouvernement néerlandais, 2ᵉ partie, B. 10 et 11. Conf. notre ouvrage
sur la *Conférence de la Paix*, § 76. Ajouter aux documents qui précèdent le mémoire du médecin en chef de l'armée fédérale suisse,
Docteur Ziegler, du 16 juillet 1896 publié à Berne.

échec de l'œuvre tout entière, soit parce qu'elle n'avait pas parmi ses membres les compétences médicales indispensables pour une entreprise de ce genre (1). Finalement, les délégués se sont bornés à émettre, au sujet de la revision proposée, le vœu suivant qui figure dans l'acte général de la Conférence : « la Conférence, prenant en considération les démarches préliminaires faites par le Gouvernement fédéral suisse pour la revision de la Convention de Genève, émet le vœu qu'il soit procédé à bref délai à la réunion d'une conférence spéciale ayant pour objet la revision de cette Convention » (2).

L'article 21 du Règlement concernant les lois et coutumes de la guerre sur terre se borne, par suite, à faire, en ces termes, un renvoi pur et simple à la Convention de Genève, qui, nous l'avons dit, constitue encore aujourd'hui le document international en vigueur relativement au service sanitaire dans la guerre terrestre.

ART. 21. — *Les obligations des belligérants concernant le service des malades et des blessés sont régies par la Convention de Genève du 22 août 1864, sauf les modifications dont celle-ci pourra être l'objet.*

71. Les prescriptions de la Convention de Genève ont-elles été strictement obéies dans les guerres postérieures à 1864 ? Incontestablement, elles ont été l'objet de violations individuelles de la part, soit des soldats qui ne les connaissaient point, soit de certains chefs mili-

(1) *Procès-verbaux de la Conférence de la Paix*, III⁰ partie, p. 4. Conf. notre ouvrage sur la *Conférence de la Paix*, § 77.

(2) *Conférence de la Paix*, procès-verbal de la séance du 5 juillet 1899 ; séances plénières, 1ʳᵉ partie, p. 43. Conf. notre ouvrage précité, § 77.

taire qui essayaient, en les violant, d'arriver plus tôt à la fin de la guerre par l'usage de tous moyens licites ou non.

Mutuellement, les Français et les Allemands se sont accusés de l'avoir méconnue en 1870-71 ; et un échange assez vif de dépêches se produisit sur ce point entre le prince de Bismarck et M. de Chaudordy (1). Durant la guerre de 1877, tandis que la Russie respectait la Convention, la vulgarisait dans un questionnaire par demandes et réponses distribué aux troupes, les Turcs l'ignoraient absolument et agissaient en conséquence (2). Durant la guerre de 1897 avec la Grèce, ils s'en préoccupèrent davantage et admirent comme insigne le croissant rouge. La Convention a été scrupuleusement observée pendant la guerre de 1885 entre la Serbie et la Bulgarie, et de la part des Japonais dans leur conflit avec la Chine (3). Enfin, lors de la dernière guerre anglo-transvaalienne, les Anglais, sans les violer ouvertement, n'ont que médiocrement tenu compte des dispositions de la Convention, que les Boers, de l'aveu de leurs adversaires eux-mêmes, observaient scrupuleusement (4).

(1) *Revue de droit internat. et de législat. comparée*, 1871, t. III, pp. 324 et s. Conf. sur ce point, Brenet, *loc. cit.*, pp. 262 et s.

(2) De Martens, *Traité de Droit internat.*, III, § 114, p. 245. Des ordres russes spéciaux des 20 juin et 20 juillet 1877 menaçaient de peines sévères ceux qui n'observeraient pas la Convention de Genève, tandis que les armées ottomanes en ignoraient la lettre. Conf. du même auteur : *La paix et la guerre*, pp. 230 et s. Sur la conduite des Turcs, conf. Geffcken et Heffter, *loc. cit.*, § 126, note 5.

(3) Nagao-Ariga, *loc. cit.*, pp. 113 et s.

(4) Un rapport du général Joubert de la seconde moitié de 1899 rend compte de plusieurs faits regrettables, tels que le meurtre, les mauvais traitements infligés aux blessés et l'usage, pour des faits de

72. En raison des violations répétées dont elle a été et dont elle pourrait être l'objet dans les guerres futures, la Convention de Genève a fait naître des projets divers destinés à apporter à ses prescriptions une sanction plus ou moins énergique. L'éminent professeur de droit des gens de l'Université de Paris, M. Renault, est partisan d'une sanction résultant uniquement des lois internes de chaque État contenues dans son Code pénal militaire et livrées à sa seule discrétion (1). Cette idée, très juste dans son principe, se heurte à cet inconvénient possible de l'inertie d'un État qui ne ferait pas de lois internes sur ce point ou ne les ferait pas appliquer une fois faites. Une autre sanction avait été imaginée par l'article 14 additionnel de 1868 qui l'avait limitée aux guerres maritimes, alors que, par la force même des choses, la question de sanction se pose également pour les guerres terrestres. Ce texte permettait à l'un des belligérants de suspendre la Convention à l'égard de l'autre, en cas de forte présomption que le bénéfice de

belligérance, de l'insigne de Genève. En mars 1902, un rapport du docteur Dupont faisait connaître qu'une ambulance hollandaise accompagnant le général de Wett avait été attaquée près de Bethlehem, le 27 janvier précédent, par des forces anglaises ; que le docteur, le personnel de l'ambulance et les Boërs blessés qui y étaient soignés, avaient été faits prisonniers et expédiés aux Bermudes. *Temps* du 13 mars 1902. Conf. Despagnet, *Étude précitée*, p. 244 et s. et *Bulletin international des Sociétés de la Croix-Rouge* de janvier 1900, p. 5 et de juillet 1900, p. 150.

(1) *Introduction à l'étude du droit international*, 1879, p. 45. En ce sens, la loi argentine du 12 septembre 1893 punit d'une amende de vingt à cinquante *pesos* ou de l'arrêt pendant trois jours au moins et six jours au plus les personnes qui portent indûment le brassard de la Croix-Rouge, ou font indûment usage de noms, emblèmes ou insignes de la « Société argentine de la Croix-Rouge ». *Annuaire de législation étrangère*, 1894, p. 868.

l'inviolabilité était utilisé dans un intérêt autre que celui des blessés et malades ; si cette présomption devenait une certitude, on était autorisé à dénoncer la Convention pour toute la durée de la guerre. Cette disposition était fort dangereuse, car elle mettait la loi hospitalière à la merci des belligérants, en permettant à celui qui avait intérêt à ne pas l'appliquer, de se retrancher derrière des allégations plus ou moins vagues. Aussi la Convention de la Haye sur le service sanitaire maritime n'a-t-elle point hésité à faire disparaître l'article 14 additionnel.

73. Un troisième moyen d'assurer l'exécution de la Convention de Genève a été proposé par M. Moynier; il consiste à faire élaborer et promulguer des lois pénales par les divers Etats, lois visant toutes les infractions possibles à la Convention. A cette première idée qui reproduit celle de M. Renault, M. Moynier en ajoute une autre d'après laquelle il serait statué arbitralement sur lesdites infractions, par une ou plusieurs institutions judiciaires supérieures désignées par les Etats signataires de la Convention. Tout verdict de culpabilité rendu par ces juridictions serait suivi du renvoi du coupable devant ses juges naturels, pour y être puni conformément à sa loi nationale (1).

L'Institut de droit international, à la session de Cambridge, en 1895, s'est rallié au projet d'une loi pénale vi-

_____

(1) *Note* sur la création d'une institution judiciaire internationale propre à prévenir et à réprimer les infractions à la Convention de Genève dans le *Bulletin international*, t. III, p. 121, avec tirage à part. Conf. brochure parue à Lausanne en 1893 sous ce titre : *Considérations sur la sanction pénale à donner à la Convention de Genève*. Voir Calvo, *loc. cit.*, § 2164 ; Pradier-Fodéré, *loc. cit.*, VII, §§ 2881 et s.

sant toutes les infractions à la Convention de Genève (1).
Et la plupart des auteurs en ont accepté le principe
excellent à tous égards ; tandis qu'il y a eu, au contraire, plus de résistance au sujet de l'institution d'une
magistrature arbitrale jugeant les violations de la Convention hospitalière (2). Tout en faisant des réserves
quant aux détails d'application, et en préférant un mécanisme plus simple, plus facilement accessible aux parties
intéressées, moins coûteux que les institutions judiciaires proposées, nous sommes d'avis que le principe de
la juridiction arbitrale se défend par des raisons fort
sérieuses. Et voici comment, pratiquement, suivant
nous, on devrait procéder. Les pénalités à infliger pour
infraction aux règles du service hospitalier, seront
déterminées par un accord entre les puissances, négocié en congrès ou par la voie diplomatique. Elles figure-
ront dans les divers codes nationaux de justice militaire
et seront appliquées, le cas échéant, par les autorités
militaires normalement chargées, aux armées, de la
repression des faits punissables. Les jugements de condamnation prononcés contre leurs nationaux par ces
autorités seront sans appel ; ceux de condamnation
contre des individus de nationalité étrangère ou de
relaxe, quelle que soit en ce dernier cas la nationalité
des personnes visées, pourront, après la conclusion de
la paix, être frappés d'un recours devant la Cour arbitrale de La Haye constituée conformément aux articles
20 et s. de la *Convention du 29 juillet 1899 pour le*

(1) *Annuaire*, t. XIV, 1895-96, p. 188 et s.
(2) Conf. notamment Lueder, *loc. cit.*, p. 357 et Cauwès, *loc. cit.*,
pp. 355 et 359.

règlement pacifique des conflits internationaux (1). Ce recours sera exercé à la requête des intéressés qui seront, suivant les cas, les condamnés ou les victimes des actes incriminés, agissant d'accord avec leur gouvernement et par son entremise ; il devra être autorisé par une clause formelle du traité de paix (2).

(1) Conf. sur ce point les développements donnés aux §§ 72 et s. de notre ouvrage sur la *Conférence de la Paix*.

(2) Nous avons dit au texte que le recours en appel seulement pourrait être porté devant la Cour arbitrale de la Haye ; nous ne croyons pas, en effet, qu'il eût été pratique de la constituer juge de première instance dans la matière qui nous occupe. La juridiction du premier degré, relativement aux infractions aux règles du service hospitalier, doit être, suivant nous, prompte, expéditive, rapprochée des parties ; et c'est seulement dans les hypothèses rares où l'on croira devoir se pourvoir contre ses décisions, que pratiquement la Cour de La Haye pourra être saisie à titre de juridiction supérieure. Conf. à cet égard les développements donnés dans notre ouvrage précité sur la *Conférence de la Paix*, § 75.

Nous avons, d'autre part, émis au texte cette idée que le recours à la Cour arbitrale devrait être autorisée par une clause formelle du traité de paix ; en voici la raison. A la Conférence de la Haye, la Russie avait proposé de soumettre à l'arbitrage, devenu obligatoire pour toutes les puissances signataires, certaines difficultés internationales parmi lesquelles les dissentiments relatifs à l'interprétation ou à l'application des conventions concernant les secours aux malades et blessés en temps de guerre ; la Cour arbitrale de La Haye aurait été alors, de plein droit et sans convention préalable, saisie de ces difficultés. Ainsi la Convention de Genève rentrait dans les cas d'arbitrage *obligatoire* ; et, si un Etat avait eu à se plaindre d'une violation de ses dispositions, le système général de l'arbitrage obligatoire établi à La Haye aurait nécessairement fonctionné. Mais l'arbitrage obligatoire a échoué par suite de l'opposition de l'Allemagne, en sorte que le recours à la Cour arbitrale de La Haye est toujours facultatif. C'est là un échec absolument regrettable ; mais, si regrettable soit-il, il faut, en définitive, tenir compte de ce qui a été accepté par les puissances. Et, dès lors, pour se mettre d'accord avec les décisions contenues dans la *Conférence pour le règlement pacifique des conflits*

74. Un autre moyen, celui-ci préventif, d'assurer l'exécution des dispositions de la Convention de Genève, consiste à les faire connaître par des instructions, des théories, des conférences et des manœuvres pratiques dans les corps de troupes. Il suffit de rappeler à cet égard ce que nous avons dit dans l'introduction de cet ouvrage, relativement à la nécessité d'assurer chez l'officier et le soldat la connaissance, dès le temps de paix, des lois de la guerre, dont la Convention de 1864 forme une partie des plus importantes. Durant la guerre de 1870-71, les Prussiens avaient fait remettre à leurs troupes 80.000 exemplaires d'une brochure contenant la substance de la Convention de Genève ; et nous avons vu au § 71 que la Russie, durant la guerre de 1877, avait vulgarisé les prescriptions de 1864 dans un questionnaire par demandes et réponses distribué aux troupes. Ces exemples sont, sans doute, bons à suivre, le cas échéant ; mais il vaut mieux ne pas attendre les hostilités ; c'est dès le temps de paix qu'il convient de familiariser les futurs combattants avec les pratiques du service hospitalier.

MM. Funck-Brentano et Sorel se sont préoccupés d'éviter les faits d'indiscipline et de désordre reprochés aux ambulances volantes, faits de nature à discréditer le service hospitalier privé, et à nuire aux opérations militaires. Pour arriver à ce résultat, ils proposent de

---

internationaux, il conviendrait de stipuler formellement comme il a été dit ci-dessus, dans le traité de paix, le recours à la juridiction arbitrale de La Haye, jusqu'au jour où le principe de l'arbitrage obligatoire serait admis dans le cas qui nous occupe. Conf. sur les points qui précèdent, les développements par nous donnés aux §§ 145 et s. de notre ouvrage précité sur la *Conférence de la Paix*.

distinguer très nettement le service des blessés sur le
champ de bataille et le même service dans les ambulances fixes. Le premier appartiendrait exclusivement aux
ambulances militaires, dont le personnel porte toujours
un uniforme reconnaissable. Les particuliers qui voudraient prendre part à ce service, s'enrôleraient dans
l'armée et seraient soumis à l'autorité militaire. Cette
autorité confierait le soin des blessés en tout ou en partie aux ambulances privées, qui seraient fixes et stables
sous sa direction. Le personnel de ces ambulances, protégé par la Convention de Genève, serait placé sous la
surveillance de délégués des sociétés de secours reconnues par les Etats, munis de commissions authentiques
et revêtus d'uniformes. Ces délégués, responsables des
agissements de leurs subordonnés, se mettraient en
rapport avec l'autorité militaire, qui exercerait le pouvoir de fait et le contrôle nécessaire. Grâce à ces mesures, les ambulances ne pourraient point servir de lieu
de refuge à ceux qui n'ont aucune raison de l'y trouver,
ni les insignes de la Convention de Genève couvrir des
actes d'espionnage ou protéger des convois de munitions
et d'approvisionnements (1).

Il est à craindre que, malgré tous les avantages de la
combinaison proposée par MM. Funck-Brentano et Sorel,
les particuliers qui voudraient coopérer au service hospitalier sur les champs de bataille, ne reculent devant
la nécessité de s'enrôler dans l'armée. Il y aurait là, en
effet, une obligation excessive et de nature à paralyser
les bonnes volontés les mieux éprouvées. Et les auteurs
précités ne se dissimulent pas que les risques et la res-

_____

(1) *Loc. cit.*, pp. 272 et s.

ponsabilité encourus par les membres des sociétés de secours seraient bien plus grands et redoutables qu'ils ne le sont avec l'organisation actuelle, tout en espérant qu'on s'y soumettrait par esprit d'abnégation. Il est permis cependant d'élever des doutes sur ce point. La prudence la plus élémentaire conseille donc de ne rien tenter qui soit de nature à supprimer ou amoindrir l'aide si précieux des sociétés privées, qui, dans la plupart des pays, ont fait preuve du zèle le plus louable, soit pour organiser le service hospitalier dès le temps de paix, soit pour concourir à son exécution en cas de guerre soit enfin pour recueillir, centraliser et faire parvenir à destination les envois de fonds et de subsides en nature aux malades et blessés (1).

75. Toutefois, si désirable et si digne d'encouragement que soit, en cette matière, l'initiative privée, il faut bien se garder d'un écueil. Les sociétés privées pourraient ne pas offrir les garanties voulues, présenter une certaine confusion dans leurs agissements, se nuire entre elles par des rivalités regrettables et l'ignorance de leur action mutuelle. Pour éviter qu'il en fût ainsi et qu'au lieu de se comporter utilement elles ne devinssent inutiles et peut-être dangereuses en cas de guerre, il convenait de les placer sous la haute direction du pouvoir central investi de la mission de coordonner et de régulariser leur activité dès le temps de paix, en la combinant avec celle des formations sanitaires officielles. C'est ce qu'a fait pour la France le décret du 19 octobre 1892.

Les sociétés hospitalières actuellement reconnues en France comme établissements d'utilité publique, sont : la

---

(1) Bluntschli, *loc. cit.*, art. 590 ; Despagnet, *loc. cit.*, § 553; Fiore, *Nouveau droit internat.* § 1369.

Société de secours aux blessés militaires des armées de terre et de mer (décrets des 23 juin 1866 et 3 juillet 1884), l'Union des femmes de France (décrets des 6 août 1882 et 21 décembre 1886) et l'Association des dames françaises (décrets des 23 avril 1883 et 16 novembre 1886). Elles ont toutes des droits égaux depuis le décret précité de 1892, tandis qu'autrefois la première seule était autorisée à prêter son concours à l'autorité militaire. La Société de secours aux blessés n'a conservé de son ancien monopole que le droit de desservir seule les infirmeries de gare (article 124 du règlement du 31 octobre 1892). Telles sont les grandes lignes de l'organisation du service hospitalier privé; il en faut surtout retenir cette notion primordiale que, tout en encourageant l'initiative privée, on a voulu avec raison placer le service tout entier sous le contrôle constant du Ministre de la guerre et soumettre l'organisation intégrale, en cas de guerre, aux lois et règlements militaires.

76. Pour régler le service hospitalier dans leurs armées respectives en concordance avec les dispositions de la Convention de Genève, les divers Etats ont édicté des prescriptions internes, qui, bien que différant nécessairement par les détails, se rencontrent forcément dans l'ensemble. En France, ces prescriptions ont fait l'objet du décret du 31 octobre 1892 sur le service de santé de l'armée en campagne. Il divise ce service en service de l'*avant*, comprenant le service régimentaire pour les premiers secours urgents, les ambulances, les hôpitaux de campagne (art. 2 et 3), et en service de l'*arrière* englobant toutes les formations servant à l'hospitalisation sur place, à l'évacuation et au réapprovisionnement sous forme d'hôpitaux de campagne temporairement immobilisés, d'hôpitaux

d'évacuation, d'infirmeries de gare et de gîte d'étape,
de transports d'évacuation et de stations-magasin. L'article
cle 10 applique le bénéfice de la Convention de Genève
au personnel du service de santé énuméré en l'article 7 (1).

Le service sanitaire, officiel ou privé, appartient, en
général, à la nationalité des belligérants. Toutefois, rien
n'empêche qu'un neutre ne vienne offrir ses secours qui
seront souvent agréés (2). Il convient, en ce cas, que le
service sanitaire neutre subisse le contrôle du belligérant
auquel il s'adjoint, lequel s'assurera que ce service
se conforme exactement aux prescriptions des lois hospitalières ; il faut, de plus, que le neutre arbore, comme on
l'a vu, à côté du drapeau sanitaire officiel et du sien propre,
les couleurs du belligérant qu'il secourt. Cette acceptation des services du neutre, facultative pour le belligérant
auquel elle est offerte, ne saurait, en aucun cas, être critiquée et entravée par l'autre belligérant qu'elle ne gêne en
rien, pourvu que la convention de Genève soit scrupuleusement observée. Ce dernier, loin d'entraver le neutre dans
son entreprise charitable, doit, au contraire, l'encourager,
soit par humanité, soit pour l'utilité que ses propres malades et blessés en retireront peut-être, le cas échéant ; et

(1) Tous les États se sont naturellement préoccupés, comme la
France, des soins à donner aux blessés dans les guerres futures, en
s'inspirant du nombre des troupes mobilisées, du climat, de la configuration du territoire, etc., etc. Conf. à ce sujet, les différents procédés usités pour les armées européennes, dans l'ouvrage de M. Jean de
Bloch intitulé : *La guerre*, traduction de l'ouvrage russe : *La guerre
future aux points de vue technique, économique et politique*,
t. V intitulé : *Les efforts tendant à supprimer la guerre ; les
causes des différends politiques ; les conséquences des pertes*,
pp. 347 et s.
(2) Bry, *loc. cit.*, § 395.

voilà pourquoi il n'y a pas d'exemple, sur ce point, dans les annales de la guerre, d'une intolérance qui serait absolument inexplicable et odieuse. Dès lors, on ne comprend guère pourquoi les Anglais ont cru devoir repousser catégoriquement, en mai 1902, la demande du comité central de la Croix-Rouge néerlandaise d'envoyer aux troupes boërs des médecins, infirmiers et des secours médicaux (1).

Il est entendu que, suivant l'esprit même de la Convention de Genève, toutes les personnes qui participent au service hospitalier dans les conditions qui viennent d'être précisées sont inviolables, pourvu toutefois qu'elles ne se livrent point à des actes de guerre et se consacrent exclusivement à leur mission hospitalière. Mais il est évident, d'autre part, que, si le personnel hospitalier ne peut attaquer, il est parfaitement en droit de se défendre si on l'attaque, et que la légitime défense contre des maraudeurs, des pillards et même des soldats réguliers ne le fait nullement déchoir du bénéfice de l'inviolabilité. A ce point de vue, on a critiqué peut-être non sans raison les termes un peu ambigus de l'article 2 de la Convention de Genève, qui ne précise pas suffisamment la situation que nous venons d'indiquer (2).

(1) *Temps* du 18 mai 1902.
(2) Bluntschli, *loc. cit.*, article 587, 1°, voudrait que, dans une rédaction nouvelle, on indiquât nettement que, si le personnel sanitaire doit s'abstenir de prendre part aux hostilités, tout au moins il peut se défendre contre toute attaque injuste.

TITRE II

Des morts et disparus

77. Les cadavres des ennemis étaient autrefois, en général, l'objet des plus grands égards ; cependant l'Antiquité nous offre des exemples d'actes odieux, tels que celui d'Achille traînant, autour des murs de Troie, le corps d'Hector attaché à son char. De nos jours, les cadavres des ennemis sont respectés ; et le belligérant qui demeure maître du champ de bataille leur donne la sépulture. On convient souvent d'une suspension d'armes pour procéder à l'enlèvement des blessés et à l'ensevelissement des morts. Toutes les précautions voulues sont prises pour éviter les épidémies et les inhumations précipitées. Dès que faire se peut, les belligérants se communiquent la liste nominative des morts et des blessés se trouvant entre leurs mains (1).

Il est défendu de dépouiller les morts, de s'emparer de leur argent, de leurs bijoux, de leurs effets et de leurs papiers ; les lois martiales punissent avec la dernière rigueur cette plaie des armées qu'on flétrit du nom de détrousseurs de cadavres (2). Tous les objets trouvés sur les morts doivent être soigneusement recueillis, soit pour être restitués à leur famille, soit pour servir à reconstituer leur identité. Grâce à cette reconstitution, on diminue cette quantité considérable d'individus portés avec la mention *disparu*, qui laissent leurs familles et leurs inté-

---

(1) Art. 20 du Règlement de l'Institut de droit international ; Rivier *loc. cit.*, § 63, p. 272 ; Fiore, *Droit int. codifié*, art. 1018.

(2) Conf. sur la conduite tenue à cet égard par les mercenaires anglais au Transvaal, Despagnet, *Étude précitée*, p. 133.

rêts dans un état d'incertitude funeste pour tout le monde. Les guerres de la République française, du Premier Empire et de 1870-71 abondent à cet égard en fâcheux souvenirs.

A toutes les pièces trouvées sur le cadavre, on joint, pour faciliter les recherches, le livret individuel, le numéro matricule du régiment et de l'homme ; et l'on communique ces renseignements à l'adversaire avec les objets trouvés. Des décisions ministérielles françaises, des 2 et 13 décembre 1881 et 12 octobre 1883, ont rendu les recherches faciles grâce à l'adoption des *plaques d'identité* (1). Il est regrettable que la Conférence de La Haye n'ait pas fait de cette pratique une véritable obligation pour tous les États adhérents, et que, d'une manière générale, elle n'ait pas statué sur la condition des morts et les mesures à prendre en ce qui les concerne.

La Conférence de Genève avait, sur ce point, témoigné de son bon vouloir par l'insertion d'une mention expresse au protocole des séances. Il y était dit : « il est

---

(1) Le Règlement français du 31 octobre 1892 sur le service de santé en campagne dispose, dans la notice n° 14 annexée, que chaque soldat porte autour du cou une plaque en maillechort, dite *plaque d'identité*, sur laquelle se trouvent inscrits son nom et toutes les indications essentielles, permettant d'établir son identité. Cette plaque ne doit être enlevée à l'homme qu'au moment de l'inhumation. A défaut de cette plaque, on recueillera, sur les effets du mort, toutes les indications possibles. Les actes de décès seront dressés par les officiers d'administration attachés aux formations sanitaires. Les généraux devront se transmettre mutuellement les renseignements obtenus relativement à l'identité des militaires décédés. Consulter les dispositions relatives aux militaires décédés et aux testaments contenues dans les articles 114 et 115 du règlement du 31 octobre 1892, et les annexes, nos 12 et 13.

du devoir des gouvernements d'assurer l'exécution des mesures relatives à la protection des morts et des blessés contre le pillage et les mauvais traitements ». A la suite de cette déclaration, on avait ajouté la suivante : « les gouvernements doivent également veiller à ce que les inhumations se fassent conformément aux prescriptions sanitaires et à ce que l'identité des morts soit constatée autant que possible » (1).

(1) Voir dans la notice n° 14 précitée, annexée au décret français du 31 octobre 1892 sur le service de santé en campagne, les précautions minutieuses prises dans le but d'éviter l'infection provoquée par les inhumations mal faites. Conf. le *Manuel français* précité, pp. 50 et 51. Sur le traitement des morts dans la guerre sino-japonaise, voir Nagao Ariga, *loc. cit.*, pp. 94 et s.

SECTION II

Des hostilités

—————

CHAPITRE PREMIER

DES MOYENS DE NUIRE A L'ENNEMI

78. Avant d'entrer dans le détail de ces divers moyens, les uns permis, les autres illicites, il importe de prendre parti sur une question fort importante et qui domine la matière tout entière. Certains auteurs, principalement parmi les Allemands, ont proposé une distinction entre les procédés illicites de guerre : ces procédés, prohibés d'une manière générale par les lois de la guerre ordinaire, seraient tolérés d'une façon exceptionnelle dans des cas déterminés. De là, il résulterait que le droit de la guerre — *Kriegsrecht* — comprendrait *la loi de la guerre* applicable normalement — *Kriegsmanier* ou *Kriegsgebrauch* — et les dérogations à cette loi dans des cas prévus par la coutume ou *raison de la guerre — ratio belli, Kriegsraison*. — Ainsi la *raison de la guerre* autoriserait exceptionnellement à recourir aux divers procédés prohibés par la loi normale, que nous allons examiner, par exemple, au pillage, à l'incendie, à la dévastation systématique du pays, aux otages, à la mise à mort de particuliers inoffensifs, pour le cas où l'on se croirait obligé de frapper l'ennemi de terreur par tous moyens, où l'on voudrait l'empêcher absolument d'avancer, ou l'amener à conclure promptement la paix pour le salut du pays menacé, en lui montrant combien la guerre deviendra terrible s'il s'obstine à la continuer (1).

Les juristes anglais et français ont protesté, par l'organe de leurs plus distingués représentants (2), contre cette théorie qui est la négation même du droit de la guerre, dont les principes les plus essentiels sont livrés

(1) Klüber admet l'application de la raison de guerre seulement en cas de rétorsion et dans des circonstances extraordinaires *loc. cit.*, § 119. Heffter autorise la dérogation en cas d'extrême nécessité ou pour rétablir l'égalité du combat, *loc. cit.*, § 119. Pour Lueder, la dérogation se conçoit dans l'hypothèse où les lois ordinaires ne permettent pas d'arriver au but de la guerre et aussi en cas de risposte à une injustifiable inobservation du droit de la guerre par l'ennemi. *Handbuch des Völkerrechts* publié sous la direction de Holtzendorff, t. IV, §§ 65 et 66, pp. 254 à 256 et § 114 , p. 484. Wheaton, tout en proclamant qu'on n'a pas le droit d'enlever la vie aux habitants du pays non armés, admet la possibilité d'exceptions à cette règle en cas de nécessités impérieuses, *loc. cit.*, t. II, pp. 2 et 3. Ajouter dans le même sens : Bulmerincq dans le *Handbuch* de Marquardsen, t. I, p. 362; Dahn, *Das Kriegrecht*, pp. 3 et 4 ; Ulmann, *Volkerrecht*, pp. 316 et 317; G. de Martens, *loc. cit.*, § 270 ; Rivier *loc. cit.*, § 185, pp. 241 et 242. Ces auteurs ont généralisé la thèse et établissent, comme loi de principe, la distinction entre les prescriptions normales du droit de la guerre et les dérogations qu'il est permis d'y apporter sous l'empire de mobiles divers, M. de Neumann, *loc. cit.*, § 41, résume la thèse en disant que « seule une nécessité impérieuse et la conduite d'un adversaire qui, usant de tous les moyens provoquerait des représailles terribles, peuvent donner lieu à l'application de la *raison de guerre* et à un retour à l'absolue rigueur du droit de la guerre ».

(2) Westlake, *Etudes sur les principes du droit international*, traduction française de M. Nys, 1895, pp. 262 et 263. Conf. dans le même sens Pradier-Fodéré, *loc. cit.*, § 2740; Pillet, *loc. cit.*, § 59.

à l'arbitraire des chefs militaires, et qui, en définitive, ne fait qu'appliquer en l'espèce la maxime que : la fin justifie les moyens. La loi de la guerre, une fois acceptée, doit être appliquée loyalement et régir tous les cas, sans que la nécessité si forte qu'elle soit ou la déloyauté de l'adversaire autorise à s'en départir. Rien ne saurait justifier la non-application du *Droit* dans le cas où l'accord général des peuples le déclare normalement applicable. En le violant, sous des prétextes qui ne trompent personne, on en revient aux abominations des luttes anciennes et aux excès des guerres franco-allemande et franco-transvalienne, qui, mieux que tout raisonnement, démontrent la nécessité d'un droit de la guerre, général, invariable et inflexible. Enfin, si l'on admet la distinction que nous combattons, qui sera juge du point de savoir dans quels cas se produira la nécessité en vertu de laquelle deviendront légitimes les mesures prohibées d'ordinaire ? Ce ne pourra être, dit avec raison M. Pillet, que le belligérant lui-même, lequel « invoquera la raison d'Etat à tout propos et couvrira de ce prétexte commode ce qu'on a appelé, avec raison, le fait brutal du retour à la barbarie primitive » (1).

Le Règlement concernant les lois et coutumes de la guerre sur terre, à la différence du projet de Bruxelles, réunit sous une même rubrique les moyens de nuire à l'ennemi en général et les sièges et bombardements (Section II, chap. 1er), afin de bien faire ressortir cette idée que les articles concernant les moyens de nuire en général sont également applicables au procédé du siège et du bombardement. Cette remarque faite, examinons

(1) *Loc. cit.*

tout d'abord les moyens de nuire en général et, en
second lieu, les règles spéciales aux sièges et bombardements.

TITRE PREMIER

Des moyens de nuire à l'enneni en général

79. La force est sans limite, et quand elle est déchaî-
née, il semble que rien ne puisse s'opposer à ses débor-
dements. Il est même des publicistes qui préconisent les
excès les plus grands, en partant de ce point de vue que,
plus loin ira la violence, plus se multiplieront les moyens
de destruction et les atrocités de tout genre, plus grand
sera le service rendu à l'humanité, les guerres devenant
ainsi plus difficiles, et finalement impossibles grâce aux
conséquences épouvantables qu'elles produiront.

Toutefois, les déchaînements de la force brutale
paraissent avoir été tempérés à toutes les époques ; et il
ne semble pas, du reste, qu'il en puisse être autrement.
Si impérieuse, en effet, que soit la nécessité de vaincre
pour l'un et l'autre des belligérants, elle ne saurait pourtant autoriser tous les moyens de réduire l'ennemi ; et
l'usage des procédés violents, sans contrôle et sans
limite, transformerait la guerre en une entreprise de sauvages et de bandits, également nuisible aux deux belligérants, puisque les mêmes mesures seraient prises des
deux côtés.

Il doit donc exister, dans la façon de faire la guerre,
des limites que la raison, l'humanité et l'honneur interdisent de dépasser. Les Romains les avaient déjà acceptées et proclamées dans la fameuse maxime : *Etiam
hosti fides servanda* ; et Grotius démontre, par des exem-

ples multiples, que la distinction des actes licites et illicites dans la guerre a été connue et pratiquée à toutes les époques (1).

Peut-on ramener à une formule unique les diverses restrictions apportées aux moyens d'attaque et de défense, dans le but soit d'éviter des atrocités inutiles et révoltantes, soit de prohiber des procédés perfides ou deloyaux ?

Nous ne le pensons pas, car toutes les formules qui ont été proposées à cet égard sont nécessairement vagues, insuffisantes, prêtent à des interprétations divergentes et omettent, par la force même des choses, des inventions que l'avenir dérobe encore et qui pourront être déclarées ultérieurement illicites d'un accord unanime. C'est pour ce motif que le projet de 1874 n'avait pas donné de règle générale et procédait par énumération, comme le fait également le Règlement de La Haye. On peut cependant rattacher à la triple idée d'inutilité, d'atrocité et de perfidie les interdictions portées aux diverses époques, et spécialement à La Haye en 1899, relativement aux procédés et engins de guerre.

80. Un État a, en principe, le droit d'organiser comme il l'entend ses forces militaires ; et la seule limite qu'il rencontre dans l'exercice de ce droit absolu résultant de sa souveraineté, provient des restrictions, soit coutumières, soit conventionnelles, basées sur la nécessité de proscrire les procédés, instruments et engins contraires aux lois de l'humanité en général, à la loyauté interna-

---

(1)*Loc. cit.*, l. III, c. IV, §§ 15 et s., t. III. pp. 105 et s. Conf, Bluntschli, *loc. cit.*, art 549 ; Whéaton, *loc. cit.*, t. II, pp. 59 et s., § 18 ; *Adde* Bynkershoeck, *loc. cit.*, l. I, cap. I, pp. 4 et s. ; Mérignhac, *Conférence internationale de la paix*, § 94.

tionale et à l'honneur militaire (1). A ce point de vue, on le comprend, les prohibitions ont dû nécessairement varier avec les mœurs et les temps. Nous sommes bien loin assurément du pape Innocent III voulant interdire, dans les guerres entre chrétiens, l'emploi d'armes à feu lançant des projectiles (2); et aussi du Concile de Latran, qui frappait d'anathème, en 1139, l'usage de l'arc et des arbalètes, qualifiés d'inventions mortelles et odieuses à Dieu (3). Combien naïve, d'autre part, paraîtrait, de nos jours, cette confession du chevalier Bayard affirmant qu'il avait fait toujours, sans hésiter, mettre à mort tous mousquetaire et arquebusiers pris les armes à la main, parce qu'il considérait les armes à feu comme prohibées par les lois de la guerre. Nous avons laissé bien en arrière et les balistes et le feu grégeois, qui semblaient si terribles ! Les béliers et les catapultes ne figurent plus que dans les musées. L'invention de la poudre a complètement changé le système des armements ; et les diverses applications de cette invention ont transformé la guerre en une science qui est plutôt du domaine de l'ingénieur que du soldat proprement dit, de l'habileté technique que du courage et de la bravoure.

81. Dans cette marche en avant, jamais une interruption ne s'est produite dans le perfectionnement constant des engins de destruction. Où s'arrête ce qui est licite, où commence ce qui est interdit ? C'est là, on le conçoit, une question fort délicate, et qui, du reste, ne peut recevoir une réponse absolue, car un perfectionnement nouveau des armes à feu fera, le lendemain, considérer

(1) Morin, *loc. cit.*, I, pp. 350, 351.
(2) Geffcken sur Heffter, *loc. cit.*, § 125, note 2.
(3) Sumner Maine, *Le droit international, La guerre*, p. 181.

comme insuffisant ce qui paraissait épouvantable, la
veille. Par suite, les opinions sur la légitimité des engins
de guerre ont dû souvent se modifier avec le temps et les
mœurs. Comme l'indique fort bien M. F. de Martens,
le choix des moyens employés dépend, d'une part, du
perfectionnement de l'armement et, d'autre part, du
degré de civilisation et d'élévation morale des nations
belligérantes (1). Ainsi, les flèches empoisonnées ou
bardelées, la mitraille, le verre pilé, la chaux, les balles
doubles ou machées, les boulets enchaînés, les boulets
rouges et couronnes foudroyantes furent l'objet de prohibitions très compréhensibles lors de leur apparition
successive. Mais aujourd'hui ces prohibitions paraissent
bien surannées, en présence des ravages que produisent
d'autres engins actuellement admis et considérés comme
licites, tels les bombes à pétrole, les torpilles, les obus
brisants et shrapnells, les obus et boîtes à mitrailles,
les diverses poudres à base d'acide picrique : emmensite,
mélénite, lyddite (2). Dès lors, si quelques-unes de ces
prohibitions ont été maintenues, c'est sans doute en vertu
de la tradition, mais aussi parce que certaines visent les
procédés de destruction de nature à infliger aux blessés
des souffrances atroces ou à rendre leur guérison plus
difficile, comme les balles doubles ou fondues avec du
verre ou de la chaux. Lieber dit, à cet égard, avec juste
raison, que : « les nécessités militaires n'autorisent pas
à commettre des actes de cruauté, c'est-à-dire à infliger

---

(1) *Loc. cit.*, III, § 110.
(2) Consulter sur ces points J. Daniel, *Les explosifs industriels*,
et Jean de Bloch, *La guerre*, ouvrage précité, t. I : *Description
du mécanisme de la guerre*, pp. 8 et s , 141 et s., 365 et s.

des souffrances pour le seul plaisir de faire souffrir ou pour exercer une vengeance » (1).

82. C'est dans cet ordre d'idées que se place une initiative du gouvernement russe, toujours le premier dans la recherche des moyens propres à atténuer les horreurs de la guerre. Depuis le conflit franco-allemand et l'apparition des mitrailleuses, qu'un magistrat français, auteur d'un traité estimé des lois relatives à la guerre, qualifiant déjà, en 1872, d'inventions diaboliques (2), et qui sont largement dépassées aujourd'hui, les inventeurs ont surtout employé leur activité au perfectionnement des projectiles pour fusils et canons. Parmi ces projectiles se signale comme engin particulièrement meurtrier la balle de petit calibre explosible ou chargée de matières fulminantes ou inflammables. Frappé par les ravages qu'elle produisait, le Tsar Alexandre II proposa la réunion d'une conférence à Saint-Pétersbourg, « afin d'examiner la convenance d'interdire l'usage de certains projectiles dans la mesure où les nécessités de la guerre doivent s'arrêter devant les exigences de l'humanité ». Une commission militaire internationale, partant de ce principe que le seul but légitime durant la guerre est de mettre hors de combat le plus grand nombre possible d'hommes à l'ennemi, que ce but est dépassé et que les lois de l'humanité sont violées par l'usage d'armes aggravant inutilement les souffrances des blessés et rendant leur mort inévitable, fut d'avis les parties contractantes devaient s'engager « à renoncer mutuellement, en cas de guerre entre elles, à l'emploi, par leurs troupes de terre ou de mer, de tout pro-

(1) *Instructions américaines*, section I, art. 16.
(2) Morin, *loc. cit.*, I, p. 359.

jectile d'un poids inférieur à 400 grammes, qui serait
explosible ou chargé de matières fulminantes ou inflammables (1) ». En conformité de cet avis, fut signée la déclaration du 29 novembre-11 décembre 1868, qui prohibe
les projectiles ci-dessus indiqués. Toutes les puissances
européennes ont apposé leur signature à la déclaration
de 1868, qui est ainsi devenue obligatoire de droit commun (2). Si elle a limité son action aux projectiles dont
nous venons de parler, alors que, par une note du
29 juin 1868, la Prusse avait proposé l'interdiction de
toute une série d'engins de destruction, c'est grâce à
l'Angleterre, qui opposa un refus formel à la proposition du délégué français de formuler un certain nombre d'autres règles admises par les nations civilisées. Le
délégué anglais fit probablement opposition aux propositions française et prussienne, parce que la Grande-
Bretagne redoute de voir entraver en quoi que ce soit
la liberté d'action qui lui paraît indispensable pour com-
penser l'infériorité numérique de ses troupes (3).

Les puissances réunies durent donc se borner à insérer
dans la déclaration un article final ainsi conçu : « Les
parties contractantes ou accédantes se réservent de s'entendre ultérieurement, toutes les fois qu'une proposition
précise serait formulée en vue des perfectionnements à
venir que la science pourrait apporter dans l'armement
des troupes, afin de maintenir les principes qu'elles ont

(1) *Manuel français*, pp. 14 et s.
(2) F. de Martens, *loc. cit.*, § 107, p. 193 et § 110, p. 209. Conf.
du même l'ouvrage intitulé : *La guerre d'Orient et la Conférence
de Bruxelles*.
(3) De Martens, *Traité de droit internat.*, *loc. cit.*, p. 211 ;
Pradier-Fodéré, *loc. cit.*, VI, § 2758 ; Pillet, *loc. cit.*, § 51.

posés et de concilier les nécessités de la guerre avec les lois de l'humanité ».

83. L'expérience a démontré qu'il était parfois difficile, dans les opérations de guerre, de reconnaître si les belligérants se conformaient ou non aux prescriptions de la déclaration de 1868. En 1871-72, les Français et les Allemands se sont mutuellement accusés d'avoir fait usage de balles explosibles ; et, sur ce point, des explications assez vives furent échangées entre le comte de Chaudordy et le prince de Bismarck (1).

L'expérience a également démontré l'insuffisance des prescriptions édictées en 1868. Déjà, en effet, en 1872, on se demandait s'il ne conviendrait pas de convoquer une nouvelle conférence destinée à étendre la prohibition primitive à d'autres procédés d'invention récente considérés comme plus dangereux que les projectiles visés en 1868 (2). Combien le danger, signalé déjà à la suite de la guerre franco-allemande, est devenu plus menaçant, en présence des progrès de la science moderne, grâce à laquelle les engins et procédés nouveaux de guerre utilisés dans les armées actuelles sont devenus bien supérieurs comme instrument de destruction (3) ! Il

---

(1) Rolin-Jaëquemyns dans la *Revue de droit internat. et de législat. comparée*, 1870, t. II, p. 658 et 1871, t. III, pp. 297 et 325 ; Guelle, *loc. cit.*, I, p. 98, note 1 ; Klüber et Ott, *loc. cit.*, § 244, note *a* ; Pradier-Fodéré, *loc. cit.*, VI, pp. 941 et s. ; F. de Martens, *loc. cit.*, p. 212 et ouvrage sur *La guerre et la paix*, pp. 91 et s. ; Morin, *loc. cit.*, I, p. 364, note.

(2) Morin, *ibidem*, p. 365.

(3) On consultera avec fruit sur ce point les deux très intéressants ouvrages récemment publiés par les docteurs Nimier et Laval, le premier en 1899 sous ce titre : *Les projectiles des armes de guerre. — Leur action vulnérante* ; le second, en 1900, intitulé : *Les armes blanches. — Leur action et leurs effets vulnérants*. Voir

était donc rationnel que le gouvernement russe soumît à la Conférence de La Haye la question de savoir s'il ne conviendrait pas d'étudier des prohibitions nouvelles (1),

également le livre très documenté de M. le docteur Brouardel sur *Les explosifs et les explosions au point de vue médico-légal*, 1897. On se rendra compte, par la lecture attachante de ces ouvrages, de tout ce que la férocité de l'homme a pu imaginer contre son semblable !

La dernière invention relatée par le journal *Armée et Marine*, au commencement de novembre 1902, consiste dans un nouveau *fusil-mitrailleuse* adopté par l'armée danoise du calibre de 6 mm. 5, du poids de 6 kil., imprimant au projectile une vitesse initiale de 270 mètres. Et le journal ajoute les détails suivants qui feront saisir la formidable puissance de destruction et le caractère essentiellement pratique de l'arme nouvelle : La rapidité du tir est obtenue à l'aide d'un chargement de trente cartouches, que l'on peut tirer en deux secondes. On obtient ainsi une vitesse de trois cents coups par minute, en tenant compte du temps nécessaire pour remplacer le chargeur vide par un chargeur plein. — D'après les officiers danois qui ont expérimenté la nouvelle arme, les avantages de ce fusil-mitrailleuse sur les armes similaires seraient les suivants : 1º poids réduit au strict minimum, 2º forme commode, 3º rapidité du tir et possibilité de le régler à volonté, 4º facilité d'atteindre un but mobile et de suivre ainsi les mouvements de l'ennemi, 5º fonctionnement plus simple et plus rapide, les rubans à cartouches des mitrailleuses ordinaires étant remplacées par des chargeurs, 6º prix plus bas que celui des autres mitrailleuses.

Il convient d'ajouter, du reste, que la Suisse se sert depuis longtemps de fusils-mitrailleuse, dont ses officiers font le plus grand éloge ; l'invention danoise perfectionnerait donc un système déjà connu et appliqué.

(1) Consulter relativement soit aux prohibitions déjà admises, soit aux prohibitions nouvelles proposées depuis la déclaration de 1868, les auteurs suivants : Morin, *loc. cit.*, I, pp. 347 et s. ; Guelle, *loc. cit.*, I, p. 99 ; Fiore, *Droit internat. codifié*, art. 973 ; Despagnet, *loc. cit.*, § 529 ; Bluntschli, *loc. cit.*, art. 557 et s. ; Pillet, *loc. cit.*, §§ 49 et s. ; Dudley-Field, *loc. cit.*, art. 754 et s. ; F. de Martens, *loc. cit.*, §§ 110 et s. ; G. de Martens, *loc. cit.*, § 273 ; de Neumann, *loc. cit.*, pp. 170 et s. ; Pradier-Fodéré, *loc. cit.*, VI, §§ 2747 et

en vertu des réserves mêmes contenues dans l'article final de la déclaration de 1868 ; et, à cet égard, l'œuvre de 1899 se présentait comme une suite logique de ladite déclaration.

84. L'idée qui paraît avoir prédominé à La Haye, et que les délégués ont, à maintes reprises, affirmée, a été qu'il convenait de laisser une latitude absolue en ce qui concernait les inventions relatives à la guerre spécialement quant au perfectionnement des poudres et explosifs. On conçoit combien, avec cette manière de voir, devenait difficile le choix d'une formule à la fois assez peu prohibitive pour consacrer cette latitude et assez restrictive pour sauvegarder suffisamment les droits de l'humanité. Après des discussions assez confuses, on a dû se borner à préciser uniquement et limitativement les points sur lesquels une entente a pu se produire ; et l'on s'est mis d'accord sur trois déclarations portant interdiction : 1° pour une durée de cinq ans, des projectiles et explosifs lancés du haut de ballons ou par d'autres modes analogues nouveaux; 2° des projectiles ayant pour but unique de répandre des gaz asphyxiants ou délétères ; 3° des balles s'épanouissant dans le corps humain. Incontestablement la déception des philanthropes qui attendaient, de la Conférence, les prohibitions beaucoup plus étendues que proposait le gouvernement

2754 et s. ; Heffter, *loc. cit.*, § 125 ; Klüber et Ott, *loc. cit.*, § 244 ; Bonfils-Fauchille, *loc. cit.*, §§ 1068 et s. ; Calvo, *loc. cit.*, V, §§ 2098 et s. ; Holtzendorff, *loc. cit.*, § 62 ; Nagao-Ariga, *loc. cit.*, pp. 74 et s. ; Rivier, *loc. cit.*, *loc. cit.*, II, § 187 ; Mérignhac, *La Conférence de la Paix*, §§ 94 et s. ; Sumner Maine, *loc. cit.*, pp. 175 et s. Voir également les documents suivants : *Instructions américaines*, art. 14 et s. ; *Manuel d'Oxford*, art. 8 et 9 et *Manuel à l'usage des officiers*, pp. 12 et s.

russe (1) a été grande, surtout si l'on considère que les dispositions prohibitives émanées d'elle, tout en étant très justifiées au point de vue humanitaire, n'ont pas, en l'état actuel des choses, une portée bien considérable, au moins relativement aux deux premières déclarations.

Le régime juridique à appliquer, en temps de guerre, aux aérostats, ainsi qu'à ceux qui les montent, sera déterminé aux §§ 101 et s., où il sera démontré que l'air doit être considéré comme libre en principe, au même titre que la mer. De là, il résulte que la liberté de l'air, comme celle de la mer elle-même, se limitera par la nécessité d'empêcher qu'il ne serve de théâtre à des actes contraires à l'ordre public international. Et, comme on interdit sur mer la piraterie et la traite, de même on défendra d'utiliser l'atmosphère pour des actes en opposition avec les droits de l'humanité. Or, on voit facilement quels terribles ravages pourraient être faits, dans un pays et dans une armée, par une flotte d'aérostats déversant sur eux des projectiles et des explosifs contre lesquels ils seraient incapable de se défendre (2). Le jour où sera résolue la question des ballons dirigeables, la prohibition de la Déclaration de La Haye constituera peut-être un bienfait inappréciable (3). Sans doute, nous

(1) Conf. Notre ouvrage sur la *Conférence de la Paix*, §§ 25 et s.

(2) Jusqu'ici, l'on n'a guère fait sérieusement usage de ballons destinés à aider aux hostilités. Ils furent usités sans grand succès au siège de Mayence en 1794. Guelle, *loc. cit.*, I, p. 135. En 1812, les Russes, infructueusement, du reste, essayèrent de lancer des projectiles incendiaires sur les troupes françaises. Pradier-Fodéré, *loc. cit.*, p. 986 à la note.

(3) Consulter sur le rôle des aérostats dans la guerre future, un

le dirons au § 101 *bis*, un belligérant a le droit de tirer
sur les aérostats ennemis traversant l'atmosphère de son
pays ou du pays occupé, qu'ils fassent ou non des actes
de guerre. Mais on peut prévoir que son artillerie n'at-
teindra pas la hauteur où passe le ballon ou qu'elle le
manquera ; et c'est dans ces hypothèses que la prohibition aura une réelle portée. En somme, la déclaration
a en vue de faire jouer aux ballons, à l'avenir, un simple
rôle d'instruments d'observation ou de correspondance
et de les bannir comme engins d'hostilité dans la guerre
future. Une pareille pensée est des plus louables, sans
qu'on puisse pourtant approuver la clause qui réduit à
cinq ans le délai de la prohibition pour les contractants.
Cette restriction qui ne figure pas dans les autres déclarations, a été, on ne sait trop pourquoi, insérée dans
celle qui nous occupe, sans qu'on ait prévu, tout au
moins, ce qui eût été rationnel, qu'elle se renouvelle-
rait de plein droit, de cinq ans en cinq ans, faute de
dénonciation (1).

Les ravages que peuvent produire des projectiles
répandant des gaz asphyxiants ou délétères, ne sont pas
très à redouter aujourd'hui ; mais ils deviendront singu-
lièrement dangereux le jour, qui n'est peut-être pas éloi-
gné, où aura été découvert le procédé pratique permettant

article intitulé : *La Science contre la guerre*, dans la *Revue des
Revues*, 10e année, 1899, pp. 440 et s. Voir, sur la déclaration de
La Haye, notre ouvrage précité, § 37.

(1) Il serait à souhaiter, pour ce motif, qu'avant l'expiration des
cinq années, c'est-à-dire avant le 26 juillet 1904 une des puissances
signataires de la déclaration prît l'initiative de la demande de son
renouvellement. Le premier Congrès national de la Paix qui a siégé
à Toulouse en octobre 1902 a émis le vœu que le gouvernement français se chargeât de cette mission.

de les envoyer avec la certitude qu'ils produiront l'effet attendu au point et au moment voulus. On conçoit donc, surtout en vue des découvertes futures, toute l'utilité de la seconde déclaration, en constatant, comme au sujet de la première, son inutilité presque complète en la période actuelle (1).

85. La troisième déclaration, actuellement la plus importante parce qu'elle sort du domaine platonique et a donné lieu à de vifs débats, figure, pour ce motif, avant les deux autres dans l'*Acte final* de la Conférence de la Paix. Elle est ainsi conçue : « Les puissances contractantes s'interdisent l'emploi de balles qui s'épanouissent ou s'aplatissent facilement dans le corps humain, telles que les balles à enveloppe dure dont l'enveloppe ne couvrirait pas entièrement le noyau ou serait pourvue d'incisions ». Cette question des balles qualifiées d'*expansives* intéressait plus particulièrement l'Angleterre, car le projet de déclaration visait spécialement le projectile que l'humour britannique a baptisé du nom de « balle à nez mou » et qui a été encore appelé balle *Dum-Dum*, du nom d'un arsenal voisin de Calcutta, aux Indes, où il a été fabriqué pour la première fois. Il est nécessaire d'entrer dans quelques détails techniques pour faire bien saisir la nouveauté et l'extrême nocivité du projectile

(1) Toutefois la seconde déclaration a donné lieu à une difficulté intéressante : on s'est demandé si les obus à la lyddite, dont les Anglais se sont servis au Transvaal tombaient sous le coup du texte. Nous ne le pensons pas, car ils n'avaient pas *pour but unique* de répandre des gaz asphyxiants ou délétères, ce qui est la condition formelle de la déclaration. Conf. Bonfils-Fauchille, *loc. cit.* § 1068; Despagnet, *Étude précitée*, p. 113. Consulter sur la 2ᵉ déclaration, notre ouvrage sur la *Conférence de la Paix*, § 38.

dont s'agit. Les balles des fusils modernes, au lieu d'être composées exclusivement de plomb, sont revêtues, sur leur noyau seul en plomb, d'une sorte de cuirasse, qui leur a fait quelquefois donner le nom de balles cuirassées. Cette modification dans la contexture ancienne de la balle permet de conserver, pour sa fabrication, l'usage du plomb, avantageux à raison de sa densité et de son prix peu élevé, sans avoir à craindre les déformations et l'obstruction des rayures du fusil, que ce métal employé seul pourrait produire à raison de la force de projection des nouvelles poudres sans fumée. La chemise recouvrant ainsi la balle est, en général, composée de nickel, de maillechort ou d'acier ; elle habille d'habitude le projectile tout entier, sauf dans le fusil anglais, le *Lee Metford* modifié. Pour celui-ci, la chemise en maillechort « s'amincit depuis le culot jusqu'au sommet du projectile, où le plomb est laissé à nu » (1).

86. Cette modification constitue la caractéristique de la balle *Dum-Dum,* qui a ainsi ceci de particulier que son enveloppe de métal laisse au sommet le plomb apparaître et diminue d'épaisseur à partir du culot jusqu'à l'extrémité. Dès lors, elle s'écrase sur un obstacle qui lui résiste, ce qui lui donne une grande force meurtrière et lui fait produire des blessures épouvantables (2). En effet, en pénétrant dans le corps humain, elle s'aplatit, s'épanouit en des formes irrégulières,

(1) Nimier et Laval, *Les projectiles des armes de guerre*, p. 16 ; Bonfils-Fauchille, *loc. cit.*, § 1068.

(2) Ouvrage précité de MM. Nimier et Laval, p. 60. Conf. Vasco, *Balles humanitaires anglaises*, apud., *Revue française de l'étranger et des colonies*, t. XXIII, 1898, pp. 229 et s.

écrasant, broyant et oblitérant les tissus ; ou bien elle
éclate, se divise, et ses éclats ou fragments augmentent
les chances de mort et d'infection des plaies. Au contraire, les balles à enveloppe dure complète peuvent
bien subir un aplatissement, se tordre ou s'infléchir ;
mais elles traversent facilement les parties molles et les
os spongieux, en opérant une ouverture nettement sec-
tionnée ; partant elles laissent plus de chances de guérison aux blessés et moins de danger d'infection. Pourquoi les Anglais se sont-ils servi de la balle *Dum-Dum* ?
C'est, disent-ils, parce qu'elle était indispensable contre
des adversaires fanatiques et sauvages, tels les Afridis
ou les Derviches, qui méprisent la mort et vont au combat sous l'empire d'une surexcitation religieuse que rien
ne saurait contenir (1). La puissance de la balle ordinaire ne pouvait donc suffire vis-à-vis de pareils ennemis, et il était nécessaire de recourir à un agent qui, au
prix de blessures horribles, pût les arrêter immédiatement dans leur élan. On voit par là que l'emploi de la
balle *Dum-Dum* ne se justifierait point contre une armée
civilisée. Et, d'ailleurs, elle mettrait ceux qui s'en serviraient contre cette dernière dans un état évident
d'infériorité, pour le cas où il faudrait atteindre un
adversaire dissimulé derrière des retranchements quelconques, qu'elle traverserait plus difficilement que la
balle à enveloppe métallique complète.

On s'était déjà demandé si la balle *Dum-Dum* ne constituait pas un projectile explosible au sens de la déclaration de 1868. On faisait remarquer que, bien qu'elle ne
renferme aucune matière explosible, fulminante ou

(1) Voir les citations de la note précédente.

inflammable, cependant elle se comporte, comme si elle les contenait, dans les organes du corps humain qui sont creux, remplis de liquides ou riches en humeurs (1). Et il semble bien que, si elle n'était pas atteinte par le texte même de la déclaration de 1868, elle rentrait, du moins dans son esprit, puisque cette déclaration a en vue d'interdire autant que possible les projectiles « aggravant les souffrances des hommes mis hors de combat ou rendant leur mort inévitable ». En tout cas, toute controverse doit cesser aujourd'hui depuis la déclaration prohibant formellement les balles expansives, au moins pour les puissances qui ont signé et ratifié cette déclaration (2).

(1) Tel est le résultat auquel est arrivé le docteur de Bruns, médecin principal à la suite du corps médical wurtembergeois, après de curieuses expériences relatées dans une étude publiée par la Revue berlinoise, la *Kriegstechnische Zeitschrift* en août 1899. Voir Nimier et Laval, *loc. cit.*, p. 61. Cf., à cet égard, l'opinion émise dans la *Revue générale de droit intern. pub.*, 1898, V. pp. 298 et 299. D'après l'opinion du général Sir Ardagh, représentant anglais à La Haye, la balle n'éclate pas dans le corps humain ; elle se gonfle mais ne se fragmente pas, en sorte qu'elle équivaut, en réalité, à une balle de calibre plus fort, tout en ayant les qualités balistiques des balles de petit calibre. Le délégué anglais a ajouté que les expériences faites en Allemagne auraient été pratiquées, non avec la véritable balle anglaise, mais avec une sorte d'imitation allemande défectueuse et sujette à critique. La Délégation française, dans son rapport précité (p. 10) s'exprime ainsi : « Faute d'essais vérifiés avec soin, il n'est pas possible d'infirmer absolument l'opinion du délégué anglais ; mais, *a priori*, on peut affirmer qu'une balle qui se gonfle au choc doit produire des désordres beaucoup plus graves qu'une balle indéformable, ayant d'avance le calibre auquel parvient la première après son expansion. »

(2) La question de savoir si les balles expansives sont ou non prohibées par la déclaration de Saint-Pétersbourg garde toute son importance vis-à-vis de la Grande-Bretagne, des États-Unis et du Portugal

87. Aux prescriptions contenues dans les trois déclarations que nous venons d'analyser, le Règlement de
La Haye, concernant les lois et coutumes de la guerre
sur terre, a joint d'autres prohibitions déjà universellement acceptées par les auteurs et les documents internationaux les plus autorisés tels que la déclaration de
Bruxelles de 1874 et le manuel de l'Institut de droit
international. L'article 22 du Règlement établit le principe, dont les applications sont faites par l'article 23.

qui ont refusé leur adhésion à la déclaration de La Haye prohibant
ces projectiles.

Des discussions fort vives se sont élevées à la Conférence de
La Haye, au sujet des balles expansives. Les délégués des États-Unis
avaient proposé une formule prohibitive conçue en termes beaucoup
plus larges que celle qui a été admise. Et il est profondément regrettable que cette formule n'ait pas été adoptée, car, ainsi qu'on l'a fait remarquer justement, des inventions nouvelles peuvent surgir d'un moment à
l'autre, aussi inutilement cruelles que les balles expansives. Et ces
inventions, il faudra les prohiber dans une conférence nouvelle qu'on
hésitera probablement à réunir, alors qu'il était si simple de les comprendre par avance dans un texte général. Consulter relativement aux
débats et aux décisions de la Conférence de la Paix sur les balles
expansives, notre ouvrage précité sur cette conférence, §§ 39 et s. ; et
les *Procès-verbaux de la Conférence*, 2º partie, pp. 5 et s. et
1ʳᵉ partie, pp. 74 et s., 77, note 1.

La question de savoir si les Anglais se sont ou non servis de la
balle *Dum-Dum* au Transvaal, a été l'objet de versions contradictoires.
Il semble que MM. Balfour et Hamilton aient fait un aveu implicite au
Parlement britannique, en déclarant qu'on cherchait un autre type de
balle. Conf. Vasco, *loc. cit.*, pp. 233 et 234. A son tour Lord
Methuen a accusé de se servir de la balle expansive les Boërs qui ont
énergiquement protesté contre cette accusation. Conf. sur ces points :
Despagnet, *Étude précitée*, pp. 107 et s.

En dehors des débats aux Chambres anglaises, le projectile en
question a été l'objet de vives discussions aux Chambres des députés
française et belge, dans les séances des 26 mars 1898 et 29 avril
1899.

Art. 22. — *Les belligérants n'ont pas un droit illimité quant au choix des moyens de nuire à l'ennemi.*

Art. 23. — *Outre les prohibitions établies par des conventions spéciales, il est notamment* interdit :

a) *d'employer du poison ou des armes empoisonnées* (1) ;

b) *de tuer ou de blesser par trahison des individus appartenant à la nation ou à l'armée ennemie* ;

c) *de tuer ou de blesser un ennemi qui, ayant mis bas les armes ou n'ayant plus les moyens de se défendre, s'est rendu à discrétion ;*

d) *de déclarer qu'il ne sera pas fait de quartier ;*

e) *d'employer des armes, des projectiles ou des matières propres à causer des maux superflus ;*

f) *d'user indûment du pavillon parlementaire, du pavillon national ou des insignes militaires et de l'uniforme de l'ennemi, ainsi que des insignes distinctifs de la Convention de Genève ;*

g) *de détruire ou de saisir des propriétés ennemies, sauf les cas où ces destructions ou ces saisies seraient impérieusement commandées par les nécessités de la guerre.*

Enfin, l'article 24 statue comme suit au sujet des ruses de guerre.

Art. 24. — *Les ruses de guerre et l'emploi des moyens nécessaires pour se procurer des renseignements sur l'ennemi et sur le terrain sont considérés comme* licites.

_____

(1) Quant au pétrole et à ses emplois en temps de guerre, conf. Morin, *loc. cit*, I, pp. 384 et s.

Nous allons donner quelques indications au sujet de ces textes, et les compléter en traitant des cas qu'ils ne prévoient pas et par rapport auxquels le droit coutumier antérieur est resté en vigueur (1).

Le poison, sous toutes ses formes et de quelque façon qu'on le dissimule, qu'il serve à contaminer les aliments et les boissons offerts aux soldats ou les armes dirigées contre eux, est absolument prohibé (2). Ainsi, les flèches empoisonnées seraient encore bannies aujourd'hui si, par impossible, on songeait à en faire usage, comme le sont les balles empoisonnées. Il est également interdit d'empoisonner les sources ; mais il est parfaitement licite de les tarir, de détourner le cours des rivières, de percer les digues, de détruire les écluses, en un mot de supprimer l'eau par tous les moyens.

Comme le poison, on prohiberait encore les anciens moyens de destruction passés en fait, pour la plupart, dans le domaine des souvenirs, pour le cas improbable où l'on songerait à y recourir. Ainsi, le verre pilé, la chaux, les balles doubles ou machées, le petit plomb ou mitraille proprement dite, les boulets enchaînés, rouges ou poissés, dont nous avons parlé ci-dessus en rappelant les interdictions de jadis, sont encore, en tant que de besoin, l'objet d'une prohibition coutumière absolue. La

(1) Articles 3, 4, 8 et 9 du *Règlement de l'Institut de droit international*.

(2) Bluntschli, *loc. cit.*, art. 557 ; Dudey-Field, *loc. cit.*, art. 754, Fiore, *Droit internat. codifié*, art. 973. Joindre aux auteurs des codifications internationales précités les autres juristes cités plus haut au § 83, relativement aux prohibitions à ajouter à la déclaration de 1868. Conf. le *Manuel français* précité, p. 10 et le préambule du *Règlement italien* pour les troupes en campagne de 1882.

Conférence de La Haye n'a pas cru devoir en parler, parce que la guerre moderne use de procédés bien autrement terribles et pourtant autorisés d'un accord unanime.

88. On a fréquemment employé, dans les expéditions coloniales, des chiens de guerre dressés spécialement pour donner la chasse aux indigènes. Un pareil procédé doit être réprouvé, car ces animaux, excités et devenus furieux, infligent des blessures atroces qui causent souvent la mort de ceux qu'ils poursuivent. Il est peu probable que ce procédé soit jamais employé dans les guerres européennes ; mais, dans ces dernières, on concevrait fort bien l'emploi de chiens destinés, par exemple, à servir de gardes vigilants, à éventer l'ennemi qui chercherait à surprendre les sentinelles des avant-postes, à suivre des pistes, à retrouver des déserteurs, des fugitifs ou des blessés, à porter des munitions et des dépêches, etc., le tout à la condition de faire appel plutôt à la sagacité des animaux employés qu'aux instincts de férocité particuliers à certaines races (1).

La loyauté la plus élémentaire interdit les manquements à la parole donnée, tels que la rupture soudaine d'un armistice convenu, le fait de lever la crosse en l'air

---

(1) Conf. Rivier, *loc. cit.*, § 63, pp. 261 et 262. Les chiens de guerre ont été employés par les anciens pour entretenir les communications et porter des dépêches ; ils ont été également usités vers la fin du XVIIe siècle, en Dalmatie et en Croatie, contre les Turcs. A notre époque, c'est en Allemagne que l'idée d'avoir recours à leurs services a été reprise pour la première fois ; l'exemple des Allemands a été suivi par les Autrichiens en Bosnie et en Herzégovine. En France, on avait usé de ce procédé aux manœuvres de 1877 ; depuis il a été abandonné. Conf. de Bloch, *loc. cit.*, pp. 168 et s. et Jupin, *Les chiens militaires*.

pour attirer l'ennemi à portée et le fusiller impunément (1).

Mais il ne faut pas confondre déloyauté et perfidie
avec ruse (2). La ruse, arme légitime de la guerre, a été
pratiquée à toute époque depuis le légendaire cheval de
Troie. A tout prendre, du reste, la ruse vaut mieux que
les mesures violentes et l'effusion du sang qu'elle
empêche souvent. Seulement la ruse doit être exempte
de toute perfidie, et notamment ne pas consister dans un
manquement à la parole donnée ou dans une infraction
aux principes admis unanimement par les lois et coutumes de la guerre (3).

89. A propos des ruses de guerre, l'article 23 a résolu
le point controversé de savoir si l'on peut user des uniformes, insignes et drapeaux de l'ennemi. La déclaration
de Bruxelles, dans son article 13, prohibait ce genre de

(1) Dans une dépêche du 26 novembre 1900, lord Roberts annon-
çait qu'il avait fait condamner par un conseil de guerre et fusiller
trois Boërs qui avaient levé la crosse en l'air en signe de soumission
et avaient ensuite tiré sur les Anglais. *Temps* du 29 octobre 1900.

(2) Holtzendorff, *loc. cit.*, § 62 ; Rivier, *loc. cit.*, § 63, p. 261 ;
Fiore, *Nouveau droit internat..* § 1336 ; Pradier-Fodéré, *loc. cit.*,
§§ 2779 et s. ; *Instructions américaines*, art. 15, 16 et 101. Voir
Règlement espagnol de 1882, art. 862.

(3) Il ne saurait plus être question à notre époque que pour mémoire
des ruses absolument condamnables, par lesquelles les généraux
anciens trouvaient le moyen d'éluder leurs engagements les plus certains. On promettait de rendre la moitié des vaincus et on les sciait
en deux ; on s'engageait à restituer les captifs et on les rendait après
les avoir mis à mort; on stipulait un armistice de quelques jours et on
attaquait la nuit, etc., etc. Pour donner un seul exemple bien topique
de cet état d'esprit, Alexandre le Grand permettait aux assiégés de sortir sains et saufs *des remparts* et les faisait massacrer en pleine campagne Consulter sur ces points le curieux chapitre de Gentilis, intitulé : *De dolo verborum*, dans son traité *De jure belli*, l. II, ch. IV.

dissimulation. Mais, comme elle n'était pas obligatoire, certains auteurs le tenaient pour très admissible, car il n'avait, pour eux, rien de contraire à l'honneur (1). D'autres, faisant une distinction, toléraient l'emploi des insignes et uniformes, mais non des drapeaux dont le caractère sacré leur paraissait devoir être toujours respecté (2). Enfin, plusieurs admettaient déjà la solution introduite par l'article 23 (3).

On se demande s'il est interdit d'utiliser les sonneries et le mot d'ordre de l'ennemi. Un certain nombre d'auteurs se prononçaient déjà pour la négative avant 1899 (4). La Conférence de la Paix n'a pas statué sur ce point *in terminis*, mais il semble qu'il faille appliquer ici, par analogie et par identité de motifs, la solution donnée par l'article 23. En effet, la déloyauté est la même que l'on se serve des uniformes, insignes et drapeaux ou de la sonnerie et du mot d'ordre,

(1) Calvo *loc. cit.*, IV, § 2106 ; Bluntschli, *loc. cit.*, art, 565 ; Heffter-Geffcken, *loc. cit.*, § 125. Ces deux derniers auteurs toutefois exigeaient que chaque armée, avant d'en venir aux mains, arborât ses couleurs réelles Bry, *loc. cit.*, pp. 387 et s. Conf. en ce sens le *Manuel français* précité, p. 19. Dans le même sens, Calvo, *loc. cit.* § 2106 ; Despagnet, *loc. cit.*, § 530.

(2) Pillet, *loc. cit.*, § 55.

(3) Guelle, *loc. cit.*, I, p. 104 ; *Manuel d'Oxford*, art. 8 ; Pradier-Fodéré, *loc. cit.*, VI, § 2760 ; Bonfils-Fauchille, *loc. cit.*, § 1074 ; Fiore, *Droit codifié*, art. 1061 et *Nouveau droit intern.*, § 1339 ; Morin, *loc. cit.*, I, pp. 295 et s. ; *Instructions américaines*, art. 63 ; Despagnet, *loc. cit.*, § 530 ; Geffcken sur Heffter, *loc. cit.*, § 126 ; Dudley-Field, *loc. cit.*, art. 764., § 2 ; Par une circulaire de la fin de mai 1898, le ministre espagnol des affaires étrangères a cru devoir protester auprès des puissances contre la conduite des Américains qui avait fait usage de drapeaux espagnols pour l'attaque de Guantanamo. *Temps* du 28 mai 1898.

(4) Morin, *loc. cit.*, I, p. 106 ; Bonfils-Fauchille, *loc. cit.*, § 1075.

alors surtout qu'on n'arrivera le plus souvent à connaître cette sonnerie ou ce mot d'ordre qu'en faisant violence aux clairons ou chefs de poste surpris, et en les obligeant ainsi, ce qu'on ne doit jamais faire, à trahir leur pays (1).

Les belligérants doivent absolument réserver, pour l'usage auquel ils sont destinés, les signes conventionnels affectés à des situations spéciales qu'il importe de respecter et de sauvegarder dans l'intérêt des deux parties en lutte. Ainsi il est interdit d'arborer le drapeau parlementaire ou celui de la Croix-Rouge sur des édifices affectés à des usages de guerre, sur des convois de vivres et de munitions, des évacuations de troupes en manœuvre ou en fuite, etc., etc. (2).

90. Les fausses nouvelles paraissent rentrer dans les ruses permises, car on ne voit en elles rien qui accuse la déloyauté et la perfidie. Les Prussiens, durant la guerre franco-allemande, et les Américains, au cours de la guerre hispano-cubaine, ont eu largement recours à ce procédé qui leur a, du reste, parfaitement réussi. Toutefois certains juristes considèrent comme stratagème illicite toute fausse communication par paroles, signaux ou autrement, adressée directement à l'ennemi, et n'autorisent que les fausses informations, qui, tout en étant destinées à arriver à la connaissance de ce dernier, lui

(1) Guelle, *loc. cit.*, I, p. 106 ; Bonfils-Fauchille, *loc. cit.*, § 1075.
(2) Conf. sur les faits dont les Prussiens ont été accusés à cet égard durant la guerre franco-allemande : Valfrey, *loc. cit.*, t. III, pp. 311 et 324. Voir, au sujet de la violation du drapeau parlementaire dans les Balkans, par les Turcs, durant la guerre de 1877, F. de Martens, *loc. cit.*, III, § 110, p. 219.

parviennent par une voie indirecte ou par l'intermédiaire de tiers (1).

Cette distinction est inadmissible ; les fausses nouvelles, de quelque façon qu'elles se produisent, rentrent
dans les ruses de guerre qui sont permises ; l'article 24
du Règlement de La Haye ne fait à cet égard aucune distinction quant à ces dernières, ce qui est rationnel. C'est,
en effet, à l'ennemi à se tenir en garde contre toute
espèce de tromperie et spécialement contre des communications dont il doit toujours suspecter la véracité et
qu'il ne doit tenir pour exactes que lorsqu'elles lui parviennent de sources sûres. Seulement, nous dirons ici,
comme à propos des ruses en général, qu'il ne faut pas
que les fausses nouvelles dégénèrent en perfidie, ce qui
arriverait, par exemple, si l'on garantissait sur l'honneur
la fausse nouvelle donnée (2).

L'article 23 du Règlement de La Haye interdit absolument la déclaration, autrefois usitée, qu'il ne sera pas
fait de quartier (3). Cette déclaration tourne souvent
contre celui qui la fait, en ce sens que l'ennemi sachant
qu'il n'a aucune grâce à espérer, lutte jusqu'à la mort,
tandis qu'il se rendrait probablement dans le cas contraire. Elle est, d'autre part, absolument inhumaine ;
aussi croyons-nous qu'il faut, avec l'article 23 qui est
absolument général, la prohiber sans distinction, alors

(1) Dudley-Field, *loc. cit.*, art. 764, §§ 1 et 765.
(2) Guelle, *loc. cit.*, I, p. 108. Le général Marbot condamne, dans
ses *Mémoires*, la conduite des maréchaux Murat et Lannes, qui s'em-
parèrent du grand pont de Spitz, à hauteur de Vienne, en faisant
croire au prince d'Auersperg gardant ce pont avec 6.000 hommes et de
l'artillerie, qu'un armistice avait été conclu, alors qu'il n'en était
rien. *Mémoires*, t. I, p. 240.
(3) *Manuel français* précité, p. 12. *Règlement espagnol*, art. 858.

même que l'ennemi se serait rendu coupable de quelque
attentat contre le droit des gens ou qu'il s'agirait de
représailles (1). En effet, la violation du droit des gens,
si grave qu'elle soit, n'autorise point une autre violation,
et les représailles elles-mêmes ne peuvent consister en
actes bannis par les lois de la guerre. Voir *infrà* § 104.

91. On s'accorde à prohiber aussi l'assassinat d'un
chef ennemi et les moyens employés pour exciter à le
commettre, tels que le fait de mettre sa tête à prix (2). On
a reproché aux alliés, d'avoir, en 1815, usé contre Napoléon Ier de ce procédé qui n'est guère plus usité que
contre des bandits ou des sauvages (3).

Le fait de susciter des troubles ou une insurrection
chez l'adversaire semble devoir être condamné comme
constituant dans ses affaires intérieures une intervention
contraire au droit international. L'intervention est
interdite en temps de paix et l'état de guerre ne la rend
point légitime (4). Mais l'un des belligérants est parfaitement admis à profiter d'une insurrection éclatant en

(1) *Contra* Vattel, *loc. cit.*, l. III, ch. VIII, §§ 140 et 141, t. III,
pp. 5 et s. ; Dudley-Field, *loc cit*, art. 756, § 7.

(2) Grotius pourtant ne repoussait pas absolument l'assassinat des
chefs ennemis. *Loc. cit.*, l. III, ch. IV, § 18, t. III, p. 108. Vattel,
au contraire, n'admettait que les entreprises à main armée, faites
dans ce but et réprouvait le meurtre par ruse. *Loc. cit.*, l. III,
chap. VIII, § 155, t. III, pp. 24 et s. Conf. Bluntschli, *loc. cit.*,
art. 561 et le *Manuel français*, p. 11.

(3) Pillet, *loc. cit.*, § 52 ; Pradier-Fodéré, *loc. cit.*, §§ 2751 et s.
Calvo rapporte pourtant que l'Angleterre repoussa avec indignation,
en 1806 une proposition d'assassinat de Napoléon Ier. *Loc. cit.*,
t. IV, § 2405. Conf. F. de Martens, *loc. cit.*, § 110, p. 209.

(4) De Martens, *loc. cit.*, III, p. 208 ; Despagnet, *loc. cit.*, § 530;
Pillet, *loc. cit.*, § 58. Conf. au sujet de la guerre hispano-américaine
et de l'aide donnée par les Etats-Unis à l'insurrection cubaine, la
Revue générale de droit internat. public, 1898, t. V, pp. 754 et 755.

dehors de lui chez l'autre belligérant, aussi bien que
d'une rébellion spontanée dans ses troupes; il use, en
effet, de son droit absolu, en utilisant tous les éléments
de faiblesse, de perturbation et de discorde qui se produisent chez son adversaire. L'idée qui précède amènerait,
semble-t-il, à cette conclusion que l'un des belligérants
serait autorisé à incorporer dans ses troupes les habitants
du pays spontanément insurgés ou les soldats déserteurs,
pourvu, bien entendu, que ces nouvelles recrues vinssent
s'offrir à lui de leur plein gré; pourtant ici une distinction
nous paraît s'imposer. S'agit-il des soldats déserteurs,
nous croyons leur incorporation parfaitement licite, car,
quelque coupable que soit leur conduite vis-à-vis de leur
pays, on ne voit pas pourquoi l'ennemi, qui n'a pas à
faire la police des armées de son adversaire, se priverait
d'une force vive pouvant lui être utile (1). Au contraire,
si les habitants insurgés viennent à s'offrir, nous estimons que leur aide doit être repoussée. Ils doivent, en
effet, s'abstenir de tous actes de belligérance; et l'ennemi
qui a le droit de les empêcher de se mêler aux hostilités
en leur qualité de non-combattants, est tenu de l'obligation correspondante de ne pas les y mêler lui-même (2). Il
ne saurait accepter leur concours, que dans le cas où ils
feraient déjà partie de corps francs ou de la levée en masse,
car, dans cette double hypothèse, assimilés aux combattants en vertu des articles 1 et 2 du Règlement sur les

(1) En ce sens les *Instructions américaines*, art. 48.
(2) Conf. sur ce point Pradier-Fodéré, *loc. cit.*, § 2762. En 1859,
l'Autriche protesta contre le projet d'organiser des corps de troupes
avec les hongrois révoltés. Une protestation fut également élevée contre le projet du prince de Bismark de former, en 1866, contre l'Autriche des corps composés de slaves et hongrois réfugiés. Conf. La
Marmora citée par Despagnet, *loc. cit.*, p. 570.

lois et coutumes de la guerre terrestre, que nous avons analysés ci-dessus aux §§ 8, 42 et s., ils pourraient être incorporés au même titre que les déserteurs de l'armée régulière.

TITRE II

Des sièges et des bombardements (1)

92. Les articles 25 à 28 du Règlement concernant les lois et coutumes de la guerre sur terre, consacrés à la matière des sièges et bombardements, sont ainsi conçus.

ART. 25. — *Il est interdit d'attaquer ou de bombarder des villes, villages, habitations ou bâtiments qui ne sont pas défendus.*

ART. 26. — *Le commandant des troupes assaillantes, avant d'entreprendre le bombardement, et sauf le cas d'attaque de vive force, devra faire tout ce qui dépend de lui pour en avertir les autorités.*

ART. 27. — *Dans les sièges et bombardements, toutes les mesures nécessaires doivent être prises pour épargner, autant que possible, les édifices consacrés aux cultes, aux arts, aux sciences et à la bienfaisance, les hôpitaux et les lieux de rassemblement de malades et de blessés, à condition qu'ils ne soient pas employés en même temps à un but militaire.*

Le devoir des assiégés est de désigner ces édifices ou lieux de rassemblement par des signes visibles spéciaux qui seront notifiés d'avance à l'assiégeant.

(1) Les bombardements célèbres, antérieurs à ceux de la guerre franco-allemande sur lesquels nous insisterons spécialement, ont été ceux de Copenhague en 1807, de Rome en 1849 et d'Alexandrie en 1882.

Art. 28. — *Il est interdit de livrer au pillage même une ville ou localité prise d'assaut* (1).

Le blocus est l'opération de guerre qui consiste à investir une place forte, une ville, un camp, de façon à obliger ses défenseurs à se rendre par suite du manque de vivres ou de munitions. Le siège complique le blocus, en joignant à l'investissement total ou partiel, des travaux et des attaques destinés à enlever la place de vive force, sans attendre qu'elle ait été amenée à capituler par la famine ou le défaut de munitions. Les sièges les plus célèbres du siècle dernier ont été ceux de Sébastopol et de Plewna. Durant la guerre franco-allemande, les Allemands ont eu plutôt recours au blocus compliqué de bombardement.

Le bombardement active le blocus et le siège, en faisant pleuvoir des projectiles incendiaires sur la ville investie. C'est un acte épouvantable de destruction, de terreur et de mort, que l'on peut critiquer en théorie, mais qui pourtant ne sera probablement point abandonné dans les guerres futures, pas plus qu'il ne l'a été dans les guerres anciennes, bien que les juristes et les philanthropes l'aient qualifié avec raison de moyen de guerre ruineux et inhumain. Le bombardement, en effet, contribue très efficacement à la reddition des places les plus fortes et les plus intrépidement défendues, et permet à l'assaillant de se soustraire aux fatigues et périls de l'assaut, ainsi qu'aux pertes énormes en hommes et en argent que causent les blocus et les sièges (2).

_____

(1) Voir au sujet de ces textes notre ouvrage sur les *Conférences de la paix*, § 96.

(2) Fiore, l'auteur qui a le plus énergiquement condamné le bom-

Mais, en tout cas, si les nécessités pratiques imposent l'usage du bombardement, on n'y doit recourir qu'à la dernière extrémité, comme mesure suprême, pour le cas où la place ne pourrait être réduite par la famine ou de vive force. Et même le bombardement ne devrait, en ce cas, se produire que si l'assiégeant, forcé de marcher en avant, ne pouvait, sans danger pour sa sécurité, laisser derrière lui un fort noyau de résistance, qui le menacerait, et autour duquel, d'autre part, il lui serait impossible de détacher les troupes nécessaires pour continuer le blocus ou le siège. C'est seulement dans la mesure qui vient d'être indiquée que, peut être, le bombardement serait théoriquement justifiable ; mais nous reconnaissons que la pratique actuelle l'a malheureusement transformé en un moyen *normal* de s'emparer d'une ville, sans en avoir préalablement tenté le siège et sur le simple refus de reddition opposé par le commandant de place.

93. Même avec cette pratique regrettable, notre époque a réalisé des progrès sensibles par rapport aux procédés abominables des temps antérieurs. Couramment, on se livrait autrefois au meurtre, au pillage, à la mise à sac, au viol et à tous les excès possibles dans les villes prises d'assaut. En compensation des dangers courus, en dédommagement des fatigues éprouvées, les soldats obtenaient liberté absolue, soit illimitée, soit durant un

---

bardement dans son *Nouveau droit international*, t. III, § 1330, constate pourtant qu'il est généralement admis, notamment par son propre pays, ainsi que cela résulte de l'article 842 du règlement italien sur le service de guerre. Il l'autorise formellement, du reste, lui-même, dans son *Droit international codifié*, art. 1047. Voir le *Règlement espagnol* précité, art. 935. Conf. sur la justification technique du bombardement, Brenet, *loc. cit.*, pp. 91 et s.

temps, vis-à-vis de la ville conquise, sans même qu'on
fît exception pour les villes alliées reprises à l'ennemi.
Et ces mœurs étaient admises sous le Premier Empire,
où les places fortes d'Espagne furent livrées au pillage
par le vainqueur qui n'hésitait pas ainsi à renouveler
les tristes excès du Moyen Age, tels que ceux du siège de
Calais et du sac de Magdebourg par Tilly au cours de la
guerre de Trente ans (1).

Les articles 25 à 28 du Règlement de La Haye ci-dessus transcrits sont, relativement aux points qu'ils traitent,
en conformité absolue avec les principes du droit des
gens moderne. Malheureusement ils n'ont point statué,
par crainte de désaccord entre les plénipotentiaires, sur
des hypothèses importantes ayant créé des difficultés autrefois et devant en causer dans l'avenir. Il convient donc
de combler ces lacunes en faisant appel, sur les points non
prévus, aux règles du droit international coutumier.

On doit, avant tout blocus ou attaque, sommer la ville
d'avoir à se rendre, à moins que, par ses actes antérieurs,
l'ennemi n'ait nettement manifesté son intention d'une
résistance à outrance (2). Avant de commencer le feu, il
est prescrit d'avertir le commandant de place, afin de
permettre de prendre les mesures nécessaires et notamment de laisser aux habitants inoffensifs le temps de
s'éloigner. Toutefois les nécessités de la guerre peuvent

(1) Conf. Morin, *loc. cit.*, II, p. 180; Bluntschli, *loc. cit.*, art. 661.
(2) Despagnet, *loc. cit.*, § 533; Morin *loc. cit.*, II, pp. 193 et s. ;
Bonfils-Fauchille, *loc. cit.*, § 1038 ; Calvo, *loc. cit.*, § 2077 ; Fiore,
Droit codifié, art. 1048 ; Guelle, *loc. cit.*, I, p. 112 ; Bluntschli, *loc.
cit.*, art. 554 ; Rivier, *loc. cit*, § 63, p. 285 ; Dudley-Field, *loc. cit.*,
art. 757, *Manuel d'Oxford*, art. 33 ; *Manuel des officiers français*, p. 21 ; *Instructions américaines*, art. 19 ; *Règlement espagnol de 1882*, art. 935 3º.

rendre cette dénonciation impossible, par exemple quand il s'agit de surprendre l'ennemi et d'enlever la place par un coup de main. D'autre part, on peut toujours tirer, par surprise et sans dénonciation, sur les remparts, casemates et autres ouvrages fortifiés extérieurs. Mais, sauf ces restrictions, la dénonciation, qui ne saurait produire aucun mauvais résultat pour l'assiégeant, est acceptée couramment dans les coutumes de la guerre; et les Allemands, en l'omettant, lors de la guerre de 1870-71, ont encouru la réprobation générale (1).

94. Averti par la dénonciation du bombardement, le commandant a le devoir d'informer les habitants des faits qui se préparent et de faciliter la sortie de la place à ceux qui désirent la quitter, en les avertissant du danger qu'ils vont courir s'ils persistent à y résider. Il

(1) Aux sièges d'Anvers et de Rome aussi bien qu'en Crimée, les assiégés furent avertis du jour où aurait lieu le bombardement. Brenet, *loc. cit.*, p. 98. Au contraire, les Allemands ont bombardé et écrasé la petite ville de La Fère sans aucun avertissement. Ils ont agi de même vis-à-vis de Paris et ont provoqué des réclamations unanimes, dont le corps diplomatique résidant dans la capitale s'est fait l'interprète. Dans sa réponse à une lettre du doyen de ce corps, M. Kern ministre de Suisse, le prince de Bismarck, le 17 février 1871, affirmait que la dénonciation préalable n'était pas requise par les principes du droit des gens et les usages de la guerre. *Souvenirs politiques* de M. Kern, pp. 299 et s. ; Calvo, *loc. cit.*, §§ 2080 et s.

Les Américains, durant leur dernière guerre avec l'Espagne, ont méconnu assez souvent la nécessité de la dénonciation. Par une circulaire de la fin de mai 1898, le Ministre espagnol des affaires étrangères a cru devoir protester, contre cette façon d'agir, auprès des puissances. Au contraire les français avaient tenu une conduite opposée lors de l'expédition de Madagascar, où ils adressèrent aux autorités malgaches une dénonciation préalable au bombardement. *Revue générale de droit internat. public*, 1896, p. 64.

faut même admettre qu'il est en droit, dans l'intérêt de la défense, de faire sortir de la ville les *bouches inutiles* : malades, femmes, vieillards, enfants (1).

Mais l'ennemi, en ce cas, a-t-il la faculté de s'opposer au départ des bouches inutiles, de les refouler dans la place, sous le prétexte que la reddition sera retardée par leur renvoi, auquel s'opposent, par suite, les nécessités de la guerre ? Durant le siège de Strasbourg, le général de Werder refusa d'abord de souscrire à la demande de l'évêque qui le priait de laisser sortir les habitants les plus misérables ; et la même pratique fut suivie à Péronne. Toutefois, un peu plus tard, le général allemand accorda à la requête de la Suisse ce qu'il avait refusé à l'évêque de Strasbourg (2).

En théorie, il semble que rien ne doive restreindre la possibilité pour les habitants de sortir d'une ville assiégée, car, outre que le droit d'aller et de venir à sa guise

---

(1) L'instruction générale française du 4 février 1899 sur la guerre de siège dit, dans son article 4 (2ᵉ partie), que le gouverneur fait sortir, dès que l'état de siège est déclaré, les bouches inutiles : vieillards, femmes, enfants et malades des hôpitaux. On peut donc dire que la pratique française est dans le sens de l'opinion adoptée au texte. Toutefois, le *Manuel français à l'usage des officiers* dit à la page 24 que l'assiégeant n'est pas obligé de laisser sortir la population non combattante, que la place assiégée voudrait expulser pour des motifs divers et notamment pour se débarrasser des bouches inutiles. Il ajoute pourtant qu'il ferait bien d'y consentir, si les opérations du siège n'avaient pas en à souffrir. La fin du texte précise que le commandant de place doit garder dans l'enceinte et entretenir la population civile à laquelle le passage a été refusé par l'ennemi. Conf. sur ces points : Bluntschli, *loc. cit.*, art. 552 ; Fiore, *Droit codifié*, art. 1045 ; Morin, *loc. cit.*, II, pp. 194 et s.; *Règlement espagnol* précité, art. 932.

(2) Brenet, *loc. cit.*, art. 553. Lors de la guerre anglo-transvaalienne les Boërs, avec leur générosité habituelle, ont laissé sortir de Ladysmith les bouches inutiles. Despagnet, *Étude* précitée p. 120 et s.

continue d'exister en cas de guerre, les hostilités, d'autre
part, ne peuvent nuire aux non-combattants. En les
forçant de rentrer dans la place ou en les empêchant
d'en sortir, on viole la règle que la guerre est un rapport d'Etat à Etat ; et, sous le prétexte de prétendues
nécessités, invoquées pour la circonstance, on obéit, en
réalité, à des considérations peu recommandables, que
nous allons également voir alléguer un peu plus loin aux
§§ 96 et 97, à propos du point de savoir s'il est permis de bombarder les lieux occupés par la population
civile. Il est donc fort regrettable que la Conférence
de La Haye n'ait pas abordé et résolu cette question de
la sortie des bouches inutiles ; et, en présence du silence
gardé par elle a cet égard, il importe de maintenir
énergiquement, au nom de l'humanité, la thèse que
nous venons de défendre dans les lignes qui précèdent.
La sortie des bouches inutiles ne doit être empêchée que
dans le cas extrême où le succès des opérations stratégiques risquerait d'être compromis par le désordre et la
confusion résultant de cette sortie ; et ce cas, on le conçoit, ne se produira que fort rarement (1).

95. L'article 25 interdit de bombarder les villes
ouvertes qui, ne se défendant pas, n'ont pas à subir une
rigueur complètement inutile (2). Mais si la ville,
quoique ouverte, se défend, elle peut être traitée comme
fortifiée ; seulement il faut une résistance sérieuse, des
barricades, des maisons ou édifices défendus, des ouvra-

_____

(1) Conf. Bonfils-Fauchille, _loc. cit._, §§ 1080 et s, ; Dudley-Field,
loc. cit., art. 757 ; Despagnet, _loc. cit._, § 536 ; Fiore, _Droit codifié_,
art. 757 ; Rivier, _loc. cit._, § 63, p. 285 ; _Contra_ Bluntschli, _loc. cit._,
art. 553 ; _Instructions américaines_, art. 18.

(2) Bluntchli, _loc., cit._, art. 554 _bis_ ; _Manuel français_, p. 20.

ges stratégiques, en un mot la résistance organisée et
non un semblant de résistance qui cesserait presque
aussitôt (1). Le bombardement d'une ville ouverte et non
défendue, tel que celui d'Alexandrie en 1882 par l'amiral
Seymour, constitue un acte de cruauté inutile ou de
représaille condamné par le droit des gens.

Faut-il assimiler aux villes fortifiées proprement dites
celles qui sont simplement protégées par des forts
détachés? A la Conférence de Bruxelles, le délégué
hollandais prétendit qu'elles devaient être considérées
comme villes ouvertes, quand elles n'abritaient pas de
troupes et ne participaient pas à la défense. On lui
répondit avec raison que les forts détachés formaient
avec la ville un ensemble, un système de fortification,
une série d'ouvrages reliés les uns aux autres, se servant
mutuellement et, par suite, pouvant être, jusqu'à reddition, l'objet d'un bombardement intégral (2).

Il convient de remarquer que l'interdiction de bombarder les places non défendues ne saurait empêcher de
faire disparaître des bâtiments dont la destruction est
rendue nécessaire par les opérations militaires. En ce
cas, la raison d'Etat rend licites pour le belligérant des
actes interdits en principe (3).

L'article 27 du Règlement pose en règle absolue

(1) Guelle, *loc. cit.*, I, p. 111, ; Pillet, *loc. cit.*, p. 61. Durant la
guerre franco-allemande, les Allemands bombardèrent légitimement
Châteaudun, car, bien que ville ouverte, elle était énergiquement
défendue par les francs-tireurs et la garde nationale. Brenet, *loc. cit.*,
p. 104. Mais le bombardement légitime du début ne put ensuite excu-
ser les incendies volontaires qui dévorèrent la ville une fois prise.
Conf. le *Manuel de l'Institut de droit internat.*, art. 32.
(2) Guelle, *loc. cit.*, pp. 111 et s.
(3) Mérignhac, *loc. cit.*, § 96.

l'obligation de respecter les monuments publics et les
bâtiments du service hospitalier, déclarés inviolables à
raison des intérêts généraux. Leur destruction serait un
acte de vandalisme absolument inutile. Les Prussiens
ont méconnu cette règle durant la guerre franco-allemande, spécialement à Strasbourg, où les projectiles
visaient de préférence la bibliothèque qui fut détruite et
la cathédrale qui fut fortement endommagée. A Paris,
ils tiraient sur la Sorbonne, le Val de Grâce, le Panthéon,
la Faculté de droit, les hôpitaux Neker, de Bicêtre et de
la Salpêtrière (1). Ils ont essayé de justifier ces actes en
alléguant qu'il était impossible, vu la distance, de distinguer le drapeau protecteur de ces édifices. Mais leur tir
était trop bien réglé et trop assuré, pour qu'il fût possible d'écarter l'idée d'un parti pris absolu. Ce fut à un tel
point, qu'à Strasbourg les obus empêchèrent même
l'action des sauveteurs qui auraient voulu enlever les
livres de la bibliothèque en flammes.

Le drapeau protecteur des édifices inviolables est celui
de la Croix-Rouge pour les bâtiments du service hospitalier, et le drapeau blanc pour les autres édifices. Il est
bien entendu, au surplus, qu'on doit laisser aux bâtiments protégés le caractère qui les rend inviolables. Si
on les utilisait à des usages belligérants, ils rentreraient
dans le droit commun et le tir de l'ennemi pourrait être
dirigé contre eux (2).

(1) Conf. au sujet du bombardement de Paris, les protestations du
gouvernement de la défense nationale et de l'Institut de France dans
la *Revue de droit international et de législation comparée*, 1871,
t. III, p. 303 et s. et Calvo, *loc. cit.*, §§ 2085 et s. Voir: Bluntschli,
loc. cit., art. 554 *ter*, le *Manuel français à l'usage des officiers*,
p. 23 et Mérignhac, *loc. cit.*. § 96.

(2) Bluntschli, *loc. cit.*, art. 554 *ter*.

96. Le feu de l'ennemi doit viser les fortifications et ce qui en dépend ; on peut aussi le tourner contre les bâtiments militaires, tels que casernes, arsenaux, magasins à vivres et à fourrages, etc. Mais, en vertu de la règle que la guerre est un rapport d'Etat à Etat, on ne doit pas faire porter le feu sur les parties de la ville occupées par la population civile.

Ce principe était considéré comme incontesté jusqu'à la guerre franco-allemande, depuis laquelle il semble être méconnu par le droit commun des belligérants (1). Lors de cette dernière guerre, a surgi une théorie nouvelle, suivant laquelle il est permis de bombarder la partie de la ville occupée par la population civile, afin de presser sur cette dernière, qui, à son tour, poussera l'autorité militaire à capituler. C'est la conduite qui fut suivie à Péronne, à Strasbourg et à Paris. C'est en vertu de cette même théorie, avons-nous dit au § 94, que l'on refuse de laisser sortir les bouches inutiles des villes assiégées, pour que la famine amène plus rapidement la reddition de la place.

Or, le plus souvent, le calcul est faux, car l'autorité militaire, en présence des lourdes responsabilités qui pèsent sur elle, résistera d'autant plus que l'on insistera

---

(1) Consulter : Guelle, *loc. cit.*, 1, p. 114 ; Griolet dans le *Bulletin de la Société de législation comparée*, janvier 1872, n° 2, pp. 34 et s.; Calvo, *loc. cit.*, § 1818 ; *Manuel français*, pp. 21 et s.; Rouard de Card, *La guerre continentale et la propriété*, 1877, p. 46.

L'instruction générale française du 4 février 1899, sur la guerre de siège, dispose dans son article 6, 1re partie, que le bombardement consiste à couvrir de projectiles la place en tout ou en partie, afin de ruiner les édifices publics et *privés* et d'amener le gouverneur à capituler à bref délai par intimidation ou pression de la population.

davantage. Les règlements militaires défendent, en effet, sous les peines les plus sévères, aux commandants de place de laisser discuter la question de capitulation par les autorités civiles, ou de se laisser influencer par elles à ce sujet. Ainsi, presque toujours, l'intervention de la population civile aboutira à un résultat opposé à celui qui était espéré, et risquera d'ajouter l'émeute et la guerre civile aux horreurs du bombardement (1). Bluntschli lui-même n'a point hésité à condamner la conduite des chefs allemands, qu'il a qualifiée de *pression psychologique absolument immorale* (2).

(1) « Le gouverneur, est-il dit dans l'article 45, 2e partie, de l'instruction générale française du 4 février 1899 sur la guerre de siège, résistera à toute pression exercée sur lui pour hâter la reddition de la place ». Au point de vue allemand, Bluntschli s'exprime ainsi : « Le commandant de la place assiégée réprime le plus souvent l'émeute des bourgeois, punit les meneurs ; mais il ne cède pas à leurs menaces et ne se rend pas tant que les forces dont il dispose le lui permettent ». *Loc. cit.*, art. 554 *bis* et note.

(2) *Loc. cit.*, art. 554 *bis*, note. Conf. en ce sens: Geffcken sur Heffter, *loc. cit.*, § 125, no 4 ; Guelle, *loc. cit.* ; Fiore, *Droit intern. codifié*, art. 1049 ; Pillet, *loc. cit.*, § 62 ; Calvo, *loc. cit.*, IV, §§ 2073 et s. ; Pradier-Fodéré, *loc. cit.*, IV, §§ 2779 et 2782 ; Morin, *loc. cit.*, II, pp. 199 et s. ; Bonfils-Fauchille, *loc. cit.*, § 1084 ; Brenet, *loc. cit.*, pp. 93 et s., 104 et s. ; G. de Martens, *loc. cit.*, § 286 ; Despagnet, *loc. cit.*, § 534.
Les bombardements de Péronne, de Strasbourg et de Paris font partie de ces bombardements dits *bombardements pour intimidation*, que le droit des gens doit réprouver avec la dernière énergie. De l'aveu même des Prussiens, ils avaient uniquement en vue de hâter le *moment psychologique de la reddition*.
L'*Indépendance belge* du 26 janvier 1871 a publié une lettre du général Faidherbe au sous-préfet de Péronne, protestant contre un procédé en opposition absolue avec la loyauté qui doit régner entre belligérants. Il est à remarquer qu'à Péronne le général Von Gœben fit tirer systématiquement sur l'hôpital, dont les malades furent évacués sous une pluie d'obus. Il incendia complètement la ville et

97. On a essayé de défendre la pratique que nous combattons, en se plaçant sur le terrain des considérations humanitaires : le bombardement, a-t-on dit, hâtant la reddition, sauvegarde par là même beaucoup de vies humaines. Tandis que la prise de la ville eût coûté des milliers d'existences, si l'on n'avait tiré que sur les défenses, quelques unes seulement seront sacrifiées si le feu porte sur toute la ville indistinctement, en sorte que, condamner ce procédé, c'est « considérer les pierres des maisons comme plus précieuses que la vie des hommes » (1).

Avec de pareils raisonnements, on arrive à légitimer tous les excès possibles, car il sera toujours permis de dire qu'on peut recourir à tout procédé, licite ou non, pourvu que le but cherché consiste à hâter la fin des hostilités. Il n'y a plus, à ce compte, de lois de la guerre, et c'est bien véritablement la fin qui justifie les moyens. Il est donc fort regrettable que la Conférence de La Haye ait gardé le silence ici encore, comme au sujet de la sortie des bouches inutiles ; et, comme à propos de ce dernier cas, nous croyons nécessaire, en présence du mutisme du Règlement, d'opposer à la théorie allemande l'affirmation très nette des droits de la justice et de l'humanité !

s'abstint de tirer précisément sur les remparts ! Brenet, *loc. cit.*, p. 119. Les Français, au contraire, dans les divers bombardements de la guerre de 1870-71, paraissent avoir obéi aux prescriptions du droit des gens. Et c'est notamment à tort que, pour justifier le bombardement de Strasbourg, le général de Werder invoqua le précédent de Kehl, où tout s'était passé d'une façon très régulière. Brenet, *loc. cit.*, pp. 104 et s.

(1) Rolin-Jaëquemyus, dans la *Revue de droit international et de législation comparée*, 1871, t. III, p. 301 et s. Conf. dans le même sens F. de Martens, *loc. cit.*, p. 221, § 110.

L'interdiction de communiquer avec le dehors est absolue pour la ville assiégée et empêche même, en principe, les relations entre les membres du corps diplomatique, restés dans la place, et leurs gouvernements. Par mesure gracieuse, on autorise quelquefois la communication par correspondance ouverte, ainsi que le fit le prince de Bismarck pendant le siège de Paris (1).

<hr />

CHAPITRE II

DES ESPIONS

98. Nous allons tout d'abord nous préoccuper, avec les articles 29 à 31 du Règlement de La Haye, des espions proprement dits. Puis, nous étudierons certaines situations spéciales, qui, à tort ou à raison, ont été rapprochées de l'espionnage.

(1) Guelle, *loc. cit*, p. 121 ; *Manuel français,* p. 24 ; Bonfils-Fauchille, *loc. cit.*, § 1087 ; Rivier, *loc. cit.*, § 63, p. 287 ; Dudley-Field, *loc. cit.*, art. 912.

Dans une note du 18 octobre 1870, adressée au nonce, en réponse à la demande du corps diplomatique, contenue dans une lettre du 6 octobre, demande ayant pour but la liberté absolue de la correspondance avec les gouvernements, le grand chancelier exposait que, si le corps diplomatique s'était enfermé volontairement dans Paris, il devait en subir toutes les conséquences et notamment celle de la rupture des relations. Il offrait cependant, à titre de transaction, l'envoi d'un courrier par semaine, pourvu que les dépêches fussent ouvertes et n'eussent trait à aucun objet relatif à la guerre. Les agents diplomatiques refusèrent.

TITRE PREMIER

Des espions proprement dits

L'usage des espions en temps de guerre (1) a été repoussé, au point de vue moral, par beaucoup de publicistes, comme contraire à la bonne foi et à la loyauté qui doivent exister entre les belligérants (2). Pourtant, la pratique de l'espionnage est aujourd'hui généralement admise, en vertu de cette idée qu'il vaut mieux triompher de l'ennemi par la ruse que par le sacrifice de vies humaines. S'il est permis, du reste, de tromper l'ennemi en simulant une fuite pour l'attirer dans une embuscade, ou bien en propageant de fausses nouvelles, on ne voit pas pourquoi il serait interdit au commandant d'une armée d'envoyer des espions dans le camp de l'adversaire (3). C'est au chef ennemi à se protéger contre l'espionnage, soit en trompant l'espion lui-même, soit en le punissant quand il le prend sur le fait.

La condition principale pour qu'il y ait espionnage en temps de guerre, à la différence de ce qui se produit en temps de paix (4), c'est la clandestinité. Ceux qui agis-

---

(1) Nous n'avons à nous occuper que de l'espionnage en temps de guerre, période durant laquelle il est prévu et puni par les lois martiales. En temps de paix, il constitue un délit qui est réprimé par les lois internes de chaque Etat.

(2) Vattel, *loc. cit.*, L. III, C. X, § 179, t. III, p. 58 ; Fiore, *Nouveau droit internat.*, II, p. 283.

(3) Klüber, *loc. cit.*, § 266 ; de Martens, *loc. cit.*, § 274.

(4) Les lois internes sur l'espionnage en temps de paix n'exigent pas la dissimulation. *Sic* les lois française du 18 avril 1886 (sauf dans le cas prévu par l'article 5) et allemande du 3 juillet 1893. *J. de droit int privé*, année 1894, t. XXI, p. 498. C'est à raison de cette

sent ouvertement ne sauraient donc être traités comme
espions. Il faut, au surplus, suivant l'observation fort
juste de Bluntschli, se garder de présumer trop facilement l'espionnage. « Dans la guerre de 1866, dit-il, les
Allemands du Sud voyaient des espions de tous les
côtés ; et une foule de personnes innocentes ont subi les
conséquences fâcheuses de cette renommée. Il en a été
de même en France, en 1870, à l'égard des particuliers
allemands et même neutres » (1). Le même auteur déclare
que les espions pris en flagrant délit peuvent être punis
de mort, même quand leur mission a échoué. Sa conclusion trop rigoureuse est inspirée par la coutume qui
condamnait les espions à être ignominieusement pen-
dus (2). Il reconnaît pourtant qu'ils peuvent être de
très bonne foi et croire remplir un devoir patriotique.
Alors, pourquoi tant de sévérité à leur égard ? pour les
effrayer répond-il ; il concède, d'ailleurs, que la répression qu'il propose ne doit être appliquée que dans
les circonstances les plus graves, tant elle lui paraît
excessive, ajoutant que le plus souvent on condam-
nera seulement à la réclusion ou à d'autres peines
analogues (3). En tout cas, ici encore, il faudra tenir

différence que l'article 29 ci-après transcrit au texte refuse de ranger
les aéronautes parmi les espions. Conf. sur les aérostats et les aéronautes. les développements donnés *infrà* aux §§ 102 et 102 *bis*.

(1) *Loc. cit.*, art. 629, 1° et 630, 1°.

(2) Bluntschli et Calvo rapportent, avec d'autres, le cas de l'adju-
dant général André, officier général anglais, convaincu d'espionnage,
qui ne put obtenir d'être passé par les armes comme un soldat et fut
pendu malgré ses prières. Bluntschli, *loc. cit.*, art. 628, 1 ; Calvo,
loc. cit., § 2416.

(3) *Loc. cit.*, art. 628. L'auteur blâme les prescriptions trop sévères
à cet égard de l'autorité prussienne durant la guerre franco-allemande.

compte des dispositions des lois du pays qui aura surpris
l'espion (1). Celui-ci, du reste, ne pourra être puni que
s'il a été pris sur le fait, et qu'en vertu d'un jugement
préalable à l'application de la peine.Dans l'hypothèse où,
n'ayant pas été pris sur le fait et ayant pu regagner son
corps, il vient à être capturé plus tard, il n'encourt
aucune responsabilité pour les actes antérieurs d'espionnage, absolument comme le prisonnier évadé, qui, de
nouveau fait prisonnier, n'est passible d'aucune peine
pour sa fuite antérieure.

99. Les observations qui précèdent éclairent d'un jour
suffisant la rédaction des articles 29 à 31 du Règlement
concernant les lois et coutumes de la guerre sur terre.
Ainsi qu'on va s'en rendre compte, ils marquent un
progrès important dans l'adoucissement des mœurs et
des relations internationales sur le point qui nous occupe.
Voici ces textes.

ART. 29. — *Ne peut être considéré comme espion que
l'individu qui, agissant clandestinement ou sous de faux
prétextes, recueille ou cherche à recueillir des informations dans la zone d'opérations d'un belligérant, avec
l'intention de les communiquer à la partie adverse.*

(1) Voir notamment le code français de justice militaire, art. 206
et 207. Conf. sur les espions en général : Bluntschli, *loc. cit.*,
art. 628, 629 et 630 ; Pillet, *loc. cit.*, §§ 439 et s. ; Funck-Brentano
et Sorel, *loc. cit.*, pp. 291 et s.: Despagnet, *loc. cit.*, § 539 : Fiore,
loc. cit., art. 1019 et s. ; Dudley-Field, *loc. cit.*, art. 767 et s. ;
Bonfils Fauchille, *loc. cit.*, §§ 1100 et s. ; Guelle, *loc. cit.*, I, pp. 122
et s. ; Pradier-Fodéré, *loc. cit.*, § 2765 ; Holtzendorff, *loc. cit.*, p. 467 ;
Neumann, *loc. cit.*, § 45, *a* ; Rivier, *loc. cit.*, § 63, pp. 282 et s. ;
Mérignhac, *loc. cit.*, § 97 ; *Manuel d'Oxford*, art. 23 et s. ;
Instructions américaines, art. 88 et s. ; *Manuel français à l'usage
des officiers*, pp. 32 et s. *Règlement espagnol* de 1882, art. 895 et s.

Ainsi les militaires non déguisés qui ont pénétré dans la zone d'opération de l'armée ennemie à l'effet de recueillir des informations, ne sont pas considérés comme espions. De même, ne sont pas considérés comme espions: les militaires et les non-militaires accomplissant ouvertement leur mission, chargés de transmettre des dépêches destinées soit à leur propre armée, soit à l'armée ennemie. A cette catégorie appartiennent également les individus envoyés en ballon pour transmettre les dépêches, et, en général, pour entretenir les communications entre les diverses parties d'une armée ou d'un territoire.

Art. 30. — *L'espion pris sur le fait ne pourra être puni sans jugement préalable.*

Art. 31. — *L'espion qui, ayant rejoint l'armée à laquelle il appartient, est capturé plus tard par l'ennemi, est traité comme prisonnier de guerre et n'encourt aucune responsabilité pour ses actes d'espionnage antérieurs* (1).

---

(1) C'est la gendarmerie qui est spécialement chargée de la surveillance de l'espionnage aux armées. Instruction ministérielle française sur le service de la gendarmerie en campagne, art. 34.

Le châtiment infligé à l'espion s'étend aux personnes qui ont été complices de ses actes, par exemple à celles qui ont donné un refuge à l'espion. La nationalité de ce dernier n'est pas à prendre en considération pour le belligérant ; il est, en tout cas, puni de la même façon par l'armée qui l'a surpris. Et le pays de l'espion n'est nullement fondé à intervenir dans le procès, à un titre quelconque. Ainsi, lors de l'expédition de Madagascar, un sujet américain, le sieur Waller, ayant été déféré aux tribunaux militaires français pour correspondance avec l'ennemi, les Etats-Unis prétendirent se faire communiquer le dossier de l'affaire. Cette prétention fut repoussée ; et, après la condamnation de Waller à vingt ans de détention, le gouvernement de Washington n'a point protesté. Conf. *Revue générale de droit internat. public*, 1896, t. III, pp. 82 et s.

TITRE II

Des traîtres, guides, courriers et messagers, transfuges et déserteurs, aéronautes

§ I

Des traîtres

99 *bis.* Les traîtres sont ceux qui trompent leur pays en fournissant des renseignements à l'ennemi. En général, on les punit de la peine de mort (1). Le belligérant qui recourt aux traîtres, surtout lorsqu'il les corrompt à prix d'argent, emploie un procédé en désaccord avec la loyauté et l'honneur militaire, mais qui pourtant a été et est encore usité en pratique, à raison des services considérables qu'il est susceptible de rendre.

On appelle encore traîtres, dans le langage de la guerre, les habitants d'un pays envahi qui fournissent des renseignements contre l'envahisseur. Quelques auteurs ont proposé, à cet égard, certaines distinctions qui atténueraient ou aggraveraient la responsabilité de l'agent suivant les circonstances. Bluntschli et Lieber, notamment, distinguent suivant que l'on a pu connaître ou non par des *voies légales* ou des *moyens licites* les renseignements et les plans de campagne qui ont fait l'objet de la communication incriminée (2). M. Guelle fait observer, avec raison, que ces auteurs

---

(1) En ce sens, le code de justice militaire français pour l'armée de terre, art. 205 ; loi du 18 novembre 1875, art. 13 et 18 ; Code pénal, art. 76 et s.

(2) Bluntschli, *loc. cit.*, art. 631, 632 ; Lieber, *Instruct. americ.*, art. 89, 90, 92.

auraient dû donner une définition de ce qu'ils entendent par les *voies légales* ou les *moyens licites*, ce qu'ils ne font point. Mais il propose alors de distinguer « entre le renseignement sollicité par l'habitant ou confié à sa bonne foi et le renseignement recueilli par suite du hasard ou par la faute des intéressés » (1).

Toutes ces distinctions paraissent peu pratiques. Le prétendu traître qui, au fond, est un excellent patriote, se livre, en définitive, à des actes contraires à la réserve qu'il doit observer vis-à-vis de l'ennemi, s'il veut que celui-ci, à son tour, lui assure le respect et la protection auxquels il a droit. On le déclarera donc, en tout cas, passible des lois martiales, et la punition sera proportionnée non point au mobile de l'acte et aux circonstances dans lesquelles il aura été effectué, mais au dommage que cet acte aura causé à l'ennemi. Comme le dit fort bien M. Guelle lui-même : « il y a perfidie pour l'envahisseur, dès qu'une personne, traitée et respectée comme non combattant, abuse de sa situation pour seconder clandestinement les hostilités poursuivies par son gouvernement » (2).

Comme l'espion, le traître doit être, le cas échéant, l'objet d'une condamnation judiciairement prononcée, préalablement à l'application de toute pénalité (3).

(1 et 2) *Loc. cit.*, l, p. 130. M. Guelle parle à ce sujet d'une sorte de *quasi-contrat* qui interviendrait entre l'occupant et l'habitant du pays envahi, le premier promettant aide et protection au second, à charge par ce dernier de s'abstenir de tout acte d'hostilité. Nous ne croyons pas que cette notion du droit civil interne puisse être transportée sur le terrain de la guerre, rapport d'État à État, et où, par suite, les seuls rapports juridiques dont il puisse être question ne peuvent concerner que les deux puissances belligérantes.

(3) *Manuel français à l'usage des officiers*, p. 36.

§ II
Des guides

100. Ceux qui guident volontairement l'ennemi sont assimilés par leur pays d'origine à des traîtres et punis comme tels. Ceux qui ont été forcés de guider l'ennemi ne sont point punissables, par ce qu'ils ont cédé à la force. Théoriquement on devrait bannir cette obligation imposée à des particuliers, obligation en opposition avec le principe constant, formulé par l'article 44 du Règlement de La Haye, aux termes duquel il est interdit de forcer la population inoffensive à prendre part aux opérations militaires contre son pays. Mais la pratique, érigeant la nécessité en loi, admet la possibilité de prendre des guides parmi les habitants du pays envahi. Et si, par patriotisme, ils égarent l'ennemi, on les punit comme des traîtres, car seul ce châtiment sévère garantira la sécurité de l'envahisseur (1).

Toutefois, on le conçoit, il convient de n'avoir recours à ce procédé dont nous venons d'indiquer tous les inconvénients, que lorsqu'il n'y a pas moyen de faire différemment (2). D'autre part, il semblerait bien rigou-

---

(1) En ce sens Dudley-Field, *loc. cit.*, art. 770 qui applique la peine de mort en ce cas. MM. Funck-Brentano et Sorel, *loc. cit.*, p. 285, disent, au contraire, qu'il faut seulement faire prisonnier de guerre le guide qui égare l'ennemi. On remarquera qu'en se plaçant au point de vue de ce dernier, le guide qui égare les troupes à lui confiées effectue, en somme, un acte de trahison. Conf. le *Règlement militaire espagnol* de 1882, art. 894.

(2) Guelle, *loc. cit.*, I, pp. 132 et s.; *Manuel français*, p. 110; Calvo, *loc. cit.*, § 1845; Bluntschli, *loc. cit.*, art. 634 à 636; *Instructions américaines*, art. 93 à 97. Voir ce qui sera dit ci-après au § 130.

reux de punir aussi sévèrement celui qui refuse de guider l'envahisseur que celui qui égare ses troupes ; la captivité ou, tout au moins, une peine moins grave que la punition du traître paraîtrait bien suffisante (1).

§ III

Des courriers et messagers

Les courriers et messagers, qui ne se cachent pas, qui portent ostensiblement les armes et l'uniforme national, doivent, lorsqu'ils sont pris, être traités comme prisonniers de guerre. S'ils usent de dissimulation et de ruse, on pourra les assimiler à des espions et les punir comme tels (2). Le sort des messagers capturés, est-il dit dans le *Manuel français à l'usage des officiers*, dépend de la question de bonne foi. S'ils n'ont rien fait pour tromper la confiance légitime de l'adversaire, ils sont traités en ennemis loyaux et considérés comme prisonniers de guerre. S'ils ont usé de perfidie, ils sont punis après avoir été jugés conformément à la loi (3).

§ IV

Des transfuges et déserteurs

100 *bis.* Vis-à-vis de leur propre pays, ils sont justiciables de lois pénales qui sont fort dures. Ainsi, il résulte des articles 238 et 239 du code de justice militaire français pour l'armée de terre, que le militaire coupable

---

(1) Pillet, *loc. cit.*, § 137.

(2) *Instructions américaines*, art. 99 ; Bluntschli, *loc. cit.*, art. 639 ; Calvo, *loc. cit.*, § 1844 ; Guelle, *loc. cit.*, I, p. 134.

(3) *Manuel* précité, p. 39.

de désertion à l'ennemi est puni de mort avec dégradation, et que la peine de la détention est infligée au déser-
teur en présence de l'ennemi. Les autres législations
se montrent naturellement aussi sévères à l'égard de ce
fait qui, s'il se multipliait, deviendrait un danger des
plus sérieux (1).

Quant à l'ennemi chez lequel se réfugient les déserteurs, il n'a pas à les punir, car leur acte répréhensible
ne l'atteint point ; au contraire, il lui est favorable, puisqu'il diminue les forces de son adversaire. Et, le plus
souvent, d'autre part, il obtient d'eux des renseignements utiles que les prisonniers lui refuseront (2).

La question de savoir si les déserteurs et transfuges
peuvent être rendus à leur pays, a fait doute. Certains
traités d'extradition conclus au xviiie siècle stipulaient
l'extradition pour la désertion. La monarchie de juillet fit
prévaloir le principe de non extradition pour les déserteurs des armées de terre (3). Il est bien évident que les
traités dont il vient d'être parlé, à supposer qu'il en exis-
tât encore, ne seraient pas obligatoires en temps de
guerre, car on ne peut considérer comme obligatoire
durant les hostilités une convention qui aboutirait à augmenter les forces de l'ennemi. Mais les traités d'extradition aujourd'hui ne prévoient plus cette hypothèse (4) ;

(1) *Instructions américaines*, art. 48 ; Bluntschli, *loc. cit.*,
art. 627, 1°.

(2) Décret français du 28 mai 1895 sur les armées en campagne,
art. 42 ; Calvo, *loc. cit.*, § 2142.

(3) Bernard, *Traité théorique et pratique de l'extradition*,
2e édition, 1890, t. II, p. 242 et s.

(4) Par exception, on retrouve l'extradition stipulée contre les
déserteurs dans la convention gréco-turque du 27 mai 1855. C'est là
l'un des derniers vestiges du droit conventionnel ancien.

et il est généralement admis qu'un Etat n'est pas tenu
de livrer les déserteurs ; le point délicat consiste à savoir
s'il est autorisé à les rendre, pour le cas où il jugerait
utile d'agir ainsi. Pour certains auteurs, leur livraison
équivaudrait à une véritable trahison envers des individus
qui ont cessé de combattre et qui se sont placés sous la
sauvegarde de la foi de l'ennemi (1).

Cette solution paraît très contestable ; on ne prend aucun engagement vis-à-vis des déserteurs et transfuges.
En présence de leur acte essentiellement blâmable au
point de vue de l'honneur et de la loyauté, on n'a qu'à leur
appliquer le droit strict de la guerre, sans se préoccuper
des conséquences pouvant résulter pour eux de cette application dans leurs rapports avec leur pays. Or, si l'on
n'a pas intérêt à les garder, si, leur présence constitue
un danger, un mauvais exemple, si les approvisionnements sont rares, on use, en les rendant, d'un droit légitime et dont l'exercice ne saurait souffrir difficulté de
la part de personne. Puisqu'il est permis de restituer les
prisonniers, on ne voit pas pourquoi il en serait différemment des déserteurs et transfuges (2).

§ V

Des aéronautes

101. C'est pour la première fois durant la guerre
franco-allemande que les aérostats ont joué un rôle important dans la guerre sur terre. Pendant le siège de Paris, il

---

(1) Funck-Brentano et Sorel, *loc. cit.*, p. 293.

(2) En ce sens les *Instructions américaines*, art. 48 et Morin,
loc. cit., I, p. 259. Conf. les articles 175 et 231 de l'ordonnance
française du 26 octobre 1883 sur le service des armées en campagne.

en partit 64 de la Capitale, avec une grande quantité de pigeons-voyageurs, de dépêches et de passagers, dont le plus illustre fut Gambetta allant se mettre à la tête de la défense nationale dans les départements. De Metz on lança de petits ballons non montés porteurs de dépêches. Le prince de Bismarck, qui fit confectionner, pour atteindre les aérostats, un canon spécial, déclara qu'il convenait « de leur appliquer les lois de la guerre », expression menaçante et peu claire, car les lois de la guerre ne s'étaient pas encore préoccupées des aéronautes. En réalité, il s'agissait de traiter ceux-ci en espions ; et c'est ce qui fut fait ; les cours martiales les condamnèrent à mort et il fallut des démarches actives pour obtenir que leur peine fût commuée en internement rigoureux (1). Ces procédés injustes, qui n'avaient point été usités jusque-là (2), furent l'objet d'une éloquente protestation en 1871, à l'Académie des sciences, de la part du célèbre chimiste Dumas (3). Ils ont été depuis blâmés par tous les publicistes (4) ; et la Conférence de la Paix les a

(1) Wilhelm, *De la situation juridique des aéronautes en droit international, apud Journal de Droit int. privé*, 1891, t. XVIII, pp. 442 et s. La prétention du prince de Bismarck était énoncée dans une lettre du 19 novembre 1870 adressée à M. Washburne, ministre des États-Unis. Conf., sur le rôle des aérostats en 1870-71, Jean de Bloch, *loc. cit.*, pp. 181 et s.

(2) On peut mettre en regard la courtoisie dont fit preuve le général autrichien qui commandait en 1795 la place de Mayence assiégée par le général Lefebvre. Wilhelm, *loc. cit.*, p. 444.

(3) Wilhelm, *loc. cit.*, pp. 444 et 445.

(4) Pour justifier les théories du chancelier allemand, Bluntschli suppose que l'air, jusqu'à une hauteur de 3.000 à 4.000 pieds, est soumis à l'action de l'armée d'occupation. Mais il est juste d'ajouter que le professeur allemand ne prononce pas le mot d'*espion* et se borne à demander pour l'aéronaute une peine légère, *loc. cit*, article 632 *bis*. C'est encore trop, car l'aéronaute ne saurait à aucun point de

expressément repoussés dans son article 29, aux termes duquel, on l'a vu, on ne saurait considérer comme espions les individus envoyés en ballon pour transmettre les dépêches, et en général, pour entretenir les communications entre les diverses parties d'une armée ou d'un territoire. (Conf. §§ 98 et 99.)

Le régime juridique des aérostats en temps de guerre est encore peu défini, les belligérants n'ayant pas eu jusqu'ici beaucoup recours à leurs services, en présence de l'incertitude de leur action et de l'impossibilité soit de les diriger sur un point précis, soit de les y maintenir. Mais la question de la direction des ballons est de plus en plus étudiée par les spécialistes ; et des essais récents ont montré que l'on était peut-être assez près de la solution du problème. Or, l'aérostat deviendra un facteur guerrier de premier ordre, le jour où il sera dirigeable. Il convient donc, bien que cette éventualité soit encore lointaine, de déterminer exactement la condition juridique, en temps de guerre, de l'aérostat et de l'aéronaute (1).

vue être punissable comme un espion, puisqu'il n'agit pas avec la dissimulation et la ruse qui sont la caractéristique de l'espionnage suivant l'article 29 du *Règlement* de La Haye conforme à la pratique internationale. Voir en ce sens : Rolin-Jaëquemyns dans la *Revue de droit international et de législation comparée*, 1870, p. 675 ; Guelle, *loc. cit*, p. 136 ; Ortolan, *Revue des Cours littéraires*, 29 octobre 1870 et 17 janvier 1871 ; *Manuel d'Oxford*, art. 21 ; *Projet de Bruxelles*, article 22, § 3 ; *Manuel français*, p. 40 ; Wilhelm, *loc. cit.*, pp. 443 et suiv. Fiore, *Nouveau droit int.*, § 1353 ; Bonfils-Fauchille, *loc. cit.*, § 1107. *Contrà* Geffcken sur Heffter, *loc. cit.*, § 250, note 1 ; Lueder dans le *Handburch des Völkerrechts* précité, t. IV, pp. 463 et s

(1) Conf. Banet-Rivet, *L'aéronautique* et du même, *La Navigation aérienne et son avenir* dans la *Revue des Deux-Mondes* du 15 mars 1901 ; Jean de Bloch, *loc. cit.*, pp. 189 et s.

101 *bis*. L'aérostat peut servir à trois fins : 1° à transmettre des nouvelles et à assurer les communications ; 2° à observer les mouvements de l'ennemi ; 3° à faire pleuvoir sur ce dernier des projectiles de toute sorte. Il sera donc instrument de transmission ou d'observation et engin de guerre (1).

En temps de paix, l'air dans lequel se meut l'aérostat doit être considéré, en principe, comme libre, à l'exemple de la mer, qui, d'un accord unanime, est regardée comme insusceptible de propriété ou de souveraineté. Les raisons sont, en effet, les mêmes dans les deux cas : l'immensité et la fluidité de l'atmosphère et des flots échappent à toute appropriation ; et tout peuple, quelle que soit sa puissance, est incapable d'exercer sur eux une mainmise effective. Enfin, le jour où la circulation et le transport des personnes et des marchandises par la voie aérienne deviendront chose pratique, l'air sera, comme la mer, un élément nécessaire au développement de la civilisation et à la prospérité de toutes les nations. Dès lors, son appropriation à un titre quelconque par un peuple déterminé méconnaîtrait les droits primordiaux d'égalité, de liberté et de commerce mutuel des autres, et ferait renaître les luttes provoquées autrefois

_____

(1) A ce dernier point de vue, nous avons indiqué au § 84, la déclaration de La Haye, par laquelle les puissances s'interdisent, pour une durée de cinq ans, de lancer des projectiles et des explosifs du haut de ballons ou par d'autres modes analogues nouveaux. Mais il ne faut pas oublier que l'interdiction n'a qu'une durée de cinq ans, ce qui fait, que si elle n'est pas renouvelée à l'expiration du délai, c'est-à-dire à partir du 29 juillet 1904, les aérostats redeviendront de plein droit engin licite de guerre. Il convient, d'autre part, de rappeler également que la Grande-Bretagne n'est point au nombre des puissances signataires de la déclaration.

par les prétentions de certains peuples à la domination des mers (1).

Le principe de la liberté de l'air une fois posé, il convient de le tempérer par certaines réserves. Tout d'abord on doit, semble-t-il, considérer comme appréhendée par l'Etat situé en dessous, la colonne d'air allant jusqu'à la hauteur extrême où peuvent monter les plantations et les constructions (2). D'autre part, grâce à la puissance du canon, une nation peut commander une nouvelle colonne atmosphérique plus étendue, qui constituera l'atmosphère territoriale, à peu près dans les conditions de la mer territoriale ou littorale, qui elle aussi, dans l'opinion courante, est limitée par la portée diversement appréciée de l'artillerie côtière. Dans cette atmosphère territoriale, dont l'étendue devrait être déterminée conventionnellement, pour éviter toutes difficultés entre les diverses puissances, l'Etat subjacent exercera toutes les attributions que lui confèrent son droit de propriété ou de souveraineté et ses devoirs de surveillance générale et de haute police. Il en interdira, s'il y a lieu, l'accès aux aérostats étrangers et même aux aérostats privés nationaux dans la mesure jugée nécessaire. Il y prendra les

(1) Bonfils-Fauchille, *loc. cit.*, § 572 et les citations. Consulter également l'intéressante et substantielle publication de M. Fauchille, parue dans la *Revue de droit international public*, 1901, t. VIII, sous ce titre: *Le domaine aérien et le régime juridique des aérostats*. Tirage à part, pp. 5 et s. Conf. également du même auteur le rapport à l'Institut de droit int. sur *Le Régime juridique des aérostats*, présenté à la session de Bruxelles en 1902. Voir ce rapport, ainsi que le second rapport de M. Nys cité *infrà* dans l'*Annuaire de l'Institut de droit international*, 1902, t. XIX, pp. 19 et s.

(2) Cette hauteur est actuellement de 300 m., étant donné que l'élévation de la tour Eiffel n'a point été dépassée jusqu'ici. Fauchille, *loc. cit.*, pp. 7 et 8.

mesures douanières et sanitaires destinées à protéger la
terre contre la fraude et les épidémies ; il y édictera des
règlements concernant les routes aériennes, les temps de
traversée et de séjour, les lieux d'atterrissage, les signaux
à observer, les mesures relatives à l'exercice de la police
judiciaire et de la police criminelle, etc., etc. (1).

(1) Cette question de l'atmosphère territoriale soulève une série de
difficultés, dans l'examen détaillé desquelles nous ne pouvons entrer
ici, et sur lesquelles pourtant il convient de fournir quelques explica·
tions sommaires, pour bien faire saisir les solutions données pour le
cas de guerre, relativement à la liberté de l'air et au régime juridique des aérostats.

I. — Existe-t-il, tout d'abord, une atmosphère territoriale soumise à
la propriété ou à la souveraineté d'un Etat? M. Fauchille ne le pense
point et estime que l'air est libre en totalité depuis la terre, sauf la
partie appropriée en fait par les plantations et constructions. L'Etat
subjacent aurait seulement la possibilité, en vertu du droit de conservation de soi-même, de restreindre le libre usage de la colonne atmosphérique qui domine son sol, dans la mesure où cette restriction lui
paraîtrait commandée par le souci de sa sécurité. *Brochure* précité,
p. 21.

Il semble bien difficile de dénier le droit de propriété ou de souveraineté à un Etat sur la partie de l'atmosphère qu'il peut commander,
depuis la terre, grâce à son artillerie, quitte à déterminer, comme nous
allons le voir, jusqu'à quelle hauteur doit monter la colonne atmosphérique qualifiée d'atmosphère territoriale. Le raisonnement est ici
le même que pour la mer territoriale, qui, de l'avis de la majorité des
auteurs, est placée sous la propriété (Hautefeuille, *loc. cit.*, 1, pp. 51
et s. ; Pradier-Fodéré, *loc. cit.*, II, pp. 158 et s), ou, tout au moins,
sous la souveraineté de l'Etat riverain (Bluntschli, *loc. cit.*, § 302 ;
Imbert-Latour, *La Mer territoriale*, 1889, pp. 1 et s.). Il convient de
mentionner toutefois que, suivant certains, l'Etat n'exercerait que des
attributs distincts de la souveraineté sur la mer territoriale (*Règlement de l'Institut de Droit international* du 31 mars 1894 sur la
mer territoriale, *Annuaire de l'Institut*, 1894-95, t. XIII, pp. 328
et s.), et, suivant d'autres, de simples servitudes côtières dont la
mesure serait fixée par les intérêts même qu'elles ont en vue de
défendre. (Geouffre de Lapradelle, *Le droit de l'Etat sur la mer*

Telles sont les réserves que la liberté de l'air comporte en temps de paix. Avec l'état de guerre, auquel nous arrivons, la situation va changer d'une manière complète. Si, en effet, durant la paix, la navigation aérienne est, en principe, libre pour les aérostats de toutes les

territoriale, dans la *Revue générale de droit int. public*, 1898, t. V, pp. 264 et s., 309, etc.).

En somme, on le voit, tous les auteurs s'accordent à conférer un droit réel sur la mer territoriale à l'Etat riverain ; et l'analogie des situations paraît imposer la même doctrine quant à l'atmosphère, car un Etat sera toujours obligé, par la force même des choses, d'exercer des actes de propriété ou souveraineté, aussi bien sur l'air que sur les eaux ambiantes, d'y commander en maître pour la garantie et la défense de ses intérêts primordiaux. Et M. Rivier paraît avoir fort bien posé la question qui nous occupe, quand, après avoir dit qu'il y avait un territoire terrestre et un territoire fluvial ou maritime, il ajoute : il y a un *territoire aérien*, qui est la colonne perpendiculaire d'air qui couvre et domine le territoire de terre et d'eau (*loc. cit.*, I, pp. 140 et 141, § 10, nº 31, II). L'existence d'une atmosphère territoriale paraît tellement nécessaire que M. Fauchille, au fond des choses, y arrive lui même d'une façon détournée ; il admet, en effet, une sorte d'atmosphère territoriale, qu'il porte jusqu'à la distance de 1500 mètres, afin d'éviter l'espionnage par les ballons au moyen de vues des ouvrages de défense prises par les appareils photographiques. En somme, dans cette zone de protection, sous un nom ou sous un autre, l'Etat subjacent effectue des actes de souveraineté, absolument comme dans la mer territoriale.

II. — Jusqu'où doit aller l'atmosphère territoriale ? On pourrait être tenté de la fixer par l'horizon visuel, c'est-à-dire par une portée d'environ 5.000 mètres, perception normale de l'œil depuis la terre, au moyen d'une lunette. Cette idée, qui a été soutenue pour la mer territoriale par Rayneval et reprise par Godey dans son ouvrage sur *La Mer côtière*, 1896, p. 19, est arbitraire, car la vue, qui variera du reste d'intensité suivant les personnes et la grandeur des aérostats, n'emporte ni appropriation ni mainmise, et partant ne saurait créer aucun droit.

C'est d'après la portée des armes à feu qu'a été, en pratique, calculée l'étendue de la mer territoriale ; la mesure admise par la législation de plusieurs Etats et un grand nombre de conventions interna-

nationalités, il n'en est plus ainsi quand la guerre est déclarée. En vertu de son droit de défense, chaque belligérant est autorisé à s'opposer à la circulation des aérostats ennemis dans la totalité de l'atmosphère qui s'étend au-dessus de son territoire, pour empêcher la transmis-

tionales est de trois mille marins (5.559 mètres) ; mais les perfectionnements apportés à l'artillerie et l'emploi de canons à longue portée obligeront sûrement à une extension de la mesure des trois milles. L'Institut de droit international à la session de Paris, en 1894, a proposé une zone de six milles constituant le droit commun du temps de paix et de guerre, avec faculté de l'augmenter en temps de guerre, à des conditions déterminées, jusqu'à une portée de canon depuis la côte. (*Annuaire de l'Institut, ibidem*). Si l'on admettait cette idée de la puissance du canon appliquée à l'atmosphère territoriale, en portant la colonne atmosphérique territoriale jusqu'à la hauteur que ce canon peut atteindre (*sic* Rivier, *ibidem*), on serait assez perplexe quant à la mesure à établir. D'après certains, le tir vertical le plus élevé va jusqu'à 2.600 mètres (Fauchille, *loc. cit.*, p. 11); mais d'autres calculs sont en opposition avec cette évaluation. Au polygone de Meppen, la maison Krupp a expérimenté, en 1892, un canon de 24 cm., qui a envoyé un projectile de 215 kg. à une distance de 20.226 m., correspondant à une flèche de 6540 m. A l'exposition de Dusseldorf, en 1902, la même maison avait envoyé un canon de 30,5 cm., dont le projectile s'élève à 8.700 m. Bien entendu, ces énormes pièces de côte ne seront pas employées en pratique pour tirer contre des ballons : le poids de leurs projectiles, la lenteur relative de leur service, le fait qu'elles sont peu nombreuses et installées à demeure en des points déterminés, s'opposent à un tel emploi. Il n'en reste pas moins que leurs projectiles atteindraient, le cas échéant, des ballons passant à 6.540 et 8.700 m. En pratique, pour les pièces susceptibles d'être employées contre les ballons, la flèche maximum indiquée pour le matériel Krupp serait de 4.800 mètres. Cf. sur ces points : Jean de Bloch, *loc. cit.*, I, p. 384, à la note. *Adde* les renseignements fournis par le capitaine Moch, auteur des : *Notes sur le canon de campagne de l'avenir*, Paris 1892. Voir encore l'ouvrage de Monthay, intitulé : *Krupp à l'exposition de Chicago*, 1894.

Et l'on a fait remarquer avec raison, dans cet ordre d'idées, que, grâce aux découvertes de la science, la portée des pièces d'artillerie pourrait devenir telle que tout l'espace pratiquement abordable pour

sion des nouvelles, l'espionnage et toutes communications, éviter la chute des projectiles et explosifs au
cas où l'autre belligérant ne se conformerait pas,
durant les cinq ans de sa validité, à la déclaration de

les aérostats tomberait sous la domination des riverains, ce qui rendrait la navigation aérienne impossible.

Quoi qu'il en soit, il ne paraît pas possible d'écarter l'idée suivant
laquelle c'est la puissance de l'artillerie qui permet à un Etat de pré-
tendre à la propriété ou à la souveraineté de l'atmosphère territoriale.
Pour la mer côtière, en effet, aussi bien que pour l'air territorial, c'est
le canon qui seul permet à la terre d'assurer l'exercice de ses droits,
quel que soit, du reste, le nom qu'on leur donne ; que la défense de
l'Etat subjacent soit assurée par le tir de la terre exclusivement ou par
une flotte d'aérostats, cette défense s'exercera en tout cas par la force
des armes. Seulement, il est permis de se demander s'il est nécessaire
de porter l'atmosphère territoriale assurée par le tir jusqu'au point
extrême où porte ce tir, même avec des pièces ordinaires. Nous ne le
pensons pas, car l'atmosphère territoriale doit se limiter à la fois et
par les nécessités de la défense terrestre et par celles de la navigation
aérienne. Il y aurait donc là une limitation transactionnelle à établir,
qu'il semble bien difficile de préciser à notre époque, et dont le besoin,
du reste, ne se fera réellement sentir que le jour où sera résolu le
problème de la direction des ballons. M. Fauchille, on l'a vu, est
partisan d'une zone réservée de 1.500 mètres, au-delà de laquelle la
navigation serait libre, l'espionnage n'étant plus à craindre (*ibidem*,
p. 42 et art. 8 du projet de résolution présenté à l'Institut de droit
international à Bruxelles en 1902, *Annuaire* précité, *loc. cit.*, pp. 34
et s.). A cette proposition, M. Nys, second rapporteur de l'Institut,
répond que les précautions proposées sont excessives, que la navigation aérienne « ne s'exercera pas uniquement à des centaines ou à
des milliers de mètres de hauteur, mais qu'aérostats et aviateurs rendront les plus utiles services s'ils peuvent naviguer sans trop s'éloigner de la terre ». Il ajoute qu'on exagère peut-être le danger de l'espionnage en le poussant jusqu'à la manie de la persécution, et il
conclut qu'en temps de paix la nécessité de l'isolement n'est point
justifiée ; qu'on pourrait tout au plus, pour certaines places fortes,
« édicter des mesures spéciales et prohiber l'approche au delà d'une
distance déterminée » (Rapport, p. 21 et *Annuaire, ibidem,*
pp. 106 et s).

De tout ce qui précède il résulte que l'étendue de l'atmosphère ter-

La Haye, dont il a été parlé au § 84, qui interdit de
lancer des projectiles et explosifs du haut des ballons,
ou n'aurait point accepté la dite déclaration. Il tirera
donc sur les ballons qui passent dans l'atmosphère soit
de son propre pays, soit des pays ennemis par lui occupés (1); et, s'il abat l'aérostat, il s'emparera du matériel,
des correspondances, clichés, etc., en faisant prisonniers
de guerre les aéronautes. Ces procédés seront applicables sans difficulté aux aérostats publics, c'est-à-dire
appartenant au gouvernement ennemi (2). Egalement
les ballons privés seront saisissables avec leur matériel, et leurs aéronautes faits prisonniers de guerre
pour le cas où il sera prouvé qu'ils se livrent à des actes

ritoriale doit être fixée d'un commun accord par les puissances, après
une étude préalable à la fois et des droits des Etats subjacents et de
ceux de la navigation aérienne. A la fin de 1895, les Pays Bas
avaient proposé d'ouvrir des négociations pour une fixation conventionnelle uniforme de la mer territoriale ; le jour où le problème de la
direction des ballons sera résolu, une nécessité impérieuse rendra
indispensable les mêmes négociations pour l'atmosphère Jusque là,
les Etats, dans leur manière d'agir vis à vis des aérostats étrangers,
devront se montrer aussi larges et aussi courtois que possible, pour
ne point entraver les progrès de la navigation aérienne si utile à tous
et si digne d'encouragement, en ne prenant contre eux que les
mesures absolument imposées pour la conservation des droits
essentiels.

(1) Des canons et armes à feu spéciaux ont été inventés pour tirer
contre les ballons. Voir le dessin de l'un d'eux dans de Bloch, *loc.
cit.*, p. 188.

(2) Les aérostats publics sont civils ou militaires. Les aérostats militaires sont ceux placés sous le commandement d'un officier de l'armée
de terre ou de mer commissionné par l'autorité militaire et montés
par un équipage militaire. Les aérostats civils sont ceux commandés
par un fonctionnaire civil de l'Etat et montés par un équipage à la
nomination de l'Etat ou de ses représentants. Tous les autres ballons
sont des ballons privés. Conf. Fauchille, *Brochure* précitée p. 42,
note 1 et *Rapport* précité, art. 1er.

de guerre, à des observations sur le nombre et les mouvements des troupes, qu'ils portent des correspondances
et assurent les communications pour le compte de leur
pays. Dans le cas contraire, nous croyons que ceux qui
montent les ballons privés doivent être laissés libres et
que ces ballons sont insaisissables ainsi que leur matériel, en vertu du principe du respect de la propriété privée dans les guerres terrestres proclamé par l'article 46
du Règlement de La Haye (Conf. § 128).

102. Toutefois l'opinion contraire a été soutenue, en
partant de ce point de vue qu'il convient d'assimiler la
guerre aérienne à la guerre maritime. Dans cette dernière guerre, d'après la pratique constante des États en
opposition avec une grande partie de la doctrine, la
propriété privée est saisissable (1). Il devrait, dit-on, en
être de même des aérostats privés et de leur matériel ;
comme aussi les aéronautes, à l'imitation des matelots
des bâtiments de commerce, pourraient être faits prisonniers (2). On fait remarquer en ce sens que les différen-
ces qui séparent la guerre aérienne de la guerre continentale, sont les mêmes que celles qui existent entre
cette dernière et la guerre maritime. On ajoute que le
commerce de l'ennemi éviterait facilement le droit de

(1) Conf. sur cette controverse, dans l'examen de laquelle nous
n'avons pas à entrer ici, l'excellente exposition des deux doctrines
présentée dans l'ouvrage de notre collègue, M. de Boeck, intitulé :
De la propriété privée ennemie sous pavillon ennemi, 1882,
§§ 382 et s.
(2) Conf. sur ce point : Fauchille, *Brochure* précitée, pp. 27 et 45
note 1. Dans l'art. 23 et ses propositions à l'Institut, M. Fauchille
assimile nettement la guerre aérienne à la guerre maritime, et les
art. 24 et 25 consacrent le droit de saisie et de capture de tous ballons et aéronautes ennemis. *Rapport* précité, pp. 50 et s.

prise sur l'Océan, grâce à la substitution du transport par les ballons qui serait indemne de ce droit. Enfin, les ballons privés pourraient fort bien, au cours des hostilités, si on ne les capturait pas, être utilisés comme ballons d'Etat, et leur équipage, après mise en liberté, incorporé dans des réserves affectées au service des belligérants.

Ces raisons ne nous semblent pas concluantes ; sans doute, il peut y avoir des analogies entre l'aérostat qui *navigue* dans l'air et le navire qui *flotte* sur l'eau ; et nous avons fait nous-même des comparaisons fréquentes, qui s'imposent d'ailleurs, entre l'immensité et la fluidité de l'air et des flots. Mais ce sont là des assimilations de pure forme, tenant à la façon dont se comportent, dans leurs mouvements respectifs, le navire et le ballon. Quant au fond des choses, on doit se guider par cette idée essentielle que l'aérostat, qui vient en aide aux opérations de l'armée de terre, sert, en somme, à la guerre continentale dont les règles dirigeantes doivent, par suite, lui être appliquées ainsi qu'à son équipage. Une différence profonde sépare les pratiques et les doctrines de la guerre maritime de celles de la guerre terrestre ; et les troupes de terre sont loin d'être familiarisées avec les premières. Il faudrait donc refaire toute l'éducation militaire des chefs et des soldats, pour leur faire apprendre, à l'égard des ballons, un droit qu'ils ne connaissent pas, qu'ils n'appliqueront peut-être jamais à raison, en Suisse par exemple, de la configuration du pays. Quant à supposer qu'il sera facile, pour le commerce et le transport des marchandises, de substituer la voie aérienne à la voie maritime, dans le but d'éviter la capture, c'est là une idée qui est et qui restera probablement longtemps, si ce n'est toujours, à l'état de conception théorique. Il semble impossible que, quelle que soit la puissance des moteurs et la capacité des aérostats, on parvienne jamais à transporter, par la voie aérienne, les immenses cargaisons des navires. Enfin, si le ballon privé est plus tard utilisé, ainsi que son équipage, à des usages belligérants, s'il devient aérostat public, alors seulement il deviendra saisissable en vertu de la loi générale de la guerre, et son équipage, s'il est pris, sera fait prisonnier. Mais il n'est pas permis de procéder à la capture et à la confiscation de la liberté, sur le simple soupçon d'éventualités, qui, peut-être, presque sûrement même, ne se réaliseront jamais. Il est inutile d'ajouter ce nouvel élément de trouble et de discorde à tous ceux que la guerre continentale porte déjà en elle-même.

102 *bis.* Les auteurs qui acceptent comme une nécessité inéluctable la confiscation de la propriété privée ennemie sur mer, n'ont guère qu'un seul argument sérieux pour la justifier. Sur terre, disent-ils, il est facile de nuire à l'ennemi et d'obtenir la cessation des hostilités par des moyens divers autres que la confiscation de la propriété privée ; mais, dans les guerres navales, à raison de la différence du théâtre des hostilités, on ne peut arriver au même but qu'en ruinant le commerce des sujets de l'État ennemi, commerce qui alimente la résistance de ce dernier. On ruine ce commerce sur mer, comme on tire sur les soldats à terre ; le moyen varie, l'idée, au fond, est la même (1). Or, on

---

(1) Geffcken sur Heffter, *loc. cit.*, § 139, note 2. Conf. l'exposition de cet argument et sa réfutation dans de Boeck, *loc. cit.*, §§ 578 et s.

se rend facilement compte que, si cette considération
a quelque poids dans les guerres navales, elle n'a qu'une
portée infime au regard de la guerre aérienne ; en sorte
que la raison principale de décider en ce qui concerne
les navires fait complètement défaut relativement aux
ballons.

Au moment où s'édifie la théorie juridique qui, dans
les guerres de l'avenir, sera appliquée à la condition
des aérostats, il ne semble pas qu'il convienne de lui
appliquer le système de la saisissabilité, dont on demande
tous les jours l'abolition au non de la justice et de l'humanité, et qui finira par disparaître en vertu de cette idée
aussi rationnelle sur mer que sur terre : que la propriété privée est inviolable parce que, dans les guerres
navales comme dans les guerres terrestres, la lutte se
circonscrit aux rapports des Etats en conflit (1). La
saisissabilité de la propriété privée, exception au droit
commun proclamé par l'article 46 précité du *Règlement*
de La Haye, doit se limiter strictement aux guerres

(1) Conf. parmi les dernières manifestations en faveur de l'insaisissabilité de la propriété privée ennemie sur mer, la proposition d'abolition de la pratique actuelle faite, à la Conférence de la Paix, par le
chef de la délégation américaine, M. White, avec l'appui des délégués russe et italien, MM. de Martens et Nigra. La Conférence n'a
pas cru devoir entrer dans l'examen de ce point, parce qu'elle
voulait limiter son rôle aux guerres terrestres ; elle s'est bornée à
émettre le vœu que la proposition tendant à déclarer l'inviolabilité
de la propriété privée dans les guerres sur mer soit renvoyée à une
Conférence ultérieure (5° vœu de l'Acte final), Conf. sur ce point
notre ouvrage sur la *Conférence de la Paix*, § 120 et les citations
de la note 1 à la page 249. Dans des conclusions adoptées à la session
de Zurich, le 11 septembre 1877, l'Institut de droit international
s'était déjà prononcé en faveur de l'inviolabilité de la propriété privée sur mer. *Annuaire*, t. II, p. 152 et *Tableau général* dressé par
M. Lehr, 1893, p. 194.

navales pour lesquelles elle a été admise en pratique. C'est le cas de rappeler une fois de plus l'adage : *exceptio est strictissimœ interpretationis.*

Pour bien établir la distinction des aérostats publics ou privés, neutres ou belligérants, qui peut avoir des conséquences graves au point de vue de l'application des lois de la guerre, il est nécessaire que le ballon porte, comme le vaisseau, les couleurs nationales, sous forme de pavillon aérien, de configuration différente suivant les pays, reconnaissable à une grande hauteur et préalablement notifié aux puissances. D'autre part, les ballons publics devront être montés par un personnel portant un uniforme (1). Sur tous ces points, une réglementation internationale, aujourd'hui prématurée, s'imposera le jour où aura été résolu le problème de la direction des ballons (2).

Déjà la réglementation interne a commencé ; plusieurs gouvernements ont organisé des écoles et parcs aérostatiques, « où la construction des ballons, la levée des plans en ballon par la photographie et la recherche de la direction aérostatique » ont été l'objet d'études sérieuses, de nature à former des équipes d'aérostiers militaires (3). La France, par un décret du 19 mai 1886,

---

(1) Wilhem, *loc. cit.*, pp. 450 et 451.

(2) L'Institut de droit international avait mis à son ordre du jour, à la session de Bruxelles, en 1902, un projet de réglementation du *régime juridique des aérostats,* dont il a renvoyé la discussion à la session d'Edimbourg de 1904. On consultera avec intérêt le projet de réglementation très étudiée exposé par M. Fauchille dans la *Brochure* précitée *passim* et pp. 72 et 73, ainsi que le projet par lui présenté à l'Institut à Bruxelles, art. 2 et s., avec observations de M. Nys, second rapporteur, qui en critique « l'excès de réglementation ». *Annuaire* précité de l'Institut, pp. 19 et s. et 86 et s.

(3) Nys, *Rapport* précité à l'Institut de droit international, p. 16.

a organisé le service de l'aérostation militaire ; le génie élabore, de concert avec l'état-major général de l'armée, les règlements relatifs à l'instruction technique du personnel de l'aérostation et à l'utilisation de ce service en temps de guerre (décret du 25 septembre 1888). L'aérostation militaire a pour objet : *a*) les études relatives à la construction et à l'emploi des ballons pour les besoins de l'armée ; *b*) la construction, la conservation et l'entretien du matériel aérostatique ; *c*) l'instruction du personnel militaire chargé de la manœuvre des ballons (1).

La France possède l'établissement central d'aérostation militaire de Chalais près Meudon, où l'on trouve un atelier d'études et d'expériences, une école d'instruction et un arsenal de construction. En outre, on a installé des parcs aérostatiques dans les écoles régimentaires du génie et dans certaines places. L'Angleterre a créé, en 1878, un établissement aérostatique à Woolwich ; en 1884 une installation aérostatique permanente a été établie par les Allemands à Tempelhof, village de la province de Brandebourg, terrain de manœuvre de la garnison de Berlin. Les Etats-Unis ont organisé au fort Logan, près de Denver, un parc aérostatique (2). En Russie, il y a un parc aérostatique d'instruction, plus des détachements d'aérostiers de forteresse dans les places de Varsovie, Ossowza, Ivangorod et Novogeorgievsk (3).

(1) Delaperrière, *loc. cit.*, pp. 655 et 656 ; Wilhelm, *loc. cit.*, p. 450.

(2) Nys, *Rapport* précité, p. 16.

(3) « Aujourd'hui, dit M. Jean de Bloch, toutes les armées sont déjà probablement pourvues, en quantité suffisante, de ballons qui, par

Il n'a été question jusqu'ici dans les explications données au texte que des ballons libres. Quant aux ballons captifs, reliés par un câble au territoire, ils en constituent une dépendance. Ils sont surtout usités en temps de guerre où ils rendent de grands services au point de vue de la surveillance des mouvements de l'ennemi et des renseignements à transmettre à grandes distances au moyen de la télégraphie optique (1). Ils furent employés pour la première fois à la bataille de Fleurus en 1794 ; depuis, on les a utilisés, notamment durant les guerres d'Italie, de sécession américaine et franco-allemande ; les Anglais en ont à leur tour fait un fréquent usage au Transvaal. Ces ballons qui seront toujours des aérostats publics et le plus souvent militaires, devront être traités comme tels au point de vue du droit de la guerre (1).

un temps calme, peuvent, en huit ou dix minutes, s'élever jusqu'à une hauteur de 600 mètres. Dans l'armée allemande, toutefois, on ne s'est pas contenté de cette hauteur ; et l'on a déjà adopté des aérostats qui, ainsi que l'ont montré les expériences exécutées aux manœuvres de 1893, peuvent atteindre 1 000 mètres... Par un temps clair, on peut, à 500 mètres d'élévation, et, avec une bonne longue-vue, embrasser, du haut d'un aérostat, une surface de terrain d'un rayon de 15 kilomètres et y reconnaître la position des troupes. Le champ de bataille s'élève alors comme une carte devant l'observateur. Celui-ci peut étudier toutes les particularités du sol ; il voit la position et les mouvements des colonnes ennemies ; il peut juger des projets de l'adversaire... » Consulter, du même auteur, les explications inté-ressantes relatives aux signaux fournis par les aérostats captifs. *Loc. cit.*, pp. 184, 186 et s.

(1) Fauchille, *Brochure* précitée, pp. 78 et s. et *Rapport* précité, pp. 3 et s.

CHAPITRE III

DES REPRÉSAILLES

103. Les représailles peuvent tout d'abord se concevoir comme des actes destinés à amener l'adversaire à résipiscence, sans en arriver à la guerre. Le nombre de ces actes est illimité, car un État recourra à tous les moyens qu'il considérera comme de nature à lui faire obtenir satisfaction autrement que par la voie des armes ; et l'on ne saurait l'en blâmer, pourvu qu'il se conforme, dans leur emploi, aux règles générales du droit international.

Toutefois la coutume internationale a réglementé les principales des représailles destinées à éviter la guerre, soit parce qu'elles sont d'un usage plus fréquent et, en quelque sorte de droit commun, soit parce qu'elles pouvaient, à raison de cette fréquence même, être l'objet d'une réglementation particulière.

Ce n'est point de ces représailles que nous avons à nous occuper ici, mais, tout au contraire, de celles qui interviennent aux cours des hostilités comme actes de guerre. Celles-ci présentent des inconvénients graves, en ce sens qu'il est fort difficile de les proportionner au fait dont on se plaint et auquel elles répondent. D'autre part, elles en appellent d'autres à leur tour, en sorte que la guerre est ainsi exposée à se transformer en une série de vexations réciproques allant toujours en augmentant et rejaillissant souvent sur des innocents.

Cependant, en dépit de ces inconvénients, les représailles n'en ont pas moins été usitées à toutes les époques ;

et elles sont consacrées aujourd'hui par la pratique internationale. A la Conférence de Bruxelles de 1874, le projet russe contenait une section IV consacrée aux représailles ; mais, dans la discussion qui se produisit à ce sujet, certains représentants en demandèrent la suppression. Elles ont, par elles-mêmes, disaient-ils, un caractère odieux ; il vaut donc mieux les laisser dans le domaine du droit non écrit, sous la sanction de la conscience publique, en attendant que les progrès de la science et de la civilisation aient apporté, en ce qui concerne leur réglementation ou leur disparition, des solutions satisfaisantes. Le premier délégué russe fit cette objection très fondée que, si l'on avait pu supprimer la chose en évitant de prononcer le mot, tout aurait été pour le mieux ; mais que, la chose devant rester dans le droit coutumier de la guerre, il importait, au contraire, d'indiquer les conditions exactes dans lesquelles les représailles se produiraient à l'avenir. Il ne s'agissait pas de consacrer les représailles préexistantes, mais de les réglementer. Ces observations étaient fort sages ; et, si elles n'ont point convaincu les délégués, c'est probablement à raison de la difficulté qu'il y avait à poser, en la matière, des règles précises (1).

104. La même abstention regrettable s'est produite à La Haye, sans même que la matière des représailles y soit venue en discussion. On ne peut donc que déplorer cette lacune du Règlement concernant les lois et coutumes de la guerre terrestre ; et il importe de suppléer sur ce point au silence du droit écrit. Les propositions suivantes condensent, d'une façon assez satis-

(1) Protocole XVI *in fine* de la Conférence de Bruxelles ; séance du **20** août **1874.** *Publication* précitée, p. **40.**

faisante, semble-t-il, la doctrine des internationalistes et la pratique à suivre dans la guerre future, pour le cas où, en présence de nécessités extrêmes, les chefs militaires croiraient devoir recourir aux représailles (1).

1° Les représailles ne peuvent jamais consister en actes cruels, inhumains et condamnés par les lois générales de la guerre, tels que pillage et mise à sac des villes prises d'assaut, assassinat d'êtres inoffensifs : femmes, enfants, vieillards, blessés, malades, otages ; emploi du poison ou de substances interdites par le droit commun des belligérants ; manquement à la parole donnée, etc., etc.

2° Les représailles doivent être proportionnées à l'acte dont on se plaint, puisqu'elles sont un moyen de coercition, et cesser dès que le dommage causé a été réparé ou que la satisfaction réclamée a été obtenue.

3° Pour éviter tout arbitraire, les représailles seront ordonnées, autant que possible, par un chef d'armée ou de corps ou un officier supérieur. Sur ce point, on s'inspirera des règles qui régissent les réquisitions et contributions.

4° Les représailles s'exerceront sur ceux qui sont responsables des actes dommageables, que l'on a intérêt à avertir pour l'avenir, c'est-à-dire sur les combattants et non sur les populations inoffensives qui doivent rester

---

(1) Conf. spécialement à ce sujet les articles 84, 85 et 86 du *Règlement de l'Institut de droit international* d'Oxford et le *Manuel français à l'usage des officiers*, pp. 25 et s.

Il est toutefois des auteurs, par exemple M. Despagnet, *loc. cit.*, § 544, qui proscrivent absolument les repressailles et estiment que c'est parce qu'elles sont interdites que les conférences internationales sur le droit de la guerre n'avaient pas à en parler.

totalement étrangères aux faits de guerre, pourvu, du
reste, qu'elles s'abstiennent de prendre part elles-mêmes
aux hostilités.

5° Il convient que les représailles se rattachent par un
lien assez étroit aux temps, milieux et circonstances qui
les provoquent. Ainsi on ne pourrait justifier les représailles d'une guerre ultérieure par les souvenirs d'une
guerre ancienne, par exemple les excès de la guerre
franco-allemande par les rigueurs de Louis XIV et de
Louvois dans le Palatinat. On ne voit pas, en effet, où
l'on s'arrêterait en remontant ainsi indéfiniment dans le
passé (1).

105. Aux conditions qui précèdent, quelques auteurs
ont voulu en ajouter d'autres théoriquement justifia-
bles, mais pratiquement d'une réalisation difficile. La
mesure prise à titre de représaille devrait être de même
nature que celle que l'on veut punir, la riposte consistant
dans un acte semblable à l'acte incriminé. Il serait,
croyons-nous, souvent impossible de se conformer à cette
exigence ; ce ne serait même pas toujours désirable, car,
pour rappeler l'ennemi à l'observation des lois de la
guerre, il suffira souvent de se contenter de mesures
moins violentes que celles qu'on lui reproche et qui

(1) Certains auteurs, tels que MM. Funck-Brentano et Sorel, qui se
refusent à accepter toute réglementation des représailles, estimant
qu'il n'y a pas plus de limites à établir en ce qui les concerne, qu'on
n'en saurait apporter aux passions humaines et aux abus de la force.
Ce raisonnement poussé à l'extrême amènerait à la disparition du droit
de la guerre et à la consécration tacite de tous les excès possibles. Si
l'on a jugé bon d'édicter des lois de la guerre en règle générale, il
convient surtout de les imposer dans les cas où l'on redoute le plus la
surexcitation des passions et les mesures arbitraires. *Loc. cit.*,
p. 294.

revêtiront, par suite, au mieux des intérêts de tous, un caractère dissemblable.

On a demandé, en second lieu, qu'une dénonciation préalable fût faite, afin que l'ennemi eût la latitude, pour éviter les représailles, de réparer le tort causé ou d'accorder la satisfaction demandée (1). Mais il est bien à craindre que ce procédé ne soit considéré comme de nature à entraîner des longueurs, des discussions, et finalement à rendre impossible l'acte qu'on se proposait d'accomplir à titre de représaille, l'ennemi se tenant sur ses gardes à raison même de la dénonciation.

Nous avons supposé, dans les explications qui précèdent que les faits incriminés étaient l'œuvre des combattants. S'ils émanent des non-combattants, les représailles, au dire de certains auteurs, pourront bien frapper ces non-combattants eux-mêmes, mais ne devront pas s'étendre à leurs concitoyens, dont la responsabilité ne saurait être engagée. En ce sens, ils font très exactement remarquer « qu'il n'existe pas, au sein de la population civile, une discipline semblable à la discipline militaire, sur l'action de laquelle l'ennemi puisse compter comme établissant une certaine solidarité de conduite et d'honneur entre ceux qui y sont soumis » (2).

Ces considérations sont parfaitement justes ; et il convient de critiquer énergiquement toutes les doctrines qui cherchent à établir en ce cas une solidarité quelconque entre les habitants d'une même nation, d'une même contrée ou d'une même commune, en sorte qu'une faute individuelle puisse amener une répression générale et collective. Les représailles que nous combattons ramèneraient

(1) Bonfils-Fauchille, *loc. cit.*, § 1023.
(2) Bonfils-Fauchille, *loc. cit.*, § 1025 ; Pillet, *loc.cit.*, § 144.

aux guerres anciennes, où le conflit existait entre les particuliers aussi bien qu'entre les États ; elles ne sont pas en harmonie avec le principe moderne, suivant lequel la guerre est une relation d'État à État. Ainsi comprises, elles suppriment en réalité tout frein et toute loi protectrice des particuliers au milieu des hostilités ; elles provoquent des ripostes terribles et servent à cacher des actes atroces de haine et de vengeance, de cupidité et de spoliation dignes de bandes de brigands et de bandits.

On doit, à plus forte raison, pour les motifs qui précèdent, condamner les représailles qu'on serait tenté d'exercer sur les non-combattants, à raison de faits reprochés aux combattants. Remarquons qu'en ce cas les représailles manquent complètement de base. En effet, ou bien les actes des combattants étaient permis par les lois de la guerre, et alors il n'y a rien à dire ; ou bien ils étaient illicites suivant ces lois, et dans cette hypothèse il serait souverainement inique d'en faire retomber le poids sur la population civile. Donc les représailles ne sont exercées sur les non-combattants, pour faits des combattants, que dans un but d'intimidation qui, le plus souvent, ne sera pas atteint, car les chefs militaires, préoccupés de leur responsabilité et du souci de vaincre pour le salut de leur pays, ne seront nullement détournés des mesures jugées nécessaires par le spectacle, si affligeant soit-il, des souffrances de la population civile. Les représailles en question, dont le but est d'opposer, par un calcul déloyal et perfide, la population civile à l'armée, revêtent, en somme, le caractère de *châtiment immérité*, qui ne doit jamais leur appartenir, pour perdre celui de *moyen de coercition*, qui seul leur convient (1).

(1) *Manuel français*, p. 26.

106. Les représailles exercées par les Allemands, durant la guerre franco-allemande, n'ont pas été inspirées par les sages préceptes que nous avons formulés ci-dessus, d'accord avec la doctrine internationale tout entière. Les atrocités de Bazeilles et de Châteaudun ont laissé, dans l'esprit des contemporains, un souvenir impérissable ; et le seul récit de ce que la seconde de ces villes a eu à souffrir, justifie amplement le décret du 3 septembre 1877, qui a placé dans ses armes la croix de la Légion d'honneur (1) ! Pendant cette même guerre de 1870-71, les Allemands ont mis en pratique, d'une manière continue et systématique, le principe de la responsabilité collective. Ils rendaient responsables de l'acte incriminé la commune sur le territoire de laquelle il avait été perpétré, même par des individus restés inconnus, et celle dont le coupable était originaire. Ils frappaient tous les habitants à raison de l'acte d'un seul, malgré les protestations répétées des victimes de ces procédés arbitraires malgré les autoritées appuyant les plaintes de leurs administrés. Certains auteurs ont essayé de justifier ces responsabilités collectives comme suite des nécessités de la guerre, comme imposées « à tout un peuple pour les fautes de ses gouvernants » (2). Cette justification

---

(1) Brenet, *loc. cit.*, p. 35. « Les Bavarois, ivres de fureur, dit cet auteur, tiraient à plaisir, entassaient les cadavres, enfonçaient leurs lourdes bottes dans des mares de sang. C'était une extermination dont Attila eût été jaloux ». M. Dick de Lonlay a relevé plus de cent assassinats d'une épouvantable cruauté commis à Bazeilles sur des femmes, des malades, des enfants, des vieillards, des infirmes. *La guerre de 1870*, t. I, ch. XXXIII, pp. 530 et s. Conf. Calvo, *loc. cit.*, IV, §§ 2060 et s. ; Guelle, *loc. cit.*, I, pp. 73 et 142.

(2) Rolin-Jaëquemyns, dans la *Revue de droit internat. et de législat. comparée*, 1871, t. III, p. 314. De son côté, Bluntschli a

est inadmissible : les nécessités de la guerre ne veulent nullement que l'innocent paie pour le coupable, ce qui arrive fatalement quand on englobe une collectivité entière dans l'acte d'une ou de plusieurs individualités isolées. Les responsabilités collectives sont odieuses, lorsqu'elles se traduisent par des indemnités pécuniaires dont on demande le paiement à ceux qui n'en sont légalement les débiteurs à aucun titre ; mais elles deviennent abominables et méritent d'être flétries avec indignation, si elles vont jusqu'au meurtre d'individus parfaitement innocents des faits incriminés, de l'aveu même de ceux qui les ont faits mettre à mort par mesure de représaille (1).

cru pouvoir écrire, au n° 643 *bis* de sa *Codification internationale*, que « les communes et les particuliers qui facilitent l'exécution des crimes de guerre, ou ne les empêchent pas, peuvent, selon la gravité du danger, être punis et rendus pécuniairement responsables de tous les dommages ». Mais la plupart des publicistes n'ont pas hésité à condamner une doctrine, qui, sur le plus léger soupçon, légitime les pires excès. Et Bluntschli lui-même est forcé de reconnaître que les amendes imposées par les Prussiens ont été exagérées. Au fond, beaucoup de ces amendes ne furent que des contributions de guerre déguisées ; on en trouve la preuve irréfutable dans l'énorme disproportion existant entre les sommes exigées et les faits articulés pour les exiger. Et les choses sont allées si loin qu'une loi française du 6 septembre 1871 a dû comprendre ces amendes dans les atteintes à la propriété privée donnant lieu à une indemnité.

(1) Les Prussiens, durant la guerre franco-allemande, ont frappé de contributions énormes les municipalités déclarées à tort responsables d'actes individuels et isolés. Ils sont allés, en vertu du même principe, jusqu'au meurtre. Entre autres exemples, il suffira de rappeler le cas de ces malheureux jeunes gens de Vaux dans les Ardennes, qui furent fusillés, le 28 octobre 1870, parce qu'on n'avait pu mettre la main sur un autre habitant coupable, disait-on, d'avoir tué un sous-officier prussien, lequel avait, paraît-il, trouvé la mort dans un engagement régulier contre des francs-tireurs. Conf. Brenet, *loc. cit.*, p. 196 ;

Bien que la Conférence de La Haye, ainsi que nous l'avons dit au début du § 104, ait gardé le silence au sujet de la réglementation des représailles, cependant elle a condamné en principe le système des responsabilités collectives sous toutes les formes, quand elles s'adressent à d'autres qu'aux auteurs des faits reprochés. En effet, l'article 50 du Règlement concernant les lois et coutumes de la guerre sur terre, dont il sera question à propos de la matière des réquisitions et contributions, aux §§ 131 et suivants, dispose ainsi : « Aucune peine collective, pécuniaire ou autre, ne pourra être édictée contre les populations, à raison de faits individuels dont elles ne pourraient être considérées comme solidairement responsables ».

CHAPITRE IV

DES RELATIONS ENTRE LES BELLIGÉRANTS

107. En principe, les belligérants doivent avoir entre eux le moins de rapports possible, pour éviter la trahison, l'espionnage, les défections, et empêcher l'amoindrissement de l'esprit militaire chez les soldats. A ce point de vue, les divers règlements militaires contien-

Bray, *De l'occupation*, p. 343 ; Morin, *loc. cit.*, II, pp. 92 et s. ; Pradier-Fodéré, *loc. cit.*, VII, §§ 2982 et s. Conf. sur les représailles prussiennes dans les localités où avaient opéré les francs-tireurs, notamment à Fontenoy : Brenet, *loc. cit.*, pp. 11 et s. ; et Rousset, *loc. cit.*, t. IV, ch. IV, p. 202.

nent des prohibitions énergiques de communiquer avec
l'ennemi (1).

Toutefois, les nécessités de la guerre amènent, par
la force même des choses, entre les belligérants, des rapports qui se traduisent par des conventions militaires.
Ces conventions lient les chefs qui les ont signées et les
gouvernements dans leur sphère respective, à la condition qu'elles aient été conclues par les autorités militaires
dans la mesure de leurs pouvoirs réguliers. En principe,
les commandants et chefs de corps investis du droit de
faire ce qu'ils jugent utile à la conduite des opérations
militaires, ont le droit d'effectuer des conventions avec
l'ennemi, pourvu qu'elles aient un caractère essentiellement transitoire et ne contiennent aucun acte de disposition (2). Ainsi, ils ne pourraient céder définitivement
un territoire, une place forte, ou bien consentir à une
rectification de frontière. Du reste, la pratique a déterminé les points dont il est, en général, traité dans les
conventions entre belligérants, dénommées *Cartels ;* elles
concernent l'échange des prisonniers, les capitulations,
les armistices et suspensions d'armes, les sauf-conduits
et sauvegardes Laissant de côté l'échange des prisonniers dont il a été déjà fait mention ci-dessus au § 61,
nous allons nous occuper successivement des autres

(1) Conf. notamment les Règlements français: article 112 du décret
du 24 décembre 1811 : art. 205 du Code de justice militaire pour l'armée de terre ; décret du 23 octobre 1883, art. 209. La loi du 21 brumaire an V déclarait coupable de haute trahison, punissable de mort,
tout militaire qui, sans l'autorisation écrite de ses chefs, entretiendrait
une correspondance avec l'ennemi. Lors de la guerre franco-allemande,
le général Trochu, dans plusieurs ordres du jour, défendit les relations
avec l'ennemi pendant le siège de Paris.

(2) *Manuel français* précité, p. 54.

points traités dans les conventions militaires, en précisant que le Règlement de La Haye, dans les articles 35 à 41 consacrés à la matière qui nous occupe, garde le silence au sujet des sauf-conduits et sauvegardes. Préalablement, nous donnerons quelques explications relativement aux mandataires particuliers, appelés *parlementaires*, que les belligérants emploient soit pour négocier les traités dont il vient d'être parlé, soit, d'une manière plus générale, pour assurer les communications entre les deux adversaires.

TITRE PREMIER
Des parlementaires

108. Suivant Bluntschli, les parlementaires « sont des personnes qui se présentent au nom d'un des belligérants auprès des troupes ennemies, dans le but de négocier avec le chef de ces dernières » (1). Et l'article 32 du Règlement de La Haye, reproduisant les dispositions de l'article 43 de la déclaration de Bruxelles, s'exprime ainsi.

(1) *Loc. cit.*, art. 681. Conf. sur les parlementaires, les auteurs et documents suivants : Despagnet. *loc. cit.*, n° 556 ; Bonfils-Fauchille, *loc. cit.*, §§ 1239 et s. ; Mérignhac, *loc. cit.*, § 98 ; Heffter-Geffcken, *loc. cit.*, §§ 126 et s. ; F. de Martens, *loc. cit.*, III, § 127 ; Pillet, *loc. cit.*, § 235 ; Funck-Brentano et Sorel, *loc. cit.*, p. 289 et s. ; Bry, *loc. cit.*, § 399 ; Guelle, *loc. cit.*, I, pp. 222 et s. ; Neumann, *loc. cit.*, §§ 46 et 49 ; Rivier, *loc. cit.*, § 63, pp. 279 et s. Fiore, *Droit codifié*, art. 1028 et s. et *Nouveau droit internat.*, § 1378 ; Morin, *loc. cit.*, I, pp. 326 et s. ; Calvo, *loc. cit.*, §§ 2430 et s. ; Pradier-Fodéré, *loc. cit.*, VII, §§ 2927 et s. ; *Instructions américaines*, art. 111 et s. ; *Manuel français*, pp. 56 et s. ; *Manuel de l'Institut de droit internat.*, art. 27 à 31.

ART 32. — *Est considéré comme parlementaire l'indi-*
vidu autorisé par l'un des belligérants à entrer en pour-
parlers avec l'autre et se présentant avec le drapeau blanc.
Il a droit à l'inviolabilité ainsi que le trompette, clairon
ou tambour, le porte-drapeau et l'interprète qui l'accom-
pagneraient.

Le nouveau texte, à la différence de celui de Bruxelles,
autorise le parlementaire à se faire accompagner d'un
interprète qui jouit de l'inviolabilité comme les autres
personnes de la suite. En effet, les parlementaires, officiers expérimentés, sont inviolables, ainsi que ceux qui
les accompagnent ; et méconnaître, soit à leur égard,
soit vis-à-vis de leur escorte, cette règle remontant aux
temps les plus anciens, constitue une infraction des
plus graves, de nature à entraîner de lourdes responsabilités, pourvu, bien entendu, que l'atteinte ait été
intentionnelle (1).

Un chef n'est nullement tenu de recevoir le parlementaire qui demande à l'entretenir (2); il est même des
cas où, d'habitude, il ne le recevra pas, par exemple pendant la durée d'un engagement. Mais, en dehors de ces

(1) Ainsi, au cours d'une attaque, on peut fort bien ne pas voir le
drapeau blanc et commettre une méprise regrettable en tirant sur le
parlementaire ou sur ceux qui l'accompagnent. De quelques faits isolés de ce genre, Bluntschli a eu le tort de conclure à une sorte de violation systématique du droit de la guerre sur ce point par les Français
en 1870-71. *Droit internat. codifié*, art. 684 à la note. On a protesté
avec raison contre une pareille affirmation, en faisant remarquer que
les Allemands eux aussi se sont rendus, par la force même des choses,
coupables de faits semblables dus plutôt à des erreurs et à des méprises qu'à une déloyauté répétée et inexcusable. Guelle, *loc. cit.*,
pp. 225 et s.
(2) Bluntschli, *loc. cit.*, art. 682 ; *Manuel français*, p. 58.

cas exceptionnels, le parlementaire, dans l'intérêt commun, est, en principe, toujours admis, à moins qu'il n'y
ait danger à agir ainsi, comme lorsque l'on soupçonne
que l'ennemi n'a envoyé un parlementaire que pour
gagner du temps, ou qu'on veut couvrir une opération
importante d'un secret absolu. Bref, il est des hypothèses
où, sans avoir à donner des raisons, les lois de la guerre
autorisent à refuser de recevoir le parlementaire ou à
prendre à son égard les précautions requises. De là la
disposition de l'article 33 du Règlement de La Haye
ainsi conçu.

ART. 33. — *Le chef auquel un parlementaire est expédié n'est pas obligé de le recevoir en toutes circonstances.*

*Il peut prendre toutes les mesures nécessaires afin d'em-
pêcher le parlementaire de profiter de sa mission pour se
renseigner.*

*Il a le droit, en cas d'abus, de retenir temporairement
le parlementaire.*

109. L'article 44 du projet de Bruxelles allait plus loin
que le texte actuel, en permettant au chef d'annoncer par
avance qu'il ne recevrait pas de parlementaire, et que
celui qui se présenterait après une pareille déclaration,
perdrait tout droit à l'inviolabilité. Une décision pareille
était en opposition, sinon avec le droit strict, tout au moins
avec la courtoisie internationale, que les deux adversaires
ont intérêt à conserver dans leurs rapports respectifs.
Il suffira donc que le chef puisse déclarer qu'il ne recevra pas un parlementaire qui se présente et qu'il en aver-
tisse les avant-postes. La pratique que consacrait le dernier
paragraphe de l'article 44 ancien, admise par quelques

auteurs (1), a, semble-t-il, été exclue avec raison du texte nouveau. D'autant plus qu'il paraissait encore bien excessif de punir de la perte de l'inviolabilité le parlementaire qui, sans commettre aucune infraction au droit des gens, se bornait à se présenter après notification de l'ordre d'expulsion. C'est seulement dans des hypothèses très graves qu'il faut aller jusqu'à une mesure aussi extrême. Aussi est-ce en ce sens que dispose l'article 34 du Règlement de La Haye.

ART. 34. — *Le parlementaire perd ses droits d'inviolabilité, s'il est prouvé, d'une manière positive et irrécusable, qu'il a profité de sa position privilégiée pour provoquer ou commettre un acte de trahison* (2).

On s'est demandé comment le parlementaire pourrait arriver à commettre un acte de trahison à l'égard de l'ennemi (3); il a été expliqué, à la Conférence de La Haye, que le texte a été maintenu uniquement en considération de certaines législations positives, qui assimilent le provocateur d'une infraction à un co-auteur (4). On peut supposer que le parlementaire a fait usage du drapeau inviolable pour obtenir subrepticement des renseignements militaires ou provoquer des conspirations ou trahisons (5). Alors la garantie à lui accordée cesse; et il peut, s'il y a lieu, être traité comme espion. Mais, dans ce

---

(1) Bonfils-Fauchille, *loc. cit.*, § 1240. *Contrà*, Pillet, *loc. cit.*, p. 473.

(2) Art. 45 du projet de Bruxelles et *Manuel de l'Institut de droit internat*, art. 31.

(3) Pillet, *loc. cit.*, p. 473.

(4) Rapport de M. Rolin à la 2e sous-commission de la Conférence de La Haye. *Procès-verbaux*, 3e partie, p. 42. Conf. Bluntschli, *loc. cit.*, art. 683.

(5) Guelle, *loc. cit.*, p. 227.

cas, on doit agir avec la plus extrême prudence ; et il est nécessaire de porter immédiatement les mesures de rigueur qui auraient pu être prises contre lui à la connaissance de l'armé d'où est venu le parlementaire.

110. Le parlementaire est autorisé à examiner et à rapporter tout ce qu'il peut apercevoir sans déloyauté, et notamment ce qu'on ne lui cache point. Mais il doit, pour le bien de son propre pays, se montrer très méfiant, car on simulera souvent à ses yeux des choses inexactes ; par exemple, on interrompra précipitamment un mouvement comme si l'on avait crainte qu'il n'en pénétrât l'objet ; ou bien on exécutera des manœuvres destinées à l'induire en erreur, en grossissant habilement le nombre des soldats et la quantité des approvisionnements, etc. Il y a là autant de dissimulations et de ruses qui n'ont rien d'illicite et qu'autorisent tous les règlements militaires.

On peut et on doit, le cas échéant, surveiller le parlementaire de très près, lui bander les yeux, lui interdire tout rapport avec d'autres que le commandant des troupes ou certaines personnes désignées. Sur tous ces points, il faut observer les prescriptions des lois de l'armée dans laquelle vient le parlementaire. C'est ainsi notamment qu'en France le décret du 28 mai 1895, portant règlement sur le service des armées en campagne, prescrit dans son article 41 des précautions minutieuses, qui sont usitées dans leur ensemble chez toutes les nations (1).

_____

(1) Le parlementaire est arrêté en dehors des lignes et tourné du côté opposé ; on vient le reconnaitre et on le congédie après avoir pris ses dépêches. S'il demande à être reçu, on lui bande les yeux, ainsi qu'à son trompette, et on le conduit à la réserve des avant-postes,

L'objet de sa mission une fois rempli, on reconduit le
parlementaire avec les précautions qui ont été déjà prises
à son arrivée. Pour éviter toute méprise, il doit, avec son
escorte, se retirer au pas. Durant la guerre franco-
allemande, au siège de Strasbourg, un parlementaire et
son trompette, qui s'étaient retirés au galop, furent
blessés par erreur, leur drapeau étant resté inaperçu.

Enfin, on ne peut retenir le parlementaire qu'en cas
de nécessité absolue et d'une façon temporaire, par
exemple, s'il avait surpris le secret de quelque mouvement stratégique qu'il pourrait rapporter à l'ennemi.
En ce cas, il devrait être renvoyé dès que le mouvement
en question est terminé.

TITRE II
Des capitulations

111. Ce sont des conventions militaires qui mettent
fin à la résistance d'une troupe armée cernée en plate
campagne ou enfermée dans une place fortifiée. La capitulation en rase campagne ou dans des places non fortifiées à toujours été vue avec la plus grande défaveur
par les lois et les chefs militaires. Le général Dupont,
qui capitula à Baylen le 24 juillet 1808, fut condamné à
la destitution, à la perte de ses titres et décorations et
à la détention dans une prison d'État (1). En France,

puis au commandant des troupes. Il est ramené avec les mêmes précautions au poste où il s'est présenté. S'il a pu recueillir des renseignements ou surprendre des mouvements qu'on veut tenir cachés, on
le détient temporairement. Et l'article 41 termine en ces termes souli-
gnés pour en marquer toute l'importance: « *Toute conversation avec
le parlementaire est rigoureusement interdite* ».

(1) Conf., sur ce point, l'opinion de Napoléon Ier dans le *Mémorial
de Sainte-Hélène*; citation de M. Guelle, *loc. cit.*, I, pp. 247 et s.

l'art. 210 du Code de justice militaire pour l'armée de terre prononce soit la mort, soit la destitution contre le chef qui a capitulé en rase campagne (1).

Plus grave encore, par ses résultats possibles, est la capitulation d'une place fortifiée, qui, dès lors, ne doit se produire qu'à la dernière extrémité. Le prestige national, en effet, est toujours atteint par la capitulation ; et, d'autre part, les forteresses permettent aux troupes de se mobiliser et de se reformer derrière elles ; elles arrêtent l'invasion et servent de point d'appui aux armées en campagne. Le commandant de place doit donc se pénétrer de l'idée que la continuation d'une résistance, même désespérée, permet au pays de gagner du temps, en tenant en arrêt une portion des troupes ennemies, de sorte que la lutte peut ainsi se prolonger et l'offensive être reprise.

Ces considérations expliquent la résistance de certains commandants de forteresse, par exemple, durant la guerre franco-allemande, de ceux de Phalsbourg, de Bitche et de Belfort. Elles justifient les pénalités excessives portées par les lois martiales contre les chefs qui capitulent, sans avoir épuisé tous les moyens de défense. En France, l'article 209 du Code de justice militaire pour l'armée de terre prononce, en ce cas, la peine de mort avec dégradation militaire (Conf. le § 3 de l'article 195 du service dans les places de guerre du 4 octobre 1891).

Le gouverneur de la place ne doit point se laisser influencer par la pression de la population et les sugges-

---

(1) C'est en vertu de ce texte que fut prononcée, en 1873, la condamnation à mort, avec dégradation militaire, du maréchal Bazaine reconnu coupable d'avoir capitulé en rase campagne, en rendant la place de Metz.

tions de l'autorité civile, par les bruits mis en cours de
bonne foi ou par malveillance, par les fausses nouvelles
et les insinuations perfides. Quand il juge que le dernier
terme de la résistance est arrivé, il consulte le conseil de
défense. Mais seul il porte la responsabilité de la capitulation et n'est jamais couvert par les avis qu'il a pu
recueillir (article 196 du service précité dans les places
de guerre). Le Conseil d'enquête et le Conseil de guerre
jugent en pleine indépendance la conduite du commandant de place envisagée en elle-même, abstraction faite
de toute ingérence étrangère, et décident s'il a rempli ou
non son devoir, si l'honneur est sauf ou non. Ils s'inspirent de leur appréciation exclusivement personnelle,
notamment sans avoir à tenir compte de l'opinion de
ceux qui entouraient le chef au moment de la reddition.
Ces conditions fort dures sont indispensables pour que le
gouverneur de la place, qui en somme, commande seul,
se pénètre bien de la responsabilité qui lui incombe et
agisse en conséquence.

112. Le Règlement de La Haye contient un seul
texte sur les capitulations, l'article 35, ainsi conçu.

ART. 35. — *Les capitulations arrêtées entre les parties
contractantes doivent tenir compte des règles de l'honneur militaire.*

*Une fois fixées, elles doivent être scrupuleusement
observées par les deux parties* (1).

Il résulte de ce texte que, une fois signée, la capitulation, quelque désastreuse qu'elle puisse être, est plei-

_____

(1) Conf. sur ce texte, notre ouvrage sur la *Conférence de la Paix*,
§ 99.

nement valable et obligatoire; le Conseil de guerre pourra bien en condamner l'auteur; elle n'en sera pas moins strictement exécutoire (1). D'autre part le chef qui l'a consentie est tenu de l'exécuter lui-même de bonne foi. Aussi un commandant, forcé de capituler, doit-il préalablement détruire les armes et les munitions, faire disparaître les drapeaux, et, au besoin, s'il le juge utile, faire sauter les fortifications et les magasins (2). Mais, s'il a omis de faire tout ce qui précède, il ne peut réparer son oubli dans l'intervalle qui sépare la signature de la capitulation de la reddition effective. Toutes choses doivent être exactement rendues en l'état où elles se trouvent au jour de la convention (3).

En fait, la capitulation est le plus souvent écrite; toutefois elle peut être exclusivement verbale. En général, elle est précédée d'une négociation, et on envoie un parlementaire pour débattre les clauses et conditions.

Les capitulations ne peuvent contenir que des clauses relatives aux opérations de guerre, à la personne et aux biens des soldats ou des civils de la place assiégée. Elles ne sauraient porter sur l'attribution définitive de la place, du territoire qui l'avoisine ou sur la constitution politique du pays et son administration. Ainsi, la capitulation de Verdun, du 8 novembre 1870, portant que la place ferait retour à la France à la paix, le Conseil de guerre décida avec raison « qu'il n'appartient pas à un

---

(1) Brenet, *loc. cit.*, p. 124; *Manuel français*, p. 65; Klüber, *loc. cit.*, § 278; Despagnet, *loc. cit.*, § 561.

(2) Conf. le Règlement français sur le service en campagne, art. 288, § 5. Ainsi notamment se passèrent les choses au siège de Phalsbourg (12 décembre 1870).

(3) *Instructions américaines*, art. 144; Pillet, *loc. cit*, p. 474.

commandant de place de prévoir les conséquences d'une guerre et les conditions d'un traité de paix, qui peuvent annuler les clauses stipulées dans une capitulation » (1).

L'intention de capituler s'annonce en hissant un drapeau blanc facilement visible pour l'ennemi. Dès qu'il l'aperçoit, ce dernier, en général, cesse le feu pour permettre les négociations, à moins qu'il ne soupçonne une ruse ourdie dans le but de gagner du temps. Mais on conçoit qu'il ne doit passer outre que s'il a les raisons les plus sérieuses de se méfier, basées, par exemple, sur des précédents.

Les capitulations peuvent être conçues de façons diverses (2). Une place peut se rendre à discrétion ou sous certaines conditions, en stipulant notamment que la garnison se retirera librement et avec les honneurs de la guerre. Malheureusement, l'histoire nous montre que trop souvent les conditions acceptées de part et d'autres n'ont pas été exécutées. Voilà pourquoi l'article 25 du Règlement insiste avec raison sur ce point. Si la capitulation a eu lieu sans condition, on admet généralement que le vainqueur ne doit pas mettre à mort ceux qui ont capitulé, se bornant à les faire prisonniers de guerre (3).

(1) *Manuel français*, p. 66.

(2) Sur les clauses des capitulations de Metz, de Sedan et de Belfort, consulter Brenet, *loc. cit.*, pp. 127 et s. et Rousset, *loc. cit.*, t. II, ch. IV, p. 503. On trouvera le texte des capitulations de Sedan, Toul, Strasbourg, Soissons, Schelestadt, Metz, Péronne et Belfort dans de Clercq, *Recueil*, t. X, pp. 379, 388, 390, 393, 395, 408, 428.

(3) L'ancien droit de vie et de mort sur le vaincu, qui autorisait, dans les guerres anciennes, à passer la garnison au fil de l'épée, a aujourd'hui tout à fait disparu. F. de Martens, *loc. cit.*, III. § 127, c.; *Manuel français*, pp. 64 et s. ; Despagnet, *loc. cit.*, § 561. Souvent, en cas de capitulation sans condition, le vainqueur accorde la sortie de la place avec les honneurs de la guerre. Les choses se sont

Il est recommandé, en général, au chef militaire qui signe la capitulation, de stipuler que les soldats ne seront pas séparés de leurs officiers (Article 196 précité du service dans les places de guerre) Les Conseils d'enquête, après la guerre franco-allemande, ont blâmé les chefs militaires qui avaient agi différemment en semblable circonstance (Conf. le décret du 26 octobre 1883, article 209).

TITRE III

Des armistices et suspensions d'armes

113. La suspension d'armes est une stipulation qui intervient entre deux chefs d'armée, corps d'armée, ou détachement, sur des points déterminés et par rapport à des corps spéciaux de troupes (1). C'est une convention essentiellement militaire, destinée à règler des points urgents, tels que l'enlèvement des blessés, l'ensevelissement des morts, ou à laisser le temps voulu pour que le commandant d'une place ou d'un corps de troupes reçoive des instructions indispensables (2). Quelquefois la suspension d'armes est tacite ; mais on a fait observer que ce mode de procéder était peu sûr, pouvant devenir facilement la cause d'incertitudes et d'embarras, auxquels le traité coupe court nécessairement (3).

ainsi passées pour Phalsbourg et pour Belfort. (Conventions des 12 décembre 1870 et 15 février 1871). Consulter le texte de la capitulation de Weï-Haï-Weï lors de la guerre sino-japonaise dans Nagao-Ariga, *loc. cit.*, pp. 241 et s.

(1) *Manuel français*, p. 59.

(2) Bluntschli, *loc. cit.*, art. 689.

(3) Guelle, *loc. cit.*, I, p. 235. En avril 1902, les Anglais, après avoir refusé officiellement un armistice aux chefs boërs réunis à Verœ-

A la différence de la suspension d'armes, l'armistice
constitue une convention beaucoup plus générale, un
véritable traité public, conclu en la forme des traités
internationaux, négocié par des chefs d'armée ou des
diplomates et ratifié par les gouvernements (1).

L'armistice suspend les hostilités en tout lieu et pour
toutes les troupes engagées dans la lutte. C'est une sorte
de trêve générale, dont la durée est ordinairement beaucoup plus longue que celle de la suspension d'armes.
Elle a le plus souvent en vue de faciliter la conclusion
de la paix ; et, pour ce motif, elle précède, d'habitude, les
traités de paix (2). L'armistice *universel*, dont nous nous
occupons, qualifié de *suspension d'hostilités* par certains
auteurs (3) et de *trêve* par d'autres (4), a été dénommé
armistice général par le Règlement de la La Haye, qui
lui oppose, sous le nom d'*armistice local*, la simple suspension d'armes. Voici comment s'expriment à ce sujet
les articles 36 et 37 du Règlement.

Art. 36. — *L'armistice suspend les opérations de
guerre par un accord mutuel des parties belligérantes. Si
la durée n'en est pas déterminée, les parties belligérantes
peuvent reprendre en tout temps les opérations, pourvu
toutefois que l'ennemi soit averti en temps convenu, conformément aux conditions de l'armistice.*

niging, pour conférer au sujet de la paix prochaine, le leur ont, en
fait, accordé tacitement.

(1) Dudley-Field, *loc. cit.*, art. 775 ; *Manuel français*, p. 59.

(2) Conf. la convention d'armistice de Versailles du 28 janvier 1871,
entre la France et la Confédération germanique. De Clercq, *loc. cit.*,
p. 410.

(3) Whéaton, *loc. cit.*, II, § 19, p. 59.

(4) Bluntschli, *loc. cit.*, art. 688 ; Calvo, *loc. cit.*, § 2134.

Art. 37. — *L'armistice peut être général ou local. Le premier suspend partout les opérations de guerre des États belligérants; le second, seulement entre certaines fractions des armées belligérantes et dans un rayon déterminé.*

114. Pour bien préciser la portée, l'étendue, le délai et les effets de l'armistice, il importe de rédiger la convention par écrit. On arrive, d'autre part, à déterminer ainsi très exactement, dans le procès-verbal dressé, la délimitation exacte de la position des armées et des points stratégiques occupés par elles et, par suite, à éviter toute difficulté entre les belligérants (1).

Il convient de notifier officiellement l'armistice le plus tôt possible aux chefs intéressés et aux troupes. On connaît le sort fâcheux qu'encourut, pendant la guerre franco-allemande, l'armée de l'Est, dont le général en chef fut avisé, le 29 janvier 1871, de la conclusion d'un armistice général, sans être prévenu que son armée n'avait pas été, par un oubli inexplicable, comprise dans la convention. Il arrêta sa marche, et, enveloppé par les troupes du corps de Manteuffel, dut se réfugier en Suisse (2). L'article 38 du Règlement de La Haye exige donc, avec raison, la notification de la convention d'armistice, dont les effets commencent à courir seulement du jour de cette notification.

Art. 38. — *L'armistice doit être notifié officiellement et en temps utile aux autorités compétentes et aux trou-*

_____

(1) Voir le texte du traité d'armistice sino-japonais, qui fut signé à Shimonoseki le 30 mars 1895 dans Nagao-Ariga, *loc. cit.*, pp. 251.

(2) Sorel, *Histoire diplomatique de la guerre franco-allemande*, t. II, pp. 186 et s.

*pes. Les hostilités sont suspendues immédiatement après
la notification ou au terme fixé.*

L'armistice crée des rapports nécessaires entre les belligérants ; et c'est de ceux-là surtout qu'il doit être fait
mention très précise. Il peut aller plus loin, et, comme
il est dit en l'article 39, fixer les rapports avec ou entre
les populations.

ART. 39. — *Il dépend des parties contractantes de
fixer, dans les clauses de l'armistice, les rapports qui
pourraient avoir lieu, sur le théâtre de la guerre, avec
les populations et entre elles.*

Souvent, pour empêcher des rapports trop immédiats
entre les belligérants, rapport d'où les conflits pourraient
naître, on établit une zone neutre, plus ou moins étendue, suivant la position respective des belligérants.
L'article 3 de l'armistice de Versailles du 28 janvier 1871
avait interdit aux Français et aux Allemands l'espace
situé entre Paris et les forts (1).

Si l'armistice est violé, l'article 40 indique, de la
manière suivante, les conséquences qui découlent de cette
violation.

ART. 40. — *Toute violation grave de l'armistice, par
l'une des parties, donne à l'autre le droit de le dénoncer
et même en cas d'urgence de reprendre immédiatement
les hostilités (2).*

---

(1) Despagnet, *loc. cit.*, § 563 ; F. de Martens, *loc. cit.*, III, § 127,
p. 303 ; Pradier-Fodéré, *loc. cit.*, VII, § 2901.
(2) Le texte, à la différence de l'art. 51 du projet de 1874, précise
que l'on est autorisé, en cas d'urgence, à reprendre immédiatement les

Ainsi le texte exige, avec raison, une violation *grave*
de la convention. A cet égard, les délégués se sont con-
tentés de poser le principe et n'ont pas abordé la question délicate de savoir quand il y a violation de l'armistice, question au sujet de laquelle une grande divergence
existe chez les juristes et divise, d'autre part, la doctrine
et la pratique.

115. Tous les auteurs admettent que les belligérants
peuvent, loin du théâtre de la guerre, agir comme ils
l'entendront, par exemple, fortifier des places dans l'intérieur du territoire, concentrer en arrière de nouvelles
troupes ou lever des recrues, car l'ennemi n'aurait pas
pu empêcher tout cela si la lutte avait continué ; l'armistice est indifférent à ce sujet.

Au contraire, ils se séparent quand il s'agit de savoir
quel est l'effet de l'armistice sur le théâtre même de la
guerre. Les mesures offensives, de quelque nature qu'elles
soient, sont incontestablement prohibées ; il faut cesser
le feu, s'interdire toute attaque et marche en avant,
toute reconnaissance au delà des lignes, ne pas creuser
des mines, ne point pousser des parallèles, etc, etc. Mais,
en ce qui concerne les mesures simplement défensives, il
est des auteurs qui ont pensé qu'on ne devait, durant
l'armistice, effectuer aucun des actes que l'adversaire
aurait intérêt à empêcher et qu'il aurait sûrement essayé
d'empêcher si les hostilités avaient continué, par exemple,
faire des mouvements de troupes en deçà des lignes,

hostilités. Il y avait eu, sur ce point, quelques divergences dans la
doctrine. Conf. Bonfils-Fauchille, *loc. cit.*, § 1258 ; Guelle, *loc. cit.*,
I, p. 245 ; Bluntschli, *loc. cit.*, art. 695 ; Fiore, *Droit codifié*,
art. 1115. Voir, au sujet de l'article 40, notre ouvrage sur la *Conférence de la Paix*, § 100.

prendre des positions meilleures, réparer des brèches, reconstruire des fortifications, établir des batteries et des retranchements, etc, etc. Si, disent-ils, tous ces actes étaient permis, l'armistice serait une véritable duperie pour l'un des belligérants, car il créerait une situation bien meilleure à son adversaire, ce qui serait contraire à la bonne foi et à la loyauté militaires. L'armistice a pour but unique de permettre de négocier et de s'entendre sans rien changer au *statu quo ante* (1).

Au contraire, la pratique et une partie de la doctrine partent de ce point de vue que la distinction entre les opérations défensives, les unes permises et les autres prohibées, deviendrait facilement la cause d'incertitudes fâcheuses et d'abus regrettables. Qui, en effet, serait juge du point de savoir si l'opération dont s'agit est licite ou illicite ? Il y aurait là une série de difficultés dont le principal inconvénient serait d'amener la rupture de l'armistice et, partant, des négociations de paix en vue desquelles il avait été convenu.

D'autre part, pendant qu'une des parties observera la loi stricte, interdisant toute opération que l'autre aurait intérêt à empêcher, son adversaire se conduira peut-être en sens tout à fait opposé, et impunément, puisque la vérification de ses agissements, au milieu de ses lignes, sera ordinairement impossible. Enfin, la convention, ici

---

(1) Fiore, *Nouveau droit internat.*, III, § 1492 et *Droit codifié*, art. 1139 ; Bluntschli, *loc. cit.*, art. 691 ; Rivier, *loc. cit.*, II, p. 364, § 209 ; Dudley-Field, *loc. cit.*, art. 778 ; Whéaton, *loc. cit.*, II, p. 61, § 22 ; Pinheiro-Ferrera sur Wattel, III, p. 245 ; G. de Martens, *loc. cit.*, II, § 293. Telle était, dans l'ancien droit, l'opinion de Vattel, qui établissait comme règle qu'on ne peut profiter d'une trêve pour faire ce que les hostilités ne laissaient pas le pouvoir d'exécuter. *Loc. cit.*, l. III, ch. XVI, § 239, t. III, p. 126.

comme partout, constitue la loi des parties. Le plus
souvent, elle s'expliquera et déterminera les actes permis et défendus ; mais, si elle garde le silence, les intéressés n'ont qu'à s'en prendre à eux-mêmes de n'avoir
pas spécifié ce qu'ils voulaient empêcher. Au surplus,
quand la convention est muette et qu'on se trouve en
présence de la simple expression *d'armistice* sans autre
explication, il faut, semble-t-il, admettre que l'étymo-
logie de ce terme (*armis stare*) amène seulement à la
prohibition des avantages pouvant être obtenus *par la
force des armes*, c'est-à-dire des mesures exclusivement
offensives (1).

116. L'opinion large que nous venons d'adopter au
sujet des opérations prohibées ou permises durant
l'armistice, nous conduit à déclarer licite le ravitaillement des places fortes, à propos duquel la controverse
s'est surtout produite, et qui naturellement est interdit
par l'opinion opposée à celle que nous avons admise
nous-même. Le plus souvent ce point si important sera
prévu par la convention. S'il ne l'est point, et si la place
est complètement investie, l'assiégé ne pourra se pro-

---

(1) Conf. en ce sens : Grotius, *loc. cit.*, l. III, ch. XXI, § 6 et s.,
t. III, p. 428 et s. ; *Manuel à l'usage des officiers*, p. 62 ; *Instructions américaines*, art. 114 ; Pillet, *loc. cit.*, § 243 ; Bry, *loc. cit.*,
§ 403 ; Heffter, *loc. cit.*, § 142 ; Funck-Brentano et Sorel, *loc. cit.*,
pp. 302 et s., Bonfils-Fauchille, *loc. cit.*, § 1255 ; Guelle, *loc. cit*, I,
pp. 241 et s. ; Calvo, *loc. cit.*, IV, § 2439 ; Despagnet, *loc. cit.*, § 564 ;
de Neumann, *loc. cit.*, § 49 ; Vergé sur G. de Martens, *loc. cit.*, § 293,
p. 280, note. M. Pradier-Fodéré, qui admet l'opinion contraire à celle
que nous professons, dit que l'expression *armis stare* signifie le fait de
rester immobile sur le théâtre de la guerre et de s'abstenir de modifier
en quoi que ce soit sa position militaire en deçà aussi bien qu'en delà
des lignes. *Loc. cit.*, VII, § 2906.

curer des vivres que si l'assiégeant consent soit à les
laisser passer, soit à les lui céder lui-même.

D'après certains auteurs, l'assiégeant n'a pas à accéder
à la demande de ravitaillement, car il n'a aucune obligation à remplir vis-à-vis de son adversaire ; il accordera
ou repoussera cette demande suivant la solution qu'il
croira la plus conforme à ses intérêts (1). En partant de
cette idée, le prince de Bismarck refusa, en 1870, de
laisser ravitailler Paris, ce qui fit échouer le projet.
M. Jules Favre, dans une circulaire du 7 novembre
adressée aux puissances neutres, s'éleva fortement contre
le procédé du chancelier allemand (2).

Remarquons que, ainsi qu'il arriva pour Paris, le
refus de ravitaillement équivaut, en fait, à rejeter l'armistice, puisque, les vivres s'épuisant d'autant pendant
sa durée, la situation de la place serait plus critique à son
expiration qu'au moment où il a été conclu, condition
défavorable que n'acceptera aucun commandant conscient
de sa responsabilité. Dès lors, les partisans du maintien
du *statu quo* pendant l'armistice devraient tout au moins
admettre le ravitaillement *proportionnel*, grâce auquel

(1) Funck-Brentano et Sorel, *loc. cit.*, p. 304 ; Rivier, *loc. cit.*,
§ 67, p. 364.
(2) De Clercq, *loc. cit.*, p. 398. M. Geffcken a cherché à justifier,
sans beaucoup de succès, la conduite de la Prusse, car on remarquera
que Paris réclamait seulement le ravitaillement *proportionnel* indispensable dans tout armistice, et dont il va être ci-après question au
texte. Sur Heffter, *loc. cit.*, § 142, note 10. La Prusse elle-même avait
concédé le ravitaillement proportionnel en 1866 pour les forteresses
de la Bohême. Il avait été également autorisé pour Mantoue, le
16 février 1801, par l'armistice de Trévise, art. 12. *Id.* de l'armistice de Pleiwitz du 4 juin 1813. Guelle, *loc. cit.*, I, p. 243, note 1 ;
Brenet, *loc. cit.*, p. 118 ; Despagnet, *loc. cit.*, § 564 ; Calvo, *loc.
cit.*, §§ 2441 et s.

les vivres seraient fournis en quantité suffisante pour
qu'à la cessation de la trève, les approvisionnements
fussent en quantité égale à celle existant au jour où elle
avait commencé (1).

La violation de l'armistice ne constitue pas un motif
suffisant pour rompre la convention, lorsque cette violation émane de soldats isolés ou de simples particuliers.
En ce sens, l'article 41 dispose comme suit.

ART. 41. — *La violation des clauses de l'armistice par
des particuliers agissant de leur propre initiative, donne
droit seulement à réclamer la punition des coupables, et,
s'il y a lieu, une indemnité pour les pertes éprouvées.*

L'armistice finit à l'expiration du délai convenu ; et les
hostilités peuvent reprendre tout de suite, à moins de
convention contraire exigeant une nouvelle dénonciation.
De là, la nécessité de fixer bien exactement les délais
de l'armistice (2). Il prend encore fin par la dénonciation de l'un des belligérants ou par la reprise des hostilités sans dénonciation. Ce dernier procédé est incorrect,

(1) Despagnet, *loc. cit.*, § 564 ; Guelle, *loc. cit.*, I, pp. 242 et s. ;
Calvo, *loc. cit.*, § 2440 ; de Neumann, *loc. cit.*, § 49 ; Fiore, *Nouveau droit international*, § 1492 ; Morin, *loc. cit.*, II, p. 310 ; Pradier-Fodéré, *loc. cit.*, § 2908. Les raisons qui doivent faire admettre
le ravitaillement des places assiégées amènent à autoriser à plus forte
raison l'introduction de médicaments pour les malades et les blessés.
Pradier-Fodéré, *loc.cit.*, § 2908 ; Moynier, *La Convention de Genève
pendant la guerre franco-allemande*, 1873, pp. 27-28 ; Bry, *loc.
cit.*, p. 403 ; Bonfils-Fauchille, *loc. cit.*, § 1256.

(2) Sur les points de détail du calcul de l'armistice, voir Guelle,
loc. cit., I, p. 247 ; Dudley Field, *loc. cit.*, art. 780 ; Fiore, *Nouveau
droit internat.*, § 1494 ; Pradier-Fodéré, *loc. cit.*, VII, § 2897.

contraire à la bonne foi et à la loyauté. Il est quelquefois
le résultat malheureux d'un malentendu, en sorte que l'adversaire agira sagement en ne ripostant pas tout de suite
et en demandant des explications, qui, peut-être, arran-
geront les choses au mieux des intérêts de tous.

TITRE IV

Des sauf-conduits et sauvegardes

117. Le sauf-conduit est la permission donnée à une
personne de circuler librement dans la ligne des opérations (1). Il est délivré par l'autorité militaire, vise une
personne déterminée, en considération de laquelle il est
accordé, et est, par suite, intransmissible. On accorde des
sauf-conduits aux individus expulsés du pays, aux voyageurs, aux journalistes, aux agents diplomatiques, etc. (2).
Pour ces derniers, à la différence des autres personnes
sus-visées, le sauf-conduit est obligatoire.

Bien que personnel en principe, le sauf-conduit, s'il
est général, peut s'appliquer à la famille et à la suite (3).
Il n'est valable que pour le pays occupé ou se trouvant
dans les lignes de l'armée, et pour le temps indiqué,
sauf cas de force majeure à apprécier suivant les circonstances. Il peut être retiré dès que la sécurité de
l'armée l'exige. Il est permanent et valable pour toute
la durée de la guerre, ou temporaire et limité, en ce
cas, à un délai déterminé (4).

(1) Heffter, *loc. cit.*, § 142 ; Morin, *loc. cit.*, pp. 324 et s.
(2) Dudley-Field, *loc. cit.*, art. 917 et s.
(3) Bluntschli, *loc. cit.*, art. 676 ; Calvo, *loc. cit.*, § 2413.
(4) Pradier-Fodéré, *loc. cit.*, § 2936.

La sauvegarde consiste dans une protection spéciale accordée à des personnes ou à des choses que l'on veut mettre à l'abri des éventualités de la guerre, par exemple, aux ministres du culte, aux hôpitaux, aux pensionnats, aux communautés religieuses, aux ports, aux moulins etc., etc. La sauvegarde consiste dans un écrit ou ordre adressé aux troupes et accompagné quelquefois de signes extérieurs, tels que poteaux de protection. Chaque général les établit dans l'étendue de son commandement.

Si l'écrit est délivré purement et simplement, on dit que la sauvegarde est *morte*; elle est dite *vive* quand on donne à des troupes le mandat de l'assurer spécialement (1); en France, ce rôle est réservé à la gendarmerie. La troupe qui assure la sauvegarde ne peut faire d'actes de belligérance, et se borne à la garde et à la protection des personnes ou des biens à elle confiés. Si cela est nécessaire, des gens du pays sont employés pour aider les sauvegardes. En France, le décret du 28 mai 1895, portant règlement du service des armées en campagne, s'occupe, dans son article 87, des sauvegardes, et prescrit les mesures à prendre en ce qui les concerne, soit quant aux personnes, soit quant aux établissements protégés. Les sauvegardes sont manuscrites ou imprimées, signées du commandant de l'armée, contresignées du chef d'état-major général et revêtues du cachet de cet état-major.

(1) Heffter, *loc. cit.*, § 142 ; G. de Martens, *loc. cit.*, § 292.

LIVRE III

DE L'AUTORITÉ MILITAIRE SUR LE TERRITOIRE DE L'ÉTAT ENNEMI

---

118. Les droits et les devoirs de l'autorité militaire, sur le territoire de l'Etat ennemi, sont prévus par les articles 42 à 56 du Règlement de La Haye, relatif aux lois et coutumes de la guerre sur terre. Bien que ces textes ne parlent que d'occupation, on devra les appliquer aussi lorsque le pays sera seulement envahi, sans qu'il y ait occupation proprement dite (1). En conséquence, aux deux cas seront communes les règles gouvernant les rapports entre l'envahisseur et le pays envahi, spécialement en ce qui a trait aux contributions et réquisitions, aussi bien qu'à l'obligation de ne

---

(1) Conf. notre ouvrage précité sur la *Conférence de la Paix*, § 101. L'invasion suppose la lutte, la résistance des armées de l'Etat envahi ou de la population insurgée contre l'envahisseur. L'occupation se place dans la période où la résistance en masse a cessé et où l'ennemi, ne se trouvant plus qu'en présence d'oppositions rares et isolées, est devenu possesseur de fait, à peu près incontesté, du pays désormais occupé par lui et organisé comme il va être dit à la section I du présent livre III.

pas forcer les habitants à prendre part aux opérations militaires contre leur pays, ou à prêter serment à la puissance ennemie.

Les articles 1 à 8, 36 à 39 et 40 à 42, qui réglaient, dans le projet de Bruxelles de 1874, le point qui nous occupe, furent l'objet de discussions fort vives ; et, comme à propos de la levée en masse, ainsi qu'on l'a vu aux §§ 45 et 46, les représentants des grands États se trouvèrent en opposition avec ceux des petits.

La première question qui se posait était celle de savoir dans quels cas l'occupation militaire était réelle, suffisante pour conférer à l'envahisseur les droits résultant de la prise de possession incontestée du pays. L'envahisseur est souvent porté à agrandir arbitrairement les limites exactes du champ d'occupation, tandis que, dans un esprit contraire, le gouvernement du pays envahi sera enclin à trop les restreindre. Les deux prétentions contradictoires se firent jour à Bruxelles, où les délégués des grands États admettaient des occupations plus ou moins virtuelles (1), alors que ceux des petits exigeaient la soumission absolue du pays à l'autorité de l'armée ennemie, et limitaient strictement l'occupation à la période où cette armée pouvait en fait exercer cette autorité, aussi bien qu'aux lieux dans lesquels elle l'exerçait. Ces dernières données prévalurent à juste titre et furent consacrées par l'article 1er du projet de 1874.

119. Cette première difficulté une fois résolue à la

----

(1) *Actes de la Conférence de Bruxelles*, protocole 12 ; publication précitée, pp. 27 et s. On proposait notamment de considérer le territoire comme occupé, lorsque l'armée avait assuré ses communications avec d'autres corps ou quand la population du territoire était désarmée.

satisfaction des petits États, il s'en produisit une seconde
à propos de laquelle la conciliation paraissait moins facile.
Les puissances de moyenne grandeur, qui comptent
sur la résistance à outrance du pays envahi, réclamaient
la suppression de toutes les dispositions par lesquelles,
en cas de guerre, le vaincu attribuerait, par avance,
sur son territoire et ses sujets, des droits au vainqueur,
organisant en quelque sorte le régime de la défaite anti-
cipée. Ce raisonnement amène, en somme, à la suppression à peu près complète de toutes les dispositions de
droit international relatives à la matière de l'occupation
en pays ennemi.

Au contraire, les grands États, munis du système militaire général et obligatoire, insistaient pour que des
règles destinées à prévenir les conflits entre la population du pays envahi et l'armée d'occupation, fussent établies, dès le temps de paix, pour la période de guerre.
Dans le double but de maintenir les garanties indispensables à l'occupant et de tenir compte des réclamations
des petits États, on atténua dans une large mesure, à
Bruxelles, la portée du projet primitif sur l'occupation
militaire. Et pourtant, on ne put arriver à une entente,
en présence de l'opposition persistante de vues, opposition qui fut l'une des causes principales de l'échec du
projet de 1874 (1).

120. Comme il fallait s'y attendre, les petits États ont
repris à La Haye l'attitude adoptée à Bruxelles ; et leurs
représentants ont demandé le retranchement de toute
réglementation antérieure attribuant ou paraissant

---

(1) Conf. sur le conflit qui se produisit à Bruxelles, entre les grands
et les petits États, la *Revue des Deux-Mondes*, 1875, t. VIII, pp. 463
et s.

attribuer un droit quelconque, sur le territoire du vaincu et sur ses sujets, à l'ennemi victorieux. A cette demande, l'un des délégués les plus autorisés, M. F. de Martens, a répondu par une déclaration dont il a été déjà question au § 47, déclaration officielle, insérée dans les *Actes* de la Conférence et ayant par suite un caractère obligatoire. D'après ses termes que nous rappelons, « dans les cas non compris dans le Règlement sur les lois et coutumes de la guerre, les populations et les belligérants restent sous la sauvegarde et sous l'empire des principes du droit des gens, tels qu'ils résultent des usages établis entre les nations civilisées, des lois de l'humanité et des exigences de la conscience publique ». Ainsi, il appert de cette déclaration officielle que le Règlement de La Haye, laissant subsister les principes du droit des gens coutumier qui sauvegardent les droits de l'Etat dont le territoire est envahi, se restreint aux points que les lois de la guerre ne pouvaient point passer sous silence. Et, pour donner satisfaction au vœu des petits Etats, il réduit au strict minimum les prérogatives de l'envahisseur sur le sol envahi, en précisant, d'autre part, très nettement, comme le faisait déjà le projet de Bruxelles, les éléments indispensables de l'occupation militaire.

Etant données les conditions très libérales qui dominent les articles 42 et suivants du Règlement de La Haye relatifs à la matière de l'occupation, on ne conçoit pas le motif de l'opposition faite par les petits Etats à des textes dont le but n'est nullement, quoi qu'on ait pu dire, d'organiser le régime anticipé de la défaite, mais, tout simplement, de limiter aux points jugés indispensables les droits de l'occupant. Ces droits étaient préexistants au Règlement de La Haye ; ils auraient été nécessairement invoqués dans les guerres ultérieures s'il n'avait pas été promulgué, car il faut bien, qu'on le veuille ou non, établir, en cas d'occupation, ce que peut faire l'occupant, et ce qui lui est interdit vis-à-vis de son adversaire. Or le grand avantage d'une réglementation très précise sur ce point, pour tous les États, grands ou petits, forts ou faibles, tous exposés à l'invasion en cas de guerre, consiste à éviter l'arbitraire de l'armée d'occupation, qui, à défaut de textes formels, se donnera nécessairement libre carrière. Cette réglementation est donc, au fond, plus favorable au pays occupé qu'à l'occupant ; et il ne faut pas, sous couleur d'un patriotisme exagéré, méconnaître cette vérité fondamentale qu'il vaut mieux, en temps de paix, quand les passions et les haines de la guerre ne sont point déchaînées, quand on ignore à qui, dans l'avenir, le sort des armes sera favorable ou contraire, déterminer, dans l'intérêt de tous, les règles qui président à l'occupation militaire. Non seulement les petits États ont, à ce sujet, les mêmes intérêts que les grands ; mais, étant donnée leur faiblesse qui les expose davantage au fléau de l'invasion, ils auraient dû, semblé-t-il, loin de repousser le principe de la réglementation, insister, au contraire, énergiquement pour son adoption, afin de tâcher de faire prévaloir les idées de justice et de modération sur le régime brutal de la force.

121. L'article 42 du Règlement définit et limite l'occupation de la manière suivante.

ART. 42. — *Un territoire est considéré comme occupé lorsqu'il se trouve placé de fait sous l'autorité de l'armée ennemie.*

L'occupation ne s'étend qu'aux territoires où cette autorité est établie et en mesure de s'exercer.

Il résulte du texte que l'occupation militaire doit être effective, absolument comme l'occupation mode d'acquérir du droit des gens, en vertu de laquelle un Etat obtient la propriété de certains territoires, d'accord avec celui qui les lui cède. Seulement il y a, entre les deux occupations, cette différence que la première ne fait pas, comme la seconde, acquérir la propriété définitive du pays occupé. C'était une doctrine généralement admise avant le xix⁰ siècle que la prise de possession d'un territoire par un des belligérants lui conférait le droit d'en disposer; les biens de l'ennemi étant, en effet, *res nullius*, le fait de l'occupation procurait leur acquisition immédiate à l'occupant. Mais, de nos jours, la doctrine et la pratique ont séparé, d'une façon très nette, l'occupation *animo domini*, faisant acquérir la propriété, de l'occupation guerrière. Cette dernière n'est qu'un pur fait, n'engendrant aucun droit définitif d'appropriation, créant simplement des droits transitoires, donnant uniquement à l'occupant la faculté d'accomplir sur le territoire occupé les actes nécessaires ou utiles aux opérations de la guerre, tout en lui imposant certains devoirs au regard des personnes et des choses se trouvant sur ledit territoire (1).

(1) Grotius, *loc. cit.*, l. III, ch VI, I, t. III, pp. 133 et s. Voir dans le même sens : Klüber, *loc cit.*, § 256 ; Rouard de Card, *loc. cit.*,

122. Mais à quelle condition pourra-t-on tenir pour occupé le territoire sur lequel s'exerceront ces droits transitoires? A La Haye on a proposé, comme on l'avait fait à Bruxelles, de tenir compte de certaines occupations plus ou moins réelles qui, en fait, consacreraient, d'une manière détournée, le système de l'occupation fictive. L'idée a été repoussée comme à Bruxelles; et la formule employée par l'article 42, formule copiée sur celle de l'article 1er de la déclaration de 1874 nous paraît de nature à couper court à toute équivoque, en donnant satisfaction aux aspirations légitimes des petits États (1). L'occupation sera avant tout question de fait et non d'intention; il ne suffira pas que le territoire dont s'agit ait été occupé et puis abandonné avec esprit de retour, qu'il soit seulement à proximité des positions ennemies ou même encadré par elles. A plus forte raison, faut-il écarter l'opinion de Bluntschli (2), suivant lequel le départ des troupes ne mettrait pas fin à l'occupation, en sorte que, lorsqu'une armée pénètre sur le sol ennemi, elle conserverait, dans sa marche en avant, la possession du territoire qui se trouve derrière elle, même si elle n'y avait point laissé de soldats, tant qu'elle n'aurait point renoncé intentionnellement à la possession de ce territoire, ou n'en aurait point été dépossédée effectivement par l'adversaire. Toutes ces dérogations au principe de l'effectivité de la possession sont condamnables comme substi-

---

pp. 24 et s. Conf. notre ouvrage sur la *Conférence de la Paix*, § 101.

(1) *Procès-verbaux* de la Conférence de la Paix, spécialement de la séance du 8 juin 1899, 3e partie, pp. 117 et s. Conf. l'art. 41 du Règlement de l'Institut de droit international.

(2) *Loc. cit.*, art. 544.

tuant l'arbitraire et le caprice des chefs d'armée ou des souverains aux règles sûres du droit international (1). Mais, à l'inverse, il n'est point indispensable que les hostilités aient absolument cessé en territoire occupé ; quelques actes de résistance isolés ne rendront point l'occupation indue, alors qu'en fait la soumission de la masse est acquise. Et, d'autre part, quand le pays absolument soumis sera réellement détenu par l'ennemi, on n'exigera point que celui-ci ait des troupes présentes sur tous les points du territoire occupé ; il suffira qu'il y ait accrédité des représentants officiels, effectuant en son nom les actes constitutifs de l'occupation et placé une quantité de forces suffisante pour maintenir l'ordre. Le pouvoir de fait de l'occupant ne sera pas subordonné, du reste, à une notification quelconque qui n'aurait aucune utilité, puisque l'occupation réellement effective a, par elle-même, suffisamment de publicité pour être parfaitement connue de tous ceux qui ont intérêt à la connaître (2). Enfin, le

(1) Dudley-Field, *loc. cit.*, art. 728 et s. Un territoire est considéré comme occupé, est-il dit dans le *Manuel français à l'usage des officiers* : 1º quand le gouvernement légal est, par le fait de l'envahisseur, mis dans l'impossibilité d'y exercer publiquement son autorité ; 2º quand l'envahisseur se trouve à même de substituer l'exercice de sa propre autorité à celle du souverain local. p. 88.

(2) L'occupation, étant avant tout question de fait, susceptible d'interruptions soudaines et de retours imprévus, nous paraît écarter, par la force même des choses, toute possibilité d'une notification officielle. Conf. Brenet, *loc. cit.*, p. 144. On a pourtant songé, en cette matière, à une notification analogue à celle que requiert le droit international pour la prise de possession des territoires *animo domini*. Mais cette assimilation paraît reposer sur une confusion : l'occupation *animo domini*, créant la propriété, supposant un état de choses permanent et définitif, peut seule se prêter à l'accomplissement d'une condition que ne comporte pas l'occupation guerrière avec ses multiples fluctuations.

retour offensif de l'armée vaincue fera, immédiatement et de plein droit, cesser toutes les conséquences de l'occupation, en sorte que le territoire sera replacé sous la domination du pouvoir ancien, jusqu'au moment où se produiraient de nouveaux faits d'occupation.

Les dispositions contenues dans les textes consacrés à l'occupation, tels qu'ils sont sortis des délibérations de la Conférence de la Paix, correspondent aux quatre points fondamentaux de la matière. Le premier a trait à l'administration générale du pays occupé ; le second, aux droits et devoirs de l'occupaut vis-à-vis de la personne et des biens des habitants ; le troisième, aux contributions extraordinaires, amendes et réquisitions ; et le quatrième à la réglementation de la mainmise de l'occupant sur les biens immobiliers et mobiliers de l'Etat ennemi, des communes et des établissements publics, sur le matériel de guerre en général et sur les chemins de fer et autres procédés de transport et de communication.

SECTION PREMIÈRE

De l'administration générale du pays occupé

———

123. L'article 43 du Règlement pose, à cet égard, le principe suivant qui domine tout l'ensemble.

Art. 43. — *L'autorité du pouvoir légal ayant passé de fait entre les mains de l'occupant, celui-ci prendra toutes les mesures qui dépendent de lui en vue de rétablir et d'assurer, autant qu'il est possible, l'ordre et la vie publics en respectant, sauf empêchement absolu, les lois en vigueur dans le pays* (1).

Ainsi l'autorité du pouvoir légal n'est que momentanément interrompue; elle reste la base de l'administration du pays par l'occupant qui n'exerce qu'un pouvoir de fait (2). Si la règle est facile à poser, son exécution ne

———

(1) En ce sens : Bluntschli, *loc. cit.*, art. 545 ; Despagnet, *loc. cit.*, § 570 ; Fiore, *Droit codifié*, art. 1092 et s. et *Nouveau droit internat.*, § 1063 ; Calvo, *loc. cit.*, §§ 2181 et s.

(2) Les Anglais, au Transvaal, ont complètement méconnu ces principes. Alors que la résistance des Républiques sud-africaines s'affirmait de la façon la plus énergique, que les pouvoirs locaux continuaient à fonctionner très régulièrement malgré le départ du président

sera pas toujours très nettement réalisable, en présence
de la difficulté qu'il y aura à déterminer dans quelle mesure exacte l'occupant devra agir en fait. Le seul crité-
rium qui paraisse pouvoir être fourni, c'est que l'administration ennemie se limitera aux actes rendus indispensables par les nécessités de la guerre. Mais, on le
conçoit, le point de vue variera beaucoup suivant les
circonstances et le tempérament des chefs militaires de
l'armée d'occupation, la résistance du pays envahi et les
idées du gouvernement victorieux (1).

En principe, sauf empêchement absolu, l'occupant doit
laisser subsister la législation locale, qu'il s'agisse de lois
criminelles, civiles, politiques ou autres, en tant que sa
sécurité ne s'y oppose pas (2). A ce dernier point de

Krüger pour l'Europe, ils ont décrété purement et simplement l'annexion des deux Etats à la couronne britannique. Cette annexion, qui
n'aurait pu être basée que sur la conquête réelle du pays, conquête
qui n'existait nullement en fait, était donc illégitime. Le Transvaal
avait, à cette époque, ainsi que l'Orange, un gouvernement régulier,
des troupes, un pouvoir exécutif, en un mot tous les organes d'un
Etat ; les Anglais occupaient seulement les points stratégiques, les
villes et les lignes de communication assurées par les voies ferrées dont
ils ne s'écartaient point, tout le reste du pays étant sillonné par les
commandos boërs. Donc la seule occupation possible, dans la limite
du territoire effectivement occupé, était l'occupation guerrière laissant
subsister la souveraineté ancienne. Conf. sur ce point, notre article
sur les *Pratiques anglaises dans la guerre terrestre*, paru dans
la *Revue générale de droit intern. public*, 1901, t. VIII, pp. 94
et s. Voir Despagnet, *Etude* précitée, pp. 269 et s.

(1) Conf. notre ouvrage sur la *Conférence de la Paix*, § 102.

(2) Lors de la guerre franco-allemande, les Prussiens permirent
aux habitants des provinces occupées de prendre part aux élections
pour l'Assemblée nationale. M. F. de Martens n'admet pas la pratique du gouvernement prussien à cet égard. *Loc. cit.*, § 118, p. 256.
L'ordonnance royale prussienne du 21 août 1870 statuait que les lois
du pays resteraient en vigueur au point de vue de la juridiction civile.

vue, il pourra empêcher l'émigration et suspendre la conscription, par lesquelles s'alimenteraient les forces de l'ennemi (1). Si des attentats sont dirigés contre son armée, il appliquera sa loi martiale aux coupables, suivant ce qui a été dit aux §§ 35 et suiv. L'occupant conservera les tribunaux locaux qui continueront à rendre la justice au nom du souverain par qui ils ont été institués (2). Sur ce point, des difficultés sérieuses se sont produites durant la guerre franco-allemande. L'autorité prussienne prétendit imposer aux magistrats de la Cour de Nancy de rendre la jus-

---

Une ordonnance explicative du gouverneur général de Reims, du 5 novembre 1870, confirmait le maintien des tribunaux et des officiers judiciaires français suivant la législation antérieure à la guerre. Conf. le *Manuel français* précité, p. 95.

(1) C'est ce que fit la Prusse, dans l'Est, par un décret royal du 13 août 1870. Seulement, elle dépassa le but en prononçant, par un autre décret du 15 décembre, le bannissement pour 10 ans et la confiscation des biens contre les Alsaciens-Lorrains qui avaient rejoint les forces françaises. Bluntschli, *loc. cit.*, art. 540. Fiore a énergiquement protesté, avec raison, dans son *Nouveau droit international*, *loc. cit.*, § 1460, contre cet acte qu'il qualifie de « violation manifeste et arbitraire des principes du droit international » et « d'inutile attentat à la liberté individuelle ». Egalement les Anglais, dans la guerre du Transvaal, ont déclaré passibles de peines fort dures les ressortissants du Transvaal et de l'Orange qui allaient rejoindre les commandos boërs. On ne peut que rappeler à ce sujet la protestation de Fiore ci-dessus relatée. Conf. sur ces points le *Manuel français* précité, p. 95.

(2) Despagnet, *loc. cit.*, § 571. Les décisions judiciaires qui auraient été rendues au nom de l'occupant, seraient susceptibles d'être annulées à la paix, comme cela eut lieu pour les jugements du tribunal de Valenciennes et de quelques autres places occupées par l'ennemi, en vertu d'un arrêté des représentants du peuple en mission, du 17 brumaire an III confirmé par une loi des 25-28 frimaire, an VIII, art. 2. Voir II Bulletin CCCXXXIX, n° 3482 ; *Moniteur* des 26 et 28 frimaire, an VIII ; *Collection des lois et décrets..... de Duverger*, t. XII, p. 46.

tice au nom des « Hautes puissances alliées allemandes ».
Sur le refus de la Cour, on proposa l'adoption d'une formule exécutoire au nom de l'Empereur. Cette nouvelle
proposition fut repoussée à raison de la captivité de
Napoléon III et de la proclamation de la République.
Finalement, après avoir encore résisté à l'idée du premier président de rendre la justice au nom du Peuple
et du Gouvernement français, la Cour se décida à
s'abstenir provisoirement de juger, sans pourtant abdi-
quer ses fonctions (1).

124. Ainsi les magistrats seront, en principe, main-
tenus par l'occupant, et ce, sans distinguer entre ceux
de l'ordre judiciaire et ceux de l'ordre administratif. Sans
doute, des juridictions telles que les Conseils de préfec-
ture pourront être saisies de points à propos desquels

---

(1) Arrêt de Nancy du 8 septembre 1870, *Palais*, 1872, p. 203.
A Laon, le tribunal suspendit ses travaux en affirmant, ce qui paraît
singulier, que « l'existence d'une justice française est incompatible avec
celle d'une administration étrangère ». Assemblée générale du tribunal
de Laon du 15 octobre 1870, *Palais, ibidem*. Le tribunal de Versailles, en conformité d'un décret du gouvernement de la Défense
nationale du 6 septembre 1870, proposa aux Allemands de rendre ses
sentences : au nom du Peuple français, avec formule exécutoire men-
tionnant la République française. On ne sait trop pourquoi le prince
de Bismarck refusa cette proposition tout à fait rationnelle. Conf. sur
ces points : Morin, *loc. cit.*, II, pp. 400 et s. ; Calvo, *loc. cit.*, IV,
§§ 2186 à 2191 ; Brenet, *loc. cit.*, pp. 184 et s. ; Dalloz, R. P. 1871,
2, 57 et 3, 39.
Durant la guerre hispano-américaine, les décisions judiciaires continuèrent à être rendues, notamment à Santiago et à Manille, au nom
du gouvernement espagnol. *Revue générale de droit intern. publ.*,
t. V, p. 801. Au contraire, pendant la guerre turco-grecque, tous les
tribunaux grecs avaient dû suspendre leurs travaux en Thessalie, dès le
début de l'occupation turque. *Revue générale de droit internat.
public*, 1897, t. IV, p. 710.

elles seront exposées à entrer en conflit avec l'occupant plus que les magistrats de l'ordre judiciaire proprement dit. Mais on ne voit pas, *a priori*, pourquoi, s'il n'y a pas d'intérêt, l'occupant ferait disparaître une organisation judiciaire même administrative, de nature à lui rendre de réels services, et à laquelle, du reste, il peut, comme nous allons le voir, joindre une organisation nouvelle limitée à la conquête (1).

En ce qui concerne les fonctionnaires autres que les magistrats, une distinction s'impose. S'agit-il des agents politiques, tels que préfets, gouverneurs de province, l'occupant ne les maintiendra pas ; et ils devront, d'eux-mêmes, se retirer, car ils ne sauraient continuer à exercer des fonctions désormais en opposition absolue avec les intérêts de leur pays. Est-il question, au contraire, des fonctionnaires d'ordre purement administratif ou local, comme les commissaires et agents de police, les employés des diverses administrations, les autorités communales, ils pourront rester à leur poste (2). Il vaudra même mieux qu'ils y restent, pour le plus grand bien de leurs concitoyens, dont ils défendront les droits, et dans l'intérêt aussi de l'occupant à qui ils ménageront, avec les populations, des rapports plus faciles que ne le feraient des agents étrangers ne connaissant en rien les nécessités du pays et suspects à cause de leur origine (3). L'article 4 de la déclaration de Bruxelles décidait, en ce sens, que les fonctionnaires et employés de tout ordre qui consentiraient, sur l'invitation de l'occupant, à continuer leurs

---

(1) Bluntschli, *loc. cit.*, art. 340 ; Funck-Brentano et Sorel, *loc. cit.*, p. 279.

(2) Bonfils-Fauchille, *loc. cit.*, § 1174.

(3) Mérignhac, *loc. cit.*, § 102.

fonctions, jouiraient de sa protection. A La Haye, les délégués belge et néerlandais ont déclaré s'opposer absolument à toute disposition paraissant supposer une autorisation pour les fonctionnaires du pays envahi de se mettre à la disposition du vainqueur (1). En conséquence, l'article 4 du projet de Bruxelles a disparu de la rédaction définitive du Règlement de La Haye, mais pourtant avec une réserve tacitement acceptée pour certains fonctionnaires, notamment pour les fonctionnaires communaux, en vertu des considérations plus haut exprimées. Dès qu'on le limitait ainsi, l'article 4 pouvait être utilement conservé, car il constituait une sauvegarde pour ces agents, dont la situation sera parfois difficile entre les droits de leurs pays et les exigences de l'occupant (2).

(1) *Procès-verbaux de la Conférence, ibidem*, pp. 111 et s., 122, 127 et s.

Durant la guerre franco-allemande, les proclamations des commissaires allemands firent appel aux fonctionnaires français non politiques, sans leur imposer aucune charge, ni aucun serment, en leur demandant simplement de la bonne volonté. Mais ces fonctionnaires, tels que magistrats, ingénieurs, forestiers, percepteurs, démissionnèrent en masse. Seules les municipalités restèrent à leur poste. *Revue des Deux-Mondes,* 1871, III, p. 169.

(2) Mérignhac, *loc. cit.* On a fait remarquer avec raison, par exemple, qu'en matière de réquisitions et de contributions, l'autorité municipale rendra les plus grands services et à l'ennemi et à ses concitoyens, en sorte que c'est surtout en cas d'invasion qu'un maire prudent et avisé sera utile à ses administrés, tout en facilitant la tâche de l'occupant. Le fonctionnaire municipal, dit avec raison le *Manuel français à l'usage des officiers*, p. 97, considérera presque toujours comme une obligation patriotique de rester en place. Il rassurera ses concitoyens, usera de son ascendant pour les détourner d'une résistance qui fatalement retomberait sur eux, veillera à l'exacte répartition des charges à supporter par la commune, s'opposera à toute réquisition non conforme aux lois de la guerre, que l'ennemi hésitera peut-être à transgresser, en présence de son intervention.

125. Mais, qu'on le remarque bien, le maintien des fonctionnaires d'ordres divers, dont il a été question ci-dessus, est une mesure facultative pour le gouvernement occupant, comme aussi le fait de rester en place, pour ces fonctionnaires, constitue un acte essentiellement volontaire. Si sa sécurité est en jeu et dans la mesure où elle l'est, l'occupant est libre de procéder à toutes révocations, à tous changements nécessaires. Et le fonctionnaire, d'autre part, est juge du point de savoir s'il peut concilier, en restant à son poste, les intérêts de son pays et ceux de l'armée d'occupation, qu'il consent à prendre en main dans une certaine mesure par le fait qu'il conserve sa place. Ainsi placé entre des devoirs contradictoires et souvent inconciliables, il sera souvent amené à démissionner, quelque regrettable que soit sa retraite, sans que son pays ait à l'en blâmer et sans que l'ennemi puisse voir une injure ou une rébellion dans cette retraite, que justifient les motifs les plus avouables et les plus légitimes, alors même que l'exode se produirait en masse. Il n'y aurait là aucun motif sérieux soit de sévir contre les démissionnaires soit d'aggraver les rigueurs de l'occupation. C'est donc avec raison que le Règlement de La Haye n'a point reproduit la disposition excessive que contenait le projet primitif présenté par la Russie à la Conférence de Bruxelles de 1874, disposition suivant laquelle l'occupant pouvait contraindre les fonctionnaires à conserver leurs fonctions.

Tout en laissant subsister, ainsi qu'il vient d'être dit, l'organisation générale du pays occupé au point de vue législatif, judiciaire et administratif, l'occupant sera souvent obligé, par la force même des choses, soit de la modifier, soit de juxtaposer une législation et une

organisation judiciaire, ou administrative, nouvelles. Et
ce ne sera pas le problème le moins délicat à résoudre
que celui de savoir dans quelle mesure devront fonctionner côte à côte, se pénétrer et se concilier deux principes
essentiellement opposés: le maintien de l'état de choses
antérieur à l'occupation et le régime nouveau inauguré
par l'occupant.

126. Tout d'abord, au point de vue de l'organisation
générale, on pourra ou conserver les formes anciennes
ou créer un état de choses nouveau. Lors de la guerre
franco-allemande, les territoires occupés furent divisés
en quatre gouvernements. Un gouverneur général militaire, assisté d'un commissaire civil, était à la tète de chacun d'eux, avec un cortège de préfets et sous-préfets allemands (1). L'occupant édictera, le plus souvent, ensuite
certaines dispositions législatives, soit prévoyant des
situations nouvelles créées par l'occupation, soit modifiant
ou abrogeant les lois usitées auparavant sur le territoire.
Il créera, le cas échéant, des juridictions soit judiciaires,
soit administratives, soit militaires, principalement des
cours martiales et des conseils de guerre appliquant les
lois martiales (2).

(1) *Revue de droit intern. publ. et de législat. comparée*, 1872,
t. IV, pp. 637 et s. Voir dans Brenet, qui le reproduit d'après M. Bray,
le texte de l'ordonnance royale du 21 août 1870 fixant, en Alsace-Lorraine, les attributions des gouverneurs généraux, lesquels prélevaient
les impôts, prenaient possession des postes, télégraphes, chemins de
fer, imposaient les contributions et réquisitions, etc., etc. *Loc. cit.*,
p. 147. note 1. Conf. le Règlement général du 30 mars 1895 pour le
gouvernement des pays occupés durant la guerre sino-japonaise, dans
Nagao-Ariga, *loc. cit.*, pp. 192 et s.

(2) Les cours martiales instituées par les Prussiens, en 1870-71, ne
pouvaient prononcer que la peine de mort. Proclamation publiée dans
les territoires occupés par les commandants en chef des armées alle-

Tous les actes dont il vient d'être question devront être tenus pour valables ; les lois nouvelles seront régulières et obligatoires, les sentences judiciaires valablement rendues et exécutoires, pourvu que, l'occupant, suivant la formule ci-dessus indiquée, s'en soit tenu aux points indispensables suivant les nécessités de la guerre. Les actes excessifs et inutiles seraient tenus pour nuls ; ainsi, dès le début de la guerre de 1870-71, une circulaire allemande suspendit sans raison l'application des lois douanières françaises dans tout le territoire occupé. C'était là le prélude pur et simple de l'annexion, que la jurisprudence française s'est toujours, avec raison, refusée à ratifier (1).

Dans la mesure qui vient d'être précisée, tous les actes de l'occupant, en pays occupé, doivent être tenus pour valables par le gouvernement légal rentré en possession du territoire. Si les choses devaient se passer autrement, il ne serait point nécessaire de prévoir dans les lois de la guerre les pouvoirs exacts de l'occupant. On les définit, afin que le gouvernement légal les respecte, et il s'y engage formellement en signant la convention inter-

mandes le 18 août 1870. Brenet, *loc. cit.*, p. 187, note. Le tribunal n'admettait ni grâce ni sursis et on exécutait immédiatement la sentence. Cette façon d'agir n'est nullement d'accord avec les sages principes que Bluntschli propose aux conseils de guerre. *Loc. cit.*, art. 548.

(1) Bonfils-Fauchille, *loc. cit.*, § 1165 ; Rouard de Card, *loc. cit.*, p. 74. Conf. l'arrêt de Metz du 29 juillet 1871. *Palais*, 1872, p. 205. La mesure prise au sujet des lois douanières était si bien le prélude de l'annexion, qu'on la retrouve dans la guerre hispano-américaine, au sujet des Antilles, dont la conquête était résolue par avance en Amérique. Les Etats-Unis remanièrent, dès le début des hostilités, les droits de douane qu'ils perçurent pour leur compte exclusif. *Revue générale de droit intern. pub.*, 1898, t. V, p. 305.

nationale qui les précise et qui est aujourd'hui le Règlement de La Haye concernant les lois et coutumes de la
guerre sur terre. Non seulement, il est tenu de les respecter comme il vient d'être dit, mais, de plus, tant que
l'occupation dure, il lui est interdit de contrecarrer, par
ses déclaraitons ou ses actes, les agissements de l'occupant effectués dans la mesure de la nécessité de la guerre.
En tenant une conduite opposée, il jetterait un trouble
nouveau dans l'esprit des populations déjà surexcitées
par l'occupation et risquerait de provoquer des représailles. Son rôle se borne à faire tous ses efforts pour reconquérir le pays occupé ; c'est sur le terrain militaire
et non dans la sphère procédurière que son activité doit
se déployer (1).

127. L'article 48 du Règlement de La Haye a trait à
la perception des impôts par l'occupant, perception qui
est subordonnée à des conditions déterminées.

ART. 48. — *Si l'occupant prélève, dans le territoire
occupé, les impôts, droits et péages établis au profit de
l'État, il le fera, autant que possible, d'après les règles
de l'assiette et de la répartition en vigueur, et il en résultera pour lui l'obligation de pourvoir aux frais de l'administration du territoire occupé dans la mesure où le
Gouvernement légal y était tenu.*

(1) Pillet, *loc cit.*, § 174. On doit donc critiquer certains actes du
gouvernement de la Défense nationale effectués dans le but évident
d'entraver l'occupation prussienne, tel le décret non appliqué du
19 novembre 1870, fixant l'exercice de la police judiciaire dans les
départements occupés, ou encore les décrets nommant des sous-préfets dans les mêmes départements. Les Allemands annulèrent ces nomi-
nations et défendirent aux maires et autres agents d'entrer en rapports
avec les sous-préfets en question. M. Bray, *De l'occupation*, p. 256,

En fait, l'occupant a toujours prélevé et prélèvera toujours les impôts qui constituent la principale ressource du gouvernement ennemi (1). Mais il ne peut le faire qu'à la condition de subvenir aux frais de l'administration du territoire occupé. Les impôts, en effet, sont partout destinés à faire face aux besoins de l'administration intérieure; et l'occupant qui les prélève ne saurait les prendre qu'avec la destination qui leur incombe. Pour ce qui excède les frais de l'administration locale, l'occupant en bénéficiera soit en sa qualité d'usufruitier général (voir *infrà*, § 145), soit à titre de ressource de guerre qui, si elle n'était pas prélevée, aiderait à la résistance de l'ennemi. Les impôts sont donc dus du jour de l'occupation ; et, si la population, pour éviter de les payer à l'occupant, les avait soldés par avance, en tout ou en partie, aux mains de son gouvernement, l'occupant serait en droit de tenir les paiements anticipés pour non avenus et d'exiger les fonds une seconde fois.

L'article 48 recommande avec raison d'employer ici

en note, rapporte, en ce sens, un arrêté du préfet allemand de Seine-et-Oise. Conf. Brenet, *loc. cit.*, pp. 140 et 175.

(1) L'occupant utilise souvent dans ce but les fonctionnaires locaux qui n'ont point démissionné. Durant la guerre franco-allemande, les maires furent chargés de ce soin, déclarés responsables des rentrées tardives ou incomplètes et gratifiés d'une remise de 3 0/0 sur le total des recouvrements. Les maires des cantons centralisaient les impôts des communes de leur ressort, moyennant une nouvelle remise de 1 0/0 sur l'ensemble des sommes perçues. Mais beaucoup de maires, tout en restant en fonction, ne voulurent pas consentir à percevoir les impôts pour le compte des Prussiens, faisant observer que le maniement des deniers publics ne rentrait point dans leurs attributions normales suivant la loi française. Brenet, *loc. cit.*, p. 177 ; Bray, *loc. cit.*, p. 259. Conf., au sujet de la perception des impôts en pays occupé, les sages prescriptions du *Manuel français*, pp. 102 et s. et du *Manuel de l'Institut de droit international*, art. 57.

le mode de perception le meilleur et pour l'occupant et pour le pays occupé, qui consiste à suivre les règles préétablies. Si pratiquement il y a impossibilité à agir ainsi, on use d'un procédé qui consiste à faire la perception par équivalence, en totalisant le rendement de tous les impôts afférents au pays occupé et en divisant la somme obtenue, d'abord entre les diverses circonscriptions locales, et ensuite entre les habitants de ces circonscriptions. Dans tous les cas, il convient de ne point aggraver les charges normales de ces derniers, puisque l'occupant doit se borner à exiger ce qu'aurait perçu son adversaire lui-même, aux droits duquel il est subrogé (1).

(1) A ce point de vue, l'article 5 du projet de Bruxelles avait une rédaction préférable ainsi conçue : « L'armée d'occupation ne prélèvera que les impôts, redevances, droits et péages déjà établis au profit de l'État..... » La formule de La Haye est plus ambiguë et pourrait prêter à l'équivoque.

Durant la guerre franco-allemande, les Prussiens essayèrent d'utiliser au début les rôles nominatifs français qu'ils avaient en main. Mais ils y renoncèrent bientôt et admirent le procédé de l'impôt de capitation. Une ordonnance d'octobre 1870 établit, pour le gouvernement de la Lorraine, un seul impôt direct au lieu et place de tous autres impôts de toute nature. Les maires étaient chargés de la répartition, de concert avec leur conseil municipal. Les mesures de répression contre les localités récalcitrantes étaient des plus dures et l'on estime à 62 millions le chiffre d'impôts perçus par les Allemands, sans préjudice des amendes et autres contributions en argent. Conf. sur ces points : Guelle, *loc. cit.*, II, pp. 109 et s. ; Bonfils Fauchille, *loc. cit.*, § 1190 ; Rouard de Card, *loc. cit.*, pp 71 et s. ; Pradier-Fodéré, *loc. cit.*, VII, § 2955 ; Brenet, *loc. cit.*, pp. 181 et s. ; Mérignhac, *loc. cit.*, § 104.

En Thessalie, durant la guerre turco-grecque, les Turcs conservèrent presque complètement leur régime fiscal dans la perception des impôts. C'est ainsi notamment qu'on établit un impôt sur les moutons et qu'on rétablit les dîmes usitées avant la réunion du pays à la Grèce. *Revue générale de droit international public*, 1897, t. IV, p. 710.

Les agents diplomatiques accrédités par les puissances neutres auprès d'un des belligérants cessent, de plein droit, leur fonction sur la partie du territoire occupé par l'autre belligérant. Toutefois, l'occupant, en général, accorde courtoisement les mêmes droits à ces agents que s'ils étaient temporairement accrédités auprès de lui. Il ne se départirait de cette conduite que s'il avait des raisons sérieuses de supposer que les agents neutres pourraient créer des embarras à l'armée d'occupation, auquel cas il serait en droit de les expulser, puisqu'ils ne sont pas accrédités auprès de lui.

Quant aux consuls, qui n'ont pas de caractère représentatif, et dont la mission se rapporte à la protection des intérêts privés, on admet qu'ils continuent à exercer leurs fonctions tant qu'on ne leur a pas retiré l'exequatur (1).

(1) Bluntschli, *loc. cit.*, art. 555 et 556.

SECTION II

Des droits et des devoirs de l'occupant à l'égard de la personne et des biens des habitants du pays occupé

---

128. Les articles 44 à 47 du Règlement de La Haye énoncent, au sujet de la personne et des biens des habitants des pays occupés, des principes unanimement reconnus, qui, dans les rapports de l'occupant avec la population, sauvegardent la liberté, l'honneur et la vie des individus, ainsi que la propriété privée soit individuelle soit collective.

Les guerres antérieures au xixᵉ siècle ont vu se commettre les abus les plus graves contre les droits les plus sacrés des habitants du pays envahi. Aujourd'hui, au contraire, tout le monde reconnaît que ces habitants doivent être protégés quant à leur personne, leur honneur et leurs biens ; et la loi militaire des nations civilisées punit sévèrement les combattants qui violeraient cette règle (1).

(1) Dans un ordre du jour du 12 avril 1877, adressé par le grand-duc Nicolaïevitch, commandant en chef des troupes russes pendant la guerre turco-russe, il était dit : « Les habitants paisibles, quelle que soit leur religion ou leur nationalité, doivent être respectés par vous, ainsi que leurs biens..... » F. de Martens, *La guerre d'Orient et la Conférence de Bruxelles*, p. 283.

De leur côté, indépendamment de leur abstention absolue à l'égard des opérations de guerre, les populations
sont tenues d'obéir aux injonctions de l'armée d'occupation, provoquées par les nécessités de la lutte, et qui
ne les obligeront pas à effectuer des actes contraires à
leurs propres droits et aux intérêts de leur pays.

Dans cet ordre d'idées, se placent les articles 44 et 45
du Règlement concernant les lois et coutumes de la
guerre sur terre.

ART. 44. — *Il est interdit de forcer la population d'un
territoire occupé à prendre part aux opérations militaires
contre son propre pays.*

ART. 45. — *Il est interdit de contraindre la population
d'un territoire occupé à prêter serment à la puissance
ennemie.*

L'article 46 proclame ensuite, dans les termes suivants,
le principe général qui doit guider l'occupant en pays
ennemi.

ART. 46. — *L'honneur et les droits de la famille, la vie
des individus et la propriété privée, ainsi que les convictions religieuses et l'exercice des cultes, doivent être respectés.*

La propriété privée ne peut pas être confisquée.

Et, comme corollaire, l'article 47 ajoute.

ART. 47. — *Le pillage est formellement interdit.*

Le pillage était autrefois fréquemment promis par
les chefs à leurs troupes, afin de stimuler leur ardeur et

leur courage. Jusqu'à la fin du xviiie siècle, la propriété privée des nationaux du pays envahi ne fut pas plus respectée que leur personne; elle était impunément détruite ou pillée (1); et certains publicistes approuvaient même encore le pillage au début du xixe siècle (2). Mais, en thèse générale, on peut affirmer que les auteurs du siècle dernier ont considéré le respect de la propriété privée sur terre comme une règle de droit commun international, conséquence logique de l'idée nouvelle que la guerre est un rapport d'État à État (3). Il est interdit de s'emparer à titre de butin de guerre, non seulement des biens des particuliers du pays envahi, mais encore de ceux des soldats ennemis. Si on peut leur enlever leurs armes, leurs chevaux, leur équipement, qui constituent du matériel de guerre, sujet à ce titre à confiscation, ainsi qu'il sera dit au § 146, on doit leur laisser leurs bijoux, leur argent et leurs effets, dont l'enlèvement serait un véritable vol (4).

Si, théoriquement, le principe de l'inviolabilité de la

(1) Grotius, *loc. cit.*, III, c. VI, t. III, pp. 123 et s. ; Vattel, *loc. cit.*, III, c. IX, §§ 164 et s., t. III, pp. 38 et s.

(2) G.-F. de Martens, *Précis...*, II p. 279.

(3) Bluntschli, *loc. cit.*, art 652 et 657 ; Dudley-Field, *loc. cit.*, art. 846 ; Domin-Petrushevecz. *loc. cit.*, CXX ; *Manuel de l'Institut de droit international*, art. 54. Nous ne citons ici que les projets de codification internationale ; quant aux auteurs, ils sont unanimes. Conf. *Manuel français à l'usage des officiers*, pp. 120 et s.

Il faut proscrire même le pillage à titre de châtiment, que les Prussiens, durant la guerre franco-allemande, appliquèrent à Beauvais, Châteaudun et Gray. Les représailles, en effet, comme nous l'avons expliqué au § 104, ne peuvent consister qu'en actes licites suivant le droit international général.

(4) Bluntschli, *loc. cit.*, art. 659.

propriété privée est à l'abri de toute contestation, il a
malheureusement été l'objet de violations condamnables
dans les grandes guerres du siècle dernier ; voilà pourquoi on ne saurait trop louer la Conférence de La Haye
d'avoir énergiquement insisté sur ce point dans l'article
47 du *Règlement* ci-dessus rapporté (1). Si général que
soit ce texte, il comporte des exceptions assez nombreuses commandées par les nécessités impérieuses de la
guerre. Ainsi les particuliers ne pourront se plaindre de
la dévastation et de la destruction de leurs biens, conséquence des opérations militaires dont il va être parlé au
§ 129, et de leur confiscation à suite de besoins urgents,

(1) Laissant de côté les faits antérieurs, tels que celui du pillage
du palais d'Eté de l'Empereur de Chine, au sujet desquels on consultera utilement l'ouvrage de notre collègue M. Rouard de Card sur la
Guerre continentale et la propriété, pp. 124 et s., nous constate-
rons que la guerre franco-allemande a justifié amplement à elle seule
la remarque faite au texte. Le pillage des propriétés privées françaises
par les Prussiens s'y produisait d'une façon tellement systématique,
que M. de Chandordy crut devoir protester par une circulaire du
29 novembre 1870. Dans les départements envahis, le montant des
réclamations des particuliers s'est élevé à 264 millions pour vol de
titres et autres objets mobiliers. C'est en vain que Bluntschli, *loc. cit.*,
art. 652-2°, a essayé de justifier la conduite de ses compatriotes par
l'idée de vengeance ou de représailles. A supposer qu'on explique ainsi
la mise au pillage des caves et des appartements, on n'expliquera
point les vols des objets de toute sorte tels que : effets d'habillement,
pendules, montres, bijoux, etc., etc., trouvés sur les prisonniers ou
dans les bagages pris à l'ennemi. Un rapport du ministre de l'Intérieur évalue à 264 millions la valeur des choses dérobées. Conf. sur
ces points : Rouard de Card, *loc. cit.*, Morin, *loc. cit.*, I, pp. 454
et s. ; Brenet, *loc. cit.*, p. 157.

Les Japonais paraissent avoir commis des faits de pillage à la suite
de la prise de Port-Arthur. Nagao-Ariga, *loc. cit.*, pp. 77 et s. D'autre
part, les divers contingents européens envoyés par les puissances en
Chine à une date récente ont été l'objet d'accusations de pillage qui
n'ont pas été établis d'une façon bien certaine.

dont les réquisitions et contributions, traitées ci-après à
la section III, constituent la manifestation la plus vexa-
toire.

129. L'occupant, à raison de la sécurité de l'armée et
de son droit de haute police, peut, comme nous venons
de le dire, prendre les mesures les plus préjudiciables à
la propriété privée : couper les arbres, abattre les maisons gênant le tir, saccager les plantations et les récoltes
en y faisant passer ses troupes et son artillerie. Mais le
bon sens indique qu'il convient de s'abstenir de tous actes autres que ceux indispensables. Les ravages du Palatinat sous Louis XIV, aussi bien que ceux des guerres
franco-allemande et anglo-boër, ont été blâmés par tous
ceux qui les ont envisagés d'une manière désintéressée
et en dehors des ardeurs de la lutte (1).

Tout en respectant, en principe, la propriété privée, il
est permis de saisir chez les particuliers ce qui pourrait être utilisé par l'adversaire à des fins de guerre, par
exemple, les armes de luxe, telles que pistolets et fusils
de chasse. Mais cette saisie ne doit avoir qu'un caractère
provisoire, réserve faite de la restitution à la fin de la
guerre. Retenir définitivement les objets en question

---

(1) Conf. Rouard de Card, *loc. cit.*, pp. 38 et s.
En ce qui concerne la guerre anglo-boër, voici les détails navrants
que donnent les rapports officiels des généraux Delarey et Smutz,
édités en 1902 par les soins du comité parisien pour l'indépendance
des Boërs : « Notre pays est en ruines, dit, à la page 4, le général
Delarey ; on ne rencontre plus que les murs des habitations, sauf là
où la dynamite a fait son œuvre. La destruction n'a épargné personne ;
tout est détruit ». Conf. les détails que nous avons donnés nous-
mêmes dans notre article précité sur : *Les pratiques anglaises dans
la guerre terrestre, loc. cit.*, pp. 111 et s. et Despagnet, *Etude*
précitée, pp. 322 et s.

constituerait un vol pur et simple. Les particuliers momentanément dépossédés doivent recevoir un récépissé assurant la restitution à la fin de la guerre. En 1870-71, les Prussiens ont bien fourni ces reçus; mais ils ont fréquemment omis de restituer en dépit de toutes les réclamations. Si l'ennemi est obligé de se servir des armes en question, il usera, vis-à-vis des propriétaires, du droit de réquisition donnant lieu à indemnité, ainsi qu'il sera dit ci-après aux §§ 131 et s.

Bien que constituant une propriété privée, la *Presse*, à raison de l'action considérable qu'elle exerce, peut être l'objet de mesures spéciales dérogatoires au droit commun (1). La proclamation de l'état de siège la place sous le contrôle des lois martiales (2). D'autre part, l'occupant est en droit d'exproprier les imprimeries moyennant indemnité. Mais il ne peut requérir les imprimeurs et leurs ouvriers pour publier des documents défavorables à leur pays et encore moins obliger les maires, cafetiers et hôteliers à s'abonner aux journaux qu'il publie, comme l'ont fait les Prussiens en 1870-71.

130. Pas plus qu'on ne peut obliger les habitants du pays envahi à livrer leurs biens à l'envahisseur, on ne doit les astreindre à prêter leur concours à des opérations militaires dirigées contre leur propre pays. La sage prescription de l'article 44 rendra impossibles dans l'avenir,

---

(1) Bonfils-Fauchille, *loc. cit.*, § 1175.

(2) Durant la guerre du Transvaal, un avis du 29 avril 1901 a déclaré articles de contrebande, dans le district du Paarl, un certain nombre de journaux, revues ou livres, et passibles de la loi martiale tous ceux qui en seraient trouvés détenteurs. Le même avis a été publié dans plusieurs autres districts de la colonie. *Brochure* précitée de M. Mackarness, p. 29.

il faut l'espérer, les abus qui se sont produits dans les guerres anciennes (1). Mais il est à craindre que, malgré tout, les belligérants, poussés par la nécessité, ne continuent à exiger des populations la prestation de certains services en désaccord avec le texte, à les obliger, par exemple, comme autrefois, à guider les troupes, à porter des messages et à conduire des bêtes de somme ou de trait. Nous avons déjà fait remarquer, au § 100, cette opposition entre la formule théorique de l'article 44 et l'obligation de servir de guide acceptée par la pratique constante. On a essayé quelquefois de justifier cette dernière obligation, en établissant une assimilation entre les prestations en nature que l'habitant doit fournir contre son pays, et les services personnels qu'on exige de lui. Quelle différence peut-il bien y avoir, a-t-on dit, entre le cheval et le mulet réquisitionnés et leur conducteur? On a répondu fort justement qu'il y a toute la différence séparant un animal d'un homme (2). Certes, au point de vue du droit naturel, la réponse est irréfutable; mais, encore une fois, il est à craindre que les exigences de la conscience ne s'effacent devant celles de la guerre. En tout cas, pour rester autant que possible dans l'esprit de l'ar-

(1) Déjà le projet de Bruxelles contenait un article 46 portant la même interdiction que l'article 44. Mais ce texte, dépourvu du caractère obligatoire qu'a l'article 44, n'a pu empêcher, durant la guerre franco-allemande, l'usage abusif des réquisitions de services pour la construction ou la réparation de batteries, ponts, chemins de fer et ouvrages stratégiques de toute sorte. Ainsi, les paysans français furent obligés, avec menace de fusiller un certain nombre d'entre eux en cas de refus, de concourir à la reconstruction du pont du chemin de fer de Fontenoy entre Toul et Nancy, de travailler à l'édification de batteries de siège contre Strasbourg, etc,. etc., Brenet *loc. cit.*, pp. 75 et s.

(2) Brenet, *loc. cit.*, p. 73.

ticle 44, convient-il de n'autoriser que les réquisitions de services *dont on ne saurait se passer*, et nullement celles qui donneraient seulement plus de facilité ou de commodité à l'envahisseur. On constate alors qu'il n'y a guère que les guides, les messagers, courriers et les conducteurs de voitures ou d'animaux qui, *à raison de leur connaissance approfondie du pays inconnu à l'ennemi*, puissent, à un moment donné, devenir *indispensables*. Quant aux réquisitions d'autres services divers auxquelles on a fait abusivement appel dans les guerres antérieures, telles que celles concernant les travaux des terrassiers et ouvriers d'art, elles n'offriront jamais le même caractère, par la force même des choses, et tomberont, par suite, sous la prohibition de l'article 44.

Les législations internes règlent la responsabilité de l'État vis-à-vis de ses nationaux, à raison des dommages causés par l'invasion. Le principe de cette responsabilité repose sur la solidarité morale qui unit entre eux les habitants d'un même pays ; c'est seulement à partir de la Révolution française qu'il est passé dans la pratique internationale (1). Le droit à l'indemnité n'existe que pour les dommages causés par l'État d'une façon libre et réfléchie, par exemple, à l'occasion de travaux de défense. Quant aux dommages causés, au cours des opérations, par le fait de l'ennemi ou de l'État lui-même, agissant d'une manière urgente, sous la pression de la force majeure, ils ne confèrent pas de droit à indemnité, mais créent seulement une *obligation morale* de réparer le préjudice causé.

La loi française du 6 septembre 1871 a consacré cette

(1) Conf., sur les lois de la Révolution française à cet égard, Morin, *loc. cit.*, II, pp. 49 et s.

manière de voir, en accordant un « *dédommagement* à tous ceux qui avaient subi, durant l'invasion, des contributions de guerre, des réquisitions soit en argent soit en nature, des amendes et des dommages matériels ». Une somme de cent millions était, à cet effet, mise immédiatement à la disposition des ministres de l'intérieur et des finances, devant être répartie entre les départements, au prorata des pertes éprouvées, « pour être distribuée entre les victimes les plus nécessiteuses de la guerre et les communes les plus obérées » (1).

. (1) Morin, *loc. cit.*, p. 53. Conf. les lois des 7 avril 1873, 28 juillet 1874, 16 juin 1875, 16 août 1876. Voir : Bonfils-Fauchille, *loc. cit.*, § 1231 ; Rouard de Card, *loc. cit.*, pp. 146 et s.

SECTION III

Des contributions extraordinaires amendes et réquisitions.

———

131. Les réquisitions sont dites *réelles*, quand elles portent sur des objets en nature, et *personnelles*, lorsqu'elles consistent en services imposés à l'habitant dans la mesure qui a été précisée au paragraphe précédent. Jusqu'au moment où fut constituée une administration militaire régulièrement organisée, dont la tâche consiste à subvenir aux besoins de l'armée, ce qui, en France, n'eut guère lieu qu'à partir de Louis XIV, il était admis que l'ennemi devait s'alimenter sur le pays envahi et en tirer absolument sa subsistance (1). Dans la période contem-

(1) Les gens de guerre utilisaient comme ils l'entendaient toutes les ressources du pays ami ou ennemi, s'appropriant tout ce qui était à leur convenance, et ruinant tout sur leur passage. Pour remédier à ce fléau, quelques tentatives de réglementation furent faites sous Charles VII en 1439 et sous Louis XI, en 1467. Sous François Ier et Henri IV, des commissaires *ad hoc* réquisitionnaient avec le concours des autorités locales. Louis XIV créa l'administration militaire, grâce à laquelle il fut tenu compte des prestations requises à payer par le trésor royal. La Révolution française, par des lois diverses, régularisa le système des réquisitions, système qui fut complété par

poraine, au contraire, l'usage a prévalu, chez les nations civilisées, de pourvoir elles-mêmes à l'entretien de leurs troupes en campagne ; et la réquisition n'a été employée que pour les choses dont celles-ci avaient un besoin indispensable et urgent, qu'elles ne pouvaient d'ailleurs se procurer par leurs propres ressources. Mais, si tel est le principe qui a dominé jusqu'ici (1), il est fort à craindre qu'on ne soit tenté, dans les guerres futures, d'en revenir à la règle ancienne, d'après laquelle le pays envahi devait nourrir l'envahisseur. Plus nous irons, en effet, et plus les armées deviendront nombreuses en vertu du système d'augmentation constante des effectifs, que voulait, en convoquant la Conférence de la Paix, arrêter le Tsar Nicolas II. Il sera, dès lors, de plus en plus difficile et parfois impossible, étant données ces énormes concentrations humaines, de faire arriver à temps, dans les lieux de rassemblement, les approvisionnements préparés à l'avance. Pour ces motifs, les réquisitions en nature paraissant destinées à jouer un rôle prépondérant, il importe de tracer rigoureusement les bornes qu'il convient de leur assigner (2).

divers actes du Premier Empire, de la Restauration et de la Défense nationale. Comp. le rapport du Baron Reille, député du Tarn, à propos de la loi du 3 juillet 1877 (*Officiel français* des 19 et 20 août 1876 et Morgand, *Les réquisitions militaires*, 3⁰ édition 1896, pp. 1 et s.

(1) Pourtant, on n'a pas usé des réquisitions dans les guerres de Crimée, d'Italie et du Mexique. Les Japonais affirment aussi n'y avoir point recouru, dans leur guerre avec la Chine. Nagao-Ariga, *loc. cit.*, pp. 148 et s.

(2) Conf. sur les réquisitions et contributions au point de vue international : Morin, *loc. cit.*, I, pp. 391 et s. ; Calvo, *loc. cit.*, §§ 2235 et s. ; Bonfils-Fauchille, *loc. cit.*, §§ 1207 et s. ; Despagnet,

132. Une divergence profonde existe entre les auteurs
sur le point de savoir quel doit être le fondement du
droit de réquisition. La théorie qui paraît la plus rationnelle, est celle qui considère les réquisitions comme une
exception au principe de l'inviolabilité de la propriété
privée, basée sur les nécessités de la guerre (1). C'est en
l'envisageant seulement ainsi qu'on peut arriver à rendre la réquisition acceptable, à la condition de la limiter
aux choses dont l'armée d'occupation a un besoin réel
et urgent. Il n'est pas possible, on le conçoit, avec ce cri-
térium, de tenter une énumération, étant donné que les
besoins de l'occupant varieront nécessairement avec les
lieux, le temps, les circonstances et le caractère de l'occupation. Les lois que les divers Etats ont promulguées

loc. cit., §§ 576, 586 et s. ; Rouard de Card, loc. cit., pp. 155 et s. ;
Pillet, loc. cit., §§ 147 et s. ; Guelle, loc. cit., II, pp. 175 et s. ;
Pradier-Fodéré, loc. cit., VII, §§ 3048 et s. ; Bluntschli, loc. cit.,
art. 653 et s. ; Heffter-Geffken, loc. cit., § 131 ; F. de Martens,
loc. cit., pp. 263 et s. ; Bry, loc. cit., p. 415 ; *Manuel d'Oxford*,
art. 56 et s. ; *Manuel français*, pp. 124 et s. ; Mérignhac, loc. cit.,
§§ 106 et s. ; Funck-Brentano et Sorel, loc. cit., pp. 280 et s. ;
Westlake, loc. cit., p. 267 ; Fiore, *Droit codifié*, art. 1068 et *Nouveau droit internat.*, §§ 1476 et s. ; Klüber et Ott, loc. cit., § 251 ;
Rivier, loc. cit., § 63, pp. 324 et s.

(1) Conf. Rouard de Card, loc. cit., pp. 157 et s. Après des discussions assez confuses, la Conférence de Bruxelles a fini par se rallier à cette idée que la réquisition doit s'exercer dans la mesure fixée
par les nécessités de la guerre ; l'Institut de droit international, s'est
également rangé à cette manière de voir. On a fait observer qu'elle
présente cet inconvénient d'être indécise et de permettre d'annihiler
presque complètement le principe du respect de la propriété privée.
Pillet, loc. cit., § 149. Mais on est bien forcé de s'y rallier, faute
d'une base plus précise qui a été vainement cherchée. En somme,
c'est la nécessité de la guerre qui peut seule seule justifier la réquisition : et c'est à celui qui l'exerce à interpréter cette nécessité d'une
façon humaine et acceptable.

sur la matière des réquisitions (1), ne règlent que celles effectuées en territoire national ; on peut pourtant les prendre, ainsi qu'on le verra, comme base de la réglementation à suivre en temps de guerre. Mais, qu'on le remarque bien, elles ne sont obligatoires pour l'occupant, en pays ennemi, ni quand il les a édictées lui-même pour ses propres sujets, ni lorsqu'elles émanent de la législation de l'adversaire (2). C'est la seule nécessité qui guidera l'occupant ; et il n'en peut être autrement, car un Etat ne s'astreindra jamais à accepter une loi de réquisition préexistante, fut ce la sienne, à raison des imprévus que feront souvent apparaître les hostillités.

(1) Voir les lois françaises sur les réquisitions des 3 juillet 1877 et 5 mars 1890, le règlement d'administration publique du 2 août 1877, le titre VIII du règlement du 26 octobre 1883 et le titre IX du décret du 28 mai 1895. Consulter le *Commentaire de la loi française sur les réquisitions* de M. Morgand déjà cité. Les autres pays ont naturellement porté, comme la France, des lois sur les requisitions. Citons principalement la loi allemande du 13 juin 1873 sur les prestations de guerre et la longue ordonnance du 1er avril 1876 rendue en exécution de cette loi. *Annuaire de législation étrangère* publié par la Société de législation comparée, 1874, pp. 108 et s. et 1877, p. 83. Ajouter les documents suivants : loi danoise du 16 juin 1876 sur les réquisitions des chevaux et voitures en cas de guerre, *Annuaire*, 1877, pp. 605 et s. ; Règlement russe du 24 octobre 1876 sur les réquisitions de chevaux, *Annuaire*, pp. 629 et s. ; Loi roumaine du 5 avril 1878 sur les réquisitions, *Annuaire*, 1879, p. 656 ; Loi autrichienne du 11 juin 1879 sur l'entretien et le logement des troupes, *Annuaire*, 1880, p 293 ; Loi suédoise du 24 mai 1895 sur les réquisitions militaires et sur la réquisition des chevaux et des moyens de transport, *Annuaire*, 1896, pp. 278 et s. ; Loi belge du 14 août 1877 sur le logement des troupes en marche et en cantonnement et les prestations militaires, *Annuaire*, 1888, p. 598 ; Loi bulgare sur les réquisitions du 20 décembre 1893, *Annuaire*, 1894, p. 701 ; Loi norvégienne du 27 juillet 1896, *Annuaire*, 1897, p. 613.

(2) Conf. notre ouvrage sur la *Conférence de la Paix*, § 107.

Sans doute, le plus souvent, en fait, la loi de l'occupant
suffira ; et, de lui-même, il utilisera sagement des dispositions jugées bonnes pour ses propres ressortissants.
Mais les difficultés de l'occupation, la différence des
climats, des lieux et des circonstances peuvent amener
des besoins qui n'existeraient pas sur le sol national.
Les armées d'invasion ne se comportent point, par la
force même des choses, en territoire envahi, comme
elles se comporteraient dans la patrie. Il n'est point
question ici de vivre plus largement dans un cas que
dans l'autre ou de savoir si l'on se contentera de plus
ou de moins suivant qu'on est chez soi ou à l'étranger,
mais simplement de constater que ce qui sera suffisant
dans une hypothèse sera insuffisant dans l'autre (1).

(1) Dans le sens de l'application de la loi de l'occupant, conf. :
Manuel français, p. 112 : Brenet, *loc. cit.*, pp. 64 et s.; Pillet,
loc. cit., § 149. Ce dernier auteur est bien forcé de reconnaître que
les dispositions de la loi de l'occupant devront s'effacer quelquefois
devant les nécessités de la guerre. Par exemple, les dispenses accor-
dées par la loi française sur les réquisitions du 3 juillet 1877, au sujet
du logement, à certaines personnes, telles que les détenteurs de fonds
publics, les veuves les filles vivant seules et les communautés de femmes,
pourront être difficiles à maintenir en territoire ennemi ; et le général
n'hésitera pas à les suspendre le cas échéant (*Ibidem*, § 150). Il est
impossible de mieux démontrer, en somme, que, dans tous les cas,
le chef ennemi s'inspirera de la nécessité, qui sera fatalement la seule
loi suivie non seulement en cas de dispense de logement, mais dans
toutes les hypothèses qui se présenteront, car la cause qui motivera
la dérogation dans un cas, l'amènera aussi, par la force même des
choses, dans tous les autres. Croit-on, par exemple, qu'il sera pratiquement possible de conserver toujours, à chaque habitant, sa chambre et son lit (article 13 de la loi française), d'informer les municipalités du jour de l'arrivée des troupes (art. 11), etc., en un mot de
se plier à toutes les réserves que contiennent les lois nationales ? Ces
dernières, étant donné qu'il s'agit de citoyens du pays, devant être
ménagés le plus possible, qu'on est à proximité des approvision-

133. S'il est ainsi amené à écarter sa propre législation sous la pression des faits, à plus forte raison l'occupant agira-t-il de même vis-à-vis de celle du pays occupé (1). Autorisé par les lois de la guerre à ne point tenir compte de cette législation toutes les fois que sa sécurité le commande (article 43 du règlement de La Haye et §§ 123 et s.), il jugera nécessairement qu'il en doit être ainsi à propos de la réquisition des choses dont son armée a un besoin réel et immédiat. En résumé, si l'on veut agir pratiquement et ne point rester dans le domaine de la théorie pure, il convient de s'en tenir à la loi unique des besoins de l'armée d'occupation, sans établir de règle par avance, que cette règle soit empruntée à la législation de l'occupant ou à celle du pays occupé.

nements militaires encore intacts, ont pu édicter au droit de réquisition des restrictions, qui, le plus souvent, seront d'une application impossible en pays étranger.

Enfin, la loi de l'occupant l'autorise à requérir chez lui certaines prestations de services ; par exemple, les lois françaises de 1877 (art. 5, § 8) et allemande de 1873 (art. 3) visent la construction des chemins, voies ferrées, ports, fortifications, et, en général, les divers travaux que les différents services de l'armée ont à exécuter. Or, nous avons déjà dit, au § 130, que l'article 44 du Règlement de La Haye prohibait absolument la réquisition de ces services dans le pays occupé, en déclarant qu'il est interdit « de forcer la population d'un territoire occupé à prendre part aux opérations militaires contre son propre pays ». Par là encore, on le voit, l'application de la législation de l'occupant se heurterait à de nouvelles impossibilités de fait. Et l'on remarquera que les mêmes impossibilités existeraient aussi relativement à l'application de la législation du pays occupé, admise par quelques auteurs et que nous allons également écarter au texte. Cette législation, en effet, elle aussi, demandera à ses nationaux la prestation de services personnels, que l'article 44 interdit à l'occupant vis-à-vis de la population.

(1) Dans le sens de la législation du pays occupé, conf. Morin, *loc. cit.*, 1, p. 392 et Rouard de Card, *loc. cit*, p. 163.

C'est là le point de vue qui finit par l'emporter à Bruxelles, en 1874, après que les plénipotentiaires eurent successivement repoussé les deux législations que nous écartons nous-même.

L'opinion que nous venons de développer, bien qu'inspirée par la raison et par la pression des faits, pouvait, nous le reconnaissons, faire quelque difficulté avant 1899. En effet, il n'y avait aucun texte obligatoire sur la matière ; et l'article 40 du projet de Bruxelles, qui limitait les prestations et services aux « nécessités de guerre généralement reconnues », n'avait qu'une simple autorité de raison. Mais aujourd'hui la difficulté est résolue par le texte formel de l'article 52 du Règlement de La Haye, d'après lequel les réquisitions en nature et de services ne sont réclamés des communes et des habitants que « *pour les besoins de l'armée d'occupation* » (Voir *infrà*, § 139). Ainsi, d'après le droit international positif actuel, l'occupant n'est limité par aucune législation préexistante, dans la mesure des besoins de ses troupes.

Cependant, si larges que soient les pouvoirs d'appréciation de l'envahisseur au sujet des réquisitions, on reconnaît que les règles suivantes doivent être observées : 1° Les réquisitions ne doivent porter que sur les choses indispensables ou nécessaires ; celles qui ont un caractère voluptuaire, telles que fournitures de vins fins, gibier, cigares, liqueurs, articles de toilette et autres objets de luxe dont les Prussiens ont tant abusé en 1870-71 (1), sont absolument condamnables. 2° La réqui-

(1) M. Brenet donne, après bien d'autres, quelques relevés de compte suggestifs. Nancy dut payer une note de 37.729 fr. 70 pour truffes, perdreaux et moët. A Versailles, le total des dépenses pour la nourriture des officiers monta à 619.986 fr. 90. *Loc. cit.*, pp. 55

sition sera modérée, même en présence de besoins réels et urgents, et tiendra compte des ressources du pays. Il y a là une base qui rappelle celle admise relativement à la pension alimentaire, que les textes législatifs internes accordent dans la proportion des besoins de celui qui la réclame et de la fortune de celui qui la doit (Conf. notamment l'article 208 du code civil français). 3° La réquisition n'aboutira jamais à contraindre les habitants à effectuer des actes d'hostilité contre leur pays (1). 4° La réquisition sera ordonnée par le commandant supérieur local ou par ses délégués, sous sa responsabilité. 5° Dans l'intérêt et de l'occupant et du pays occupé, la réquisition s'adressera, autant que possible, aux autorités locales. Grâce à elles, elle sera mieux acceptée, mieux équilibrée, car les intérêts des habitants pourront être défendus par elles contre des exigences exagérées. 6° La réquisition sera ordonnée par écrit et signée; elle indiquera le nombre et l'espèce des prestations imposées. Par là, on établira, le cas échéant, la responsabilité contre qui de droit, et on évitera aussi tout arbitraire dans la réalisation de l'ordre. 7° Reçu sera fourni par la partie prenante à défaut de paiement immédiat, dans le but de fixer sur des bases certaines le montant de l'indemnité qui pourra plus tard être accordée (2).

134. Il est impossible, avons-nous dit, de prévoir, par

et s. M. Guelle rapporte que Versailles devait fournir chaque jour, entre autres choses, 500.000 cigares. *Loc. cit.*, II, p. 208. Il en fut ainsi partout dans les départements envahis. Que tout cela concordait peu avec la proclamation du 11 août 1870, aux termes de laquelle il ne devait être exigé des habitants que ce qui serait nécessaire pour l'entretien des troupes !

(1) *Manuel français*, pp. 110 et s.

(2) Conf. notre ouvrage sur la *Conférence de la Paix*, § 107.

avance, tous les objets sans exception qui seront nécessaires aux besoins de l'armée d'occupation et comme
tels susceptibles de réquisition. Nous avons ajouté
toutefois, au § 132, qu'on pouvait, en règle générale
prendre la loi nationale de l'occupant comme base de
la réglementation à suivre en temps de guerre, en
précisant que ce dernier en utilisera, de lui-même, le
plus souvent les dispositions. A ce point de vue, les diverses lois nationales ont nécessairement leur physionomie
propre ; pourtant elles se rencontrent dans les grandes
lignes, en sorte qu'il nous est permis de prendre, sous
réserve des divergences de détail, comme type de la matière la loi française précitée du 3 juillet 1877, élaborée
avec un soin tout particulier et ayant jusqu'ici donné de
bons résultats. L'article 5 de cette loi déclare exigible,
par voie de réquisition, la fourniture des prestations
suivantes : 1° le logement chez l'habitant et le cantonnement, pour les hommes et pour les chevaux, mulets
et bestiaux, dans les locaux disponibles, ainsi que les
bâtiments nécessaires pour le personnel et le matériel
des services de toute nature qui dépendent de l'armée ;
— 2° la nourriture journalière des officiers et soldats logés
chez l'habitant, conformément à l'usage du pays ; —
3° les vivres et le chauffage pour l'armée, les fourrages
pour les chevaux, mulets et bestiaux, la paille de couchage pour les troupes campées ou cantonnées ; — 4° les
moyens d'attelage et de transport de toute nature, y compris le personnel ; — 5° les bateaux ou embarcations qui
se trouvent sur les fleuves, rivières, lacs et canaux ; —
6° les moulins et les fours ; — 7° les matériaux, outils,
machines et appareils nécessaires pour la construction
ou la réparation des voies de communication et, en géné-

ral, pour l'exécution de tous les travaux militaires ; 8° les
guides, les messagers, les conducteurs, ainsi que les
ouvriers pour tous les travaux que les différents services
de l'armée ont à exécuter ; — 9° le traitement des malades ou blessés chez l'habitant ; — 10° les objets d'habillement, d'équipement, de campement, de harnachement,
d'armement et de couchage, les médicaments et moyens
de pansement ; — 11° tous les autres objets et services
dont la fourniture est nécessitée par l'intérêt militaire.

135. Ne pouvant entrer dans un examen détaillé de la
législation comparée des réquisitions qui excéderait les
bornes de ce livre (1), nous allons nous borner, en regard
des dispositions de la loi française, à indiquer la législation allemande plus particulièrement intéressante pour
nous. La loi du 13 juin 1873 (2) met les *prestations de
guerre* à la charge des communes et non des individus,
et ne les déclare exigibles que lorsqu'il ne peut y être
pourvu d'une autre manière. Ces prestations sont les
suivantes d'après l'article 3 : 1° logement en nature pour
la force armée, y compris la suite de l'armée et écuries
pour les chevaux qui lui appartiennent, le tout dans la
mesure des locaux existants ; — 2° nourriture pour les
portions de la force armée se trouvant en marche et en
cantonnement, y compris la suite de l'armée et fourrages
pour les chevaux qui leur appartiennent ; 3° abandon à
l'autorité militaire des moyens de transports et attelages
existants sur le territoire de la commune, et mise à sa disposition des hommes présents dans la commune pour
servir de conducteurs d'attelages, de guides et de mes-

---

(1) Conf. les indications données au sujet des diverses lois étrangères sur les réquisitions, *suprà* au § 132.

(2) *Annuaire de législation comparée*, 1874, p. 108.

sagers, ainsi que pour la construction de chemins, de voies ferrées et de ports, pour des travaux de fortifications, pour la fermeture de rivières et de ports, pour des services de batellerie ; — 4° cession des terrains et des bâtiments dont les besoins de la guerre exigent l'occupation, ainsi que des matériaux existants sur le territoire de la commune pour l'établissement de routes, chemins de fer, ponts, camps, emplacements d'exercice ou de bivouacs, pour l'érection de fortifications et pour la fermeture de rivières et de ports ; — 5° combustible et paille existant sur le territoire de la commune pour campements et bivouacs ; — 6° tous les autres services et objets dont les exigences militaires pourraient exceptionnellement rendre nécessaire la prestation ou la fourniture, tels qu'objets d'armement et d'équipement, médicaments et moyens de pansement, en tant que les personnes et les objets nécessaires existent ou qu'on peut se les procurer dans la commune.

136. Les contributions sont requises par l'occupant, soit à titre d'amende et comme peine, soit à titre de contribution de guerre. Quand la contribution est levée à titre d'amende, elle rentre dans les peines que l'occupant, dans l'intérêt de sa sécurité, inflige aux auteurs d'actes d'hostilité dirigés contre l'armée où les soldats pris individuellement. Dans ce cas, la contribution devra être en rapport avec le fait incriminé et ne frapper que celui qui l'a commis et ses complices. Elle est illégitime quand elle rejaillit sur des innocents, quel que soit, d'ailleurs, le motif pour lequel on les frappe (1), notam-

---

(1) Conf. ce qui a été dit à cet égard au sujet des représailles aux §§ 105 et 106.

ment la pensée d'empêcher, par la terreur, le retour des actes punis.

Les contributions de guerre sont perçues en vertu d'usages fort anciens, qu'on a essayé de justifier par des motifs divers totalement inacceptables de nos jours, tels que le rachat du pillage. A un point de vue plus moderne, on a fait remarquer en leur faveur que, tout au moins quand elles remplacent les réquisitions en nature, elles économisent du temps, évitent des désordres, assurent aux soldats de bonnes fournitures, car l'habitant requis ne livrera ordinairement que des marchandises de qualité inférieure. Le procédé serait également préférable pour l'habitant, en permettant de proportionner le sacrifice demandé aux ressources de chacun, sans se préoccuper du fait accidentel que tel ou tel individu possède, à la place de tel ou tel autre, les choses réclamées par l'ennemi (1).

Toutes ces justifications sont inacceptables. En effet, si l'habitant ne possède pas la chose réquisitionnée, on ne peut expliquer que l'occupant se contente d'une somme d'argent à la place des fournitures dites *nécessaires* ou *indispensables*. L'argent perçu ne les lui procurera pas et, par suite, la contribution sera injustement exigée, puisque, remplaçant la réquisition, elle ne se conçoit que dans les cas où cette dernière est elle-même possible, ce qui n'est point l'hypothèse. Si, au contraire, l'habitant possède les choses sujettes à requisition, la substitution de la contribution à celle-ci paraîtrait *a*

(1) Pillet, *loc. cit.*, § 151. Conf., à ce sujet, les *procès-verbaux* de la *Conférence de la Paix*, IIIe partie, p. 135 et les explications données à ce sujet par le colonel de Gross de Schwarzhoff à La Haye. *Procès-verbaux, ibidem*, p. 135.

priori fort utile, car elle permettrait de remplacer la
réquisition par l'achat réalisé grâce aux sommes fournies par la réquisition. Or, le marché de gré à gré, librement débattu et consenti, vaut mieux que la réquisition
brutale. Il rassure la population qui, reprenant confiance,
laisse apparaître des ressources restant sans cela soigneusement cachées, même au risque de lourdes responsabilités individuelles ou collectives ; il égalise, grâce à une
égale répartition, entre tous les imposés, des sommes
exigées, les sacrifices nécessaires, que la réquisition en
nature limite totalement et arbitrairement aux posses-
seurs des objets réquisitionnés.

137. Et pourtant, en dépit de ces avantages incontes-
tables, on a soutenu avec raison, croyons-nous, que l'armée n'a pas le droit, pour le cas où les objets existent
en nature, de substituer la contribution à la réquisition.
Quand, en effet, les objets sont réquisitionnés en nature,
on est certain que les besoins pour lesquels ils ont été
requis seront satisfaits, que la réquisition ne manquera
pas son but, et que, par suite, les exigences de l'occupant ne se renouvelleront pas de quelque temps ; tandis
que, si l'on verse de l'argent, la somme fournie sera
souvent affectée à un but autre que l'achat projeté, en
sorte que les habitants, après avoir payé une première
fois en argent, seront quelquefois obligés de payer une
seconde fois en nature. Et, en supposant que le chef militaire, qui a levé la contribution sur une commune, s'abs-
tienne d'acheter les objets en nature pour des motifs
divers, par exemple parce qu'il a pu se les procurer ailleurs à meilleur compte, rien ne garantit l'habitant qui
a versé la contribution, qu'une nouvelle troupe remplaçant la première ne s'emparera point, par la suite, des

objets qu'on avait cru garantir au moyen de la contribution versée (1).

En résumé, que les objets nécessaires à l'armée existent ou non en nature, on s'aperçoit facilement que la contribution de guerre est injustifiable et ne sert, d'habitude, en réalité, qu'à satisfaire les instincts cupides de l'envahisseur (2). Presque toujours, d'ailleurs, son illégitimité a été démontrée, grâce à son caractère excessif, en disproportion avec la valeur des prestations qui auraient été réquisitionnées (3). Il en fut notamment ainsi des contributions prélevées par les Prussiens en 1870-1871, que Bluntschli n'a pu s'empêcher de blâmer en ces termes : « L'Europe actuelle n'admet plus cette façon d'agir, reste des temps barbares. Elle blâme hautement toute violence inutile et injuste contre les habitants paisibles du territoire ennemi » (4).

Bien que la contribution de guerre apparaisse comme une violation injustifiable du respect de la propriété privée ennemie, elle sera sûrement usitée dans les guer-

---

(1) *Conférence de la Paix, Procès-verbaux*, IIIᵉ partie, p. 135.

(2) Pillet, *loc. cit.*, p. 483. *Contra*, Brenet, *loc. cit.*, pp. 83 et s.

(3) Le seul avantage réel de la contribution sur la réquisition consiste en ce que la première se répartit d'une façon nécessairement plus équitable que la dernière qui ne frappe pas le seul possesseur. Mais rien n'empêche l'autorité municipale de faire elle-même la répartition des charges, en obligeant ceux qui ne possèdent pas les choses requises à indemniser les détenteurs dans la mesure de la part contributoire de chacun. Au surplus, il ne faut pas oublier que la réquisition donne, en définitive, soit en droit soit en fait, ouverture à une indemnité au profit de celui qui l'a subie, ainsi qu'il va être précisé ci-après au § 142.

(4) *Loc. cit.*, art. 654, note 2, conf. Calvo, *loc. cit.*, § 2254 ; Brenet, *loc. cit.*, pp. 79 et s.; Mérignhac, *loc. cit.*, § 108.

res futures, comme elle l'a été dans le passé, car la Conférence de La Haye, ainsi qu'on va le voir, la consacre expressément dans le Règlement sur les lois et coutumes de la guerre. Il importe donc, pour éviter le plus possible les mesures arbitraires plus particulièrement à redouter en cette matière, de déterminer très exactement les conditions requises en ce qui la concerne. Voici, à cet égard, les règles communément admises : 1° la contribution doit être limitée strictement aux besoins de l'armée et proportionnée aux ressources du pays ; 2° elle doit être décrétée par l'autorité supérieure, civile ou militaire, de l'occupant dans le pays occupé (1) ; 3° il faut suivre, autant que possible, dans la perception, les règles de l'assiette et de la répartition des impôts en vigueur ; 4° la contribution doit résulter d'un ordre écrit et reçu en est délivré aux contribuables. Toutes ces conditions se justifient par les raisons déjà données à propos des réquisitions (2).

138. Les articles 40, 41 et 42 de la déclaration de Bruxelles de 1874, qui statuaient sur les points au sujet desquels nous venons d'exposer l'état général de la doctrine internationale, ont donné lieu à une discussion

(1) L'article 104 du décret français du 28 mai 1895, sur le service des armées en campagne, porte que les contributions en argent ne peuvent être ordonnées que par le commandant en chef. Conf. *Manuel français*, pp. 128 et 129.

(2) La réquisition ou la contribution porte sur la masse de la population ; dès lors, elle englobe les sujets des Etats neutres fixés dans le pays occupé, qui doivent, comme les regnicoles, subir la loi de la nécessité. Calvo expose, au tome IV de son *Traité précité de droit international*, pp. 262 et 265, les réclamations maintes fois produites à ce sujet par les neutres et qui n'ont jamais été suivies d'effet.

très vive à la Conférence de La Haye (1). Ils mettaient, en effet, de nouveau aux prises les représentants des petits États, opposés à toute infraction au principe de l'inviolabilité de la propriété privée, et ceux des grandes puissances partisans de la réglementation, en temps de paix, des pouvoirs de l'occupant, pour le cas de guerre, spécialement en matière de réquisitions et de contributions. Un moment, en présence de l'opposition absolue de vues qui se produisit, on put redouter un échec de la Conférence. Heureusement, grâce surtout à l'interven-

(1) Voici ces textes, dont la connaissance est indispensable pour suivre la discussion qui s'est produite à La Haye en ce qui les concerne.

Article 40. — La propriété privée devant être respectée, l'ennemi ne demandera aux communes ou aux habitants que des prestations et services en rapport avec les nécessités de la guerre généralement reconnues, en proportion avec les ressources du pays et qui n'impliquent pas pour les populations l'obligation de prendre part aux opérations de guerre contre leur patrie.

Article 41. — L'ennemi prélevant des contributions, soit comme équivalent pour des impôts ou pour des prestations qui devraient être faites en nature, soit à titre d'amende, n'y procédera, autant que possible, que d'après les règles de la répartition et de l'assiette des impôts en vigueur dans le territoire occupé.

Les autorités civiles du gouvernement légal y prêteront leur assistance, si elles sont restées en fonctions.

Les contributions ne pourront être imposées que sur l'ordre et sous la responsabilité du général en chef ou de l'autorité civile supérieure établie par l'ennemi dans le territoire occupé.

Pour toute contribution, un reçu sera donné au contribuable.

Article 42. — Les réquisitions ne seront faites qu'avec l'autorisation du commandant dans la localité occupée.

Pour toute réquisition, il sera accordé une indemnité ou délivré un reçu.

Voici sur la discussion à laquelle ces textes ont donné lieu en 1874 le Protocole 16 de la Conférence de Bruxelles, *Publication* précitée, pp. 36 et s.

tion conciliatrice du chef de la délégation française,
M. Bourgeois, on arriva à se mettre d'accord au sujet
des trois propositions suivantes qui dominent toute la
matière : 1° tout ordre de percevoir des contributions
doit émaner d'un chef militaire responsable et être
donné, autant que possible, par écrit ; — 2° pour toutes
perceptions, spécialement s'il s'agit de sommes d'argent, il faut, autant que possible, tenir compte de la répartition et de l'assiette des impôts existants ; — 3° toute
perception doit être constatée par un reçu.

Dans quelle mesure ces trois conditions devaient-elles
être appliquées, soit aux contributions en argent, soit aux
réquisitions d'objets en nature et de services? Il a été
décidé sans hésitation que toutes s'appliqueraient aux
contributions en argent ; et il a même paru utile, comme
on va le voir, de les inscrire dans un texte spécial et formel visant toute perception quelconque de sommes d'argent par l'occupant.

Quant aux réquisitions en nature ou de services, la
troisième condition exigeant en tout cas un reçu s'appliquera sans difficulté ; pour les deux autres, il conviendra
de faire des distinctions. La première, suivant laquelle
tout ordre doit émaner d'un chef militaire responsable et
être donné par écrit, s'interprétera en ce sens que, conformément à l'article 42 de la déclaration de Bruxelles,
cet ordre sera suffisant s'il émane du commandant qui se
trouve sur les lieux, car les nécessités journalières rendraient trop difficile une autre intervention. Et, d'autre
part, l'ordre écrit sera inutile comme faisant double
emploi avec le reçu imposé formellement par la troisième
condition. Enfin la deuxième condition, prescrivant de
tenir compte de la répartition et de l'assiette des impôts

existants, pourra, quoique difficilement, être observée
pour les services personnels ; mais elle sera inapplicable,
par la force même des choses, aux réquisitions d'objets en
nature, qu'il faut prendre exclusivement aux mains de
ceux qui les possèdent. On devra donc se borner à recom-
mander de proportionner les réquisitions de prestations
en nature et de services aux ressources du pays occupé.

139. Ces points une fois résolus, les délégués ont, en
outre, senti le besoin de préciser que les réquisitions,
comme les contributions, ne doivent être exigées que
pour les besoins de l'armée d'occupation. Cette règle est
plus précise que la formule vague de l'article 40 du
projet de Bruxelles, qui se bornait à limiter aux *néces-*
sités de la guerre les réquisitions en nature et de services. La nouvelle règle est surtout intéressante par
rapport aux contributions en argent où, nous l'avons
vu, l'arbitraire et la cupidité se sont donné libre carrière dans les guerres antérieures. Le seul autre motif
pour lequel la contribution est admise, vise les besoins
de l'administration du pays, qui intéresse naturellement
tous les habitants. Les plénipotentiaires ont donc voulu
proscrire, avant tout, les contributions dont le seul but
est d'enrichir l'occupant.

Enfin, à la suite des règles générales, quelques mesures spéciales ont été prescrites concernant, les unes les
réquisitions, les autres les contributions. Les réquisitions
en nature ou de services ne doivent rien imposer qui
oblige l'habitant à prendre part aux opérations de guerre
contre son pays. Autant que possible, elles sont payées
au comptant par l'occupant, sans toutefois qu'il puisse
recourir à la contribution en argent pour les motifs
indiqués aux §§ 136 et 137. Par cette pratique du paie-

ment immédiat, on substitue, en réalité, l'achat à la
réquisition, procédé bien préférable pour la population
qui reprend confiance et ne dissimule plus ses approvisionnements (1). Enfin, il est expressément stipulé que
les contributions prélevées à titre d'amende, et, en général, toutes les peines pécuniaires ou non que l'on prétend
infliger aux collectivités, ne pourront résulter que d'actes
hostiles commis par elles, ou, tout au moins, qu'elles
auront laissé commettre, pouvant les empêcher.

Sur les bases que nous venons d'indiquer, ont été votés
les articles 49 à 52 du *Règlement* concernant les lois et
coutumes de la guerre sur terre, dont la teneur suit.

ART. 49. — *Si, en dehors des impôts visés à l'article
précédent, l'occupant prélève d'autres contributions en
argent dans le territoire occupé, ce ne pourra être que
pour les besoins de l'armée ou de l'administration de ce
territoire.*

ART. 50. — *Aucune peine collective, pécuniaire ou
autre, ne pourra être édictée contre les populations à
raison de faits individuels dont elles ne pourraient être
considérées comme solidairement responsables (2).*

_____

(1) Le principe de l'achat, substitué à la réquisition dans la mesure
du possible, semble l'emporter dans les idées actuelles. Conf. art. 103
du décret français du 28 mai 1895. Cette pratique paraît avoir été
suivie dans la guerre franco-russe et dans la guerre sino-japonaise.
De Martens, *loc. cit.*, III, p. 264 ; Nagao-Ariga, *loc. cit.*, p. 164;
conf. Brunet, *loc. cit.*, pp. 66 et s.

(2) On s'est refusé, à La Haye, à accepter l'expression *d'amende*,
que l'on a qualifiée d'impropre et de nature à prêter à une confusion
d'idées avec la loi pénale. Il semble pourtant que, puisqu'en définitive
on s'est servi du terme de *peine*, il n'y avait aucun inconvénient à
conserver celui d'amende qui avait un sens très net et très bien compris dans le langage du droit des gens et dans la coutume de la

ART. 51. — *Aucune contribution ne sera perçue qu'en vertu d'un ordre écrit et sous la responsabilité d'un général en chef.*

Il ne sera procédé, autant que possible, à cette perception que d'après les règles de l'assiette et de la répartition des impôts en vigueur.

Pour toute contribution, un reçu sera délivré aux contribuables.

ART. 52. — *Des réquisitions en nature et des services ne pourront être réclamés des communes et des habitants, que pour les besoins de l'armée d'occupation. Ils seront en rapport avec les ressources du pays et de telle nature qu'ils n'impliquent pas pour les populations l'obligation de prendre part aux opérations de la guerre contre leur patrie.*

Ces réquisitions et ces services ne seront réclamés qu'avec l'autorisation du commandant dans la localité occupée.

Les prestations en nature seront, autant que possible, payées au comptant ; sinon, elles seront constatées par des reçus (1).

guerre. Conf. sur ce point notre ouvrage précité sur la *Conférence de la Paix*, § 109.

(1) On consultera, sur les débats qui ont précédé le vote des articles 49 à 52, les *Procès-verbaux de la Conférence de la Paix*, IIIᵉ partie, pp. 133, 139 et 141. C'est grâce aux efforts de M. Léon Bourgeois que le Comité de rédaction, chargé de présenter le projet initial, sur lequel la discussion devait s'engager, finit par trouver une rédaction à laquelle se rallièrent les délégués des puissances, sauf ceux de la Suisse qui faisaient ainsi pressentir l'opposition définitive de leur pays à l'acceptation du *Règlement* concernant les lois et coutumes de la guerre sur terre. Voir le compte rendu des séances du Comité de rédaction réuni les 13 et 16 juin sous la présidence de M. Bourgeois, dans les *Procès-verbaux* précités, IIIᵉ partie, annexe B,

140. *Le Règlement* de La Haye, dans les articles 49 à
52 ci-dessus transcrits, se borne à indiquer les grandes
lignes de la matière des réquisitions et contributions. Or
le détail est d'une importance considérable à propos de
points où le conflit entre l'armée d'occupation et la population est constamment à redouter. Il semble donc que
le *Règlement* aurait dû être complété par des instructions
de détails élaborées en commun. Mais on se serait heurté
à des difficultés pratiques résultant de la différence, suivant les divers pays, des attributions des chefs militaires
au sujet du droit de requérir, du mode de réquisition, de
la constatation de l'opération en elle-même et des droits
des intéressés etc. Pour tous ces motifs, l'impression qui
se dégage des travaux de la Conférence, est qu'il a été
tacitement entendu de laisser, en cas de guerre, chaque
puissance agir suivant les formes établies par sa législation interne au sujet des réquisitions et contributions.
Si nous avons essayé de démontrer, au § 132, que la loi de
l'occupant ne saurait être imposée quant aux conditions
de fond, en matière de réquisitions, parce qu'elle pourrait être insuffisante pour le besoin de ses armées, on se
rend compte qu'au point de vue de la *forme*, l'occupant
ne rencontrera pas les mêmes inconvénients, et qu'il
aura, au contraire, tout avantage à se conformer à des
dispositions que ses troupes appliqueront en pleine connaissance de cause.

141. Les formalités sont réglées, en matière de réquisitions, en France, par la loi et le décret réglementaire
précités du 3 juillet et du 22 août 1877, dont nous allons
esquisser les grandes lignes en les comparant à celles de

pp. 166 et 167. Conf. notre ouvrage sur la *Conférence de la Paix*,
§§ 109 et s.

la législation allemande. Le droit de réquisition appartient, en France, à l'autorité militaire (art. 3, § 1 de la loi; art. 1 et s. du décret. Seule, en effet, elle peut savoir s'il y a insuffisance réelle des moyens d'approvisionnement de l'armée, ce qui, d'après l'article 1ᵉʳ de la loi, est l'unique motif des réquisitions. Les généraux commandant des armées, des corps d'armée, des divisions ou des troupes ayant une mission spéciale, exercent le droit de réquisition (1). Ce droit est délégué, dans chaque corps d'armée ou division, aux fonctionnaires de l'Intendance; les officiers commandant des détachements en sont aussi investis (articles 3 et 4 du décret) (2). Les généraux commandants, dont il a été question ci-dessus, peuvent déléguer également le droit de requérir aux chefs de corps ou de service, pour être subdélégué par eux aux officiers sous leurs ordres, qui pourraient éventuellement être appelés à réquisitionner (article 6 du décret). Grâce à ces dispositions, le droit de réquisition, sous la haute autorité du commandement en chef, pénètre, par délégations

---

(1) Le décret du 2 août 1877, rendu en exécution de l'article 4 de la loi, indique les autorités militaires pouvant ordonner ou exercer les réquisitions. Ce droit varie, suivant qu'on est en présence soit d'une mobilisation totale, soit d'une mobilisation partielle ou d'un simple rassemblement. En cas de mobilisation totale, la réquisition est exercée, de plein droit, par les généraux commandant des armées, des corps d'armée ou des troupes ayant une mission spéciale. Dans les autres cas, la faculté de requérir n'appartient de plein droit, sur les portions de territoire et pendant la période fixés par le Ministre de la guerre, qu'aux généraux commandant les corps d'armée mobilisés ou les rassemblements de troupes. Conf. sur ces deux situations, Morgand, *loc. cit.*, pp. 25 et s.

(2) Conf. le décret du 28 mai 1895, art. 103. Les corps de troupes, ajoute le texte, n'exercent directement le droit de réquisition que pour la satisfaction de leurs besoins urgents et journaliers.

successives, dans la hiérarchie tout entière ; et, par ce mécanisme ingénieux, chacun de ceux qui seront appelés à requérir agira sous sa responsabilité personnelle, en même temps que sous une direction homogène, assurant l'unité et l'harmonie dans le fonctionnement du service. L'article 8 du décret donne exceptionnellement, en temps de guerre, à tout commandant de troupe, ou chef de détachement agissant isolément, le droit de requérir, sous sa responsabilité personnelle, les prestations nécessaires aux besoins particuliers de sa troupe (1). En Allemagne, suivant la loi du 13 juin 1873, le droit de requérir appartient exclusivement, comme en France, à l'autorité militaire, avec le système des délégations circulant dans toute l'armée sous l'autorité du commandement.

D'après les dispositions de la législation française, toute réquisition est formulée par écrit et signée ; elle mentionne l'espèce et la quantité des prestations imposées et, autant que possible, leur durée. Il est toujours délivré un reçu des prestations fournies (art. 3 de la loi). Ainsi, l'ordre écrit, d'une part, et le reçu délivré, de l'autre, constituent les deux pièces fondamentales et

(1) L'article 10 du décret vise le cas spécial où, par application de l'article 7 de la loi du 8 juillet 1877 modifiée par la loi du 5 mars 1890, il y a lieu de pourvoir, par voie de réquisition, à la formation des approvisionnements nécessaires à la subsistance des habitants d'une place de guerre. En ce cas, le gouverneur peut déléguer le droit de requérir les prestations destinées à la constitution de ces approvisionnements aux préfets, sous-préfets et maires appelés à participer aux opérations du ravitaillement. Les préfets délivrent alors aux autorités civiles investies du droit de requérir des carnets à souche d'ordres de réquisition et de reçus. La même délégation peut être donnée, pour le même objet, aux ingénieurs des corps des ponts et chaussées et des mines. — Voir à ce sujet, le décret du 3 juin 1890.

indispensables de la réquisition ; d'où les deux catégories de pièces suivantes : 1° un carnet à souche remis aux mains des officiers appelés à exercer des réquisitions pour en détacher les ordres (art. 5 du décret), 2° un carnet à souche, fourni dans les mêmes conditions, par l'autorité militaire, duquel est extrait le reçu fourni (art. 7 du décret). Les talons et les extraits renfermant absolument les mêmes indications, aucun doute ne peut s'élever, grâce à la possibilité d'une comparaison entre la pièce restée aux mains de l'autorité militaire et celle remise aux ayants droits. En Allemagne, la réquisition est, en règle générale, rédigée par écrit et contient la désignation précise de la prestation exigée. Reçu est délivré de toute prestation effectuée (Article 4 de la loi du 13 juin 1873).

Suivant la loi française, c'est à la commune que la réquisition doit être adressée. Le maire est, en effet, le représentant naturel des intérêts de ses administrés. C'est lui qui veillera à la répartition exacte des réquisitions entre eux et fera valoir leurs droits, notamment en prenant soin de ne laisser réquisitionner que les choses existantes dans la commune, sans qu'elles soient absorbées d'autre part complètement, pour ne point exposer les habitants à la famine (art. 19 et 20 de la loi). Nous avons dit au § 134 que la loi allemande du 13 juin 1873 met les prestations de guerre à la charge des communes.

Les grandes lignes des législations française et allemande, telles que nous venons de les tracer se retrouvent nécessairement dans les autres législations. Elles aussi réservent à l'autorité militaire supérieure le droit de requérir, avec faculté de délégation et, d'autre part, se préoccupent d'établir, par des pièces justificatives, l'espèce et la quantité des prestations imposées, de façon à constater exactement les responsabilités encourues et les indemnités dues, le cas échéant. Dès lors, bien que, comme nous l'avons dit au § 140, les détails de l'exécution du service soient nécessairement différents suivant les pays, l'occupant n'éprouvera pas de grandes difficultés à appliquer sa législation personnelle dans ses rapports avec la population. Spécialement, si l'organisation municipale du pays occupé diffère de la sienne, il s'adressera au rouage local qui remplace cette organisation. Et, si l'invasion a fait disparaître toute trace d'organisation locale municipale ou équivalente, on remettra les ordres de réquisition directement aux intéressés (Art. 19 et 20 de la loi française de 1877).

142. Les réquisitions et contributions imposées par l'Etat à ses propres sujets donnent toujours droit à une indemnité. De là, les dispositions des lois positives, telles que celles du titre V du décret français du 2 août 1877, prises en conformité du titre V de la loi du 3 juillet 1877, qui indiquent la procédure à suivre pour arriver au règlement et au paiement des sommes dues. De là encore, les règles tracées dans le même but par les articles 7 et s. de la loi allemande du 13 juin 1873 et l'annexe C de l'ordonnance du 1er avril 1876 (1).

_____

(1) Quand, à la suite d'une guerre, le territoire du vaincu est incorporé en entier au vainqueur, ce dernier prend nécessairement à sa charge les obligations du premier ; il doit donc des indemnités, à raison des réquisitions qui ont été faites par son ennemi vis-à-vis de ses sujets, comme l'aurait fait l'Etat vaincu lui-même s'il avait conservé son indépendance. Il ne peut alléguer que ces réquisitions ont servi à la guerre contre lui, car, ainsi qu'il vient d'être dit, il prend, par le fait de l'annexion, les charges de l'Etat disparu. C'est donc à tort que la Cour suprême, d'après une dépêche reçue de Prétoria et publiée par les journaux de Londres au début de septembre 1902,

Quand les contributions et réquisitions émanent de l'ennemi, si ce dernier est vainqueur, il laissera le plus souvent les indemnités à la charge du vaincu par une clause spéciale du traité de paix. Si le traité est muet, on considérera que son silence sur ce point exonère le vainqueur de toute responsabilité (1). Si l'ennemi est vaincu, il sera le plus souvent soumis à l'obligation de dédommager les populations qu'il a frappées de réquisitions ou contributions. Des sommes spéciales seront ou fournies directement à cet effet ou prélevées sur les indemnités de guerre. En ce cas, les reçus délivrés par les auteurs des réquisitions serviront à établir les droits des intéressés.

Si, à défaut d'autre recours, la victime des réquisitions ou contributions émanées de l'ennemi s'adresse à son propre gouvernement, celui-ci, sauf clause expresse du traité de paix l'obligeant à indemniser ses sujets, ne leur devra *juridiquement* rien, car les prestations en nature ou en argent effectuées, non seulement ne lui

aurait rendu un jugement, qui, tout en reconnaissant la légalité des réquisitions exercées par les Boërs durant la guerre du Transvaal, refusait d'indemniser ceux qui en avaient souffert. Toutefois, en novembre 1902, au cours de la discussion, devant les Communes, du crédit sud-africain, M. Chamberlain a fait la déclaration suivante : « Les bulletins de réquisition émanant du *War Office* seront payés ; ceux émis par les Boërs ne le seront pas, mais ils entreront en ligne de compte dans le règlement des demandes d'indemnité ».

(1) Certains auteurs, tels que M. Rouard de Card, *loc. cit.*, p. 166, se prononcent énergiquement pour la responsabilité pécuniaire de l'armée qui a fait la réquisition, car les obstacles matériels qui s'opposent à l'exercice du droit ne peuvent faire disparaître le droit lui-même. Toutefois notre collègue ne se dissimule pas que, dans des cas nombreux, les particuliers qui ont livré leurs biens aux troupes d'occupation, ne pourront en obtenir le paiement à raison de la mauvaise foi des débiteurs. C'est ce qui est arrivé à propos de la guerre anglo-

ont pas profité, mais, au contraire, lui ont nui, en permettant à son adversaire de poursuivre les hostilités. Cependant, on admet généralement, comme à propos des dommages matériels dont nous avons parlé au § 130, qu'il y a une sorte d'*obligation morale*, pour un Etat, à indemniser ses sujets, à raison des dommages quelconques causés par une lutte dont, en somme, la responsabilité lui incombe (1). Il pourra, grâce à l'impôt, faire supporter une portion des suites de la guerre aux parties du pays qui ont pu échapper à l'invasion, au profit de celles qui l'ont subie. On aperçoit alors, même en ce cas, l'utilité des reçus établissant la situation exacte des ayants droit.

A côté de ce recours moral contre l'Etat, le particulier qui a subi la réquisition ou la contribution, est investi d'une action contre la commune pour le compte de laquelle il a effectué, en tout ou en partie, les prestations en nature ou en argent. Et l'indemnité est réputée due, sans distinguer si le particulier qui a acquitté la réquisition ou la contribution, avait été requis de le faire directement et personnellement par l'ennemi ou comme substitué aux obligations de la commune (2).

transvaalienne. Dans un *memorandum* du 23 août 1902, les chefs boërs demandaient au gouvernement anglais une indemnité « pour l'emploi des biens des burghers réquisitionnés par les autorités britanniques ». Et, dans la conférence qu'ils eurent le 5 septembre suivant avec M. Chamberlain, cette demande fut repoussée. Pourtant, dans le cas qui nous occupe, la situation était encore plus favorable pour les Boërs que dans des circonstances ordinaires, puisque, ainsi qu'il a été dit à la note précédente, le gouvernement anglais assume, par le fait de l'annexion, les obligations des Républiques disparues.

(1) Rouard de Card, *loc. cit.*, p. 167 ; Despagnet, *loc. cit.*, § 589.

(2) Cassation française, 31 mars 1873, 23 février, 3 juillet 1875 et 11 décembre 1878 ; Palais, 73, 774 ; 75, 637 et 875 ; 79, 387. Conf. Pillet, *loc. cit.*, § 160 ; Bonfils-Fauchille, *loc. cit.*, § 1235.

SECTION IV

De la réglementation de la mainmise de l'occupant sur les biens immobiliers et mobiliers de l'Etat ennemi, des communes et des établissements publics, sur le matériel de guerre et sur les chemins de fer et autres procédés de transport et de communication.

---

143. Voici en quels termes les articles 53, 55 et 56 du Règlement concernant les lois et coutumes de la guerre sur terre statuent au sujet des points groupés sous la rubrique qui précède.

ART. 53. — *L'armée qui occupe un territoire ne pourra saisir que le numéraire, les fonds et les valeurs exigibles appartenant en propre à l'Etat, les dépôts d'armes, moyens de transport, magasins et approvisionnements et, en général, toute propriété mobilière de l'Etat de nature à servir aux opérations de la guerre.*

Le matériel des chemins de fer, les télégraphes de terre, les téléphones, les bateaux à vapeur et autres navires, en dehors des cas régis par la loi maritime, de même que les dépôts d'armes et en général toute espèce de munitions de guerre, même appartenant à des sociétés ou à des personnes privées, sont également des moyens de nature à servir aux opérations de la guerre, mais devront être restitués, et les indemnités seront réglées à la paix.

ART. 55. — *L'Etat occupant ne se considèrera que comme administrateur et usufruitier des édifices publics, immeubles, forêts et exploitations agricoles appartenant à l'Etat ennemi et se trouvant dans le pays occupé. Il devra sauvegarder le fond de ces propriétés et les administrer conformément aux règles de l'usufruit.*

ART. 56. — *Les biens des communes, ceux des établissements consacrés aux cultes, à la charité et à l'instruction, aux arts et aux sciences, même appartenant à l'Etat, seront traités comme la propriété privée.*

Toute saisie, destruction ou dégradation intentionnelle de semblables établissements, de monuments historiques, d'œuvres d'art et de science, est interdite et doit être poursuivie.

CHAPITRE PREMIER

DES BIENS IMMOBILIERS ET MOBILIERS SOIT DE L'ETAT ENNEMI SOIT
DES DIVERSES PERSONNALITÉS MORALES ET DU MATÉRIEL DE
GUERRE EN GÉNÉRAL.

Dans la période antérieure à notre époque, on considérait que les biens immobiliers et mobiliers appartenant à l'Etat ennemi étaient *res nullius* et devenaient,
par suite, la propriété du premier occupant. On autorisait
ainsi tous les excès possibles : la dévastation, le pillage
et le butin. Et le souverain victorieux, après s'être
emparé de la totalité ou de partie du territoire ennemi,
exigeait des habitants l'hommage de sujétion (1).

Ces idées sont aujourd'hui totalement abandonnées à
l'égard soit des immeubles, soit des meubles. En ce qui
concerne les immeubles, l'occupant a d'abord le droit
d'empêcher son adversaire d'utiliser ceux pouvant servir à des fins belligérantes, par exemple, les forteresses,
les arsenaux, les casernes, les fabriques d'armes. Il peut,
d'autre part, s'en servir pour son usage personnel, y
loger ses troupes et ses munitions. Il a, enfin, le droit
de les détruire, en tant que cette destruction est commandée par les nécessités de la guerre ou le souci de sa
sécurité. Faire sauter un pont, un ouvrage d'art, une forteresse, qui gênent le tir et la marche en avant, qui abri-
teraient l'adversaire en cas de retraite, sont des actes que
le droit de la guerre ne peut songer à défendre, quelque

_____

(1) Heffter, *loc. cit.*, § 132.

regrettables qu'ils soient au point de vue absolu. On a pourtant imaginé certains moyens d'empêcher ce résultat. M. Pillet propose que les belligérants prennent l'engagement de considérer comme réelle une destruction fictive, par exemple en ne se servant pas de telle forteresse ou de tel pont, les supposant conventionnellement détruits quand il ne le seraient pas en réalité (1). L'intention de notre collègue est des plus louables; mais jamais elle ne sera acceptée dans les guerres où se jouent l'existence d'un peuple ou ses intérêts primordiaux. En dépit de toutes les déclarations et accords sur ce point, tout belligérant se rendant compte que le succès du combat, dont l'issue sauvera ou ruinera sa patrie, est attaché à l'usage du pont ou de la forteresse fictivement détruits, n'hésitera pas à s'en servir réellement. D'autant plus que, s'il ne le faisait point il se rendrait coupable du crime de haute trahison, se laissant vaincre quand il avait peut-être en main un moyen, inutilisé par lui, de remporter la victoire. Une parole imprudemment donnée ne saurait l'engager, en présence des intérêts supérieurs dont il n'est que le dépositaire et qu'il n'a pas le droit de compromettre. Du reste, cette parole, qu'il n'aurait pas le droit de donner pour les motifs que nous venons d'indiquer, on peut être sûr que, dans le doute, il ne la donnera pas. Et son adversaire, comprenant bien que tous les engagements pris ne tiendront pas devant la nécessité de guerre, sera forcément amené à détruire réellement sans se contenter d'une destruction seulement fictive.

144. On a demandé quelquefois que les destructions

(1) *Loc. cit.*, § 179. Conf. Dudley-Field, *loc. cit.*, art. 783 et Holtzendorff, *loc. cit.*, § 62, qui justifient, par les nécessités de la guerre, le droit de destruction des objets indiqués au texte.

des immeubles de l'Etat reconnues nécessaires ne soient effectuées qu'à la condition d'émaner seulement des combattants et d'être réclamées par les nécessités de la lutte (1). Si nous jugeons ces exigences très légitimes et absolument conformes au droit de la guerre, nous n'en dirons pas autant de celle consistant à demander que la destruction ne puisse avoir lieu qu'en vertu d'un ordre écrit du commandant des troupes (2). On fera bien de s'y conformer toutes les fois qu'on en aura le temps et la possibilité ; mais, bien qu'on soit autorisé à invoquer en ce sens les dispositions de certaines lois positives (3), cette condition apparaîtra fréquemment comme irréalisable, car c'est au cours de la lutte que se manifestera le plus souvent la nécessité de la destruction. Le chef local, qui la jugera nécessaire, en agissant bien entendu sous sa responsabilité, ne compromettra pas le salut des troupes à lui confiées ou l'issue de l'action engagée, en attendant un ordre de son supérieur qui peut-être arriverait trop tard. On lui reprocherait ensuite, et avec raison, cet atermoiement intempestif.

Les biens immobiliers, qui ont une destination pacifique, tels que : églises, temples, hôpitaux, hospices, établissements d'éducation, universités, facultés, lycées, collèges, séminaires et écoles, doivent être respectés par l'occupant qui peut, néanmoins, en cas de nécessité, ou les faire disparaître par mesure de sécurité, ou les affecter au logement et au campement de ses troupes (4).

(1) Bluntschli, *loc. cit.*, art. 646 ; Rouard de Card, *loc. cit.*, p. 30.

(2) Rouard de Card, *loc. cit.*

(3) Conf. la loi française du 21 brumaire, an V.

(4) Fiore, *Droit codifié*, art. 1098 ; Mérignhac, *loc. cit.*, § 116.

L'occupant respectera encore les monuments publics : musées, laboratoires, bibliothèques, archives etc. Il agira ainsi, alors même que certains monuments rappelleraient ses défaites. Ce n'est pas, en effet, par un acte de stupide vandalisme qu'on efface une page d'histoire ; et les belligérants de l'avenir méditeront avec fruit sur la conduite de Wellington empêchant, en 1815, les Prussiens de détruire la colonne Vendôme et le pont d'Iéna (1). L'Empereur François d'Autriche se conduisit bien plus spirituellement que ne l'auraient fait ses alliés sans l'intervention du général anglais. Il ordonna simplement de graver sur l'arc de triomphe de Simplon, érigé par Napoléon Ier à Milan et relatant les faits d'armes les plus importants des Français contre les Autrichiens, un nouveau bas relief représentant l'abdication de Napoléon à Fontainebleau et faisant pendant à celui dans lequel on voyait l'empereur français dictant la paix à son ennemi à Vienne (2).

145. Nous avons visé, dans les explications qui précèdent, les immeubles du domaine public de l'Etat. En ce qui a trait à ceux du domaine privé, ils ne deviennent pas davantage la propriété de l'occupant, par exemple, les forêts domaniales. Ici encore, l'occupant a le droit de les détruire si sa sécurité l'exige ; ainsi il abattra un bois qui gêne son tir ou qui abrite les tirailleurs ennemis. Mais, sous cette réserve, il n'est qu'un simple usufruitier, tenu de restituer la substance de la chose à la fin de l'occupation. Il perçoit les produits et revenus en nature ou par

---

(1) Dudley-Field, *loc. cit.*, art. 840 ; Twiss, *loc. cit.*, § 69 ; Pradier-Fodéré, *loc. cit.*, VII, § 3011 ; *Manuel français à l'usage des officiers*, p. 119 ; Mérignhac, *loc. cit.*, § 116.

(2) Calvo, *loc. cit.*, § 2214.

voie de location ; mais il doit soigneusement s'abstenir de tout acte de disposition. Les actes d'usufruit par lui accomplis se circonscrivent à la période de l'occupation ; une fois qu'elle a cessé, l'Etat auquel les biens font retour, n'est nullement tenu de respecter les droits consentis pour une plus longue période. Il peut, d'autre part, tenir pour non avenus, en tant que la chose sera possible, les actes de disposition accomplis par son adversaire et, par exemple, les ventes de bois de haute futaie. C'est ainsi que, dans le troisième protocole de la convention additionnelle au traité de Francfort de 1871, qui a terminé la guerre franco-allemande, le gouvernement français a déclaré ne vouloir accorder aucune valeur légale aux contrats relatifs aux coupes de bois consenties par les Prussiens dans les forêts domaniales françaises (1).

C'est avec raison que l'article 56 du *Règlement* de La Haye assimile les biens des communes et établissements publics à ceux de l'Etat ; il faut, dès lors, les traiter comme les biens de l'Etat lui-même. Les collectivités morales des divers pays jouent, en effet, dans leurs sphères respectives, un rôle qui est analogue a celui de l'Etat ; on leur appliquera, par suite, les principes que nous venons de poser relativement aux immeubles du domaine public ou privé de ce dernier, et tout ce que nous allons

Conf. Rouard de Card, *loc. cit.*, p. 35 ; Pradier-Fodéré. *loc. cit.*, § 2997 ; Brenet, *loc. cit.*, pp. 160 et s. ; Bluntschli, *loc. cit.*, article 732 ; Calvo, *loc. cit.*, § 2207 ; Funck-Brentano et Sorel, *loc. cit.*, p. 276 ; Geffcken sur Heffter, *loc. cit.*, § 133 à la note : *Manuel français*, p. 116. La jurisprudence française a proclamé la thèse admise au texte dans un arrêt de Nancy du 3 août 1872 ; *J. de droit int., pr.*, 1874, p. 126 et *Journal du Palais*, 1872, p 776. Conf. Mérignhac, *loc. cit.*, § 116.

ajouter à propos des objets mobiliers lui appartenant (1).

L'article 53 du Règlement de La Haye, se conformant à cet égard à une pratique internationale absolument éta-blie, décide que l'occupant est en droit de s'emparer de toute la fortune mobilière de l'État ennemi, en tant qu'elle peut servir aux opérations de guerre. Cette appropriation n'est plus basée sur la pratique ancienne d'après laquelle les biens de l'État ennemi, considérés comme *res nullius*, pouvaient être, à ce titre, appréhendés par le premier occupant ; elle résulte de cette donnée qu'il est légitime de paralyser le plus possible la résistance de l'adversaire et de le contraindre à terminer rapidement la lutte, à l'aide de tous les moyens autorisés par le droit des gens. L'article 53 précité, en limitant sa disposition aux « propriétés mobilières de nature à servir aux opérations de la guerre », comme le faisait, du reste, l'article 6 du projet de Bruxelles, condamne, croyons-nous, par là même, la théorie suivant laquelle toute la fortune mobilière de l'ennemi sans exception serait acquise à l'État occupant, qui, à défaut d'autre utilisation, vendrait les meubles de valeur inutilisables en nature et se procurerait des ressources de guerre avec le prix qu'il en retirerait.

En réalité, de pareilles propositions ramènent au pillage des luttes anciennes (2) ; la fortune publique, quand

(1) Bluntschli, *loc. cit.*, art. 651 *bis* ; Pradier-Fodéré, *loc. cit.* VII, § 3018, *Manuel français*, pp. 118 et s.

(2) Conf. dans le sens indiqué au texte : Pradier-Fodéré, *loc. cit.* VII, §§ 3004 et s. ; Bluntschli, *loc. cit.*, art. 644 et s. ; Pillet, *loc. cit.*, § 169 ; Heffter, *loc. cit.*, § 130 ; Klüber, *loc. cit.*, § 250 ; Neumann, *loc. cit.*, § 47, pp. 186 et s. ; Holtzendorff, *loc. cit.*, § 56 ; Sumner Maine, *loc. cit.*, pp. 253 et s.; Fiore, *Droit codifié*, arti-

elle ne rentre point dans le matériel de guerre, doit être
aussi sacrée que la fortune privée, car, en définitive, elle
constitue le patrimoine commun de tous les sujets de
l'adversaire; elle est insaisissable comme cette dernière,
et saisissable comme elle aussi, au seul cas d'utilisation
à des usages belligérants. Et ce qui le prouve bien, c'est
que l'article 53 proclame la possibilité de saisir tous
objets pouvant servir à des fins de guerre, sans distinguer s'ils sont aux mains de l'Etat ou des particuliers,
avec cette seule réserve que, dans le premier cas, il n'y
aura pas lieu à indemnité, comme on le verra, à la différence du second.

146. Les objets précieux contenus dans les immeubles de l'Etat, tels que collections de toute espèce,
tableaux, statues, marbres, bronzes, porcelaines, émaux,
cristaux, et œuvres d'art en général, livres, manuscrits,
archives etc., etc., sont considérés comme absolument
inviolables (1). A ce sujet, les agissements regrettables
des grandes guerres de la Révolution française et du
Premier Empire, où les œuvres d'art des pays étrangers
furent soumis à une confiscation systématique, ont été
condamnés par tous les juristes ; et les alliés en 1815,
ont, en somme, exercé un droit de reprise légitime. Seulement, ils ont excédé la mesure en reprenant, aussi bien
les objets indûment enlevés, que ceux devenus la propriété légitime des français en vertu de conventions régulières telles que celles conclues avec le Pape et le duc
de Parme, en 1796 et 1797. C'est vainement que Talleyrand

cle 1066 ; Calvo, *loc. cit.*, §§ 2199 et s. ; *Manuel français*, pp. 117
et suiv.

(1) Bluntschli, *loc. cit.*, art. 650; Pradier-Fodéré, *loc. cit.*,
§§ 3008 et s.

essaya de faire prévaloir cette distinction tout à fait rationnelle (1). En 1870-71, les Allemands ont soigneusement respecté les collections des musées de Versailles et de Saint Germain, ainsi que la manufacture de Sèvres (2).

La pratique internationale moderne est donc opposée au butin de guerre prélevé sur la généralité des biens de l'Etat ennemi (3). Le gouvernement belligérant et ses troupes peuvent uniquement appréhender les trophées militaires, drapeaux, insignes, d'une part, et, d'autre part, tout ce que nous allons voir compris dans ce qu'on appelle le *matériel de guerre*. Le droit des gens actuel, dit fort exactement notre collègue et maître de la faculté de droit de Paris, M. Renault, admet encore la légitimité de certaines prises durant la guerre continentale. Il s'agit des choses qui appartiennent à l'ennemi, c'est-à-dire à l'Etat auquel on fait la guerre, et qui sont de nature à servir aux opérations militaires (argent, vivres. munitions, armes etc.). Et le même auteur ajoute que ces objets appartiennent régulièrement à l'Etat bel-

---

(1) Rouard de Card, *loc. cit.*, pp. 98 et s. Conf. Whéaton, *loc. cit.*, II, § 6, pp. 13 et s.

(2) Bonfils-Fauchille, *loc. cit*, § 1180 ; Pradier-Fodéré, *loc. cit.*, § 3010.

(3) Il a toutefois encore des défenseurs à notre époque. Heffter, *loc. cit.*, § 135, l'admet, tout en le déclarant peu généreux et peu humain, comme une sorte de récompense accordée aux efforts extraordinaires des troupes. Sir Travers Twiss soutient que la nation qui envahit le territoire ennemi peut s'emparer des biens de l'Etat, de ses villes, de ses provinces, en un mot de toutes les propriétés publiques ennemies, et également des objets mobiliers appartenant aux sujets ennemis, qui ne sauraient être séparés, en tant qu'individus, du corps de la nation. Il invoque les auteurs anciens et la nécessité d'arriver à la paix le plus tôt possible. C'est, en somme, l'adage : la fin justifie les moyens, qui autorise tous les excès possibles. *Loc. cit.*, § 64.

ligérant dont elles augmentent les ressources ou enrichissent le trésor et les magasins, quand la prise est le résultat d'une victoire ou d'une action générale, c'est-à-dire lorsqu'il n'y a pas de capteurs déterminés. Mais, s'il s'agit de prises faites par des corps de partisans ou des détachements isolés, les règlements, depuis le XVIIIᵉ siècle, en attribuaient le bénéfice aux capteurs (1). C'était donc un avantage que faisait l'État pour encourager l'action de ses soldats; et le point était spécialement régi, en France, par l'article 109 du décret du 28 mai 1895, portant règlement sur le service des armées en campagne, texte ainsi conçu : « Les prises faites par les détachements leur appartiennent, lorsqu'il est reconnu qu'elles ne se composent que d'objets enlevés à l'ennemi: elles sont estimées et vendues par les soins du chef d'état-major et de l'intendant ou du sous-intendant au quartier du général qui a ordonné l'expédition, et, autant que possible, en présence d'officiers et de sous-officiers du détachement ». L'article ajoutait que les armes et munitions de guerre ou de bouche ne sont jamais partagées ou vendues et donnent droit à une indemnité pour ceux qui les ont prises. Il fixait ensuite les parts qui variaient suivant les grades. Les chevaux et autres objets appartenant à l'habitant, qui avaient figuré dans une reprise, devaient être restitués. Quant aux chevaux enlevés à l'ennemi, la remonte, à qui ils étaient livrés, les payait ou les faisait vendre pour le compte des capteurs, s'ils étaient impropres au service. Il en était de même des chevaux amenés par les déserteurs.

(1) Note de M. Renault dans l'*Annuaire de législation française,* t. XXI, 1902, pp. 81 et 82.

Ainsi, l'article 109 n'autorisait le droit de prise au profit des combattants, que lorsqu'il s'agissait d'objets enlevés à l'ennemi et non aux particuliers, en sorte que, suivant l'expression fort juste de M. Renault, le texte ne consacrait nullement une attribution des fruits du pillage. « Notre règlement, sur ce point, ajoute-t-il, est donc parfaitement d'accord avec le droit international du XXᵉ siècle, qui proscrit le pillage et édicte le respect de la propriété privée. Après comme avant le règlement de La Haye du 29 juillet 1899, les biens mobiliers de l'ennemi destinés à la guerre sont de bonne prise, et nul ne songe à modifier le droit des gens sur ce point. Le belligérant, dont les troupes ont effectué des prises, est libre d'en faire ce qu'il veut, et le droit international n'a rien à y voir ; c'est une question de réglementation intérieure » (1).

147. Quoi qu'il en soit, même en présence du sens réel et évident de l'article 109, lors de la dernière expédition de Chine, des réclamations se produisirent au Parlement français, relativement à des accusations de pillage. Pour y couper court, le gouvernement français a cru devoir faire disparaître de notre législation militaire les derniers vestiges du droit de prise attribué aux combattants, en abrogeant, par un décret du 26 juin 1901, l'article 109 du décret du 28 mai 1895. Dans le rapport qui précède le décret de 1901, le Ministre de la Guerre constate que, depuis de nombreuses années, l'usage d'opérer une vente régulière des prises et d'en répartir le produit est, en quelque sorte, tombé en désuétude. Et il conclut que ce texte doit disparaître « comme constituant un véritable anachronisme dans nos règlements » (2).

(1) *Loc. cit.*
(2) *Officiel français* du 27 juin 1901, p. 3926, et *Bulletin offi-*

On doit donc tenir pour certain aujourd'hui que l'ancienne notion du butin de guerre a disparu, et que les biens mobiliers de l'État ennemi sont inviolables, comme ceux des particuliers, sauf pour le cas où ils constituent du *matériel de guerre*. L'armée victorieuse, dit Bluntschli, pourra notamment s'emparer du trésor, des armes et munitions, des magasins à vivres, des voitures et autres moyens de transport de l'armée vaincue et en disposer librement pour son usage (1). Sur tous ces points, il ne saurait y avoir de difficulté. « Dès qu'on a constaté, ajoute Bluntschli, qu'un objet fait partie, de près ou de loin, du matériel de guerre de l'ennemi, le vainqueur se l'adjuge, parce que l'armée doit, avant tout, chercher à désarmer ses adversaires » (2).

148. Nous avons supposé, dans les explications qui précèdent, que le matériel de guerre appartient à l'État; et c'est, en effet, ce qui arrivera le plus souvent. On peut prévoir toutefois le cas où il sera la propriété de sociétés privées ou de simples particuliers : les grands établissements métallurgiques, tels que ceux de Birmingham, du Creuzot et d'Essen, contiennent des dépôts d'armes et de munitions qu'un belligérant utiliserait fort bien, quoiqu'ils n'appartiennent pas à son adversaire. Faut-il voir là du matériel de guerre, pouvant être confisqué comme s'il était propriété d'État ? Nous croyons la con-

---

ciel du Ministère de la Guerre, partie réglementaire n° 26 de 1901. pp. 139 et s. Voir le rapport du Ministre de la Guerre aux Annexes de cet ouvrage. M. Renault dit avec raison, *loc. cit.*, p. 82 que : « les soldats doivent être soutenus par le sentiment du devoir et non excités par l'appât du gain » ; et que c'est aux besoins généraux de l'armée et non à l'avantage particulier du capteur que doit s'appliquer le bénéfice des captures légitimes.

(1 et 2) *Loc. cit.*, art. 645.

fiscation possible, car on est ici dans une hypothèse où la propriété privée doit, bien qu'inviolable en principe, subir le contre-coup des opérations de guerre. Un belligérant a le droit d'enlever à son adversaire tout ce qui pourrait aider à la résistance de ce dernier et de le faire tourner à son propre avantage. Mais les sociétés ou particuliers dépossédés auront-ils droit à une indemnité ? L'article 6 du projet de Bruxelles ne réservait point ce droit ; et l'on avait expliqué sa décision par cette idée que les armes et munitions des entreprises privées constituant de la contrebande de guerre, pouvaient, à ce titre, être confisquées sans indemnité. Cette solution avait été déjà combattue avant 1899; on avait fait remarquer avec raison que les compagnies, en établissant des usines pour la fabrication des armes et munitions de guerre, ne se préoccupaient pas des questions de politique internationale, et voulaient tout simplement faire fructifier leurs capitaux, réaliser des bénéfices, sans avoir la pensée de commettre des actes illicites. On ajoutait que l'occupant devait se borner à séquestrer les armes et munitions et les rendre à la paix ou les payer s'il en faisait usage (1). En somme, en cas d'utilisation par le belligérant, on se trouve ici en présence d'une appropriation exceptionnellement autorisée de la propriété privée, donnant ouverture à indemnité, comme le consacre aujourd'hui formellement l'article 53 du Règlement de La Haye.

149. L'argent appartenant à l'Etat qui subit l'occupation, doit être assimilé au matériel de guerre, en ce

---

(1) Morin, *loc. cit.*, pp. 439 et s. ; Rouard de Card, *loc. cit.*, pp. 148 et s. : Moynier cité *ibidem*.

sens qu'on trouve en lui une ressource précieuse pour alimenter la résistance. Au contraire, le respect de la propriété privée impose l'obligation de ne pas saisir l'argent des particuliers déposé dans les caisses publiques. Quant aux créances non encore échues de l'Etat envahi contre des particuliers, l'occupant ne saurait en obtenir le paiement, car le créancier ne peut l'exiger lui-même ; subrogé à ce dernier, il n'a pas plus de droits que lui. Si les créances sont exigibles, certains auteurs étaient d'avis que l'Etat occupant sans pouvoir se les faire payer, avait seulement la faculté d'empêcher son adversaire de les toucher durant les hostilités et d'en percevoir lui-mêmes les arrérages (1). D'autres pensaient, au contraire, plus exactement, qu'il y avait là une ressource de guerre pareille à celle que procure l'argent déjà entré dans les caisses publiques et dont l'occupant peut priver le pays vaincu (2). D'autant plus que, si l'on n'encaisse pas soi-même, il paraît assez difficile d'empêcher le créancier de recevoir le montant de ce qui lui est dû.

---

(1) En ce sens, Despagnet, *loc. cit.*, n° 602 ; Rouard de Card, *loc. cit.*, p. 78 : Heffter, *loc. cit.*, § 134 ; Guelle, *loc. cit.*, II, p. 116 : Calvo, *loc. cit.*, IV, §§ 2289 et s. ; Pillet, *loc. cit.*, § 170 ; Pradier-Fodéré, *loc. cit.*, VII, §§ 3014 et s. Ces auteurs enseignent que l'occupant n'étant pas devenu créancier, ne peut exiger un paiement libératoire, et que le débiteur restera tenu, nonobstant tout paiement, vis-à-vis du créancier primitif. Conf. Klüber, *loc. cit.*, § 258 ; Calvo, *loc. cit.*, § 2285; Fiore, *Nouveau droit internat.*, § 1394 ; Bry, *loc. cit.*, § 411.

(2) Bynkershoeck, *loc. cit.*, I, cap. VII, pp. 51 et s. ; Vattel, *loc. cit.*, l. III, ch. V, § 77, t. II, p. 422 ; Bonfils-Fauchille, *loc. cit.*, § 1192 ; Lœning, *apud Revue de droit internat. et de législ. comp.*, t. IV, p. 106; Rivier, *loc. cit.*, § 63, p. 308 ; *Manuel de l'Institut de droit international*, art. 50 ; Mérignhac, *loc. cit.*, § 113.

C'est en ce dernier sens que se prononce l'article 53 du
Règlement de La Haye, permettant de saisir les fonds
exigibles appartenant en propre à l'Etat occupé. Dès lors,
le paiement fait aux mains de l'occupant est nécessairement libératoire pour celui qui a payé. Il ne faut pas ici
transporter les principes du droit civil interne sur la
validité des paiements ordinaires, car la guerre crée un
cas de force majeure, qui, dans la mesure des actes
rendus indispensables par elle, fait nécessairement échec
à toutes les règles. La seule question à examiner est celle
de savoir si elle autorise oui ou non la mainmise sur les
créances appartenant à l'Etat; et, si on résout ce point
par l'affirmative, la conséquence forcée est que le paiement fait à l'occupant produit un effet absolument libératoire (1).

CHAPITRE II

DES CHEMINS DE FER ET AUTRES PROCÉDÉS DE TRANSPORT ET DE COMMUNICATION

150. Les chemins de fer sont destinés à jouer un rôle
prépondérant dans les guerres futures, la victoire paraissant devoir appartenir à celui qui pourra concentrer, à
un moment donné, le plus de troupes et de matériel de
guerre sur un point stratégique. Voilà pourquoi les nations européennes se préoccupent, à juste titre, d'opérer,
en cas de guerre, la mobilisation de leurs forces avec la
plus grande rapidité possible. On aperçoit, dans ces con-

(1) Despagnet, *loc. cit.*, § 602 *in fine*.

ditions, toute l'utilité des voies ferrées, qui, dès le temps de paix, sont soigneusement organisées en vue de la lutte à venir (1).

Tout naturellement, en cas d'invasion, l'ennemi s'empresse de mettre la main sur les chemins de fer, dans le but soit de s'en servir lui-même, soit d'empêcher son adversaire d'en faire usage. Quels sont alors les droits qui lui sont conférés ? Ils varieront nécessairement suivant la constitution interne de chaque pays en cette matière. En Allemagne, en Autriche-Hongrie, en Belgique, en Italie, le réseau d'Etat est la règle ; en Angleterre, en Hollande, les compagnies privées, qui fonctionnent à côté du réseau d'Etat, sont placées sous la haute surveillance des pouvoirs publics. Enfin, en France, existe un système mixte : les compagnies qui exploitent la plupart des voies ferrées françaises, sont propriétaires des gares et du matériel roulant, tandis que la voie elle-même fait partie du domaine public de l'Etat. On remarquera que, même dans les pays où le réseau d'Etat est à

(1) En règle générale, les puissances ont réglé la question de mobilisation des voies ferrées pour le cas de guerre, notamment la France (article 29 de la loi du 3 juillet 1877). Conf. Delaperrière, *loc. cit.*, pp. 657 et s. L'Allemagne a même militarisé le service des chemins de fer, dès le temps de paix, pour être mieux prête en cas de guerre. L'article 47 de la Constitution d'Empire du 16 avril 1871 a fait de ce point une question constitutionnelle, en décidant que les prescriptions des autorités fédérales concernant l'usage des chemins de fer pour la défense du pays doivent être exécutées sans observation par les administrations dont ces chemins de fer dépendent; et l'article 4, § 8 soumet au contrôle et à la législation de l'Empire « l'organisation des chemins de fer dans l'intérêt de la défense du pays et des communications ». Laband, *Le droit public de l'Empire allemand*, édition française de 1902, t. III, p. 167. Conf. les art. 28 à 31 de la loi allemande du 13 juin 1873 précitée et l'ordonnance précitée du 1er avril 1876, qui règle les détails de la matière.

peu près nul et où l'industrie privée est prépondérante, comme en Angleterre, les compagnies concessionnaires sont loin de jouir d'une autonomie complète. Etant donnée la grande importance des voies ferrées et leur utilité générale, l'Etat conserve sur elles la haute main, en sorte que la propriété des compagnies ne saurait, à aucun point de vue, être assimilée à une propriété ordinaire. En échange du monopole, les pouvoirs publics se réservent la surveillance générale, imposent des obligations spéciales, dont la principale consiste précisément dans la nécessité de subir la mainmise des autorités militaires sur tout le réseau, en cas de mobilisation.

151. Si les chemins de fer appartiennent en entier à l'Etat, l'occupant a le droit de s'en saisir, d'en user pour son compte ou de faire cesser l'usage de son adversaire. Il peut même les détruire, quand cette destruction est nécessaire à sa sécurité ou à ses opérations militaires. Ce point de vue ne paraît guère contestable : l'enlèvement des rails, la destruction des ponts et des tunnels, des gares et divers autres édifices, des wagons, locomotives, aiguilles, disques etc. etc., se justifient, aussi bien que la destruction des autres propriétés privées ou publiques rendue indispensable par les opérations de guerre et acceptée d'un commun accord sous la dure loi de la nécessité.

L'occupant a encore le droit de continuer l'exploitation, de transporter les voyageurs et les marchandises, en gardant, en sa qualité d'usufruitier général du pays occupé, les bénéfices réalisés (1); il est en droit, pour le

_____

(1) En principe, l'occupant doit conserver les tarifs antérieurs. S'il les s'élevait, il frapperait les populations d'une contribution de guerre déguisée et arbitraire, à moins que cette élévation ne fût justi-

même motif, d'affermer l'exploitation pour la durée de l'occupation. Mais, s'il ne devient pas plus propriétaire de la partie immobilière des chemins de fer : voies, gares, quais, magasins etc., que des autres immeubles de l'Etat ennemi dont il a été question aux §§ 143 et s., n'acquiert-il pas, au moins, la propriété du matériel roulant comprenant spécialement les wagons et locomotives ? Ne peut-il les aliéner, les transporter dans son pays définitivement ? Certains auteurs ont pensé qu'il était investi de ce droit, parce que le matériel roulant constituerait un matériel de guerre, saisissable comme les armes, les munitions et l'argent (1). Cette opinion paraît inconciliable avec la destination normale du matériel roulant, qui est essentiellement pacifique, tournée vers les besoins du commerce et de l'industrie du temps de paix, et dont l'utilisation aux fins de guerre n'est que l'exception. On ne peut donc transformer en état définitif ce qui n'est qu'un fait accidentel et momentané (2).

fiée par des causes de force majeure, telles qu'une augmentation subite et considérable du prix du charbon.

(1) Rouard de Card, *loc. cit.*, pp. 63 et s. ; de Stein, *apud Revue de droit internat.*, 1885, t. XVII, pp. 351 et s., et *Annuaire de l'Institut de droit international*, t. VIII, 1885-86, pp. 179 et s.; Fiore, *Nouveau droit intern. pub.*, t. III, p. 223.

(2) Guelle, *loc. cit.*, II, p. 90 ; Rivier, *loc. cit.*, § 63, p. 312 ; Despagnet, *loc. cit.*, § 598 ; Bonfils-Fauchille, *loc. cit.*, § 1185 ; Mérignhac, *loc. cit.*, § 114 ; Bluntschli, *loc. cit.*, art. 645 *bis* ; Pradier-Fodéré, *loc. cit.*, § 3005 ; Moynier dans l'*Annuaire de l'Institut de droit internat.*, *loc. cit.*, pp. 223 et s.; Buzzati dans la *Revue de droit intern. et de législat. comp.*, t. XX, 1888, pp. 383 et s.; *Manuel de l'Institut*, art. 51. M. Pillet, *loc. cit.*, § 180, n'admet d'exception à la règle formulée au texte que pour les locomotives ou wagons blindés, dont l'utilisation est évidemment guerrière et dont les Anglais ont fait, sans grand succès, un usage fréquent dans l'Afrique du Sud, durant la guerre anglo-boër.

152. Si les chemins de fer appartiennent à des particuliers, par exemple à des compagnies concessionnaires, l'occupant peut encore s'en servir pour les opérations de guerre et même les exploiter commercialement. En effet, l'État dont le territoire est occupé aurait eu le droit de les utiliser pour ses propres opérations guerrières ; et, d'autre part, ils constituent, bien que propriété privée, un service éminemment public dont l'occupant s'empare à ce titre. Seulement, entre cette hypothèse et celle où les chemins de fer sont la propriété de l'État, il y a cette différence considérable que l'envahisseur ne garde pas d'une manière définitive, comme dans celle-ci, les bénéfices de l'exploitation et doit en rendre compte aux compagnies concessionnaires, auxquelles il restitue les gares, le matériel roulant et généralement tout ce qu'il a pu appréhender ; vis-à-vis desquelles, d'autre part, il est responsable des dégradations commises (1). Ces principes, qui, dans le passé, ont donné lieu à des difficultés considérables (2), peuvent aujourdhui être tenus pour cer-

(1) La convention additionnelle au traité de Francfort de 1871 a stipulé qu'une commission fixerait l'indemnité due par l'Allemagne à raison des dégradations apportées au matériel durant l'invasion.

Dans l'hypothèse où les dégradations et la destruction ont été amenées par la sécurité de l'occupant ou par des opérations de guerre, il n'y aura pas lieu à indemnité, et la compagnie n'aura de recours que contre son propre gouvernement, si tant est que celui-ci n'oppose point le cas de force majeure.

(2) Les questions principalement discutées étaient celles de savoir si l'occupant ne devenait pas propriétaire du matériel roulant et si, en cas de solution négative, il ne devait pas une indemnité au propriétaire privé de la jouissance. Conf. sur ces points : Bonfils-Fauchille, *loc. cit.*, § 1186 ; Massé, *loc. cit.*, I, p. 133 ; Morin, *loc. cit.*, I, pp. 442 et s. A la suite de la guerre franco-allemande, le gouvernement allemand avait ordonné, en principe, la restitution de tout le matériel à ses propriétaires. Mais l'exécution de ces ordres laissa

tains, car ils ont été consacrés par le second alinéa de l'article 53 du *Règlement* sur les lois et coutumes de la guerre sur terre, à la suite d'une controverse des plus vives entre les représentants des grands Etats et ceux des petites puissances. Ces derniers auraient voulu que l'on exprimât très nettement dans la convention l'idée que la saisie du matériel avait, en tout cas, le caractère d'un séquestre, avec la possibilité d'user, en ce qui le concernait, du droit de réquisition, avec toutes ses conséquences (1).

L'idée de réquisition appliquée aux chemins de fer comme aux autres objets nécessaires pour les besoins de l'armée, ne semble pas pratique. On a fait remarquer, avec raison, que, par la force même des choses, les deux situations sont totalement dissemblables. Autant il est simple de requérir une prestation isolée, des vivres, par exemple, autant il serait difficile et gênant d'user des formalités assez compliquées de la réquisition, toutes les fois qu'on a besoin d'un wagon ou d'une locomotive. Le droit de réquisition, à propos des chemins de fer, se traduit donc nécessairement par une emprise générale, mettant le service entier et toutes ses parties, en tant que de besoin, à la disposition de celui qui est en droit d'en user (2). Et l'on doit, en tout cas, se borner à un reçu général du matériel, reçu destiné à constater la main-mise de l'occupant et à assurer ainsi les réclama-

beaucoup à désirer ; et, en fait, une grande partie des wagons et des locomotives ne fut pas rendue. Conf. Rouard de Card, *loc. cit.*, pp. 154 et 155.

(1) Consulter à ce sujet les *Procès-verbaux de la Conférence de la Paix*, IIIe partie, pp. 165 et s. et notre ouvrage précité, § 114.

(2) Ferrand, *Des réquisitions militaires*, pp. 67 et s.

tions future des ayants droit. Il est regrettable que la Conférence de La Haye n'ait pas admis la nécessité de cette pièce essentielle, qui fut vainement réclamée par certains représentants (1).

Pour l'exploitation nouvelle des voies ferrées, à laquelle il va se livrer, l'occupant ne saurait être tenu de conserver le personnel en fonction, qui n'a pas sa confiance, qui pourrait peut-être trahir ses intérêts et faire éprouver à ses troupes et approvisionnements des désastres incalculables. D'autre part, à supposer qu'il voulût les conserver, les employés ne peuvent être obligés de rester à leur poste, soit parce que le contrat ancien ne les lie plus, soit parce qu'ils ne sauraient être tenus de participer à des opérations contraires aux intérêts de leur pays. Et, pour ce motif, l'occupant ne pourrait leur adresser, à cet égard, des réquisitions de services qui seraient en opposition avec l'article 44 du Règlement de La Haye, lequel, ainsi qu'on l'a vu aux §§ 128 et s., « interdit de forcer la population d'un territoire à prendre part aux opérations militaires contre son propre pays ». Or, le service des chemins de fer touche de si près aux opérations belligérantes, qu'il ne paraît pas possible d'écarter, en l'espèce, l'application de l'article 44 (2).

153. Convient-il de faire rentrer les tramways dans

---

(1) *Procès-verbaux* et *ouvrage* précités, *ibidem*.

(2) En 1870, les Prussiens essayèrent tout d'abord de la persuation vis-à-vis des employés de chemins de fer français ; puis ils en vinrent aux menaces. Les maires furent invités à requérir les employés et ouvriers, chefs cantonniers et cantonniers, chefs de gare et personnel de reprendre leur service, sous peine, en cas de refus, pour ces agents, d'être déférés aux cours martiales. Ces menaces n'ayant pas produit l'effet attendu, l'Allemagne fut obligée d'organiser le service avec ses propres ressources. Brenet, *loc. cit.*, pp. 172 et s.

les dispositions législatives concernant les chemins de fer? Le doute pourrait venir de ce que, dans le langage administratif, les tramways sont désignés sous le nom de « chemins de fer à traction de chevaux ». D'autre part, il y a des tramways mus par la vapeur ou par l'électricité. Pourtant, il ne semble pas que le régime des voies ferrées puisse ici trouver sa place. Cette mainmise générale sur les chemins de fer, qui se produit en cas de guerre, n'aurait plus la même nécessité appliquée aux tramways, qui, du reste, sont placés sous un régime tout différent. Les lois sur la matière et spécialement les lois françaises ne visent que les chemins de fer, soit dans leurs termes soit dans leur esprit ; et les décrets d'autorisation des concessionnaires de tramways ne prévoient nullement la réquisition par l'Etat. Donc, si cette réquisition devenait nécessaire, il faudrait procéder en la forme ordinaire des réquisitions, comme à propos des autres moyens de transport en général (1).

Les postes et télégraphes offrent, en cas de guerre, une utilité incontestable, en sorte que, services pacifiques, en principe, à l'égard des chemins de fer, ils sont, en temps de guerre, organisés militairement comme ces derniers. Les grandes puissances ont créé des corps spéciaux d'employés, ayant pour mission de faire fonctionner, aux armées, le service des postes et télégraphes (2).

_____

(1) Morgand, *loc. cit.*, p. 249 à la note.

(2) Mérignhac, *loc. cit.*, § 113 ; Delaperrière, *loc. cit.*, pp. 635 et s. ; Bonfils-Fauchille, *loc. cit.*, § 1187 ; Rouard de Card, *loc. cit.*, pp. 64 et s. La loi française du 24 juillet 1900 a réorganisé le service de la télégraphie militaire, qui comprend, en temps de guerre, des troupes actives et des sections techniques de télégraphie. En outre, dans la zone des opérations, le personnel civil de l'administration des postes et télégraphes est placé sous les ordres directs du commandant

C'est pour ce motif que l'article 53, § 2 du *Règlement* de La Haye met sur la même ligne le matériel des télégraphes et celui des chemins de fer. Il ne parle pas, on ne sait trop pourquoi, des postes; mais il est bien certain que l'occupant les utilisera au même titre que les télégraphes. Par contre, il mentionne les téléphones, qui seront sûrement fort employés dans les guerres futures (1).

Les postes et télégraphes sont généralement un service de l'État, dont le matériel appartient exclusivement à ce dernier; au contraire, les téléphones pourront être et seront souvent entreprise privée. Il faut, à propos de ces divers moyens de communication, appliquer ce qui a été dit, aux §§ 151 et 152, à l'égard des chemins de fer, suivant qu'ils appartiennent à l'État ou à des particuliers.

Les agents locaux des postes, télégraphes et téléphones pourront rester en fonction, si l'occupant ne leur impose rien de contraire à leur pays et leur demande seulement d'assurer la bonne exécution du service, au mieux des intérêts de leurs concitoyens; mais ils n'y seront point tenus; et l'occupant, d'autre part, les remplacera, s'il le juge convenable, le tout comme il a été expliqué ci-dessus au § 152 pour les agents et employés des chemins de fer (2).

en chef de chaque groupe d'armée ou de chaque armée opérant isolément. Les troupes actives de télégraphie assurent le service de première ligne et les sections techniques celui de seconde ligne. Voir, pour les détails d'organisation, les divers articles de la loi précitée dans l'*Officiel* du 27 juillet 1900.

(1) Pradier-Fodéré, *loc. cit.*, §§ 3006 et s.; Mérignhac, *loc. cit.*, § 115.

(2) Lors de la guerre franco-allemande, on chercha à imposer aux agents des postes et télégraphes une sorte de serment de fidélité à l'Allemagne ; et, en présence de leur refus d'y souscrire, les Prussiens organisèrent le service avec leurs propres employés. Bray, *loc. cit.*, p. 249.

LIVRE IV

LE RÉTABLISSEMENT DE LA PAIX

———

154. La guerre prend fin soit par la cessation des hostilités sans convention, soit par la soumission absolue du vaincu au vainqueur, soit par la conclusion d'un traité de paix, qui constitue le mode normal et le procédé le meilleur. Et, bien qu'un certain nombre de guerres, par exemple la guerre entre l'Espagne et le Chili, la France et le Mexique (1862, 1866) (2), se soient terminées par la simple cessation des hostilités et d'un accord tacite, on constate que cette manière d'agir est défectueuse, car elle prête à l'équivoque dans les rapports des belligérants. Le traité de paix, réglant tout les points litigieux, ramène seul l'harmonie complète dans les relations postérieures à la guerre, spécialement en rétablissant les rapports diplomatiques, qui, en son absence, restent longtemps interrompus. Ainsi c'est seulement en 1881 que les relations diplomatiques ont été reprises entre la France et le Mexique.

(1) Bluntschli, *loc. cit.*, art. 700 et 703.
(2) Morin, *loc. cit.*, t. II, pp. 536 et s.

La soumission complète d'un belligérant peut résulter soit d'un accord tacite, soit de l'absorption de fait d'un Etat par un autre, par exemple du Hanovre et de la Hesse par la Prusse en 1866 (1), et des Républiques Sud-Africaines par l'Angleterre en 1902.

Les traités de paix sont précédés de *propositions de paix*, faites par les pouvoirs qui ont qualité pour négocier et conclure les traités internationaux. Souvent une convention préalable suit l'ouverture des négociations ; elle prend le nom de *préliminaires de paix*. Ces préliminaires déterminent les conditions de la paix future, en fixent les bases générales et précisent quand et où la paix sera conclue d'une façon définitive. Ils constituent une véritable convention obligatoire pour les parties, et qui, dès lors, doit émaner de l'autorité compétente pour faire les traités de paix, Les hostilités sont arrêtées depuis les préliminaires, pour le cas peu fréquent où il n'y aurait pas eu d'armistice préalable.

Il est un certain nombre de préliminaires de paix qui sont restés célèbres dans l'histoire : citons, parmi les plus récents, les préliminaires de Versailles du 26 février 1871 précédant le traité de Francfort du 10 mai 1871 qui mit fin à la guerre franco-allemande (2), et ceux d'Andrinople du 31 janvier 1878, antérieurs au traité de San Stéfano du 3 mai 1878 (3).

---

(1) Bluntschli, *loc. cit.*, art. 701 ; Holtzendorff, *loc. cit.*, § 69 ; Neumann, *loc. cit.*, § 52 ; Heffter, *loc. cit.*, § 178 et Geffcken, *ibidem*, note 1 ; Despagnet, *loc. cit.*, § 603 B.

(2) De Clercq, *loc. cit.*, pp. 430 et s. ; Rivier, *loc. cit.*, § 71, pp. 446 et s. ; Funck-Brentano et Sorel, *loc. cit.*, pp. 213 et s. On trouvera le texte du traité de Francfort dans de Clercq, *ibidem*.

(3) Voir la citation de divers préliminaires de paix dans G. de

155. Le traité de paix doit être conforme aux conditions de validité ordinaires des traités internationaux. Il est négocié et signé par le chef du pouvoir exécutif, avec l'assentiment du Parlement dans les pays où le droit constitutionnel interne est en ce sens, ce qui est la règle pour les pays de régime parlementaire, surtout dans le cas où le traité contient une charge financière ou une cession ou adjonction de territoire. L'intervention du Parlement est nécessaire en France (article 8 de la loi du 16-18 juillet 1875), en Belgique (article 68 de la constitution du 25 février 1861), en Italie (article 5 du statut fondamental du Royaume de Sardaigne, devenu la constitution de l'Italie du 4 mars 1848), en Angleterre, en Autriche (article 5 de la loi constitutionnelle du 21 décembre 1867), en Allemagne (article 11 de la constitution d'Empire du 16 avril 1871), en Espagne (constitution du 30 juin 1876, article 54 et 55), aux Pays-Bas (article 59 de la loi fondamentale revisée en 1887), en Portugal (article 10 de l'acte additionnel du 5 juillet 1852), en Suisse (article 85 de la constitution fédérale du 27 mai 1874), aux États-Unis. Dans ce dernier pays, le Sénat seul doit donner son approbation (constitution fédérale, art. II, sect. 2, §2) (1).

156. Il ne semble pas que les règles constitutionnelles relatives aux traités de paix aient été observées par rapport à la convention conclue, le 31 mai 1902, entre la

Martens, *loc. cit.*, § 332, note *a* et Bonfils-Fauchille, *loc. cit.* § 1696.

(1) Conf. sur ces points : Bluntschli, *loc. cit.*, art. 705 ; Michon, *Les traités internationaux devant les Chambres*, 1901, pp. 194 et s. ; Dareste, *Les constitutions modernes*, 2ᵉ édition, 1891, *passim*.

Grande-Bretagne et les Républiques Sud-Africaines (1).
En effet, le Président du Transvaal, tenu systématiquement à l'écart des négociations, n'a figuré en rien dans
cet instrument diplomatique. Les Anglais ont répondu
que, l'annexion des Républiques étant un fait consommé

(1) Voici le texte complet de cet instrument diplomatique :

Son Excellence le général lord Kitchener et Son Excellence lord
Milner, agissant au nom du gouvernement britannique, d'une part ;
— Et MM. Steijn et Brebner, le général Christian De Wet, le général Georges Olivier et le juge Hertzog, agissant pour le gouvernement
de l'Etat libre d'Orange ; — Et MM. Schalk-Burger, Reitz, les généraux Louis Botha, Delarey, Lucas Meyer et Krogh, agissant pour le
gouvernement de la République sud-africaine et au nom de leurs
burghers respectifs, désireux de terminer les hostilités actuelles,
d'autre part, — sont d'accord sur les articles suivants :

Article 1er. — Les troupes burghers en campagne déposeront
immédiatement leurs armes, remettront tous leurs canons, tous les
fusils et toutes les munitions de guerre qu'elles possèdent ou sur
lesquelles elles ont autorité, et cesseront d'opposer plus longtemps
résistance à l'autorité de Sa Majesté le roi Edouard VII, qu'elles reconnaissent comme leur souverain de droit.

La forme et les détails de cette reddition seront définis par un
arrangement entre lord Kitchener et le commandant général Botha,
le commandant général en second Delarey et le commandant en chef
De Wet.

Art. 2. — Tous les burghers combattants qui se trouvent en
dehors des frontières du Transvaal et de la colonie du fleuve Orange,
et tous les prisonniers de guerre qui se trouvent à présent hors du
sud de l'Afrique et qui sont des burghers seront, après avoir dûment
déclaré qu'ils acceptent la qualité de sujets de Sa Majesté Edouard VII,
ramenés progressivement dans leurs foyers, aussitôt qu'on pourra
leur fournir des transports et leur assurer des moyens de subsistance.

Art. 3. — Les burghers qui se seront ainsi rendus et qui seront
ainsi revenus ne seront privés ni de leur liberté personnelle, ni de
leurs biens.

Art. 4. — Aucun procès, soit civil, soit criminel, ne sera intenté
contre qui que ce soit des burgers qui se sont rendus et qui sont reve-

depuis longtemps, ils n'avaient plus qu'à traiter avec les chefs militaires de la reddition des troupes et de la remise des armes. Et, dans ce sens, Lord Kitchener télégraphiait, le 31 mai, de Prétoria, que « le document contenant les conditions de la *capitulation* avait été signé

nus, à l'occasion de quelque acte que ce soit, résultant de la poursuite de la guerre.

Le bénéfice du présent article ne s'étendra pas à certains actes qui ont été notifiés aux généraux boërs par le commandant en chef et qui seront jugés par conseil de guerre immédiatement après la clôture des hostilités.

Art. 5. — La langue hollandaise sera enseignée dans les écoles publiques du Transvaal et de la colonie du fleuve Orange, là où les parents des enfants le désireront. Son emploi sera permis dans les tribunaux lorsque cela sera nécessaire pour que l'administration de la justice soit meilleure et plus efficace.

Art. 6. — La possession des fusils sera autorisée dans le Transvaal et dans la colonie du fleuve Orange pour les personnes qui en ont besoin pour leur protection ; mais elles devront se munir d'une licence, conformément à la loi.

Art. 7. — L'administration militaire du Transvaal et de la colonie du fleuve Orange sera, à la date la plus prochaine possible, remplacée par un gouvernement civil, et, aussitôt que les circonstances le permettront, on introduira des institutions représentatives, préparant l'autonomie.

Art. 8. — La question de donner des droits électoraux aux indigènes ne sera tranchée qu'après l'introduction de l'autonomie.

Art. 9. — Aucun impôt spécial ne frappera la propriété foncière au Transvaal et dans la colonie du fleuve Orange pour couvrir les frais de la guerre.

Art. 10. — Aussitôt que la situation le permettra une commission, dans laquelle les habitants du lieu seront représentés, sera nommée dans chaque district du Transvaal et de la colonie du fleuve Orange, sous la présidence d'un magistrat ou d'un autre fonctionnaire, dans le but d'aller rétablir la population dans ses foyers et de fournir à ceux qui, par suite des pertes causées par la guerre, seront dans l'impossibilité de s'en procurer, les aliments, l'abri et les quantités

par tous les représentants boërs ». Nous avons dit plus
haut, au § 123, ce qu'il fallait penser de la prétendue
annexion du Transvaal et de l'Orange. D'autre part, en
réalité, le traité du 31 mai, s'il contient, dans son article
1er, une disposition relative à la renonciation à la lutte
par les burghers en campagne et à la reddition de
leurs armes, renferme aussi des clauses politiques qui
excèdent la portée des capitulations ordinaires, où ces
clauses sont formellement interdites (conf. § 112). Il y
est question, en somme, de l'organisation politique et
administrative du pays. Les chefs boërs, en effet, renon-
cent à l'indépendance, ce que des généraux sont radicale-
ment incapables de faire dans une capitulation ; ils acceptent, excédant ici encore les pouvoirs de simples chefs
militaires, une administration militaire, à laquelle suc-

nécessaires de semences, de cheptels et d'instruments, etc., indispensables pour la reprise de leurs occupations normales.

Le gouvernement de Sa Majesté mettra à la disposition de ces commissions une somme de trois millions de livres sterling, dans le but
ci-dessus mentionné, et il permettra que tous les billets émis conformément à la loi no 1 de 1900 de la République sud-africaine et tous
les reçus donnés par les officiers combattants des ex-républiques ou
sous leurs ordres soient présentés à une commission judiciaire que
nommera le gouvernement. Si cette commission judiciaire trouve que
ces billets et ces reçus ont été dûment délivrés en échange de contre-
parties sérieuses, ils seront admis par les commissions désignées
précédemment, comme titres établissant les pertes de guerre subies
par les personnes auxquelles ils ont été primitivement délivrés (Conf.
ce qui a été dit à la note 1 du § 142).

Outre la subvention gratuite de trois millions de livres sterling ci-
dessus mentionnée, le gouvernement de Sa Majesté sera disposé à faire,
dans le même but, à titre de prêt, des avances qui ne seront pas
frappées d'intérêts pendant deux ans, et qui ensuite seront rembour-
sables après une certaine période d'années avec 3 0/0 d'intérêt.

Aucun étranger, aucun rebelle n'aura droit au bénéfice de cet
article.

cédera un gouvernement civil, suivi, à son tour, d'institutions représentatives, lesquelles prépareront enfin l'avènement de l'autonomie. Il est également question, dans ce traité de l'enseignement et de l'emploi, devant les tribunaux, de la langue hollandaise, des droits électoraux des indigènes, des impôts de guerre, de la reconstitution des exploitations dévastées au moyen de sommes fournies par le Gouvernement de la Grande Bretagne. On voit donc que le document en question, à côté de la capitulation, que les généraux pouvaient parfaitement consentir, contient un véritable traité de paix, qui aurait dû être régulièrement conclu suivant les formes constitutionnelles des deux Républiques. Seule une assemblée des mandataires du pays, régulièrement investie des pouvoirs nécessaires, aurait été compétente pour le signer ; et il ne paraît pas possible de considérer comme équivalente la réunion des chefs des commandos de Vereeniging. Dès lors, si l'acte du 31 mai s'impose, en fait, aux anciens sujets des deux Républiques, en droit, il est entaché d'une complète irrégularité (1).

157. Un traité de paix peut se borner à constater simplement la fin des hostilités, comme le traité de paix de Bucarest du 3 mars 1886, entre la Bulgarie et la Serbie (2). Mais, le plus souvent, pour couper court à des difficultés ultérieures possibles, on règle, dans le détail, la reprise des relations pacifiques.

---

(1) L'article 38 de la constitution de l'Etat libre d'Orange du 8 mai 1879 portait que le Président de l'Etat libre d'Orange fait la paix avec l'assentiment du Volksraad, et les attributions du Président du Transvaal et du Parlement transvaalien étaient les mêmes, d'après la constitution promulguée en février 1858.

(2) Bry, *loc. cit.*, § 423.

Il est des clauses usuelles que l'on retrouve dans la plupart des traités de paix. Ce sont les suivantes.

I. — *Cessation des hostilités.* — Cette cessation avait déjà commencé, en fait, le plus souvent, grâce à l'armistice qui précède la majorité des traités de paix.

II. — *Clause d'amnistie.* — On entend, par là, la stipulation de renonciation à tout recours, poursuite ou répression de l'envahisseur contre les habitants du pays envahi, et de la population de ce pays contre l'envahisseur, à raison de faits se rattachant de près ou de loin aux hostilités. Cette renonciation réciproque est qualifiée, dans le langage courant de la guerre, de *clause d'amnistie* (1), terme qui a été critiqué par quelques auteurs (2). La clause est indifférente aux faits étrangers à la guerre (3) ; d'autre part, les habitants des territoires occupés continuent à rester responsables des actes illicites qu'ils ont pu commettre contre leur pays, durant les hostilités. A la suite de la guerre du Transvaal, dans un *memorandum* du 23 août, les généraux boërs avaient demandé au gouvernement anglais, bien que le traité du 31 mai 1902, qui avait mis fin à la guerre et dont il vient d'être ques-

_____

(1) Despagnet, *loc. cit.*, § 605 ; Fiore, *Nouveau droit intern.*, § 1702 ; Bluntschli, *loc. cit.*, art. 710 et 711. La clause est expressément indiquée dans un certain nombre de traités et sous-entendue dans d'autres. Les articles XI, XII et XX du Congrès de Vienne du 9 juin 1815 accordaient amnistie pleine et entière en Pologne et en Saxe. F. de Martens, *Supplément au recueil des principaux traités.....*, t. VI, 1814-1815, pp. 368 et s.

(2) Guelle. *loc. cit.*, II, p. 244, note 1 ; Funck-Bretano et Sorel, *loc. cit.*, p. 316 ; Bonfils-Fauchille, *loc. cit.*, § 1700 ; Despagnet, *loc. cit.*

(3) Ainsi, les actions civiles, résultant de contrats privés, conclus au cours de la guerre ou avant la guerre, échappent à la clause d'amnistie.

tion au § 156, fût muet sur ce point, de donner amnistie
entière aux sujets britanniques qui avaient pris part aux
hostilités dans le sens des Boërs, ainsi qu'à toutes personnes généralement condamnées pour des actes commis
durant ces hostilités ou s'y rapportant. Dans une conférence du 5 septembre suivant, où ont été examinées les
propositions du *memorandum* entre les chefs boërs et le
ministre anglais des colonies, ce dernier a repoussé
toute demande relative à l'amnistie.

III. — *Abandon par le vaincu des prétentions qui
avaient amené la guerre terminée par le traité* (1).

IV. — *Libération des prisonniers de guerre.* — Cette
libération doit être immédiate et sans réserve, sous les
conditions suivantes. Tout d'abord, il est permis de prendre les précautions voulues, pour que la mise en liberté
simultanée d'un grand nombre de libérés ne cause pas de
désordres. En pratique, on les fait reconduire à la frontière de leur pays, sous la surveillance des autorités
militaires (2). D'autre part, les prisonniers qui auront été

---

(1) Bluntschli, *loc. cit.*, art. 714.
(2) Bluntschli, *loc. cit.*, art. 716. Conf. les précautions prises pour
la libération des soldats français à la fin de la guerre franco-allemande. D'après l'article 10 du traité de paix du 10 mai 1871, le gouvernement allemand devait faire rentrer les prisonniers après entente
préalable avec la France. Les prisonniers libérables devaient être renvoyés dans leurs foyers, et ceux qui n'avaient pas achevé leur service
se retireraient derrière la Loire. Vingt mille prisonniers seraient
dirigés sans délai sur Lyon, pour être, de là, immédiatement envoyés
en Algérie. Guelle, *loc. cit.*, II, p. 244 et Sorel, *loc. cit.*, II, p. 265
et 306. Le 11 mars 1871, une convention avait été signée à Ferrières,
entre la France et l'Allemagne, pour la remise des prisonniers de
guerre français. De Clercq, *loc. cit.*, p. 460.
   A la suite du traité d'Addis-Abeda, du 26 octobre 1896, qui mit fin
à la guerre entre l'Italie et l'Abyssinie, un second traité intervint

condamnés pour infractions de droit commun par les juridictions de l'Etat capteur, durant leur captivité, continueront à subir leur peine (1). Au contraire, on les libérera immédiatement, s'ils ont été seulement punis de peines disciplinaires, à raison d'actes d'insubordination, de rébellion, tentative de fuite et autres actes semblables, ayant leur cause directe et immédiate dans le fait même de la captivité (2).

V. — *Rétablissement des traités antérieurs.* — Il faut, pour que cet effet se produise, se placer dans le cas où, suivant ce qui a été dit au § 31, on considérerait, avec certains auteurs, ces traités comme anéantis par l'état de guerre (3). A cet égard, le traité doit être suivi dans sa teneur stricte, en tant qu'il anéantit, renouvelle ou modifie les conventions existant avant les hostilités. On devra, en tout cas, tenir pour abrogés définitivement les traités incompatibles avec le nouvel état de choses que la paix aurait créé, par exemple les traités de frontières,

pour régler spécialement la question de la libération et du rapatriement des prisonniers italiens. L'article 2 prévoyait que le Négus autoriserait un détachement de la Croix-Rouge italienne à venir jusqu'à Gueldessa ; et l'article 3 avait trait au remboursement des frais d'entretien des prisonniers dus à Ménélik. Despagnet, *apud Revue générale de droit intern. pub.*, t. IV, 1897, pp. 25 et 26, notes.

(1) Funck-Brentano et Sorel, *loc. cit.*, p. 318.

(2) L'Allemagne a méconnu cette règle à la suite de la guerre avec la France, en retenant arbitrairement des prisonniers qui avaient été simplement condamnés à l'emprisonnement pour infractions à la discipline. Il est vrai que Geffcken a prétendu qu'il s'agissait de condamnations pour faits de droit commun, par exemple pour vol. Sur Heffter, § 180, p. 134, note 8. Conf. en sens opposé : Guelle, *loc. cit.*, II, p. 245, note 2 ; Morin, *loc. cit.*, II, pp. 549 et s.

(3) Voir dans notre traité de l'*Arbitrage international*, au § 98, un curieux exemple de remise en vigueur par un traité ultérieur de droits prétendument anéantis par l'état de guerre.

alors qu'on suppose ces frontières modifiées, ou le pays
qu'elles concernaient annexé à l'un des belligérants (1).

158. A côté des clauses usuelles, dont nous venons de
parler, on rencontre, dans les traités de paix, des clauses
accidentelles nécessairement très variables. Parmi elles,
il en est deux plus importantes que les autres et dont il
convient par suite de se préoccuper spécialement. Ce sont
celles ayant trait aux indemnités de guerre et aux cessions de territoire.

A. — *Indemnités de guerre.*

Ces indemnités ont été usitées à toutes les époques;
mais elles ont pris, dans la période contemporaine, un
développement inusité et excessif. La Prusse a spécialement poussé le système des indemnités à ses extrêmes
limites, dans la guerre contre l'Autriche en 1866, et surtout dans la guerre franco-allemande où elle a exigé l'é-
norme somme de cinq milliards de francs ! — Article 7 du
traité de Francfort du 10 mai 1871. — Dans ces conditions, l'indemnité de guerre manque absolument de base
légitime, car on ne peut plus la justifier comme une récu-
pération des frais nécessités par la guerre et des dépenses faites pour vaincre la résistance de l'ennemi. Elle
devient un procédé illicite de s'enrichir aux dépens d'au-
trui ; et cet enrichissement sans cause, condamné par
les lois positives internes, ne saurait changer de caractère en s'exerçant dans la sphère internationale (2).

---

(1) Bluntschli, *loç. cit.*, art. 718, 3°.
(2) Conf. Guelle, *loc. cit.*, II, pp. 246 et s. ; Bonfils-Fauchille, *loc.
cit.*, § 1705 ; Funck-Brentano et Sorel, *loc. cit.*, pp. 322 et s. ; Despagnet, *loc. cit.*, § 607.

B. — *Cessions de territoires.*

En vertu de la cession de territoire, la partie cédée
devient la propriété de l'État cessionnaire, quand les conditions voulues ont été remplies de part et d'autre (1).
De ces conditions, les unes sont certaines : il faut que la
cession soit consentie avec le concours des pouvoirs internes compétents et acceptée de même. Ainsi l'article 8
de la loi constitutionnelle française, du 16 juillet 1875,
décide que « nulle cession, nul échange, nulle adjonction
de territoire ne peut avoir lieu qu'en vertu d'une loi » ; et
la même exigence se retrouve, nous l'avons dit au § 155,
dans la majorité des pays de régime parlementaire.

159. Plus délicate est la question de savoir si la cession de territoire doit être précédée d'une consultation
des habitants de la partie cédée, s'il faut admettre, suivant l'expression consacrée, la théorie du *plébiscite international*. Cette théorie a obtenu, en général, l'adhésion
des publicistes à qui les intérêts de l'état cessionnaire
n'ont pas fait oublier les droits des habitants du territoire annexé (2).

---

(1) Parmi les cessions de territoire à suite des guerres les plus ré-
centes, citons : la cession de l'Alsace Lorraine à l'Allemagne (article 1er des préliminaires de paix du 26 février 1871 et traité de Francfort du 10 mai 1871), et la cession aux Etats-Unis, par l'Espagne, de
Cuba et des Philippines (traité de Paris du 10 décembre 1898). Le
traité de Shimonoseki du 17 avril 1895 avait cédé au Japon des territoires continentaux (presqu'île de Feng-Tien), qui ont été rétrocédés
à la Chine, sous la pression de l'Europe, par traité nouveau du 22 septembre de la même année. Nagao-Ariga, *loc. cit.*, pp. 289 et s.,
297 et s.

(2) Voir les développements que nous avons donnés à cette question
dans notre *Traité théorique et pratique de l'arbitrage interna-*

Contrairement à cette doctrine, d'aucuns sont d'avis que l'Etat annexant n'a de comptes à rendre à personne relativement à des mesures qu'il croit indispensables à sa sécurité. C'est le système de la raison d'Etat, qui dispense de toute raison et légitime tous les excès possibles. Il est, d'autre part, des auteurs qui doutent de la sincérité du plébiscite, estimant que les populations feront la réponse qu'un vainqueur habile saura leur dicter (1). Au surplus, certains Etats, les Etats-Unis, par exemple, ont plusieurs fois étendu leur territoire, sans avoir provoqué le vote des provinces annexées (2).

Mais, dans d'autre cas, on n'a pas hésité à recourir au plébiscite ; et, si nulle protestation ne s'est élevée contre les annexions des Etats-Unis, il en a été tout autrement

tional, §§ 505 et 506 et les citations : « Disposer des peuples par l'annexion ou par la conquête, au mépris de leur consentement et en faisant violence à leurs sentiments, à leurs intérêts, à leurs traditions et même à leur conscience, c'est, a écrit M. Lucas, ce qu'on doit appeler la traite des blancs qui fait pendant à la traite des noirs ». « Le droit international, dit M. Rolin-Jaëquemyus, défend de disposer des hommes comme d'u bétail ».

Le système du plébiscite international a été quelquefois usité dans la pratique, par exemple pour la cession, en 1860, de la Savoie et de Nice à la France par l'Italie et de l'île Saint-Barthélemy à la France en 1877. Les Allemands ont violé l'article 5 du traité de Prague du 28 août 1866, en ne consultant pas les habitants du Schleswig-Holstein sur le point de savoir s'ils voulaient ou non passer sous la domination du vainqueur. Voir sur tout ces points les citations de l'ouvrage précité.

(1) Par exemple, le plébiscite de 1860 fut préparé, dit-on, sous main, par les agents de Napoléon III, avant la consultation des habitants.

(2) Conf. Lieber, De la valeur des plébiscites dans le droit international, apud Revue de droit internat. et de législat. comp., 1871, t. III, p, 139 ; Geffcken sur Heffter, loc. cit., § 182, note 2 ; Funck-Brentano et Sorel, loc. cit., pp. 335 et s.

en Europe, par exemple à propos du Schleswig (1). Reste donc l'objection tirée du défaut de sincérité du plébiscite. Or, si, dans quelques cas, le plébiscite a pu ne pas traduire l'expression de la volonté réelle du pays, on est autorisé à affirmer, sans crainte d'être démenti, que, dans d'autres, malgré la pression exercée, on ne parviendrait pas à enchaîner le sentiment national (2). Le plébiscite ne doit donc pas être condamné en principe ; il faut seulement l'entourer de garanties sérieuses et protectrices de la liberté du vote, dans l'examen desquelles nous n'avons pas à entrer.

160. Le traité de paix, comme tout autre traité, doit être exécuté de bonne foi (3). La violation de ses clauses sera de nature à provoquer de nouveau la guerre, pourvu toutefois que les faits soient suffisamment graves, ce qui est naturellement question d'espèce et d'appréciation. On ne saurait, en pareil cas, conseiller trop de bonne volonté et de prudence, de façon à ne point compromettre le maintien d'une paix peut-être difficilement obtenue (4).

Le traité de paix, comme tous autres traités, peut être accompagné de garanties telles que des occupations

---

(1) Une pétition, revêtue de plus de 27.000 signatures d'habitants du pays, réclama vainement le plébiscite par application du traité de Prague. Conf. Rolin-Jaëquemyus, *apud Revue de droit intern. et de législation comparée*, 1869, t. I, p. 154 *in fine* et 1870, t. II, p. 328.

(2) Il est certain qu'après les évènements de 1870-71, même avec l'occupation allemande, l'Alsace-Lorraine n'aurait pas voté dans le sens de l'annexion. Et la meilleure preuve en est que la Prusse, là comme à propos du Schleswig, a reculé devant le plébiscite, que beaucoup de bons esprits lui conseillaient, même en Allemagne. Et la Crète, libre aujourd'hui, aurait certainement, dans le passé, opté pour sa réunion à la Grèce.

(3) Bluntschli, *loc. cit.*, art. 724.

(4) Bluntschli, *loc. cit.*, art. 725 ; Dudley-Field, *loc. cit.*, art. 946.

provisoires de territoires, jusqu'à l'accomplissement des conditions imposées et spécialement du paiement des indemnités de guerre (1). Ainsi, après le traité de Francfort, les Allemands continuèrent à occuper un certain nombre de départements français; et cette occupation, prévue et réglementée par les préliminaires de Versailles et le traité du 10 mai 1871, ne cessa qu'en vertu de conventions ultérieures relatives au paiement des fonds que cette occupation avait pour but de garantir.

L'occupation dont nous parlons, diffère totalement de l'occupation qui se produit durant la guerre; la souveraineté locale reprend son empire absolu ; il n'est plus question d'appliquer ni la loi martiale de l'envahisseur, ni le système des réquisitions ou contributions, ni les autres effets de l'occupation militaire étudiés aux §§ 123 et suivants. La question de l'alimentation des troupes fait, en général, l'objet de stipulations spéciales (2).

L'exécution des traités présente quelquefois des difficultés techniques, telles que celles de la délimitation des frontières. Ces difficultés sont ordinairement, résolues par des commissions spéciales, dont les travaux sont souvent assez longs. Ainsi, la commission franco-allemande, instituée pour la délimitation des territoires cédés à la Prusse, n'a terminé sa tâche que longtemps après la guerre (3).

---

(1) Rivier, *loc. cit.*, § 71, p. 460 ; Funck-Brentano et Sorel, *loc. cit.*, pp. 326 et s.

(2) L'alimentation des troupes prussiennes, durant l'occupation, fut mise à la charge de la France. Convention conclue à Ferrières le 11 mars 1871. *Recueil de de Clercq*, t. X, 1867-1872, pp. 449 et s.

(3) Le procès-verbal définitif a été signé à Metz le 26 avril 1877 et sanctionné et promulgué en France par décret du 2 mars de la même année. *Recueil précité*, t. XII, 1877-1880, pp. 10 et s.

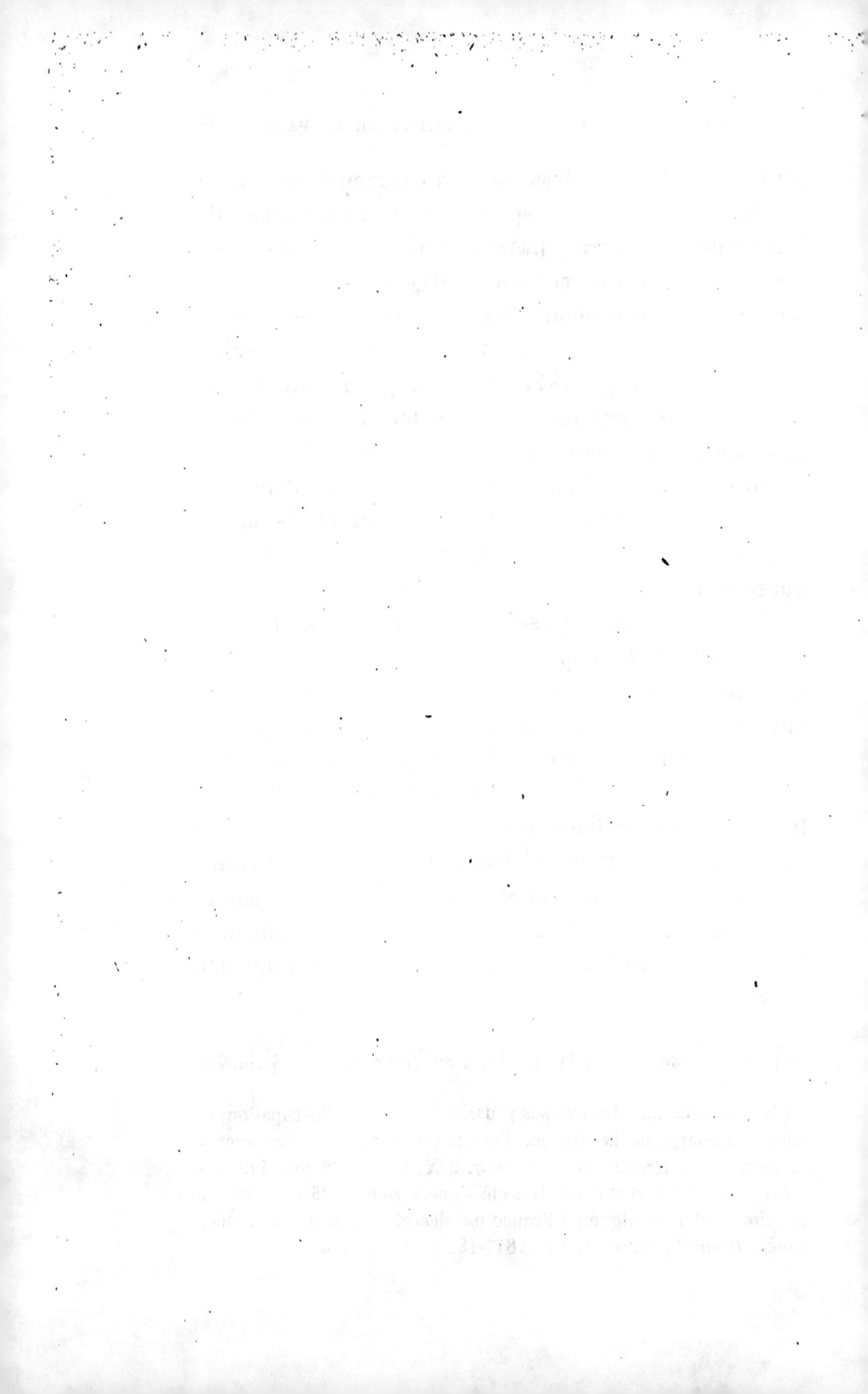

LIVRE V

LE RÉGIME DE LA NEUTRALITÉ

———

161. Les États neutres sont ceux qui ne prennent point part à la guerre, que l'on oppose, pour ce motif, aux belligérants, et qui jouissent de certains droits, à la condition de s'abstenir de toute immixtion dans les opérations de guerre et de toute aide aux belligérants (1). La notion de la neutralité est une création moderne, car les peuples anciens ne pouvaient en imaginer la conception telle que nous la comprenons. La guerre était un acte de violence absolue, autorisant tous les excès ; et celui des non-belligérants qui ne prenait pas parti pour l'un des deux adversaires, considéré *ipso facto* comme hostile, était traité en ennemi (2).

(1) Bluntschli, *loc. cit.*, art. 742 et 743.
(2) Grotius ne mentionne même pas le terme de neutralité et paraît ignorer la chose. Il parle de ceux *qui in bello medii sunt* et ne précise que très imparfaitement la condition qui est faite aux non belligérants. *Loc. cit.*, l. III, ch. XVII, t. III, pp. 336 et s. Vattel n'est guère plus explicite. *Loc. cit.*, l. III, ch. VII, t. II, pp. 143 et s.

La neutralité suppose donc une organisation juridique des rapports des belligérants, de laquelle naissent, pour les États non belligérants, « des règles ayant pour but d'empêcher que l'application des lois de la guerre ne soit entravée par eux et qu'ils ne souffrent eux-mêmes injustement de la rupture de la paix » (1).

C'est principalement dans la sphère maritime qu'apparaissent les premiers linéaments d'un droit des neutres. En effet, pendant les nombreuses guerres sur mer, entraînées par la découverte de nouvelles parties du monde ou de nouvelles routes navales, les belligérants s'en prenaient aussi bien aux neutres qu'à leurs adversaires. Afin d'empêcher tout commerce entre les neutres et l'ennemi, dans le but d'affaiblir ce dernier le plus possible, ils généralisaient la guerre, qui finissait par s'étendre à tout ce qui gênait leur pavillon ou pouvait s'opposer à leur triomphe définitif (2). De là, pour les neutres, une situation inacceptable, contre laquelle ils essayèrent de réagir énergiquement. Et pourtant la neutralité maritime, avec ses droits et ses obligations, s'affirme seulement pour la première fois, d'une façon nette, dans des déclarations dites de *neutralité armée* du 28 février 1780 et du 16 décembre 1800.

---

(1) Kleen, *Lois et usages de la neutralité*, 1898-1900, t. I, p. 2.
(2) Cependant un document remarquable, qui appartient, présume-t-on, à la période de transition entre le xiiie et le xive siècle, le *Consulat de la mer*, avait établi déjà des règles fort libérales relativement au respect de la propriété privée sur mer. Mais les libertés qu'il avait fait prévaloir en faveur des neutres, disparurent peu à peu vers la fin du moyen âge. Et les droits des neutres furent désormais tellement méconnus et violés, qu'on chercha à les sauvegarder par des conventions particulières. C'est seulement vers la fin du xviie siècle qu'apparaîtra l'idée suivant laquelle la neutralité est digne de respect, même en l'absence d'engagements conventionnels.

162. A cette dernière date, au commencement du XIX⁰ siècle, on était bien loin de s'entendre au sujet des points les plus élémentaires de la neutralité, dans les guerres terrestres (1). Et la même incertitude régnait encore à ce sujet, au moment où l'on signait la fameuse déclaration de Paris du 16 avril 1856, qui, suivant l'expression de M. Kleen, a inauguré une ère nouvelle pour les neutres dans les guerres maritimes (2).

De nos jours, la coutume internationale a précisé certains points importants de la neutralité continentale. Mais l'accord est loin de s'être fait sur l'ensemble. Aussi, doit-on vivement regretter que la conférence de La Haye n'ait point codifié les lois qui régissent la neutralité sur terre, comme elle l'a fait pour celles qui ont trait à la belligérance. On l'y avait invitée; elle a cru devoir s'abstenir et se borner au vœu suivant: « La conférence émet le vœu que la question des droits et des devoirs des neutres soit inscrite au programme d'une prochaine conférence » (3).

La neutralité, telle que la réglementent aujourd'hui les coutumes de la guerre continentale, crée une séparation absolue entre les belligérants et leurs alliés, d'une part, et les neutres d'autre part, la guerre ne devant ni profiter ni nuire à ces derniers, tenus d'y rester totalement étrangers. Cette donnée est absolument conforme au principe bien connu et déjà maintes fois rappelé, que la guerre, rapport d'Etat à Etat, se localise chez les seules puissances en conflit. Toutefois, la guerre pourra avoir un

(1) Pillet, *loc. cit.*, § 184.
(2) *Loc. cit.*, I, p. 44.
(3) Conf. notre ouvrage sur la *Conférence de la Paix*, § 120 et les *Procès-verbaux* de la Conférence, III⁰ partie, pp. 104 et.

effet indirect sur les pays neutres, car il n'est point possible de restreindre absolument les hostilités et leurs suites immédiates ou médiates aux seuls belligérants. Il est évident, par exemple, que le commerce des neutres avec les autres Etats subira un contre-coup, un temps d'arrêt, des difficultés et des incertitudes qui ne se produisent pas en temps de paix générale. Mais, si le neutre doit ainsi subir l'effet indirect des hostilités considérées comme cas de force majeure, du moins échappe-t-il, dans la conception moderne, ce qui est déjà un résultat fort appréciable, aux suites directes de la guerre, que le belligérant ne pourra lui imposer, pourvu que le neutre, à son tour, obéisse aux prescriptions de la neutralité. De là, un système transactionnel, assez complexe, quelquefois difficile à saisir dans ses détails et même dans ses grandes lignes, imposant, par suite, un examen approfondi des devoirs et des droits des neutres. C'est cet examen que nous allons faire, après avoir préalablement précisé quels sont les traits distinctifs de la neutralité dans la guerre sur terre.

SECTION PREMIÈRE

Les traits distinctifs de la neutralité

---

163. Il ne faut pas confondre la neutralité en cas de guerre avec la neutralité perpétuelle. Cette dernière résulte de stipulations internationales qui placent certains petits Etats dans une situation particulière, garantie d'habitude par les grandes puissances. Incapable de faire la guerre, si ce n'est pour se défendre, l'Etat neutralisé jouit donc du bénéfice d'une paix permanente, en ce sens que les autres Etats ne peuvent lui déclarer la guerre, et, en cas de guerre entre eux, emprunter son territoire pour des opérations belligérantes, par exemple pour y faire passer des troupes, y pratiquer des opérations stratégiques etc., etc.

Au surplus, la neutralité perpétuelle, n'ayant pas été stipulée dans l'intérêt exclusif du neutralisé, mais aussi dans celui des puissances garantes, le premier ne doit pas non plus prêter son territoire à l'un ou l'autre des belligérants, et la neutralité se traduit, en ce qui le concerne, aussi bien par un devoir que par un droit. Dès lors, l'Etat neutralisé perpétuellement est incapable de conclure des alliances qui l'obligeraient à se mêler à des hostilités éventuelles. Ainsi, la Suisse, la Belgique, le Luxembourg (1), Etats actuellement neutralisés en Europe, ne sauraient prendre part aux conflits qui diviseraient leurs puissants voisins.

Des constatations qui précèdent, il résulte que la neutralité perpétuelle est à la fois indéfinie et forcée, tandis que la neutralité en cas de guerre est temporaire, se circonscrit à la guerre elle-même, et constitue, d'autre part, un acte essentiellement volontaire pour le neutre, qui pourrait fort bien participer aux hostilités, si son intérêt le commandait ou s'il y était obligé par un traité d'alliance antérieur. Ajoutons, du reste, que l'Etat perpétuellement neutre est tenu, en cas de guerre, des obligations ordinaires de la neutralité temporaire et peut en invoquer les avantages. Et la proximité de son territoire de celui des grands Etats en lutte sera souvent, comme on le verra, la source de difficultés graves qu'il n'évitera qu'en s'en tenant, de la façon la plus stricte, à l'observation des principes absolus de la neutralité.

(1) La neutralité de la Suisse est fondée sur des déclarations faites aux Congrès de Vienne et de Paris de 1815 ; celle de la Belgique sur les traités de Londres de 1831 et de 1839 ; et celle du Luxembourg sur le traité de Londres du 11 mai 1867. Conf. sur ces neutralités perpétuelles : Bluntschli, *loc. cit.*, art. 745 ; Calvo, *loc. cit.*, §§ 2596 et s. ; Rolin-Jaëquemyns, *apud Revue de droit internat. et de législ. comp.* 1871, t. III, pp. 352 et s. : Fiore, *Nouveau droit intern.*, § 1543 ; Morin, *loc. cit*, II, pp. 325 et s. ; Whéaton, *loc. cit.*, § 4, pp. 74 et s. ; Geffcken sur Heffter, *loc. cit.*, § 145, note 2 ; Funck-Brentano et Sorel, *loc. cit.*, pp. 351 et s. : Klüber et Ott, *loc. cit.*, § 281 ; Bonfils-Fauchille, *loc. cit.*, §§ 363 et s. Voir spécialement, quant à la Belgique, l'excellent ouvrage de notre collègue de l'Université de Louvain, M. Descamps, secrétaire général de l'Institut de droit international, paru sous ce titre : *La neutralité de la Belgique au point de vue historique, diplomatique, juridique et politique*, 1902.

164. Si la neutralité perpétuelle constitue un état de droit parfaitement net et déterminé, dont les traits essentiels sont précisés par les stipulations internationales qui l'organisent, au contraire, la neutralité temporaire en cas de guerre est seulement basée sur une coutume internationale en beaucoup de points imprécise et incertaine. Pour remédier à cet inconvénient, certains Etats publient, par avance, comme règle à observer en cas de guerre, des actes de neutralité permanente qui fixent les traits principaux et distinctifs de la conduite à tenir vis-à-vis des belligérants par l'Etat ou par ses sujets et des obligations des étrangers résidant sur le territoire.

Ces actes permanents qui ont commencé dans la seconde moitié du xviiiᵉ siècle, sont particuliers surtout aux Etats-Unis de l'Amérique du Nord et à l'Angleterre, sous le nom de *Foreign Enlistments Acts*. D'autres Etats ont également publié des actes de neutralité permanente de quelque importance, ou se sont occupés de cette neutralité dans les règlements internes et instructions aux commandants d'armées (1).

Les actes permanents de neutralité sont l'exception. Plus généralement, les Etats, dans chaque guerre, publient des déclarations de neutralité émanées du pouvoir exécutif, notifiées par la voie diplomatique aux

_____

(1) Les actes américains sont de 1794 et du 20 avril 1818. Les actes anglais sont du 3 juillet 1819 et du 9 août 1870. Voir, sur les autres, Kleen *loc. cit.*, I, p. 187, note 2. M. Calvo appelle l'acte de 1870 la charte de neutralité de l'Angleterre. *Revue de droit intern. et de législat. comp.*, 1874, pp. 462 et s. Conf., sur les circonstances dans lesquelles cet acte intervint, notre *Traité theorique et pratique de l'arbitrage international* précité, § 68. Conf. Rivier, *loc. cit.*, § 68, p. 379.

belligérants et aux autres puissances, et insérées dans le
recueil des actes officiels du pays. Ces déclarations rap-
pellent les devoirs que la neutralité impose et que nous
indiquerons plus loin, ainsi que les pénalités auxquelles
pourraient être exposés ceux qui les violeraient. Ces déclarations, d'autre part, assurent la responsabilité de
l'Etat devant l'étranger, et précisent la position neutre
par lui prise en vertu de son droit de souveraineté;
désormais l'attitude du pays est irrévocablement fixée
durant la guerre (1).

La déclaration de neutralité est également publiée, dans
chaque guerre, par les puissances qui usent du système
des actes permanents. Mais, que des lois spéciales aient

---

(1) En 1870, les grandes puissances, Angleterre, Autriche, Italie,
Espagne, Etats-Unis, se déclarèrent neutres ; Guelle, *loc. cit.*, II,
p. 263, note 1 ; Rivier, *loc. cit.*, II, n° 212, p. 380 ; Bonfils-Fauchille, *loc. cit.*, §1445. Il en fut de même à propos de la guerre turco-
russe en 1877 ; la déclaration de la France du 6 mai figure à l'*Officiel* du 7 mai. A l'occasion de la guerre sino-japonaise de 1894, l'Angleterre, l'Italie, l'Espagne et les Pays-Bas ont publié des déclarations
de neutralité. *Revue générale de droit int. pub.*, I, 1894, pp. 471
et s., notes. Il en a été de même de l'Angleterre et des Pays-Bas, au
sujet de la guerre turco-grecque. Mais les autres puissances ont manifesté leur intention de rester neutres, en adhérant à la circulaire du
19 avril 1897, par laquelle le ministre russe proposait une stricte
abstention sur le continent. *Revue* précitée, t. IV, 1897, pp. 712 et s.
La Belgique, le Brésil, le Chili, la Chine, la Colombie, le Danemark,
la France, la Grande-Bretagne, la Grèce, la République d'Haïti, l'Italie, le Japon, le Mexique, les Pays Bas, la Roumanie, la Russie, la
République Argentine, la Suède, la Norvège, la Suisse et le Venezuela
ont fait également des déclarations de neutralité à propos de la guerre
hispano-américaine. *Revue générale de droit int. public*, t. V, 1898,
pp. 885 et s. Conf., sur les déclarations dont il vient d'être parlé,
Kleen, *loc. cit.*, I, p. 188, § 40 ; Bluntschli, *loc. cit.*, art. 750 ;
Funck-Brentano et Sorel, *loc. cit.*, p. 358 ; Bonfils-Fauchille, *loc.
cit.*, § 1445.

été ou non portées, que des déclarations aient été ou non faites, la neutralité n'en existe pas moins, pourvu que l'on observe, ce qui est question de fait, les obligations qu'elle impose (1). Et, d'autre part, on ne peut se baser sur le défaut de loi interne ou de déclaration ou sur les lacunes qu'elles contiennent, pour échapper aux obligations de la neutralité, telles que les a établies la coutume internationale que nous allons étudier ci-après. « Théoriquement, a-t-on dit avec raison, les déclarations de neutralité sont superflues ; mais elles sont pratiquement opportunes, tant comme des manifestations ouvertes de l'intention d'observer la neutralité, que comme des actes par lesquels sont fixés et précisés ses droits et ses devoirs » (2).

165. Autrefois, on distinguait deux espèces de neutralité ; la neutralité *parfaite*, maintenant toutes les conditions de la neutralité sans exception entre les belligérants, et la neutralité *imparfaite*, qualifiée encore de limitée ou *conventionnelle*, comportant des degrés dans les obligations des neutres ou des belligérants. Ainsi, on admettait qu'un neutre pouvait, sans sortir de l'état de neutralité, renoncer personnellement à un droit déterminé au profit d'un belligérant, ou négliger, vis-à-vis de lui, l'accomplissement de telle ou telle obligation imposée par la neutralité, par exemple lui fournir des munitions ou des subsides, lui accorder un droit de passage ou de recru-

---

(1) Calvo, *loc. cit.*, § 2613. « L'intention de rester neutre, dit fort exactement Bluntschli, ne suffit pas pour que la neutralité soit complète ; il faut que la neutralité existe en fait ». *Loc. cit.*, art. 782, 1o. C'est donc à tort que Fiore, dans son *Droit international codifié*, art. 1171, exige une déclaration formelle de neutralité pour qu'un Etat puisse conserver la position de neutre.

(2) Kleen, *loc. cit.*, I, p. 178, § 37. Conf. Pillet, *loc. cit.*, § 189.

tement de troupes, l'occupation et l'usage de telle ou
telle forteresse ou position stratégique, surtout s'il pouvait alléguer un prétexte tel qu'une obligation résultant
d'un traité (1). Certains auteurs modernes ont accepté
cette manière de voir, (2) principalement dans l'hypothèse ou le neutre s'appuie sur un traité antérieur (3).

Des difficultés considérables s'étaient nécessairement
élevées sur le point de savoir où s'arrêtaient les actes
permis au neutre venant en aide à l'un des belligérants ;
sur ce point, chaque auteur dressait arbitrairement sa
liste. De nos jours, au contraire, prévaut le principe
rationnel suivant lequel la neutralité est *une et indivisible,* parfaite ou nulle, en sorte qu'une neutralité imparfaite est une neutralité rompue, « par cela même qu'elle
ne renferme pas toutes les conditions et tous les attributs inhérents à la notion même de la qualité et de la
situation neutres » (4). En un mot, on est neutre ou l'on
ne l'est pas ; et, si l'on est neutre, on doit observer, sans
restriction ni réserve, toutes les prescriptions de l'état de
neutralité (5).

(1) Conf. Vattel, *loc. cit.*, l. III, ch. VII, § 105, t. II, p. 446.
(2) Whéaton, *loc. cit.*, II, §§ 3, 5 et 6, pp. 73 et s. ; Klüber, *loc.
cit.*, § 281 ; Heffter, *loc. cit.*, § 144 ; Calvo, *loc. cit.*, §§ 2593 et s.
(3) Heffter, *loc. cit.*, § 144 ; G. de Martens, *loc. cit.*, §§ 306
et 307.
(4) Kleen, *loc. cit.*, p. 111, § 21 ; Geffcken sur Heffter, *loc. cit.*,
§ 144, notes 3 à 6.
(5) Neumann, *loc. cit.*, § 50, p. 204 ; Fiore, *Droit internat.*, II,
§ 1540 ; Rivier, *loc. cit.*, § 68, p. 378 ; Hautefeuille, *loc. cit.*, I,
pp. 184 et s. « Le devoir de toute nation, dit, avec raison, ce dernier
auteur, est de ne prendre aucune part, directe ou indirecte, aux faits
de guerre, sous quelque prétexte que ce soit ». *Ibidem*, p. 108. Conf.
Klüber, *loc. cit.*, § 281 ; Vergé sur G. de Martens, *loc. cit.*, § 306,
note ; Fiore, *loc. cit.*, § 1540 ; Morin, *loc. cit.*, II, pp. 324 et 325 ;
Bonfils-Fauchille, *loc. cit.*, § 1456.

Les propositions qui précèdent amènent à repousser encore une neutralité d'un genre intermédiaire entre la neutralité parfaite et la neutralité imparfaite, que l'on a qualifiée de *neutralité bienveillante* (1). Le neutre serait, grâce à cette neutralité, autorisé à fournir à l'un des belligérants l'aide, les secours et encouragements qui ne seraient pas prohibés par le droit international, car basés sur la pure humanité, ils n'impliqueraient point par eux-mêmes une rupture de la neutralité (2).

On a répondu avec raison que, ou bien ces actes sortent du domaine légal de la neutralité, auquel cas on doit s'en abstenir, ou bien ils y rentrent, hypothèse dans laquelle, en les accomplissant, on ne viole point cette neutralité (3). Sans doute, il est permis, il est même recommandé d'appliquer le droit international avec bienveillance et courtoisie; sans doute, d'autre part, on pourra, dans la mise en pratique, être plus ou moins rigide suivant la plus ou moins grande sympathie qu'inspirera tel ou tel belligérant; mais on ne doit, sous aucun prétexte, se départir des règles fondamentales de la neutralité.

166. La neutralité oblige à traiter les deux belligérants de la même façon; mais le fait qu'on accorderait

(1) L'ambassadeur de Prusse à Londres, dans un *Memorandum* du 30 août 1870, demandait à la Grande-Bretagne une neutralité *bienveillante*. Dans un projet d'alliance austro-italienne, rédigé en 1870, le baron de Beust se servait de la même expression, qu'on retrouve encore dans un traité d'alliance austro-allemand de 1879. Conf. Rivier, *loc. cit.*, § 78, p. 378.

(2) Bluntschli cité par Kleen, *loc. cit.*, I, p. 113

(3) Kleen, *loc cit.*, § 21, p. 113 ; Pillet, *loc. cit.*, § 190 ; F. de Martens, *loc. cit.*, § 131, p. 326 : Neumann, *loc. cit.*, § 50 ; Rivier, *loc.cit.*, § 68, p.378; Funck-Brentano et Sorel, *loc.cit.*, p. 346 et s.

aux deux des avantages contraires à la neutralité constituerait une rupture de cette dernière, aussi bien que le
fait de les concéder à un seul. En effet, par la concession,
même faite à chaque adversaire, le neutre, en réalité,
prendrait part à la guerre. D'un autre côté, par la force
même des choses, avec la meilleure volonté possible, le
résultat de la concession ne saurait être le même pour
les deux, en sorte que, pour éviter cette inégalité, l'abstention s'impose d'une manière absolue (1).

Nos anciens auteurs avaient proposé de considérer
comme conforme à la neutralité l'aide donnée à l'un des
belligérants, seulement en raison de la justice de sa
cause (2). Cette distinction entre les obligations de la
neutralité, suivant la justice ou l'injustice de la guerre,
est aujourd'hui abandonnée. D'abord, le neutre peut
être très mauvais juge du caractère de la guerre qu'il
n'a, du reste, à apprécier à aucun point de vue. Et,
d'autre part, la bonté de la cause ne peut justifier une
dérogation au régime général et indivisible de la neutralité. Le neutre, qui jugerait la guerre entreprise odieuse
et injuste, n'aurait d'autre ressource, s'il voulait absolument le manifester, que de se joindre au belligérant
lui paraissant être dans son droit et de devenir belligérant au même titre que lui.

La neutralité est, d'habitude, générale, et englobe tout
le territoire d'un Etat. Exceptionnellement, elle se limitera à certaines parties de ce territoire en vertu d'une convention spéciale. Cette neutralité, qui n'a aucun effet en

(1) Kleen, *loc. cit.*, § 22, p. 117 ; Geffcken sur Heffter, *loc. cit.*,
§ 144, note 6 ; Lorimer, *loc. cit.*, p. 241. *Contra* Bluntschli, *loc.
cit.*, art. 762 et Heffter, *loc. cit.*, § 144-2⁰.
(2) Vattel *passim* cité par Kleen, *loc. cit.*, p. 220, § 56.

temps de paix, empêche, en cas de guerre, l'utilisation
du territoire neutralisé pour toutes opérations belligérantes (1). Enfin, les parties en lutte peuvent neutraliser
conventionnellement, au début ou au cours des hostilités,
soit pour toute la guerre, soit pour un temps déterminé,
une partie du théâtre des opérations militaires. Il en
sera, par exemple, quelquefois ainsi en cas d'armistice (2).

(1) Conf. sur la situation spéciale de certains districts de la Savoie :
Fiore : *Nouveau droit intern.*, § 1543, p. 427 du tome III, à la note ;
Heffter et Geffcken, *loc. cit.*, § 144, texte et note 7 ; Pillet, *loc. cit.*,
§ 200.

(2) Conf. sur ce point : Rivier, *loc. cit.*, § 179 ; Funck-Brentano et
Sorel, *loc. cit.*, p. 351 ; Calvo, *loc. cit.*, § 2612.

SECTION II

Les devoirs et les droits de la neutralité.

---

167. Les devoirs de la neutralité, dit, avec raison, M. Kleen, se résument en ces deux mots : *impartialité, abstention*. L'impartialité consiste à ne point favoriser l'un des belligérants au détriment de l'autre, et à ne point lui nuire en faveur de l'autre, dans tout ce qui concerne directement la guerre. L'abstention concerne toute ingérence ou participation dans les hostilités et opérations y relatives. L'État neutre est seul tenu du devoir d'impartialité ; l'abstention s'impose non seulement à lui, mais encore, en certains cas, à ses sujets (1).

(1) Kleen, *loc. cit.*, 1, p. 208, § 51. Conf. Klüber, *loc. cit.*, § 284. La neutralité, dit Hubner, consiste en une « inaction complète à l'égard de la guerre ». *De la saisie des bâtiments neutres*, vol. 1, part. 1, chap. II. Et, suivant Azuni, elle est l'exacte continuation de l'état de paix pour les puissances qui s'abstiennent absolument de prendre part à la querelle. *Droit maritime de l'Europe*, ch. I, art. 3, sect. I. Un État neutre, dit M. F. de Martens, ne doit intervenir dans la guerre sous aucune forme. *Loc. cit.*. p. 326, § 131. Conf. les résolutions de l'Institut de droit international votées à La Haye en 1875. *Tableau général des travaux de l'Institut*, dressé par M. Lehr, p. 162.

On a fait remarquer, avec raison, qu'ici comme ailleurs,
il y a corrélation intime entre les devoirs et les droits,
en sorte que les propositions diverses, dont l'examen va
suivre et dans lesquelles nous allons préciser les devoirs
de la neutralité, nous donneront en même temps, par
réciprocité, les droits et les obligations correspondants.

PREMIÈRE PROPOSITION

Les neutres ne doivent, ni directement, ni indirectement, favoriser un des belligérants au détriment de l'autre.

Il est interdit au neutre d'accorder à l'un des belligérants ce qu'il refuse à l'autre ou de refuser au second ce
qu'il accorde au premier, en tant, bien entendu, qu'il
s'agit des choses concernant la guerre. Ainsi il ne pourrait interdire à ses sujets de faire le commerce avec l'un
des belligérants, en les autorisant à commercer avec
l'autre ; généralement il doit s'abstenir de toutes concessions, n'emportant pas, du reste, immixtion dans la
guerre, qu'il ne croirait pas possible d'appliquer aux
deux États en conflit (1).

Mais il faut, bien entendu, qu'il s'agisse de la guerre ;
en dehors d'elle, la neutralité n'impose rien ; et, par
exemple, le neutre pourra accorder plus d'avantages
commerciaux à un État qu'à l'autre, ou entretenir avec
lui plus de relations, pourvu que l'intérêt de la guerre ne -
soit pour rien dans cette différence ; il sera libre d'agir
ainsi au cas, par exemple, où l'état de choses en question aurait été ainsi préalablement réglé avant la guerre,
par la coutume ou par un traité.

(1) Kleen, *loc. cit.*, § 54, pp. 216 et s. ; Bluntschli *loc. cit.*, art. 756
et 757 ; Domin Petrushevecz, *loc. cit.*, art. CLXIX.

168. En tout cas, le neutre ne manque pas au devoir d'impartialité, en donnant un appui purement moral à l'un des belligérants, en l'assurant de ses sympathies ou en proposant ses bons offices pour arriver à l'achèvement de la guerre par une médiation ou un arbitrage (1).

Sans doute, le gouvernement neutre doit agir avec la plus grande circonspection et s'abstenir notamment de toute manifestation extérieure en faveur de l'un ou l'autre des adversaires ; mais, s'il reste dans la mesure des conseils amicaux, sans pression illégitime sur les parties intéressées, il n'est pas possible de considérer son initiative comme une infraction à la neutralité ou comme une intervention prohibée par le droit international.

Déjà, avant la conférence de La Haye, de bons esprits avaient soutenu qu'il y avait un *devoir moral* pour le neutre à mettre en pratique la volonté ou le pouvoir qu'il pouvait posséder de mettre fin, par son intervention pacifique, à une guerre injuste ou de la prévenir (2). Désormais, le point ne peut faire aucun doute, car l'article 27 de la convention pour le règlement des conflits internationaux, votée à La Haye le 29 juillet 1899, s'exprime comme suit: « Les puissance signataires considèrent comme un devoir, dans le cas où un conflit aigu menacerait d'éclater entre deux ou plusieurs d'entre elles, de rappeler à celles-ci que la Cour permanente de La Haye leur est ouverte. — En conséquence, elles déclarent que le fait de rappeler aux parties en conflit les dispositions de la présente convention, et le conseil donné, dans l'intérêt supérieur de la paix, de s'adresser à la Cour perma-

---

(1) Bluntschli, *loc. cit.*, art. 753, 754 et 797 ; Lorimer, *loc. cit.*, p. 237 ; Fiore, *Nouveau droit internat.*, § 1539.

(2) Kleen, *loc. cit.*, I, p. 219, § 56, n° 2.

nente, ne peuvent être considérés que comme actes de bons offices ». D'autre part, l'article 3 de la même convention déclare que les puissances étrangères à un conflit international ont le droit d'offrir leurs bons offices ou leur médiation, *même au cours des hostilités* : et qu'en aucun cas l'exercice de ce droit ne peut être considéré, par l'une ou l'autre des parties en litige, comme un acte peu amical (1).

169. La presse des États neutres doit garder une attitude prudente, afin de ne point créer des embarras au gouvernement et de ne pas devenir la cause, par ses attaques à l'égard d'un belligérant, de démonstrations hostiles et peut-être de nature à engager la responsabilité du pays. Toutefois, le gouvernement de l'État neutre ne peut, en principe, être rendu responsable des écarts de langage des journaux. Et c'est à tort que, le 8 octobre 1870, le prince de Bismarck crut pouvoir se plaindre de l'attitude hostile de la presse belge vis-à-vis de l'Allema-

(1) Voir, au sujet des débats auxquels a donné lieu l'article 27 et de l'éloquente intervention du chef de la délégation française, M. Léon Bourgeois, notre ouvrage précité sur la *Conférence de la Paix*, §§ 167 et s. On consultera également le même ouvrage relativement à l'organisation, au fonctionnement et aux attributions de la Cour arbitrale de La Haye, à l'intervention de laquelle renvoie l'article 27 (§ 155 et s.).

La question délicate concernant l'exécution du devoir moral dont parle l'article 27, consiste dans l'organisation du rouage qui sera chargé de rappeler aux États en conflit l'existence de la Cour arbitrale en les invitant à y recourir. Conf. le procédé proposé par M. d'Estournelles de Constant, membre de la délégation française de La Haye dans notre ouvrage précité, § 167. M. Bajer, juriste distingué et parlementaire danois, propose une union des États neutres, qui, sous le nom de *Alliance pacigérante*, serait chargé de veiller à l'exécution des prescriptions de l'article 27. Conf. la *Revue de droit internat. et de législation comparée*, 2ᵉ série, t. IV, 1902.

gne ; le ministre belge lui opposa, avec raison, le défaut d'action du gouvernement (1). Durant la guerre anglo-transvaalienne, on n'a essayé nulle part d'interdire les manifestations auxquelles la presse, d'accord avec l'opinion publique, s'est livrée contre l'Angleterre ; et cette dernière a eu le bon esprit de ne point élever des réclamations qui, par la force même des choses, n'auraient point abouti.

Les citoyens des États neutres gardent toute liberté de faire connaître, au sujet de la guerre, leur sentiment comme ils l'entendent, pourvu qu'ils ne se livrent point à des démonstrations illicites, telles qu'injures et menaces adressées aux agents diplomatiques, bris des drapeaux et écussons etc., etc. On a souvent rappelé, à cet égard, la proclamation de neutralité du président de l'Union américaine du 22 août 1870 (2). Des manifestations où le désaveu de la guerre pendante est exprimé d'une façon à la fois ferme et courtoise, ont quelquefois ce bon résultat de faire réfléchir le belligérant qui se serait engagé un peu à la légère, et de l'amener à des concessions de nature à favoriser le rétablissement de la paix (3).

170. Comme corollaire de la première proposition que

---

(1) Guelle, *loc. cit.*, II, pp. 272 et s.

(2) Rivier, *loc. cit.*, II, § 213 ; Bluntschli, *loc. cit.*, art. 753 *bis* 1°.

(3) M. Kleen fait observer avec raison que les nations ne sauraient étouffer l'expression des réflexions et des jugements que leur inspirent les souffrances des autres, car elles sont solidaires en bien comme en mal, et que la neutralité n'est point l'impassibilité. Cette neutralité, ajoute-t-il, n'exclut point la manifestation « d'une opinion sur la politique louable ou blâmable de tel État. Dans certains cas, on devrait même regarder comme un devoir humain et international de sympathiser avec un État dont le droit est lésé par un abus de force, et de l'encourager moralement » *Loc. cit.*, I, p. 218; n° 55.

nous venons de développer, les neutres ont le droit d'exiger que les belligérants ne favorisent point certains d'entre eux au détriment des autres. L'application la plus importante de ce principe concerne les relations commerciales. Les neutres ont la faculté, durant la guerre, de continuer leur commerce avec les belligérants, sous la seule réserve des restrictions imposées par les nécessités de la guerre (1). Donc un belligérant, en dehors de ces nécessités, ne doit point interdire le commerce à un neutre déterminé, tandis qu'il le permet aux autres. En agissant ainsi, il violerait le devoir d'impartialité dont il demande l'exécution à son profit. Cette règle paraît naturelle ; et, pourtant, dit M. Kleen, ce n'est qu'avec une difficulté et une lenteur excessive qu'elle est arrivée à s'imposer (2). Bien entendu, en se livrant au commerce qui leur est permis, les neutres devront respecter les obligations qui leur sont imposées, et conformer leur conduite à la double règle d'impartialité et d'abstention qui les résume.

Les sujets des États neutres conservent leurs biens en territoire belligérant, mais à la condition de se conformer aux charges, risques et périls de la guerre ; ainsi ils seront tenus de supporter, s'il y a lieu, leur part contributoire des réquisitions et contributions, comme il a été dit au § 137 (dernière note). Mais le belligérant devra agir avec la plus grande impartialité dans la répartition à intervenir ; et, sauf le cas de force majeure, tenir une ligne de conduite absolument égale vis-à-vis de tous les sujets neutres.

(1) Bonfils-Fauchille, *loc. cit.*, § 1492.
(2) *Loc. cit.*, II, p. 112, § 172.

DEUXIÈME PROPOSITION

**Les neutres doivent s'interdire toute fourniture aux belligé-
rants en subsides, troupes, matériel et munitions de guerre.**

171. L'Etat neutre ne doit ni envoyer des troupes à
un belligérant, ni tolérer sur son territoire l'organisation
d'un système d'enrôlements (1). Les fournitures d'hommes étaient autrefois assez fréquentes : au XVIII⁰ siècle,
l'Angleterre avait conclu, avec divers Etats allemands,
des conventions relatives à l'enrôlement des mercenaires ;
et la Suisse avait passé des traités dits *Capitulations* avec
un certain nombre de puissances, traités par lesquels elle
s'engageait à leur fournir des soldats en nombre déterminé. Les Suisses furent les principaux défenseurs de la
monarchie française lors de la grande révolution. Une
loi fédérale de 1859 a définitivement aboli les usages
anciens des capitulations.

De nos jours, des pratiques semblables à celles que
nous venons de rapporter, seraient considérées comme
étant en opposition absolue avec la neutralité, bien que
la Russie ait encore permis, en 1876, les enrôlements en
masse de ses sujets dans l'armée serbe (2) et que l'Allemagne ait aussi toléré la présence d'officiers allemands
dans l'armée turque, pendant la guerre avec la Grèce (3).

Les actes anglais de 1819 et de 1870 interdisent abso-

(1) Bluntschli, *loc. cit.*, art. 757, 760 et 761 ; Bonfils-Fauchille,
loc. cit., § 1458 ; F. de Martens, *loc. cit.*, p. 328, § 131 ; Whéaton,
loc. cit., § 17, pp. 96 et s. ; Neumann, *loc. cit.*, § 50 ; Fiore, *Droit
codifié*, art. 1185 ; Calvo, *loc. cit.*, § 2620.

(2) Pillet, *loc. cit.*, p. 288, § 195 ; Geffcken, sur Heffter, *loc. cit.*,
§ 148 ; Guelle, *loc. cit.*, II, p. 267.

(3) *Revue générale du droit internat. public*, 1897, t. IV,
p. 721.

lument aux sujets anglais de prendre du service dans les
armées de terre ou de mer d'un belligérant, et prohibent
le recrutement de volontaires sur le sol britannique. Les
Etats-Unis, s'inspirant des mêmes idées, refusèrent énergiquement, durant la guerre de Crimée, de laisser enrôler des matelots américains dans la marine de la Grande-
Bretagne. De même, en 1870-71, la Suisse s'opposa, à
deux reprises, à l'organisation de corps francs destinés à
la France; et la Russie tint, à la même époque, une semblable conduite à l'égard des Allemands et des Français.
Il est regrettable que les puissances n'aient pas assuré
plus énergiquement, sur ce point, l'observation de la
coutume internationale dans la guerre anglo-boër. L'Angleterre a pu librement recruter, dans certains pays, des
soldats en abondance à diverses reprises, contre les Républiques, sans que, en dépit des protestations réitérées,
ce trafic illicite ait été entravé d'une manière quelconque (1).

172. Si un gouvernement doit empêcher les enrôlements en masse, et, par exemple, s'opposer à l'organisation de bureaux, agences et camps de recrutement, ainsi
qu'à l'action d'agents recruteurs agissant ostensiblement,
il ne peut être rendu responsable des engagements individuels, qui lui échapperont par la force même des choses (2). Les actes de neutralité contiennent, en général,

(1) Les renseignements recueillis au sujet des Etats-Unis établissent
qu'ils auraient fourni, en mercenaires, à l'Angleterre, plus de 42.000
hommes et plusieurs milliers de muletiers. Les autorités de la Loui-
siane auraient vainement demandé au gouvernement de Washington
d'ouvrir une enquête au sujet de l'existence d'un camp anglais près
de la Nouvelle-Orléans. *Daily Telegraph* et *Journal des Débats*
des premiers jours d'avril 1902.

(2) Bluntschli, *loc. cit.*, art. 758.

la défense expresse pour les ressortissants de s'enrôler dans les armées des belligérants ; mais cette prohibition ne peut avoir d'autre sanction que la privation, pour ceux qui l'ont violée, des prérogatives des sujets neutres. Toutefois, certaines législations ont inséré dans leurs lois internes des dispositions particulières sur ce point ; ainsi l'article 17, § 4, du code civil français déclare déchu de la qualité de national le français qui, sans autorisation du gouvernement, prend du service militaire à l'étranger. Un certain nombre de législations positives, par exemple, celles de l'Allemagne, de l'Italie, de la Roumanie, de la Bulgarie, de l'Espagne, des Pays-Bas et de la Grèce, ont suivi le même système, qui, au contraire, a été écarté par les pays à neutralité perpétuelle, tels que le Luxembourg et la Belgique (1).

173. Un Etat neutre ne peut fournir à l'un des belligérants du matériel de guerre, des munitions, des approvisionnements, toutes choses que l'on désigne, en général, sous le nom de *contrebande de guerre* (2). Mais est-

---

(1) La disposition de l'article 17 du code civil français n'est pas appliquée au pied de la lettre ; et il a été maintes fois décidé que, lorsque l'intéressé quitte le service quand il devient incompatible avec les exigences de la qualité de national, cette qualité est conservée. Conf. sur ces points : Weiss. *Traité théorique et pratique de droit international privé*, I, pp. 486, 487, 607 et s. ; Surville et Arthuys, *Cours élémentaire de droit internat. privé*, § 98

(2) Conf. sur ce point : Heffter et Geffcken, *loc. cit.*, §§ 158 et les notes ; Klüber et Ott, *loc. cit.*, § 288 ; Bluntschli, *loc. cit.*, articles 765 et 801 ; Domin-Petrushevecz, *loc. cit.*, art. CXXXII ; Funck-Brentano et Sorel, *loc. cit.*, pp. 360 et s. ; Morin, *loc. cit.*, pp. 349 et s. ; Fiore, *Droit codifié*, art. 1206 et s., et *Nouveau droit internat.*, §§ 1561 et 1587 ; Whéaton, *loc. cit.*, II, § 24, pp. 138 et s. ; Vergé sur de Martens. *loc. cit.*, p. 324, note ; Holtzendorff, *loc. cit.*, § 73 ; F. de Martens, *loc. cit.*, § 136, pp. 347 et s. ;

il tenu d'empêcher que ces fournitures soient faites par ses propres sujets à titre de spéculation privée? Doit-il s'opposer à l'exportation et au transit de la contrebande sur son territoire et punir ceux de ses sujets qui en trafiqueraient?

En fait, le commerce de la contrebande est considéré comme licite, en partant de ce point de vue que rien n'empêche les particuliers de se livrer à leurs risques et périls à un trafic quelconque (1). La Prusse l'a autorisé durant la guerre de Crimée au profit de la Russie; et la Grande-Bretagne, à son tour, s'inspirant de la conduite de la Prusse durant cette guerre, a permis les exportations d'armes en France (2). Au contraire, pour mieux accentuer leur neutralité, la Suisse et la Belgique inter-

Gessner, *Le droit des neutres sur mer*, chap. I, pp. 82 et s.; Rivier, *loc. cit.*, pp. 416 et s.

(1) L'Angleterre notamment et les Etats-Unis, avertissent leurs nationaux que le commerce des armes et munitions est libre, mais que ces objets de contrebande encourent le risque de la saisie et de la confiscation. Bonfils-Fauchille, *loc. cit.*, § 1474 ; Bluntschli, *loc. cit.*, art. 765. Ce dernier rapporte en ce sens l'opinion du président Jefferson à propos des discussions de la loi américaine sur la neutralité. Conf. Morin, *loc. cit.*, II, p. 347 ; Wheaton, *loc. cit.* ; Klüber, *loc. cit.*, § 287 ; Heffter et Geffcken, *loc. cit.*, § 151 ; G. de Martens, *loc. cit.*, § 314 ; Rivier. *loc. cit.*, § 62, pp. 236 et s. Au contraire, Lorimer, *loc. cit.*, p. 242, dit que « le commerce est, par essence, un rapport contraire à la neutralité ».

(2) Le comte Granville, dans une dépêche du 15 septembre 1870, justifiait la conduite de l'Angleterre par celle de la Prusse à l'occasion de la guerre de Crimée. Bonfils-Fauchille, *loc. cit.*, § 1474, Bluntschli n'a pu répondre à cette argumentation victorieuse résultant des faits eux-mêmes, et se borne à dire qu'on aurait dû *entraver, sinon empêcher* les exportations d'armes en grand. *Droit int. codifié*, § 766, 3°. Geffcken, au contraire, a cru devoir reconnaître l'exactitude de l'argumentation. Sur Heffter, *loc. cit.*, § 148. Conf., sur ce point, Fiore, *Nouveau droit internat.*, III, p. 448, note 1, § 1561.

dirent expressément le commerce et le transit des armes de guerre. Pendant la guerre de sécession américaine, les fusils, rendus disponibles par suite de l'introduction du système du chargement par la culasse, ont presque tous émigré d'Allemagne vers le Nouveau-Monde. Lors de la guerre turco-russe de 1877-78, la maison Krupp a pu, sans réclamation, expédier des fournitures de canons en Russie et en Turquie. Enfin, au cours de la guerre anglo-transvaalienne, un rapport officiel, des premiers mois de l'année 1902, émané du colonel Crowder, donnait des détails circonstanciés au sujet de l'établissement aux États-Unis de camps destinés à fournir à la Grande-Bretagne des chevaux, mulets, du fourrage et d'autres approvisionnements (1).

174. Au point de vue théorique, la question de la contrebande de guerre est fort délicate. Certains auteurs pensent que les belligérants ont simplement le droit de capturer cette contrebande et d'en interdire l'exportation par la voie conventionnelle ; mais qu'ils outrepasseraient leurs pouvoirs, en gênant, en l'absence de tout traité, le

(1) « Le camp anglais de Port-Chalmette a été, dit ce rapport, employé comme base d'approvisionnements pour les armées anglaises du sud de l'Afrique. Depuis deux ans et demi, sans interruption, ce camp est sous la direction d'officiers des armées anglaises, qui ne portent ni uniformes, ni armes, mais qui signent les chèques et les reçus en leur qualité d'officiers anglais et en faisant suivre leur signature de la mention de leur grade. Pendant cette période de deux ans et demi, ils ont payé environ 18 millions de dollars, pour achat de chevaux et de mulets et 15 millions de dollars pour achats de fourrages et autres approvisionnements ».

Les mêmes faits ont été signalés au sujet du camp britannique d'approvisionnements situé à Lathrop, dans le Missouri. Par ce camp, où se trouvaient 10 officiers britanniques et 21 soldats, avaient passé, au commencement de 1902, à destination de l'Afrique du Sud : 55.830 chevaux et 19.949 mulets. *Temps* du 10 avril 1902.

commerce général des neutres toujours libre en principe (1). D'autres auteurs croient qu'il y a lieu de s'opposer aux expéditions en gros et de tolérer les envois de détail, les fournitures isolées du petit commerce (2).

Nous estimons que la neutralité, entendue comme il convient, impose à un Etat l'obligation de s'opposer à tous envois d'armes, munitions, matériel de guerre, animaux destinés aux opérations militaires, et autres articles ayant la même destination d'une manière notoire, tels que objets de campement ou de harnachement. Le terme seul de *contrebande* indique qu'il y a là un acte blamable, contraire au devoir d'impartialité, car, en somme, il se traduit par une aide illicite aux belligérants. Et, si on interdit aux sujets des neutres l'enrôlement dans les armées des puissances en conflit, on ne voit pas comment on autoriserait la fourniture de ce qui sert, aussi bien que les soldats eux-mêmes, aux desseins de guerre (3). Dans la guerre maritime, on s'accorde à interdire la construction, l'équipement et l'armement, en territoire neutre, de vaisseaux destinés à l'un des belligérants contre l'autre (4); on ne voit pas pourquoi ce

(1) Geffcken sur Heffter, *loc. cit.*, § 148, note 5; Pillet, *loc. cit.*, n° 196; Lampredi, *Du commerce des neutres en temps de guerre*, ch. I, § 4. G. de Martens, *loc. cit.*, II, §§ 314, 318 et s.; Travers Twiss, *loc. cit.*, II, §§ 151 et s., 213 et s.

(2) Bluntschli, *loc. cit.*, art. 765 et 766; Calvo, *loc. cit.*, IV, § 2624.

(3) Gessner, *Le droit des neutres sur mer*, 1876. ch. I, pp. 127 et s.; Guelle, *loc. cit.*, II, p. 268.

(4) Telle fut la conclusion des débats du célèbre procès de l'Alabama entre l'Angleterre et les Etats-Unis qui mettait en jeu les principes les plus délicats de la neutralité maritime. Conf. sur cet arbitrage notre *Traité théorique et pratique de l'arbitrage internat.* précité, §§ 64 et s.

qui, dans la guerre navale est envisagé comme une infraction à la neutralité, changerait de caractère dans la guerre continentale. Nous ferions seulement une exception à la prohibition générale, relativement aux vivres destinés à l'approvisionnement des armées belligérantes. Pourvu que le commerce neutre voulût et pût en fournir aux deux adversaires, il convient, semble-t-il, par mesure d'humanité, d'en admettre la fourniture par les particuliers. Quant à celle émanant de l'Etat lui même, si favorable qu'elle soit à raison des motifs d'humanité indiqués pour les particuliers et qui ont évidemment la même force au cas qui nous occupe, il semble néanmoins que le neutre devrait s'en abstenir, s'il veut conformer sa conduite au droit strict de la neutralité (1).

Pour que l'Etat neutre encoure une responsabilité quelconque en n'ayant point empêché ses sujets de se livrer à la contrebande de guerre, il faut qu'il s'agisse de faits qu'il eût pu raisonnablement connaître et qu'il a sûrement connus, de faits notoires, tels que le commerce patent et ostensible d'armes, munitions, chevaux, etc. Quant aux actes isolés, dissimulés, accomplis par personnes interposées, le bon sens indique qu'aucune responsabilité ne peut être encourue, car le gouvernement le plus vigilant, ne pouvant arriver à les connaître, ne saurait les empêcher.

175. La contrebande de guerre gênant sensiblement le commerce des neutres, ces derniers seront naturellement portés à diminuer le nombre des objets qu'il convient d'y faire figurer, tandis que les belligérants tendront, en sens inverse, à l'augmenter; il importerait

---

(1) Bonfils-Fauchille, *loc. cit.*, § 1475; Bluntschli, *loc. cit.*, art. 767.

donc d'avoir, sur ce point, nécessairement sujet à controverse, des notions nettes et précises. Malheureusement, il n'en est pas ainsi, bien que la divergence des opinions se soit plutôt produite en matière maritime (1). Dans les guerres terrestres, à moins de convention spéciale obligeant les deux parties, Bluntschli fait rentrer dans les articles de contrebande : a) les armes de guerre : canons, fusils, sabres, balles, boulets, poudres et autre *matériel de guerre* (2) ; b) le salpêtre et le soufre servant à la fabrication de la poudre ; c) les embarcations de guerre; d) les dépêches relatives à la guerre et transportées dans l'intention de favoriser les belligérants. Cette liste peut encore être acceptée au-

---

(1) Conf. sur cette controverse les développements et les citations de l'ouvrage précité de de Boeck, §§ 603 et s.

(2) Nous avons, à plusieurs reprises, au cours de cet ouvrage, précisé ce qu'il fallait entendre par *matériel de guerre*, notamment aux §§ 143 et s. A côté des choses qui ne peuvent servir, par leur nature même, qu'aux fins de guerre, et au sujet desquelles, par suite, il ne saurait y avoir de doute, comme les canons, fusils de guerre, munitions, sabres, lances, il en est d'autres, tels que les objets de campement, d'habillement ou de harnachement, les chevaux, mulets, fourgons, les armes autres que celles de guerre proprement dites, le charbon, le matériel des chemins de fer, postes, télégraphes, téléphones, aérostats, qui seront souvent d'un usage douteux, car ils pourront servir aussi bien aux particuliers qu'aux gouvernements en conflit. A l'égard de ces choses, dont la destination à des usages belligérants fera de la contrebande *relative*, le gouvernement neutre devra agir avec la plus extrême circonspection pour ne point léser les intérêts de ses nationaux et n'en empêcher le trafic que lorsqu'il y a une certitude absolue au sujet de leur destination guerrière, ou quand elles sont comprises dans des traités formels passés avec les belligérants. Conf. sur ces points : Bluntschli, *loc. cit.*, art. 802 et s.; Domin-Petrushevecz, *loc. cit.*, art. CXXXIII ; Holtzendorff, *loc. cit.*, § 73; Twiss, *loc. cit.*, II, §§ 121 et s., pp. 231 et s. ; Gessner, *loc. cit.*, ch. Ier; F. de Martens, *loc. cit.*, § 136, p. 351, 3 ; Klüber et Ott, *loc. cit.*, §§ 288 et s.; Fiore, *Nouveau droit international*, §§ 1591 et s.

jourd'hui, à la condition d'y adjoindre les procédés inventés, depuis l'époque où l'illustre professeur allemand
composait son « *Droit international codifié* », relativement aux nouveaux moyens de guerre, par exemple
aux poudres et explosifs ultérieurement découverts et
au service de l'aérostation militaire. Bluntschli, en effet,
fait remarquer lui même que l'énumération complète
des choses qui, par nature, sont toujours destinées à la
guerre, n'est pas possible, parce qu'on invente tous les
jours de nouvelles armes et de nouveaux procédés (1).
En aucun cas, bien entendu, les bandages, la charpie,
les médicaments, les instruments de chirurgie, de pansement etc., ne devront, à aucun titre, être traités comme
contrebande de guerre.

De ce qu'un État neutre ne peut fournir des subsides à
l'un des belligérants, il résulte qu'il ne doit pas souscrire lui-même à un emprunt négocié par ce dernier, en
autoriser l'émission publique sur son territoire ; il est
même obligé, dans la mesure du possible, d'empêcher,
ses sujets d'y participer. Toutefois, la thèse inverse a été
soutenue (2) ; et, d'autre part, la pratique est dans ce dernier sens. Ainsi, l'Angleterre laissa, lors de la guerre
franco-allemande, souscrire chez elle l'emprunt Morgan
par le gouvernement de la défense nationale. Egalement
elle a permis d'émettre à Londres, sans protestation du
Japon, un emprunt chinois pendant la guerre sino-japo-

---

(1) Bluntschli, *loc. cit.* L'auteur cite lui-même le coton-poudre,
les capsules métalliques, les cartouches et douilles de cartouches.

(2) Pillet, *loc. cit.*, §197 ; Guelle, *loc. cit.*, pp. 267 et 268 ; Calvo,
loc. cit., IV, § 2629, Bluntschli, *loc. cit.*, art. 768 ; Geffcken sur
Heffter, *loc. cit.*, § 148, p. 349, note 5; Barclay, *apud, Revue
de droit internat. et de législat. compärée*, 2e série, t. III, 1901,
p. 627.

naise. Au contraire, en 1854, la France avait protesté
contre des emprunts contractés par la Russie à Berlin,
La Haye et Hambourg.

Il semble qu'en cette matière des emprunts, la pensée
du lucre ait obscurci le sens véritable des obligations de
la neutralité; on ne voit pas, en effet, de différence, entre
fournir directement un subside ou donner la latitude
nécessaire pour se le procurer par des moyens détournés.
Au fond, quel que soit le procédé employé, il produit un
effet également dommageable à l'un des belligérants,
contrairement aux règles essentielles de la neutralité(1).

176. Comme corollaire de la deuxième proposition ci-
dessus analysée, l'État neutre ne saurait être tenu de fournir aux belligérants aucun subside en hommes, argent ou
matériel de guerre. Spécialement les sujets de l'État neutre, même s'ils résident sur le territoire d'un belligérant,
ne peuvent, en aucun cas, être enrôlés dans ses armées.
Et le système des réquisitions et contributions que nous
avons vu, aux § § 131 et s., fonctionner en territoire
ennemi, constituerait, en sol neutre, un abus de pouvoir
condamné par les lois et coutumes de la guerre. Aussi
les articles 49 à 52 consacrés par le *Règlement* de La Haye
aux réquisitions et contributions ne visent-ils exclusivement que les pays ennemis placés sous la domination de
l'occupant. Le même *Règlement* a fait une application de
l'idée générale au cas spécial du matériel des chemins de
fer d'États neutres, qui, pour un motif quelconque, se
serait trouvé à la disposition des belligérants. En cette
hypothèse, l'article 54 prescrit que la restitution de ce
matériel aura lieu le plus tôt possible, en vertu de cette
idée que le neutre ne peut être tenu de fournir une aide

(1) Neumann, *loc. cit.*, § 50 *a* ; Rivier, *loc. cit.*, § 68, p. 386.

quelconque aux Etats en conflit. Le texte dispose comme
suit.

Art. 54. — *Le matériel des chemins de fer provenant
d'Etats neutres, qu'il appartienne à ces Etats ou à des
sociétés ou personnes privées, leur sera renvoyé aussitôt
que possible.*

On avait proposé d'ajouter au texte que le matériel en
question *ne pourrait être utilisé pour les opérations militaires.* Et voici par quels arguments pleins de force M.
Eyschen, premier délégué luxembourgeois, avec l'appui
de M. Beernaert, chef de la délégation belge, justifiait
cette proposition: « Dans les dernières guerres, disait
M. Eyschen, on a parfois abusé du droit de réquisition
du matériel provenant des chemins de fer neutres. Après
l'avoir réquisitionné, on l'a gardé durant toute la campagne, alors qu'on aurait pu le rendre... Il arrive souvent que des relations éminemment importantes existent entre deux bassins industriels situés dans des pays
limitrophes, comme, par exemple, là où le charbon
est situé d'un côté, le minerai de l'autre. C'est alors
un échange de plusieurs milliers de wagons qui se
fait par semaine. Il arrive encore qu'une certaine partie
d'un pays est tributaire d'un port de mer situé sur un
territoire neutre, dont le commerce sur le premier
pays l'oblige à y envoyer un matériel roulant considérable. Toutes ces relations pacifiques et fécondes, il faut
en assurer le maintien pendant la guerre. Si elles viennent à être troublées, ce ne sont pas seulement les capitaux engagés dans l'industrie et le commerce qui en
souffriront; à côté d'eux le travail en pâtira... Quant à
la gravité de l'intérêt commun que présentent les grands

trains internationaux qui assurent la continuité des rapports entre les nations du continent, inutile d'y insister ;
ils sont l'œuvre de la solidarité économique des peuples... » L'adjonction proposée n'a point été votée, en
vertu de cette idée que, si regrettable que la chose puisse
paraître, la réquisition, en cas de nécessité absolue, devra s'exercer sur le matériel neutre comme sur celui des
belligérants (1). En tout cas, il ne faut recourir à cette
réquisition, s'agissant d'objets dont l'utilité internationale est indéniable, qu'à la dernière extrémité et en opérer la restitution aussitôt que possible.

TROISIÈME PROPOSITION

**Les neutres doivent absolument se refuser à laisser leur
territoire devenir le théâtre d'opérations belligérantes.**

177. Le territoire neutre doit être inviolable pour les
belligérants ; on ne doit point leur livrer, sur ce territoire, des forteresses ou des points stratégiques, ni les
autoriser à l'utiliser comme champ de bataille, à y poursuivre des ennemis etc., etc. (2).

Les anciens auteurs pensaient que le neutre pouvait
permettre aux belligérants de traverser son territoire (3) ;
et, de nos jours, certains auteurs l'admettent également,
pourvu que la concession soit faite, le cas échéant, aux

---

(1) *Conférence de la Paix, Procès-verbaux*, IIIᵉ partie, pp. 174
et s. Conf. notre ouvrage sur la *Conférence de la Paix*, § 115.

(2) Heffter, *loc. cit.*, § 147 ; Lorimer, *loc. cit.*, p. 273 ; Calvo, *loc.
cit.*, § 2632.

(3) Grotius, *loc. cit.*, l. III, ch. XVII, t. III, pp. 336 et s. et Vattel,
loc. cit., l. III, ch. VII, § 119, t. II, p. 473 admettaient ce qu'ils
appelaient « *passagium innocuum* ».

deux adversaires (1). La majorité repousse, au contraire, avec raison la concession du *passage inoffensif*, qui est en opposition absolue avec les devoirs de la neutralité (2). Le sol neutre, en effet, ne doit, sous aucun prétexte, servir aux opérations de guerre ; et le passage, bien que qualifié d'inoffensif, aura quelquefois une influence décisive sur l'issue de la guerre ; or, nous avons déjà expliqué, au début du § 166, auquel nous renvoyons, comment la neutralité serait rompue par le fait qu'on accorderait les mêmes avantages aux deux belligérants, aussi bien que par celui de les concéder à un seul. Si, dans la chaleur de l'action, les troupes d'un des belligérants passent la frontière, le neutre doit les inviter et, au besoin, les contraindre par la force à revenir sur le territoire belligérant, seul théâtre de la lutte (3).

Les questions d'utilisation du territoire neutre pour les belligérants se posèrent surtout, durant la guerre franco-allemande, vis-à-vis de la Belgique et de la Suisse. Ces pays, à raison de leur proximité du théâtre des hostilités, virent quelquefois des troupes entières et plus

---

(1) Travers Twiss, *loc. cit.*, II, § 218, Domin-Petrushevecz, *loc. cit.*, art. CLXX ; G. de Martens, *loc. cit.*, II, § 310.

(2) Bluntschli, *loc. cit.*, art. 769 et 770 ; Heffter, *loc. cit.*, § 147 ; Rivier, *loc. cit.*, § 68, p. 399 ; Calvo, *loc. cit.*, §§ 2651 et s. ; Geffcken, *ibidem*, p. 344, note 8 ; Hautefeuille, *loc. cit.*, I, pp. 211 et s. ; Morin, *loc. cit.*, II, pp. 337 et s. ; Bonfils Fauchille, *loc. cit.*, § 1460. C'est donc à tort que le Portugal a laissé, durant la guerre anglo-boër, des troupes anglaises passer sur le territoire de Mozambique. Conf. Despagnet, *Etude* précitée, pp. 244 et s.

(3) Pillet, *loc. cit.*, § 193. Bynkershoeck autorisait le belligérant à poursuivre un adversaire en territoire neutre durant la chaleur de l'action, *dum fervet opus*. MM. Bonfils et Fauchille, disent que cette idée a été repoussée à bon droit par tous les publicistes modernes. *Loc. cit.*, § 1451. Conf. Travers Twiss, *loc. cit.*, II, § 217 et Geffcken, *loc. cit.*, § 147, note 3.

fréquemment des soldats isolés, fugitifs, malades ou blessés se réfugier sur leur territoire. L'épisode le plus connu
et le plus lamentable fut celui des troupes du général
Clinchant obligées de demander à la Suisse l'hospitalité
de son territoire. Une convention fut conclue à ce sujet
entre le général français et le général suisse Herzog, à la
date du 1er février 1871, en vertu de laquelle l'armée
française était autorisée à entrer en Suisse en déposant
ses armes, équipements et munitions, et en livrant son
artillerie, le tout devant être restitué à la France à la paix,
après règlement des dépenses supportées par la fédération (1).

178. La conférence de La Haye s'est préoccupée dans
les articles 57 à 60, formant la section IV du Règlement
concernant les lois et coutumes de la guerre sur terre,
de la situation des belligérants internés et de celle des
blessés soignés chez les neutres. Voici, tout d'abord,
comment s'expriment les articles 57 et 58 relatifs aux
belligérants internés chez les neutres.

ARTICLE 57. — *L'État neutre qui reçoit sur son territoire des troupes appartenant aux armées belligérantes,
les internera, autant que possible, loin du théâtre de la
guerre.*

Il pourra les garder dans des camps, et même les en-

(1) Conf. sur cette convention et sur les autres incidents que la
guerre franco-allemande a fait surgir dans les rapports des belligérants et des États neutralisés : Descamps, *loc. cit.* pp. 557 et s.;
Guelle, *loc. cit.*, pp. 227 et s. ; Bonfils-Fauchille, *loc. cit.*, § 1461 ;
Despagnet, *loc. cit.*, n° 681 ; Brenet, *loc. cit.*, p. 212. La convention
est rapportée dans le *Recueil des traités* de de Clercq, *loc. cit.*,
p. 421. Consulter, au sujet de la neutralité de la Suisse en 1870-71, un
article de M. Bury dans la *Revue de droit international et de
législation comparée*, II, 1870, pp. 636 et s.

fermer dans des forteresses ou dans des lieux appropriés à cet effet.

Il décidera si les officiers peuvent être laissés libres en prenant l'engagement sur parole de ne pas quitter le territoire neutre sans autorisation.

Article 58. — *A défaut de convention spéciale, l'Etat neutre fournira aux internés les vivres, les habillements et les secours commandés par l'humanité.*

Bonification sera faite, à la paix, des frais occasionnés par l'internement (1).

Ces textes sont l'expression très exacte des idées généralement admises. Si le neutre n'est pas autorisé à accorder passages ou refuge aux troupes belligérantes, le droit des gens lui permet néanmoins de recueillir chez lui, comme réfugiés, des soldats isolés ou même des corps d'armée cherchant asile sur son territoire; l'humanité, en ce cas, fait un devoir de ne pas appliquer strictement le droit de la neutralité (2). Mais alors l'Etat neutre est tenu

(1) Voir au sujet des dispositions à prendre par l'Etat neutre, dans le cas des articles 57 et 58, le *Manuel français*, pp. 81 et s. et le *Manuel de l'Institut de droit international*, art. 79 et s. Conf., au sujet des articles 57 et 58, notre ouvrage précité sur la *Conférence de la Paix*, § 117.

(2) Nous devons, en ce qui concerne les articles 57 et 58, qui sont la reproduction textuelle des articles 53 et 54 du projet de Bruxelles, signaler la déclaration faite à la Conférence de La Haye, par M. Eyschen, premier délégué du Luxembourg. Visant la situation spéciale créée à son pays par le traité de Londres de 1867, M. Eyschen s'est exprimé comme suit : « Ce traité a désarmé le gouvernement luxembourgeois et ne lui permet notamment d'entretenir que le nombre de troupes nécessaire pour veiller sur le maintien du bon ordre. Il en résulte que le Luxembourg ne saurait assumer les mêmes obligations que les autres Etats ». Il a, en conséquence, été donné acte à M. Eyschen qu'il entend : « réserver à son pays tous les droits qui

de prendre les précautions nécessaires pour que l'un des belligérants ne reçoive ou n'occasionne aucun dommage. Il désarmera les troupes recueillies, avisera aux moyens de les empêcher de reprendre la lutte, dont le principal consiste à les interner loin du théâtre de la guerre. Il est obligé de rendre, à la paix, les armes, les munitions et le matériel par lui séquestrés; par contre, il a droit à une indemnité pour l'entretien des troupes qu'il a reçues.

On remarquera qu'il n'y a là, pour les neutres, qu'une simple faculté et qu'ils pourraient fort bien se refuser à recevoir les fugitifs, si, par exemple, leur grand nombre leur inspirait des craintes pour leur propre sécurité (1). Pourtant, en général, l'asile ne sera pas refusé, par raison d'humanité. Les fugitifs ne peuvent être absolument assimilés à des prisonniers de guerre, parce qu'ils ne constituent pas des ennemis de l'État neutre. On devra donc les traiter avec moins de rigueur que les prisonniers proprement dits, car, s'ils s'échappent, il n'y a aucune responsabilité encourue quand les précautions voulues ont été prises. On peut, à la différence des prisonniers, les employer à tous les travaux d'ordre civil ou militaire, ces travaux, en aucun cas, ne devant être tournés contre leur pays (2).

Si les fugitifs amènent avec eux des prisonniers, il a

découlent du traité de Londres du 11 mai 1867 et spécialement des articles 2, 3 et s. de ce traité ». Voir les *Procès-verbaux de la Conférence de la Paix*, IIIe partie, pp. 108 et s., et Mérignhac, *loc. cit.*, § 117. Les judicieuses observations de M. Eyschen s'appliquent, dans une certaine mesure, à tous les États neutralisés, qui n'ont évidemment pas à leur disposition les mêmes moyens que les grandes puissances pour exécuter les prescriptions de la neutralité visées au texte.

(1) Rivier, *loc. cit.*, II, p. 396, § 215.
(2) Pillet, *loc. cit.*, § 109 *bis*.

été soutenu que ces derniers doivent être internés comme la troupe qui les a capturés (1). Pourtant la solution inverse est préférable ; désarmée, la troupe qui a fait les prisonniers est réputée *ipso facto* incapable de les conserver ; ceux-ci doivent donc redevenir immédiatement libres (2).

179. Les articles 59 et 60 du Règlement de La Haye ont trait aux blessés soignés chez les neutres. En voici le texte.

Art. 59. — *L'Etat neutre pourra autoriser le passage sur son territoire des blessés ou malades appartenant aux armées belligérantes, sous la réserve que les trains qui les amèneront ne transporteront ni personnel ni matériel de guerre. En pareil cas l'Etat neutre est tenu de prendre les mesures de sûreté et de contrôle nécessaires à cet effet.*

Les blessés ou malades amenés dans ces conditions sur le territoire neutre par un des belligérants, et qui appartiendraient à la partie adverse, devront être gardés par l'Etat neutre, de manière qu'ils ne puissent de nouveau prendre part aux opérations de la guerre. Celui-ci aura les mêmes devoirs quant aux blessés ou malades de l'autre armée qui lui seront confiés (3).

---

(1) *Manuel français*, p. 82 ; Pillet, *Droit de la guerre*, t. II, p. 284.

(2) Pillet, *Les lois actuelles de la guerre*, § 109 *bis*. Cet auteur dit qu'il a été amené à changer d'avis parce que l'opinion qui admet la captivité des prisonniers amenés par les fugitifs ne lui paraît pas conciliable avec la renonciation à toute poursuite des hostilités que suppose le refuge en territoire neutre. Conf. en ce sens, Brenet, *loc. cit.*, p. 251.

(3) Voir sur ce texte les appréciations critiques de M. Kebedgy, professeur à l'Université de Berne dans un article intitulé : « Les lois de la guerre et la Conférence de La Haye », brochure extraite de la *Revue militaire suisse*, pp. 22 et s., 1901.

ART. 60. — *La convention de Genève s'applique aux malades et aux blessés internés sur territoire neutre* (1).

La convention de Genève, dont l'article 6, dans son dernier alinéa, couvre de sa protection les évacuations de malades et de blessés, n'avait pas songé à prévoir le cas où ces évacuations seraient obligées, pour atteindre sans danger et rapidement le point vers lequel elles se dirigent, d'emprunter le territoire d'un État neutre, qui s'opposerait à leur passage ou les internerait. Si cette hypothèse s'était présentée à l'esprit des auteurs de la convention de 1864, ils auraient sûrement consenti à ce que l'État neutre laissât transiter chez lui ces expéditions sanitaires, à la condition toutefois que les précautions voulues fussent prises. Saisie de la question, la conférence de Bruxelles de 1874 avait adopté, sur ce point, dans son article 55, une rédaction qui, tout en admettant le principe de l'admission en territoire neutre des blessés et malades des belligérants, ajoutait quelques conditions spéciales de nature à prêter à l'équivoque (2). En conséquence, on a remanié à La Haye le texte de l'article du projet de Bruxelles et on en a fait l'article 59 qui semble donner satisfaction à tous les intérêts.

Toutefois la disposition de ce texte, bien que basée sur

(1) Le texte confirme les dispositions de l'article 56 de la Déclaration de Bruxelles, lequel comblait une lacune de la Convention de Genève.

(2) Conf. sur ces divers points la publication du comité international de la Croix-Rouge, intitulée : *La revision de la Convention de Genève*, p. 29, ainsi que le programme proposé par le Conseil fédéral suisse pour cette même revision, n° IV *a*, et l'opinion de M. Moynier à cet égard, dans notre ouvrage sur la *Conférence de la Paix*, § 118. *Adde* l'article 83 du *Manuel de l'Institut de droit international.*

une préoccupation humanitaire tellement respectable qu'elle semble ne devoir soulever aucune opposition, est, il faut bien l'avouer, contraire au droit strict de la neutralité, lequel, on l'a vu, impose au neutre l'obligation absolue de s'abstenir de tout acte de nature à favoriser l'un des belligérants au détriment de l'autre (1). Et voilà pourquoi certains auteurs avaient suggéré que le transport des blessés par territoire neutre devait être subordonné au consentement de l'adversaire (2). A La Haye, certains délégués étaient allés jusqu'à demander l'interdiction formelle de tout passage de malades ou de blessés en territoire neutre, solution extrême et qu'on a cru devoir écarter, tout en admettant, pour donner satisfaction aux scrupules qui s'étaient fait jour sur ce point, une sorte de commentaire officiel du sens de l'article 59. Aux termes de ce commentaire, le texte : « n'a d'autre portée que d'établir que des considérations d'humanité et d'hygiène peuvent déterminer un État neutre à laisser passer des soldats blessés ou malades à travers son territoire, sans manquer aux devoirs de la neutralité » (3).

180. Pas plus qu'ils ne doivent laisser leur territoire servir de théâtre aux opérations des belligérants, les neutres ne sauraient permettre que leur atmosphère territoriale, dont il a été question au § 101 *bis*, soit utilisée à des fins de guerre, par les aérostats des puissances en conflit. Ils devront donc leur intimer, au moyen de signaux, l'ordre d'y cesser immédiatement les hostilités et de l'évacuer le plus rapidement possible. Pour le cas

---

(1) Pillet, *loc. cit.*, p. 486. *Contrà*, Bluntschli, *loc. cit.*, art. 778.
(2) Despagnet, *loc. cit.*, § 675.
(3) *Procès-verbaux de la Conférence de la Paix*, IIIᵉ partie, p. 147.
Voir notre ouvrage sur la *Conférence de la Paix*, § 119.

où ces aérostats viendraient à atterrir sur le sol neutre,
soit volontairement, soit par relâche forcée, certains auteurs, appliquant ici les principes de la guerre maritime,
estiment qu'ils ne pourront être détenus par l'État neutre
comme le sont les troupes avec le matériel qu'elles portent ou amènent avec elles. Les aérostats en question
auraient donc le droit de quitter, sitôt qu'il leur plairait,
le sol neutre ; ils pourraient même y procéder aux répara-
tions et approvisionnements nécessaires à leur existence,
dans la mesure indispensable pour atteindre le point le
plus rapproché de leur pays ou d'un pays allié (1).

Nous ne croyons pas cette solution exacte. Aux
§§.101 *bis* et s. nous avons repoussé, au point de vue de
la capture des aérostats privés et de leur matériel, l'assimilation proposée par quelques auteurs entre la guerre
aérienne et la guerre maritime, et nous renvoyons aux
raisons données, aux §§102 et 102 *bis*, en faveur de l'application des règles de la guerre continentale aux ballons
qui coopèrent à cette guerre. Dès lors, à la différence
de ce qui a lieu pour le vaisseau qui, entré dans un port
neutre librement ou par cas de force majeure, peut en
sortir à son gré, nous estimons que l'État neutre devra,
jusqu'à la paix, séquestrer les aérostats de guerre des
belligérants avec leur matériel, leurs armes, et généralement tout ce qu'ils portent à bord, interner les aéronautes ; en un mot appliquer ici, pas analogie, les dispositions de l'article 57 précité du Règlement concernant les
lois et coutumes de la guerre sur terre.

Quant aux aérostats privés, pourvu qu'ils ne participent
pas aux opérations de guerre, ils seront naturellement

---

(1) Fauchille, *loc. cit,* p. 46, note 3.

traités par le neutre comme en temps de paix ; la guerre, en effet, ne saurait rien changer à leur condition antérieure, puisqu'elle ne doit avoir aucun effet relativement aux particuliers inoffensifs.

L'Etat neutre est-il dans l'obligation d'interdire le passage inoffensif aux aérostats de guerre des belligérants dans son atmosphère territoriale, comme il doit empêcher le passage des troupes sur son territoire (conf. §. 177) ? On admet généralement que le passage inoffensif doit être concédé dans la mer territoriale (1) ; mais nous venons de dire qu'il faut faire abstraction des règles de la guerre maritime pour les aérostats coopèrant à la guerre terrestre. Dès lors, nous pensons que, dans l'atmosphère territoriale aussi bien que sur terre, la neutralité impose la prohibition de tout droit de passage, au regard des belligérants. (2)

L'inviolabilité du territoire neutre constitue le corollaire de la troisième proposition concernant les devoirs de la neutralité. On peut même affirmer que cette inviolabilité est la prérogative essentielle du neutre, car elle empêche qu'il ne subisse le contre-coup même indirect ou momentané d'opérations auxquelles il doit demeurer complétement étranger. « Aucune atteinte, dit M. Guelle, ne saurait être portée à cette inviolabilité, quels que puissent être les circonstances et les intérêts stratégiques en jeu (3).

(1) L'Institut de droit international accepte, avec la majorité de la doctrine, le droit de passage (Article 5 du règlement du 31 mars 1894 sur la définition et le régime de la mer territoriale ; *Annuaire*, t. XIII, 1894-1895, p. 329), que certains auteurs contestent. Conf. Kleen, *loc. cit.*, I, pp. 507 et s.

(2) Voir sur ce point Fauchille, *loc. cit.*, p. 50.

(3) *Loc. cit.*, II, p. 274. Conf. Funck-Brentano et Sorel, *loc. cit.*,

Les belligérants doivent donc respecter absolument le territoire du neutre ; et ce dernier est autorisé à prendre, pour se garantir d'une atteinte à sa neutralité soit réalisée soit imminente, toute les mesures que la situation comporte, dût-il même recourir aux armes (1). Si la violation a été simplement accidentelle et involontaire, le neutre demandera la réparation du préjudice causé, et exigera qu'il soit pris des mesures pour que les mêmes faits ne se renouvellent pas. Si elle a été intentionnelle, elle engage gravement la responsabilité de celui qui l'a commise, vis-à-vis soit du neutre soit des puissances garantes de la neutralité, et pourra, le cas échéant, créer un *casus belli*.

L'inviolabilité due au neutre s'étend également à son atmosphère ; et il s'agit ici non seulement de l'atmosphère territoriale, mais encore de la totalité de la colonne d'air dominant le territoire. Il faut, en effet, empêcher la chute sur le sol neutre des projectiles et explosifs pouvant tomber des ballons en lutte ou simplement de passage, chute à craindre, quelle que soit la hauteur à laquelle se trouve l'aérostat (2).

p. 368 : Fiore, *Droit codifié*, art. 1179 et s.; Klüber, *loc. cit.*, § 283 ; Hautefeuille, *loc. cit.*, pp. 275 et s.

(1) Bluntschli, *loc. cit.*, art. 778 *ter* et 790.

(2) Fauchille, *loc. cit.*, pp. 43 et 44.

ANNEXES

I

**Convention de Genève du 22 août 1864, pour l'amé-
lioration du sort des militaires blessés dans les
armées en campagne.**

Les souverains et chefs d'Etats des pays représentés. . . .

. . . .

Egalement animés du désir d'adoucir, autant qu'il dépend
d'eux, les maux inséparables de la guerre, de supprimer les
rigueurs inutiles et d'améliorer le sort des militaires blessés
sur les champs de bataille, ont résolu de conclure une Convention à cet effet et ont nommé pour leurs plénipotentiaires,
savoir : . . . .

. . . .

Lesquels, après avoir échangé leurs pouvoirs, trouvés en
bonne et due forme, sont convenus des articles suivants :

Art. 1er. — Les ambulances et les hôpitaux militaires
seront reconnus neutres et, comme tels, protégés et respectés
par les belligérants aussi longtemps qu'il s'y trouvera des
malades ou des blessés. La neutralité cesserait, si ces ambulances ou ces hôpitaux étaient gardés par une force militaire.

Art. 2. — Le personnel des hôpitaux et des ambulances,
comprenant l'intendance, les services de santé, d'administration, de transport des blessés, ainsi que les aumôniers, parti-

cipera au bénéfice de la neutralité lorsqu'il fonctionnera, et tant qu'il restera des blessés à relever ou à secourir.

Art. 3. — Les personnes désignées dans l'article précédent pourront, même après l'occupation par l'ennemi, continuer à remplir leurs fonctions dans l'hôpital ou l'ambulance qu'elles desservent, ou se retirer pour rejoindre le corps auquel elles appartiennent. Dans ces circonstances, lorsque ces personnes cesseront leurs fonctions, elles seront remises aux avant-postes ennemis, par les soins de l'armée occupante.

Art. 4. — Le matériel des hôpitaux militaires demeurant soumis aux lois de la guerre, les personnes attachées à ces hôpitaux ne pourront, en se retirant, emporter que les objets qui sont leur propriété particulière. Dans les mêmes circonstances au contraire, l'ambulance conservera son matériel.

Art. 5. — Les habitants du pays, qui porteront secours aux blessés, seront respectés et demeureront libres.

Les généraux des puissances belligérantes auront pour mission de prévenir les habitants de l'appel fait à leur humanité et de la neutralité, qui en sera la conséquence.

Tout blessé recueilli et soigné dans une maison y servira de sauvegarde. L'habitant, qui aura recueilli chez lui des blessés, sera dispensé du logement des troupes, ainsi que d'une partie des contributions de guerre qui seraient imposées.

Art. 6. — Les militaires blessés ou malades seront recueillis et soignés à quelque nation qu'ils appartiendront. Les commandants en chef auront la faculté de remettre immédiatement aux avant-postes ennemis les militaires ennemis blessés pendant le combat, lorsque les circonstances le permettront et du consentement des deux parties.

Seront renvoyés dans leur pays ceux qui, après guérison, seront reconnus incapables de servir.

Les autres pourront être également renvoyés, à la condition de ne pas reprendre les armes pendant la durée de la guerre.

Les évacuations, avec le personnel qui les dirige, seront couvertes par une neutralité absolue.

Art. 7. — Un drapeau distinctif et uniforme sera adopté pour les hôpitaux, les ambulances et les évacuations. Il devra être, en toute circonstance, accompagné du drapeau national.

Un brassard sera également admis pour le personnel neutralisé, mais la délivrance en sera laissée à l'autorité militaire.

Le drapeau et le brassard porteront croix rouge sur fond blanc.

Art. 8. — Les détails d'exécution de la présente Convention seront réglés par les commandants en chef des armées belligérantes, d'après les instructions de leurs gouvernements respectifs, et conformément aux principes généraux énoncés dans cette Convention.

Art. 9. — Les hautes puissances contractantes sont convenues de communiquer la présente Convention aux gouvernements, qui n'ont pas envoyé des plénipotentiaires à la Conférence internationale de Genève, en les invitant à y accéder ; le protocole est à cet effet laissé ouvert.

Art. 10. — La présente Convention sera ratifiée, et les ratifications en seront échangées à Berne dans l'espace de quatre mois, ou plus tôt si faire se peut.

II

Déclaration de St-Pétersbourg du 11 décembre 1868, relative à l'interdiction des balles explosibles en temps de guerre.

Sur la proposition du cabinet impérial de Russie, une Commission militaire internationale ayant été réunie à Saint-Pétersbourg, afin d'examiner la convenance d'interdire l'usage de certains projectiles en temps de guerre entre les nations civilisées, et cette Commission ayant fixé, d'un commun accord, les limites techniques où les nécessités de la guerre doivent s'arrêter devant les exigences de l'humanité, les sous-

signés sont autorisés par les ordres de leurs gouvernements
à déclarer ce qui suit :

Considérant que les progrès de la civilisation doivent
avoir pour effet d'atténuer autant que possible les calamités
de la guerre ;

Que le seul but légitime que les Etats doivent se proposer
durant la guerre est l'affaiblissement des forces militaires de
l'ennemi ;

Qu'à cet effet il suffit de mettre hors de combat le plus
grand nombre d'hommes possible ;

Que ce but serait dépassé par l'emploi d'armes qui aggraveraient inutilement les souffrances des hommes mis hors de
combat, ou rendraient leur mort inévitable ;

Que l'emploi de pareilles armes serait dès lors contraire
aux lois de l'humanité ;

Les parties contractantes s'engagent à renoncer mutuelle-
lement, en cas de guerre entre elles, à l'emploi par leurs
troupes de terre ou de mer de tout projectile d'un poids
inférieur à quatre cents grammes, qui serait ou explosible ou
chargé de matières fulminantes ou inflammables.

Elles inviteront tous les Etats qui n'ont pas participé par
l'envoi de délégués aux délibérations de la Commission militaire internationale réunie à St-Pétersbourg à accéder au présent engagement.

Cet engagement n'est obligatoire que pour les parties contractantes ou accédantes, en cas de guerre entre deux ou plusieurs d'entre elles ; il n'est pas applicable vis-à-vis de parties
non contractantes ou qui n'auraient pas accédé.

Il cesserait également d'être obligatoire du moment où,
dans une guerre entre parties contractantes ou accédantes,
une partie non contractante ou qui n'aurait pas accédé, se
joindrait à l'un des belligérants.

Les parties contractantes ou accédantes se réservent de
s'entendre ultérieurement toutes les fois qu'une proposition
précise serait formulée en vue des perfectionnements à venir,
que la science pourrait apporter dans l'armement des troupes, afin de maintenir les principes qu'elles ont posés et de

concilier les nécessités de la guerre avec les lois de l'humanité.

Fait à Saint-Pétersbourg, le $\dfrac{29 \text{ novembre}}{11 \text{ décembre}}$ 1868.

III

Convention de La Haye, du 29 juillet 1899, concernant les lois et coutumes de la guerre sur terre.

Sa Majesté l'Empereur d'Allemagne, Roi de Prusse ; Sa Majesté l'Empereur d'Autriche, Roi de Bohême etc. et Roi apostolique de Hongrie ; Sa Majesté le Roi des Belges ; Sa Majesté l'Empereur de Chine ; Sa Majesté le Roi de Danemark ; Sa Majesté le Roi d'Espagne et en son nom *Sa Majesté la Reine-Régente du Royaume ; le Président des Etats-Unis d'Amérique ; le Président des Etats-Unis Mexicains ; le Président de la République Française ; Sa Majesté la Reine du Royaume-Uni de la Grande-Bretagne et d'Irlande, Impératrice des Indes ; Sa Majesté le Roi des Hellènes ; Sa Majesté le Roi d'Italie ; Sa Majesté l'Empereur du Japon ; Son Altesse Royale le Grand-Duc de Luxembourg, Duc de Nassau ; Son Altesse le Prince de Monténégro ; Sa Majesté la Reine des Pays-Bas ; Sa Majesté Impériale le Schah de Perse ; Sa Majesté le Roi de Portugal et des Algarves etc.; Sa Majesté le Roi de Roumanie; Sa Majesté l'Empereur de Toutes les Russies ; Sa Majesté le Roi de Serbie ; Sa Majesté le Roi de Siam ; Sa Majesté le Roi de Suède et de Norvège ; le Conseil Fédéral Suisse ; Sa Majesté l'Empereur des Ottomans et Son Altesse Royale le Prince de Bulgarie.*

Considérant que, tout en recherchant les moyens de sauvegarder la paix et de prévenir les conflits armés entre les nations, il importe de se préoccuper également du cas où l'appel aux armes serait amené par des événements que leur sollicitude n'aurait pu détourner ;

Animés du désir de servir encore, dans cette hypothèse

extrême, les intérêts de l'humanité et les exigences toujours
progressives de la civilisation ;

Estimant qu'il importe, à cette fin, de reviser les lois et
coutumes générales de la guerre, soit dans le but de les définir avec plus de précision, soit afin d'y tracer certaines
limites destinées à en restreindre autant que possible les
rigueurs ;

S'inspirant de ces vues recommandées aujourd'hui, comme
il y a vingt-cinq ans, lors de la Conférence de Bruxelles de
1874, par une sage et généreuse prévoyance ;

Ont, dans cet esprit, adopté un grand nombre de dispositions qui ont pour objet de définir et de régler les usages de
la guerre sur terre.

Selon les vues des hautes parties contractantes, ces dispositions, dont la rédaction a été inspirée par le désir de diminuer les maux de la guerre, autant que les nécessités militaires le permettent, sont destinées à servir de règle générale
de conduite aux belligérants, dans leurs rapports entre eux
et avec les populations.

Il n'a pas été possible toutefois de concerter dès maintenant des stipulations s'étendant à toutes les circonstances
qui se présentent dans la pratique.

D'autre part, il ne pouvait entrer dans les intentions des
hautes parties contractantes que les cas non prévus fussent,
faute de stipulation écrite, laissés à l'appréciation arbitraire
de ceux qui dirigent les armées.

En attendant qu'un code plus complet des lois de la guerre
puisse être édicté, les hautes parties contractantes jugent
opportun de constater que, dans les cas non compris dans
les dispositions réglementaires adoptées par elles, les populations et belligérants restent sous la sauvegarde et sous l'empire des principes du droit des gens, tels qu'ils résultent des
usages établis entre nations civilisées, des lois de l'humanité
et des exigences de la conscience publique.

Elles déclarent que c'est dans ce sens que doivent s'entendre notamment les articles 1 et 2 du Règlement adopté.

Les hautes parties contractantes désirant conclure une

Convention à cet effet ont nommé pour leurs plénipotentiaires, savoir : . . . .

. . . .

Lesquels, après s'être communiqué leurs pleins pouvoirs, trouvés en bonne et due forme, sont convenus de ce qui suit :

Art. 1ᵉʳ. — Les hautes parties contractantes donneront à leurs forces armées de terre des instructions qui seront conformes au *Règlement concernant les lois et coutumes de la guerre sur terre*, annexé à la présente Convention.

Art. 2. — Les dispositions contenues dans le Règlement visé à l'article 1ᵉʳ ne sont obligatoires que pour les puissances contractantes, en cas de guerre entre deux ou plusieurs d'entre elles.

Ces dispositions cesseront d'être obligatoires du moment où, dans une guerre entre des puissances contractantes, une puissance non contractante se joindrait à l'un des belligérants.

Art. 3. — La présente Convention sera ratifiée dans le plus bref délai possible.

Les ratifications seront déposées à La Haye.

Il sera dressé du dépôt de chaque ratification un procès-verbal, dont une copie, certifiée conforme, sera remise par la voie diplomatique à toutes les puissances contractantes.

Art. 4. — Les puissances non signataires sont admises à adhérer à la présente Convention.

Elles auront, à cet effet, à faire connaître leur adhésion aux puissances contractantes, au moyen d'une notification écrite, adressée au Gouvernement des Pays-Bas et communiquée par celui-ci à toutes les autres puissances contractantes.

Art. 5. — S'il arrivait qu'une des hautes parties contractantes dénonçât la présente Convention, cette dénonciation ne produirait ses effets qu'un an après la notification faite par écrit au Gouvernement des Pays-Bas et communiquée immédiatement par celui-ci à toutes les autres puissances contractantes.

Cette dénonciation ne produira ses effets qu'à l'égard de la puissance qui l'aura notifiée.

En foi de quoi, les plénipotentiaires ont signé la présente Convention et l'ont revêtue de leurs cachets.

Fait à La Haye, le vingt-neuf juillet mil huit cent quatre-vingt-dix-neuf, en un seul exemplaire qui restera déposé dans les archives du Gouvernement des Pays-Bas et dont des copies, certifiées conformes, seront remises par la voie diplomatique aux puissances contractantes.

ANNEXE A LA CONVENTION

Règlement concernant les Lois et Coutumes de la Guerre sur terre.

SECTION I. — DES BELLIGÉRANTS

CHAPITRE I. — DE LA QUALITÉ DE BELLIGÉRANT

Art. 1er. — Les lois, les droits, et les devoirs de la guerre ne s'appliquent pas seulement à l'armée, mais encore aux milices et aux corps de volontaires réunissant les conditions suivantes :

1° D'avoir à leur tête une personne responsable pour ses subordonnés ;

2° D'avoir un signe distinctif fixe et reconnaissable à distance ;

3° De porter les armes ouvertement et

4° De se conformer dans leurs opérations aux lois et coutumes de la guerre.

Dans les pays où les milices ou des corps de volontaires constituent l'armée ou en font partie, ils sont compris sous la dénomination d'armée.

Art. 2. — La population d'un territoire non occupé qui, à l'approche de l'ennemi, prend spontanément les armes pour combattre les troupes d'invasion sans avoir eu le temps de s'organiser conformément à l'article 1er, sera considérée comme belligérante si elle respecte les lois et coutumes de la guerre.

Art. 3. — Les forces armées des parties belligérantes peuvent se composer de combattants et de non-combattants. En cas de capture par l'ennemi, les uns et les autres ont droit au traitement des prisonniers de guerre.

CHAPITRE II. — DES PRISONNIERS DE GUERRE

Art. 4. — Les prisonniers de guerre sont au pouvoir du Gouvernement ennemi, mais non des individus ou des corps qui les ont capturés.

Ils doivent être traités avec humanité.

Tout ce qui leur appartient personnellement, excepté les armes, les chevaux et les papiers militaires, reste leur propriété.

Art. 5. — Les prisonniers de guerre peuvent être assujettis à l'internement dans une ville, forteresse, camp ou localité quelconque, avec obligation de ne pas s'en éloigner au delà de certaines limites déterminées; mais ils ne peuvent être enfermés que par mesure de sûreté indispensable.

Art. 6. — L'État peut employer, comme travailleurs, les prisonniers de guerre, selon leur grade et leurs aptitudes. Ces travaux ne seront pas excessifs et n'auront aucun rapport avec les opérations de la guerre.

Les prisonniers peuvent être autorisés à travailler pour le compte d'administrations publiques ou de particuliers, ou pour leur propre compte.

Les travaux faits pour l'État sont payés d'après les tarifs en vigueur pour les militaires de l'armée nationale exécutant les mêmes travaux.

Lorsque les travaux ont lieu pour le compte d'autres administrations publiques ou pour des particuliers, les conditions en sont réglées d'accord avec l'autorité militaire.

Le salaire des prisonniers contribuera à adoucir leur position, et le surplus leur sera compté au moment de leur libération, sauf défalcation des frais d'entretien.

Art. 7. — Le Gouvernement au pouvoir duquel se trouvent les prisonniers de guerre est chargé de leur entretien.

A défaut d'une entente spéciale entre les belligérants, les

prisonniers de guerre seront traités, pour la nourriture, le couchage et l'habillement, sur le même pied que les troupes du Gouvernement qui les aura capturés.

Art. 8. — Les prisonniers de guerre seront soumis aux lois, règlements, et ordres en vigueur dans l'armée de l'État au pouvoir duquel ils se trouvent. Tout acte d'insubordination autorise, à leur égard, les mesures de rigueur nécessaires.

Les prisonniers évadés, qui seraient repris avant d'avoir pu rejoindre leur armée ou avant de quitter le territoire occupé par l'armée qui les aura capturés, sont passibles de peines disciplinaires.

Les prisonniers qui, après avoir réussi à s'évader. sont de nouveau faits prisonniers, ne sont passibles d'aucune peine pour la fuite antérieure.

Art. 9. — Chaque prisonnier de guerre est tenu de déclarer, s'il est interrogé à ce sujet, ses véritables noms et grade et, dans le cas où il enfreindrait cette règle, il s'exposerait à une restriction des avantages accordés aux prisonniers de guerre de sa catégorie.

Art. 10. — Les prisonniers de guerre peuvent être mis en liberté sur parole, si les lois de leur pays les y autorisent, et, en pareil cas, ils sont obligés, sous la garantie de leur honneur personnel, de remplir scrupuleusement, tant vis-à-vis de leur propre Gouvernement que vis-à-vis de celui qui les a faits prisonniers, les engagements qu'ils auraient contractés.

Dans le même cas, leur propre Gouvernement est tenu de n'exiger ni accepter d'eux aucun service contraire à la parole donnée.

Art. 11. — Un prisonnier de guerre ne peut être contraint d'accepter sa liberté sur parole ; de même le Gouvernement ennemi n'est pas obligé d'accéder à la demande du prisonnier réclamant sa mise en liberté sur parole.

Art. 12. — Tout prisonnier de guerre, libéré sur parole et repris portant les armes contre le Gouvernement envers lequel il s'était engagé d'honneur, ou contre les alliés de celui-ci, perd le droit au traitement des prisonniers de guerre et peut être traduit devant les tribunaux.

Art 13. — Les individus qui suivent une armée sans en faire directement partie, tels que les correspondants et les reporters de journaux, les vivandiers, les fournisseurs, qui tombent au pouvoir de l'ennemi et que celui-ci juge utile de détenir, ont droit au traitement des prisonniers de guerre, à condition qu'ils soient munis d'une légitimation de l'autorité militaire de l'armée qu'ils accompagnaient.

Art. 14. — Il est constitué, dès le début des hostilités, dans chacun des États belligérants et, le cas échéant, dans les pays neutres qui auront recueilli des belligérants sur leur territoire, un Bureau de renseignements sur les prisonniers de guerre. Ce bureau, chargé de répondre à toutes les demandes qui les concernent, reçoit des divers services compétents toutes les indications nécessaires pour lui permettre d'établir une fiche individuelle pour chaque prisonnier de guerre. Il est tenu au courant des internements et des mutations, ainsi que des entrées dans les hôpitaux et des décès.

Le Bureau de renseignements est également chargé de recueillir et de centraliser tous les objets d'un usage personnel, valeurs, lettres, etc., qui seront trouvés sur les champs de bataille ou délaissés par des prisonniers décédés dans les hôpitaux et ambulances, et de les transmettre aux intéressés.

Art. 15. — Les sociétés de secours pour les prisonniers de guerre régulièrement constituées selon la loi de leur pays et ayant pour objet d'être les intermédiaires de l'action charitable, recevront, de la part des belligérants, pour elles et pour leurs agents dûment accrédités, toute facilité, dans les limites tracées par les nécessités militaires et les règles administratives, pour accomplir efficacement leur tâche d'humanité. Les délégués de ces sociétés pourront être admis à distribuer des secours dans les dépôts d'internement, ainsi qu'aux lieux d'étape des prisonniers rapatriés, moyennant une permission personnelle délivrée par l'autorité militaire, et en prenant l'engagement par écrit de se soumettre à toutes les mesures d'ordre et de police que celle-ci prescrirait.

Art. 16. — Les Bureaux de renseignements jouissent de la

franchise de port. Les lettres, mandats et articles d'argent, ainsi que les colis postaux destinés aux prisonniers de guerre ou expédiés par eux, seront affranchis de toutes taxes postales, aussi bien dans les pays d'origine et de destination que dans les pays intermédiaires.

Les dons et secours en nature destinés aux prisonniers de guerre seront admis en franchise de tous droits d'entrée et autres, ainsi que des taxes de transport sur les chemins de fer exploités par l'Etat.

Art. 17. — Les officiers prisonniers pourront recevoir le complément, s'il y a lieu, de la solde qui leur est attribuée dans cette situation par les règlements de leur pays, à charge de remboursement par leur Gouvernement.

Art. 18. — Toute latitude est laissée aux prisonniers de guerre pour l'exercice de leur religion, y compris l'assistance aux offices de leur culte, à la seule condition de se conformer aux mesures d'ordre et de police prescrites par l'autorité militaire.

Art. 19. — Les testaments des prisonniers de guerre sont reçus ou dressés dans les mêmes conditions que pour les militaires de l'armée nationale.

On suivra également les mêmes règles en ce qui concerne les pièces relatives à la constatation des décès, ainsi que pour l'inhumation des prisonniers de guerre, en tenant compte de leur grade et de leur rang.

Art. 20. — Après la conclusion de la paix, le rapatriement des prisonniers de guerre s'effectuera dans le plus bref délai possible.

CHAPITRE III. — DES MALADES ET DES BLESSÉS

Art. 21. — Les obligations des belligérants concernant le service des malades et des blessés sont régies par la Convention de Genève du 22 août 1864, sauf les modifications dont celle-ci pourra être l'objet.

SECTION II. — DES HOSTILITÉS

CHAPITRE I. — DES MOYENS DE NUIRE A L'ENNEMI, DES SIÈGES ET DES BOMBARDEMENTS

Art. 22. — Les belligérants n'ont pas un droit illimité quant au choix des moyens de nuire à l'ennemi.

Art. 23. — Outre les prohibitions établies par des conventions spéciales, il est notamment *interdit* :

a. d'employer du poison ou des armes empoisonnées ;

b. de tuer ou de blesser par trahison des individus appartenant à la nation ou à l'armée ennemie ;

c. de tuer ou de blesser un ennemi qui, ayant mis bas les armes ou n'ayant plus les moyens de se défendre, s'est rendu à discrétion ;

d. de déclarer qu'il ne sera pas fait de quartier ;

e. d'employer des armes, des projectiles ou des matières propres à causer des maux superflus ;

f. d'user indûment du pavillon parlementaire, du pavillon national ou des insignes militaires et de l'uniforme de l'ennemi, ainsi que des signes distinctifs de la Convention de Genève ;

g. de détruire ou de saisir des propriétés ennemies, sauf les cas où ces destructions ou ces saisies seraient impérieusement commandées par les nécessités de la guerre.

Art. 24. — Les ruses de guerre et l'emploi des moyens nécessaires pour se procurer des renseignements sur l'ennemi et sur le terrain sont considérés comme *licites.*

Art. 25. — Il est interdit d'attaquer ou de bombarder des villes, villages, habitations ou bâtiments qui ne sont pas défendus.

Art. 26. — Le commandant des troupes assaillantes, avant d'entreprendre le bombardement, et sauf le cas d'attaque de vive force, devra faire tout ce qui dépend de lui pour en avertir les autorités.

Art. 27. — Dans les sièges et bombardements, toutes les mesures nécessaires doivent être prises pour épargner, autant que possible, les édifices consacrées aux cultes, aux arts, aux sciences et à la bienfaisance, les hôpitaux et les lieux de rassemblement de malades et de blessés, à condition qu'ils ne soient pas employés en même temps à un but militaire.

Le devoir des assiégés est de désigner ces édifices ou lieux de rassemblement par des signes visibles spéciaux qui seront notifiés d'avance à l'assiégeant.

Art. 28. — Il est interdit de livrer au pillage même une ville ou localité prise d'assaut.

CHAPITRE II — DES ESPIONS

Art. 29. — Ne peut être considéré comme espion que l'individu qui agissant clandestinement ou sous de faux prétextes, recueille ou cherche à recueillir des informations dans la zone d'opérations d'un belligérant, avec l'intention de les communiquer à la partie adverse.

Ainsi les militaires non déguisés qui ont pénétré dans la zone d'opérations de l'armée ennemie, à l'effet de recueillir des informations, ne sont pas considérés comme espions. De même, ne sont pas considérés comme espions : les militaires et les non-militaires, accomplissant ouvertement leur mission, chargés de transmettre des dépêches destinées soit à leur propre armée, soit à l'armée ennemie. A cette catégorie appartiennent également les individus envoyés en ballon pour transmettre les dépêches, et, en général, pour entretenir les communications entre les diverses parties d'une armée ou d'un territoire.

Art. 30. — L'espion prit sur le fait ne pourra être puni sans jugement préalable.

Art. 31. — L'espion qui, ayant rejoint l'armée à laquelle il appartient, est capturé plus tard par l'ennemi, est traité comme prisonnier de guerre et n'encourt aucune responsabilité pour ses actes d'espionnage antérieurs.

CHAPITRE III. — DES PARLEMENTAIRES

Art. 32. — Est considéré comme parlementaire l'individu autorisé par l'un des belligérants à entrer en pourparlers

avec l'autre et se présentant avec le drapeau blanc. Il a droit
à l'inviolabilité ainsi que le trompette, clairon ou tambour, le
porte-drapeau et l'interprète qui l'accompagneraient.

Art. 33. — Le chef auquel un parlementaire est expédié
n'est pas obligé de le recevoir en toutes circonstances.

Il peut prendre toutes les mesures nécessaires afin d'empêcher le parlementaire de profiter de sa mission pour se renseigner.

Il a le droit, en cas d'abus, de retenir temporairement le
parlementaire.

Art. 34. — Le parlementaire perd ses droits d'inviolabilité,
s'il est prouvé, d'une manière positive et irrécusable, qu'il a
profité de sa position privilégiée pour provoquer ou commettre un acte de trahison.

CHAPITRE IV. — DES CAPITULATIONS

Art. 35. — Les capitulations arrêtées entre les parties
contractantes doivent tenir compte des règles de l'honneur
militaire.

Une fois fixées, elles doivent être scrupuleusement observées par les deux parties.

CHAPITRE V. — DE L'ARMISTICE

Art. 36. — L'armistice suspend les opérations de guerre
par un accord mutuel des parties belligérantes. Si la durée
n'en est pas déterminée, les parties belligérantes peuvent
reprendre en tout temps les opérations, pourvu toutefois que
l'ennemi soit averti en temps convenu, conformément aux
conditions de l'armistice.

Art. 37. — L'armistice peut être général ou local. Le premier suspend partout les opérations de guerre des Etats belligérants ; le second, seulement entre certaines fractions des
armées belligérantes et dans un rayon déterminé.

Art. 38. — L'armistice doit être notifié officiellement et
en temps utile aux autorités compétentes et aux troupes. Les
hostilités sont suspendues immédiatement après la notification ou au terme fixé.

Art. 39. — Il dépend des parties contractantes de fixer, dans les clauses de l'armistice, les rapports qui pourraient avoir lieu, sur le théâtre de la guerre, avec les populations et entre elles.

Art. 40. — Toute violation grave de l'armistice, par l'une, des parties, donne à l'autre le droit de le dénoncer et même, en cas d'urgence, de reprendre immédiatement les hostilités.

Art. 41. — La violation des clauses de l'armistice, par des particuliers agissant de leur propre initiative, donne droit seulement à réclamer la punition des coupables et, s'il y a lieu, une indemnité pour les pertes éprouvées.

SECTION III. — DE L'AUTORITÉ MILITAIRE SUR LE TERRITOIRE DE L'ÉTAT ENNEMI

Art. 42. — Un territoire est considéré comme occupé lorsqu'il se trouve placé de fait sous l'autorité de l'armée ennemie.

L'occupation ne s'étend qu'aux territoires où cette autorité est établie et en mesure de s'exercer.

Art. 43. — L'autorité du pouvoir légal ayant passé de fait entre les mains de l'occupant, celui-ci prendra toutes les mesures qui dépendent de lui en vue de rétablir et d'assurer, autant qu'il est possible, l'ordre et la vie publics en respectant, sauf empêchement absolu, les lois en vigueur dans le pays.

Art. 44. — Il est interdit de forcer la population d'un territoire occupé à prendre part aux opérations militaires contre son propre pays.

Art. 45. — Il est interdit de contraindre la population d'un territoire occupé à prêter serment à la puissance ennemie.

Art. 46. — L'honneur et les droits de la famille, la vie des individus et la propriété privée, ainsi que les convictions religieuses et l'exercice des cultes, doivent être respectés.

La propriété privée ne peut pas être confisquée.

Art. 47. — Le pillage est formellement interdit.

Art. 48. — Si l'occupant prélève, dans le territoire occupé, les impôts, droits et péages établis au profit de l'Etat, il le fera, autant que possible, d'après les règles de l'assiette et la répartition en vigueur, et il en résultera pour lui l'obligation de pourvoir aux frais de l'administration du territoire occupé dans la mesure où le Gouvernement légal y était tenu.

Art. 49. — Si, en dehors des impôts visés à l'article précédent, l'occupant prélève d'autres contributions en argent dans le territoire occupé, ce ne pourra être que pour les besoins de l'armée ou de l'administration de ce territoire.

Art. 50. — Aucune peine collective, pécuniaire ou autre, ne pourra être édictée contre les populations à raison de faits individuels dont elles ne pourraient être considérées comme solidairement responsables.

Art. 51. — Aucune contribution ne sera perçue qu'en vertu d'un ordre écrit et sous la responsabilité d'un général en chef.

Il ne sera procédé, autant que possible, à cette perception que d'après les règles de l'assiette et de la répartition des impôts en vigueur.

Pour toute contribution un reçu sera délivré aux contribuables.

Art. 52. — Des réquisitions en nature et des services ne pourront être réclamés des communes ou des habitants, que pour les besoins de l'armée d'occupation. Ils seront en rapport avec les ressources du pays et de telle nature qu'ils n'impliquent pas pour les populations l'obligation de prendre part aux opérations de la guerre contre leur patrie.

Ces réquisitions et ces services ne seront réclamés qu'avec l'autorisation du commandant dans la localité occupée.

Les prestations en nature seront, autant que possible, payées au comptant ; sinon, elles seront constatées par des reçus.

Art. 53. — L'armée qui occupe un territoire ne pourra saisir que le numéraire, les fonds et les valeurs exigibles appartenant en propre à l'État, les dépôts d'armes, moyens de transport, magasins et approvisionnements et, en général, toute propriété mobilière de l'État de nature à servir aux opérations de la guerre.

Le matériel des chemins de fer, les télégraphes de terre, les téléphones, les bateaux à vapeur et autres navires, en dehors des cas régis par la loi maritime, de même que les dépôts d'armes et en général toute espèce de munitions de guerre, même appartenant à des sociétés ou à des personnes privées, sont également des moyens de nature à servir aux opérations de la guerre, mais devront être restitués, et les indemnités seront réglées à la paix.

Art. 54. — Le matériel des chemins de fer provenant d'États neutres, qu'il appartienne à ces États ou à des sociétés ou personnes privées, leur sera renvoyé aussitôt que possible.

Art. 55. — L'État occupant ne se considèrera que comme administrateur et usufruitier des édifices publics, immeubles, forêts et exploitations agricoles appartenant à l'État ennemi et se trouvant dans le pays occupé. Il devra sauvegarder le fonds de ces propriétés et les administrer conformément aux règles de l'usufruit.

Art. 56. — Les biens des communes, ceux des établissements consacrés aux cultes, à la charité et à l'instruction, aux arts et aux sciences, même appartenant à l'État, seront traités comme la propriété privée.

Toute saisie, destruction ou dégradation intentionnelle de semblables établissements, de monuments historiques, d'œuvres d'art et de science, est interdite et doit être poursuivie.

SECTION IV. — DES BELLIGÉRANTS INTERNÉS ET DES BLESSÉS SOIGNÉS CHEZ LES NEUTRES

Art. 57. — L'État neutre qui reçoit sur son territoire des troupes appartenant aux armées belligérantes, les internera, autant que possible, loin du théâtre de la guerre.

Il pourra les garder dans des camps, et même les enfermer dans des forteresses ou dans des lieux appropriés à cet effet.

Il décidera si les officiers peuvent être laissés libres en prenant l'engagement sur parole de ne pas quitter le territoire neutre sans autorisation.

Art. 58. — A défaut de convention spéciale, l'État neutre fournira aux internés les vivres, les habillements et les secours commandés par l'humanité.

Bonification sera faite, à la paix, des frais occasionnés par l'internement.

Art. 59. — L'État neutre pourra autoriser le passage sur son territoire des blessés ou malades appartenant aux armées belligérantes, sous la réserve que les trains qui les amèneront ne transporteront ni personnel ni matériel de guerre. En pareil cas, l'État neutre est tenu de prendre les mesures de sûreté et de contrôle nécessaires à cet effet.

Les blessés ou malades amenés dans ces conditions sur le territoire neutre par un des belligérants, et qui appartiendraient à la partie adverse, devront être gardés par l'État neutre, de manière qu'ils ne puissent de nouveau prendre part aux opérations de la guerre. Celui-ci aura les mêmes devoirs quant aux blessés ou malades de l'autre armée qui lui seraient confiés.

Art. 60. — La Convention de Genève s'applique aux malades et aux blessés internés sur territoire neutre.

IV

Déclarations

*I*ʳᵉ *Déclaration*

Les soussignés, plénipotentiaires des puissances représentées à la Conférence internationale de la Paix à la Haye, dûment autorisés à cet effet par leurs Gouvernements, s'inspirant des sentiments qui ont trouvé leur expression dans la

Déclaration de Saint-Pétersbourg du $\dfrac{29 \text{ novembre}}{11 \text{ décembre}}$ 1868 ;

Déclarent :

Les puissances contractantes s'interdisent l'emploi de balles qui s'épanouissent ou s'aplatissent facilement dans le corps humain, telles que les balles à enveloppe dure dont l'enveloppe ne couvrirait pas entièrement le noyau ou serait pourvue d'incisions.

La présente Déclaration n'est obligatoire que pour les puissances contractantes, en cas de guerre entre deux ou plusieurs d'entre elles.

Elle cessera d'être obligatoire du moment où, dans une guerre entre des puissances contractantes, une puissance non contractante se joindrait à l'un des belligérants.

La présente Déclaration sera ratifiée dans le plus bref délai possible.

Les ratifications seront déposées à la Haye.

Il sera dressé du dépôt de chaque ratification un procès-verbal, dont une copie, certifiée conforme, sera remise par la voie diplomatique à toutes les puissances contractantes.

Les puissances non signataires pourront adhérer à la présente Déclaration. Elles auront, à cet effet, à faire connaître leur adhésion aux puissances contractantes, au moyen d'une notification écrite, adressée au Gouvernement des Pays-Bas et communiquée par celui-ci à toutes les autres puissances contractantes.

S'il arrivait qu'une des hautes parties contractantes dénonçât la présente Déclaration, cette dénonciation ne produirait ses effets qu'un an après la notification faite par écrit au Gouvernement des Pays-Bas et communiquée immédiatement par celui-ci à toutes les autres puissances contractantes.

Cette dénonciation ne produira ses effet qu'à l'égard de la puissance qui l'aura notifiée.

En foi de quoi, les Plénipotentiaires ont signé la présente Déclaration et l'ont revêtue de leurs cachets.

Fait à la Haye, le vingt-neuf juillet mil huit cent quatre-vingt-dix-neuf, en un seul exemplaire qui restera déposé dans les archives du Gouvernement des Pays-Bas et dont des copies, certifiées conformes, seront remises par la voie diplomatique aux puissances contractantes.

IIe Déclaration.

Les soussignés, plénipotentiaires des puissances représentées à la Conférence internationale de la Paix à la Haye, dûment autorisés à cet effet par leurs Gouvernements, s'inspirant des sentiments qui ont trouvé leur expression dans la Déclaration de Saint-Pétersbourg du $\frac{29 \text{ novembre}}{11 \text{ décembre}}$ 1868,

Déclarent :

Les puissances contractantes consentent, pour une durée de cinq ans, à l'interdiction de lancer des projectiles et des explosifs du haut de ballons ou par d'autres modes analogues nouveaux.

La présente Déclaration n'est obligatoire que pour les puissances contractantes, en cas de guerre entre deux ou plusieurs d'entre elles.

Elle cessera d'être obligatoire du moment où, dans une guerre entre deux puissances contractantes, une puissance non contractante se joindrait à l'un des belligérants.

La présente Déclaration sera ratifiée dans le plus bref délai possible.

Les ratifications seront déposées à la Haye.

Il sera dressé du dépôt de chaque ratification un procès-verbal, dont une copie, certifiée conforme, sera remise par la voie diplomatique à toutes les puissances contractantes.

Les puissances non signataires pourront adhérer à la présente Déclaration. Elles auront, à cet effet, à faire connaître leur adhésion aux puissances contractantes, au moyen d'une notification écrite, adressée au Gouvernement des Pays-Bas et communiquée par celui-ci à toutes les autres puissances contractantes.

S'il arrivait qu'une des hautes parties contractantes dénonçât la présente Déclaration, cette dénonciation ne produirait ses effets qu'un an après la notification faite par écrit au Gouvernement des Pays-Bas et communiquée immédiatement par celui-ci à toutes les autres puissances contractantes.

Cette dénonciation ne produira ses effets qu'à l'égard de la puissance qui l'aura notifiée.

En foi de quoi, les plénipotentiaires ont signé la présente Déclaration et l'ont revêtue de leurs cachets.

Fait à la Haye, le vingt-neuf juillet mil huit cent quatre-vingt-dix-neuf, en un seul exemplaire qui restera déposé dans les archives du Gouvernement des Pays-Bas et dont des copies, certifiées conformes, seront remises par la voie diplomatique aux puissances contractantes.

IIIe Déclaration.

Les soussignés, plénipotentiaires des puissances représentées à la Conférence internationale de la Paix à la Haye, dûment autorisés à cet effet par leurs Gouvernements, s'inspirant des sentiments qui ont trouvé leur expression dans la Déclaration de Saint-Pétersbourg du $\frac{29 \text{ novembre}}{11 \text{ décembre}}$ 1868,

Déclarent :

Les puissances contractantes s'interdisent l'emploi de projectiles qui ont pour but unique de répandre des gaz asphyxiants ou délétères.

La présente Déclaration n'est obligatoire que pour les puissances contractantes, en cas de guerre entre deux ou plusieurs d'entre elles.

Elle cessera d'être obligatoire du moment où, dans une guerre entre deux puissances contractantes, une puissance non contractante se joindrait à l'un des belligérants.

La présente Déclaration sera ratifiée dans le plus bref délai possible.

Les ratifications seront déposées à La Haye.

Il sera dressé du dépôt de chaque ratification un procès-verbal, dont une copie, certifiée conforme, sera remise par la voie diplomatique à toutes les puissances contractantes.

Les puissances non signataires pourront adhérer à la présente Déclaration. Elles auront, à cet effet, à faire connaître leur adhésion aux puissances contractantes, au moyen d'une notification écrite, adressée au Gouvernement des Pays-Bas et communiquée par celui-ci à toutes les autres puissances contractantes.

S'il arrivait qu'une des hautes parties contractantes dénonçât la présente Déclaration, cette dénonciation ne produirait ses effets qu'un an après la notification faite par écrit au Gouvernement des Pays-Bas et communiquée immédiatement par celui-ci à toutes les autres puissances contractantes.

Cette dénonciation ne produira ses effets qu'à l'égard de la puissance qui l'aura notifiée.

En foi de quoi, les plénipotentiaires ont signé la présente Déclaration et l'ont revêtue de leurs cachets.

Fait à La Haye, le vingt-neuf juillet mil huit cent quatre-vingt-dix-neuf, en un seul exemplaire qui restera déposé dans les archives du Gouvernement des Pays-Bas et dont des copies, certifiées conformes, seront remises par la voie diplomatique aux puissances contractantes.

V

Décret (français) portant abrogation de l'article 109 du décret du 28 mai 1895 sur le service des armées en campagne.

Rapport au Président de la République française

Monsieur le Président,

L'usage des prises a été régularisé par une ordonnance royale du 30 novembre 1710.

Voulant mettre un terme au brigandage de « partis qui, se disant à tort sortis des places ou détachés des armées du roi », en prenaient prétexte pour « tirer de gros rafraîchissements des lieux par où ils passaient », le roi avait ordonné que « nul parti ne pourrait être détaché de ses armées ou sortir de ses places sans un passeport du général d'armée ou du gouverneur » ; qu'il ne pourrait être inférieur à vingt-cinq hommes commandés par un officier ; « qu'il ne saurait tirer aucun rafraîchissement du lieu où il passait qu'en payant de gré à gré » ; enfin que « les effets pris sur l'ennemi par les partis ne pouvaient être vendus qu'après qu'il en aurait été dressé procès-verbal par le prévôt de l'armée ou par les sub-délégués des intendants dans les places ».

Pour tenir compte de ces prescriptions, l'ordonnance du 17 février 1753 « portant règlement sur le service de l'infanterie en campagne », les rappela dans son article 471, intitulé : « des partis ».

Depuis cette date, les « règlements provisoires de 1755, de 1778 et du 5 avril 1792, sur le service de l'infanterie en campagne ; le règlement provisoire des troupes en campagne du 11 octobre 1809 », daté de Schœnbrunn ; l' « instruction provisoire de février 1823 », l' « ordonnance de 1832 et le décret présidentiel du 26 octobre 1883 portant règlement sur le service des armées en campagne », ont plus ou moins copié l'ordonnance de 1753 en traitant « des partis » ou « des partisans », et en rappelant les « prises » qui leur étaient reconnues.

Toutefois, à partir de 1832, les règlements complétèrent les dispositions de 1753 en prescrivant que, si le matériel enlevé à l'ennemi était un matériel de guerre, il devait être rétrocédé à l'Etat, moyennant indemnité au capteur.

Enfin, le décret du 28 mai 1896, réunissant le chapitre des partisans à celui des détachements, séparés dans le règlement de 1883, reproduit, pour la répartition des prises faites par les détachements, les dispositions admises jusque-là pour les prises faites par les partisans, mais ne l'étend pas aux unités constituées organiquement.

Si, maintenant, des règlements relatifs au service en campagne on passe à ceux d'administration, on constate que l'article 259 *quater* du règlement du 13 avril 1869 sur la comptabilité publique prévoit la « répartition des prises sur l'ennemi ». « Le montant brut des prises, dit-il, est partagé entre l'Etat et les capteurs... Les prises faites par les détachements agissant isolément leur appartiennent intégralement. Du rapprochement de ces deux prescriptions, il semble résulter que le règlement du 13 avril 1869 prévoit, à la fois, les prises faites par une unité quelconque et celles faites par un détachement isolé. Toutefois, pour que le texte en fût absolument clair, il eût fallu qu'il définit nettement les « capteurs » et les « détachements » opérant isolément ou non.

De cette analyse, il résulte que tous les règlements sur le service en campagne, depuis l'ordonnance de 1753 jusqu'au décret du 28 mai 1895, restreignent aux détachements, sans toutefois les définir, l'usage des prises qui remonte à l'année 1710.

Dans l'ordre administratif, le premier alinéa de l'article 259 du règlement du 13 avril 1869 pourrait être invoqué pour reconnaître à une unité quelconque le droit de prise ; mais les termes n'en sont pas assez précis et sont en tout cas, en contradiction avec ceux du règlement sur le service en campagne qu'il cite à l'appui de son texte.

Au surplus, l'usage d'opérer une vente régulière des prises et d'en répartir le produit est, en quelque sorte, tombé en désuétude depuis de nombreuses années. Dès lors, l'article 109 du décret du 28 mai 1895, sur le service en campagne, traitant des prises en temps de guerre, n'est plus en harmonie avec nos mœurs militaires, qui se sont transformées en même temps que l'organisation des forces du pays. Il constitue aujourd'hui un anachronisme dans nos règlements, donc il doit disparaître.

Si vous approuvez cette proposition, j'ai l'honneur de vous prier de vouloir bien revêtir de votre signature le projet de décret ci-joint.

Veuillez agréer, Monsieur le Président, l'hommage de mon respectueux dévouement.

Le Ministre de la guerre,
GÉNÉRAL ANDRÉ.

DÉCRET

Le Président de la République française,
Sur le rapport du Ministre de la guerre,

Décrète :

Art. 1ᵉʳ. — L'article 109 (prises) du décret du 28 mai 1895 portant règlement sur le service des armées en campagne, est abrogé.

Art. 2. — Le Ministre de la guerre est chargé de l'exécution du présent décret.

Fait à Paris, le 26 juin 1901.

Emile LOUBET.

Par le Président de la République.

Le Ministre de la guerre,
Général André.

VI

Décret (français) relatif au service de l'aérostation militaire.

(13 février 1903, *Officiel* du 19 février).

Ce décret qui a paru pendant que le présent ouvrage était en cours d'impression, modifie les indications données au paragraphe 102 *bis* en abrogeant le décret du 25 septembre 1888, modifié le 17 juillet 1901, réorganisant le service de l'aérostation militaire.

Aux termes de l'article 1ᵉʳ, le service de l'aérostation militaire comprend :

1º Le laboratoire de recherches relatives à l'aérostation militaire, chargé des recherches, études et expériences propres à faire progresser l'art de la navigation aérienne ;

2º L'établissement central du matériel de l'aérostation militaire, chargé de la fourniture, de la construction et de la réparation du matériel aérostatique réglementaire ;

3° Des établissements secondaires d'aérostation militaire, installés dans les écoles du génie et dans les places déterminées par le ministre en vue des besoins de l'armée.

L'article 2 explique que le laboratoire de recherches et l'établissement central du matériel d'aérostation militaire sont complètement séparés comme budget, personnel, locaux et outillage et relevant de deux directeurs différents ayant les attributions de directeurs du génie, sous les ordres du gouverneur militaire de Paris.

L'article 3 s'occupe de l'établissement et de l'inspection des établissements secondaires d'aérostation militaire.

L'article 4 attribue, comme le décret de 1888, au service du génie, de concert avec l'état-major de l'armée, l'élaboration des règlements concernant l'instruction technique du personnel de l'aérostation et l'utilisation de ce service en temps de guerre.

Enfin, l'article 5 abroge les décrets des 25 septembre 1888 et 17 juillet 1901.

TABLE DES MATIÈRES

LAVAL. — IMPRIMERIE PARISIENNE, L. BARNÉOUD & Cie.

A. CHEVALIER-MARESCQ & Cⁱᵉ, ÉDITEURS

20, RUE SOUFFLOT, Vᵉ ARRᵗ, PARIS

AUTRAN (F. C.). — **Code international de l'Abordage, de l'Assistance et du Sauvetage maritimes**, législation, doctrine. *2ᵉ édition revue et complétée sous la direction de l'auteur*, par R. de BÉVOTTE, avocat, docteur en droit. Un vol in-8.. **15 fr.**

BARTIN (Etienne). — **Etudes de droit international privé.** (*Bibliothèque de jurisprudence civile contemporaine*). Un vol. in-8 raisin........ **4 fr.**

BEAUCHET (Ludovic). — **Histoire du droit privé de la République athénienne.** — (*Ouvrage couronné par l'Académie des Inscriptions et Belles Lettres, par l'Association pour l'encouragement des études grecques et par l'Académie des Sciences morales et politiques*). Tomes I et II. Droit de famille. — Tome III. Droit de propriété. — Tome IV. Droit des obligations. L'ouvrage complet formant 4 forts vol. in-8 raisin............ **36 »**

CARPENTIER (P.). — LÉGISLATION COMMERCIALE DE L'ALLEMAGNE. — **Code de commerce mis en vigueur le 1ᵉʳ janvier 1900.** — LOI SUR LE CHANGE, LOIS SUR LA FAILLITE (législation refondue), texte, annotations, jurisprudence, droit comparé. 1 fort volume in-8... **10 »**

FABREGUETTES (P.). — **Traité des délits politiques et des infractions par la parole, l'écriture et la presse.** — Renfermant, avec le dernier état de la jurisprudence, le commentaire général et complet des lois de la presse, de celles relatives aux outrages aux bonnes mœurs ainsi que de tous les textes du Code pénal ou des lois spéciales, se rattachant aux délits politiques et à ceux de la parole, de l'écriture et de la presse à la propagande anarchiste, etc., etc. DEUXIÈME ÉDITION, entièrement refondue et augmentée. Deux forts volumes in-8 cavalier........................... **25 »**

FIORE (Pasquale). — ORGANISATION JURIDIQUE DE LA SOCIÉTÉ DES ETATS. — **Le droit international codifié et sa sanction juridique**, suivi d'un résumé historique des principaux traités internationaux, traduit de l'Italien par A. CHRÉTIEN, *professeur à la Faculté de droit de Nancy*. 1 fort volume in-8 cavalier... **10 »**

KLEEN (Richard). — **Lois et usages de la neutralité d'après le droit international conventionnel et coutumier des Etats civilisés.** TOME PREMIER. Principes fondamentaux. — Devoirs des neutres. TOME SECOND. Droits des neutres. — Exécution et répression. *L'ouvrage complet formant 2 volumes in-8*........................... **25 »**

MARTENS (F. de). — **Traité de droit international**, traduit du russe par ALFRED LÉO. 3 beaux volumes in-8.................................... **27 »**

MEULENAERE (O. de). — **Code civil allemand et loi d'introduction**, promulguée le 18 août 1896, pour entrer en vigueur le 1ᵉʳ janvier 1900, traduit et annoté par de MEULENAERE. 1 fort vol. in-8 raisin...... **12 50**

NICOLAS (Victor). — **Commentaire complet du Code de justice militaire pour les armées de terre et de mer**, suivi des principales dispositions du droit civil, ainsi que de toutes les lois pénales applicables aux armées de terre et de mer et à la marine marchande et d'un formulaire. 1 fort volume in-8 raisin broché.. **20 »**

ROLIN (Albéric). — **Principes du droit international privé** et applications aux diverses matières du Code civil (Code Napoléon). Tome I. Principes généraux. — Tomes II et III. Applications. 3 vol. in-8........ **27 »**

LAVAL. — IMPRIMERIE PARISIENNE, L. BARNÉOUD & Cⁱᵉ.

www.ingramcontent.com/pod-product-compliance
Lightning Source LLC
Chambersburg PA
CBHW060952220326
41599CB00023B/3681

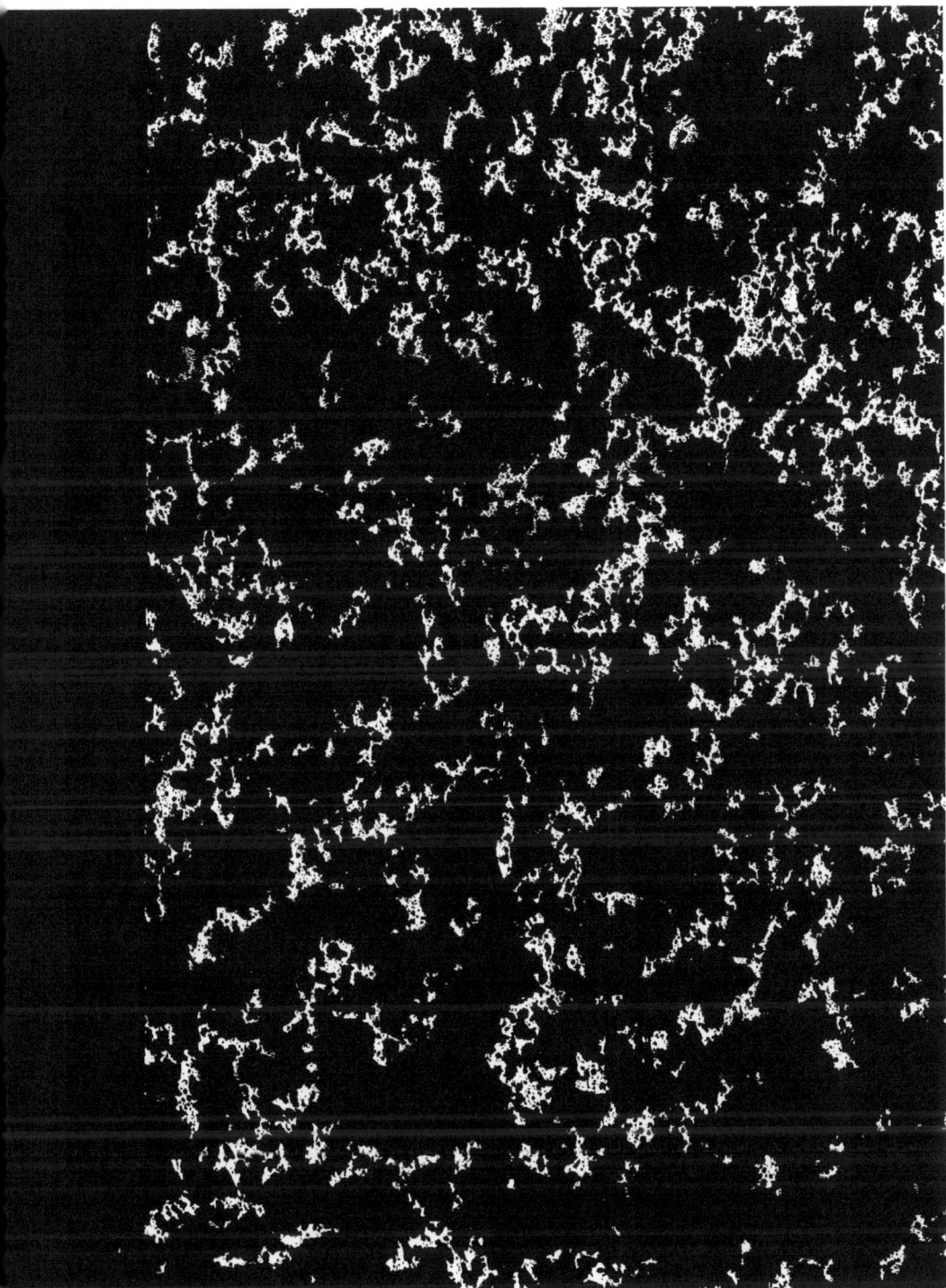